ウィリアム・ペティ

——その政治算術＝解剖の生成に関する一研究——

〔増補版〕

松 川 七 郎 著

岩 波 書 店

ウィリアム・ペティ（1623−87）
（Brasenose College, Oxford所蔵）

ペティの「アイァランド全図」

Hiberniae Delineatio (1683?) の巻頭所収 (45.3×35.6cmの縮写)

はしがき

ウィリアム・ペティは十七世紀中葉のイングランドで近代社会科学の貴重な萌芽を創始した人である。マルクスはペティを「経済学の父で、いわば統計学の発明者」と評価したが、ペティ自身は自分が創始した科学を政治算術または政治的解剖と名づけていた。本書の課題は、この政治算術〃解剖の生成過程を多少とも明らかにすることであって、これは一橋大学経済研究所の学説史・経済史研究部門での筆者の主要な研究課題――これを一般的な形でいいかえれば「経済学と統計学の相互関連に関する歴史的研究」または「資本主義社会における全体的認識と諸現象の数量化の相互関連に関する歴史的研究」ということになる――をなしてきているものである。

本書はこの課題についての中間報告として、はじめは上下二巻に分けて出版された。すなわち、序章から第二章までを収めた上巻は「一橋大学経済研究叢書 10」として一九五八年九月に、また第三章と第四章とを収めた下巻は同「研究叢書 14」として一九六四年二月に、それぞれ出版されたのであるが、今回岩波書店の求めに応じ、この研究所の諒承をえて、一巻にまとめて出版し、そのさい三つの小論をつけ加えることにした。右の上下両巻のあいだには数年の経過があり、下巻がでてからもすでに三年半以上たっている。したがって、両者のあいだにはさまざまの不統一やくいちがいがある。現在それらを改めるには、その後の研究をもとりいれて全部を書きなおさなければならないことになるが、今回は気づいたかぎりの誤植を訂正し、ページをとおしページにし、それにともなう技術的な諸点をあらためるにとどめ、全然加筆も訂正もしなかった。

補論の三つの小論は、いずれも『経済研究』に発表したもので、同誌の編集部の諒承をえてここに加えた。それらによって本論の不十分さがいくぶんでもおぎなえればと考えたからであるが、このばあいには誤植の訂正などのほか、最少限度の加筆や訂正をした。そして巻末に、全編をつうじての「書目」と「人名索引」とをつけ加えたのである。

本書に収められている筆者の研究について指導や協力や激励をおしまれなかった諸先生、同僚・友人諸君はきわめて数多い。それに諸外国の方々をもふくめればとうていそのお名前をあげきれないといっても過言ではない。これらの方々のすべてに対し、ここにあらためて心からお礼申しあげる。そしてこの謝意は筆者の家族に対してもまた変るものではないことを私事ながら記しておきたい。

一九六七年十月十二日

松川七郎

付記　この研究に従事してきた過程に、筆者はたびたび文部省科学研究費を交付された。

凡　例

(1) 本書の本論のなかでペティとグラントの著作や書簡などを引用したり、それらに言及したりするばあいには、いちいち注記する煩を避け、それぞれつぎの略記号を用いて本文や注の必要個所に円括弧にいれて組みこむことにした。すなわち、

The Economic Writings of Sir William Petty, together with the Observations upon the Bills of Mortality more probably by Captain John Graunt, edited by Charles Henry Hull. 2 vols. Cambridge, 1899.

のばあいには略記号「H」を用い、

The Petty Papers, some unpublished Writings of Sir William Petty, edited from the Bowood Papers by the Marquis of Lansdowne. 2 vols. London, 1927.

のばあいには略記号「L」を用い、

The Petty-Southwell Correspondence 1676–87, edited from the Bowood Papers by the Marquis of Lansdowne. London, 1928.

のばあいには略記号「C」を用いた。そして、おのおのの円括弧内の略記号につづく数字は、「H」と「C」のばあいにはそれぞれの書物のページ数を示し、「L」のばあいにはこの論文集の編集者がつけた文献番号を示している。なお、「H」のばあいに「邦」とあるのは邦訳書のことで、それにつづく数字はそのページ数である。

(2) 本論で文献をかかげるばあいには、つとめてそのタイトルを略記し、巻末の「書目」に比較的完全なタイトルをかかげることにした。この書目の「W・ペティの著作」のタイトルの末尾に「H」とあるのは前記のハル版をさすが、それにつづくアラビア数字はハル版の第二巻巻末にあるペティの「公刊著作目録」の文献番号である。なお、本論の注に略記されているロシア語文献のタイトルは、このさい斜体活字にあらためるべきであったが、立体活字のままにしておいた。

(3) 外国文献の邦訳を引用するばあい、必ずしもその邦文どおりにしていないばあいがある。邦訳者諸氏のご寛恕をあらかじめおねがいしておきたい。

(4) 補論として加えた三つの小論の発表時期はつぎのとおりである。

一 「統計学史研究における五つの時期――政治算術・国状学の評価を中心にして」(『経済研究』第一二巻第二号 一九六一年四月)

二 「ペティ労働価値説の歴史的特異性についての試論」(『経済研究』第一五巻第三号 一九六四年七月)

三 「三つのグラント研究によせて――経済学および統計学の古典の研究方法についての示唆」(『経済研究』第一八巻第一号 一九六七年一月)

(5) 巻頭のペティの肖像は、かつてかれが副学長をしていたオックスフォドのブレイズノーズ・カレッジ(Brasenose College)に所蔵されているものである。その複写をここにかかげることを快諾された同カレッジのフェロウ E・G・コリウ氏(Mr. E. G. Collieu)の好意に筆者はふかく感謝している。この肖像は原寸大のもので、その作者は有名なサミュエル・クーパー(Samuel Cooper, 1609–72)である、という。ところが、フランスのペティ研究者ゴブレ(Y. M. Goblet)は一九三〇年に公刊したペティ研究書(巻末の「書目」参照)の第二巻一三四ページの注で、「サミュエル・クーパー[このばあいには Samuel Cowper と記されている]の筆になるペティのミニュアチュールは、こんにちでは失われている」と記している。筆者がこのミニュアチュアの写真をC・ヒル氏(Mr. C. Hill)をつうじてコリウ氏からおくられたのは、一九六三年の四月にブレイズノーズ・カレッジを訪問した数ヵ月後に帰国したときであった。最近、筆者の問いあわせに応じてコリウ氏はじめこのカレッジの人々が調査した結果によると、この肖像はゴブレが「失われている」と書いたまさにそのミニュアチュアで、共和国時代の作だという。もしそのとおり事実だとすれば、これはひじょうにめずらしいものだといわなければならない。

(6) 巻頭のペティの「アイァランド全図」については本書の第三章第五節第二項を参照されたい。

目　次

序章　主題について

ウィリアム・ペティ(Sir William Petty, 1623–87)に関する研究に従事しながらつねに筆者の関心を占めてきた問題は、ペティが十七世紀中葉のイングランドにおいて創始し命名した「政治算術」(Political Arithmetick)という社会科学の萌芽的形態の生成過程である。そしてペティの政治算術は、この過程において、かれの終生の友ジョン・グラント(John Graunt, 1620–74)が「商店算術」(Shop-Arithmetick)を駆使した研究成果と不可分にむすびつき、またそれが政治算術という名のもとに定式化された当初の内容においては、同じペティが創始し命名した「政治的解剖」(Political Anatomy)と一体をなしていたのであるから、筆者の関心を占めてきた問題は、グラント＝ペティの政治算術＝解剖の生成過程というほうがいっそう適切である。後述するように、十九世紀の中葉以降、グラントは近世統計学の創始者の一人として、またペティは近世経済学・統計学・財政学・人文地理学および計量経済学の創始者または先駆者の一人として評価され位置づけられている。が、この両者がそれを創始した当初においては、これらの諸科学はいわば一個の社会科学としての政治算術＝解剖のなかに未分化の形で包摂されていたのである。

ところで、この問題はとりもなおさず本書の主題をなしている。そして、筆者は主として十七世紀中葉、イングランドの市民革命の時代におけるグラントおよびペティの諸々の社会的実践をとおして、つまりこの両者の諸活動をその社会的基盤との関連において考究し、この市民革命の所産としての政治算術＝解剖の生成過程を多少とも明らかにしようとしているのである。そこで、まずはじめに、この時代に展開された両者の生涯、両者の諸著作およびそれらに対する諸〻の歴史的評価の大様を概観し、本書の主題の意味と方法とを要約的に述べておきたいと思う。

第一節　市民革命の時代におけるグラントおよびペティの生涯

ペティは一六二三年にイングランドに生れ、一六八七年にそこで死んだ人であるから、かれの生涯はスミス(A. Smith, 1723-90)のちょうど一世紀まえの時代に展開されたということになる。そしてこのことは、一六二〇年にイングランドに生れ、一六七四年にそこで死んだペティの終世の友グラントについてもほぼ同じようにあてはまる。ペティが主著『政治算術』(*Political Arithmetick.* London, 1690)および『アイァランドの政治的解剖』(*The Political Anatomy of Ireland.* London, 1691)の執筆を完了したのは一六七六年と推定されているが、もしこの推定に誤りがないならば、それはスミスの主著『諸国民の富』(*An Inquiry into the Nature and Causes of the Wealth of Nations.* London, 1776)が公刊されるちょうど一世紀まえということになるであろう。グラントもペティも、スミスより一世紀まえの人である。

コスミンスキー(E. A. Косминский)の『中世史』やエフィーモフ(A. B. Ефимов)の『近世史』を読むと、そこでは中世から近世をわかつ世界史的道標が、一五二四年以降のドイツ農民戦争および十六世紀後半のオランダの独立戦争＝市民革命につづく第三次の市民革命としての、一六四〇―六〇年のイングランドにおける市民革命におかれていることが知られる。(1) このことは、「宗教的名儀のもとに戦われた最後の革命」としてのこの市民革命が、絶対王制を打倒し、そこでの「封建的搾取形態を勤労者の資本家的および地主的搾取形態にかえた」ばかりでなく、総じて封建時代にかわる資本主義時代をひらいたという点において、世界史的にも決定的な事件であったということを意味するものであろう。(2) そうとすれば、一六二〇年代にはじまって一六七〇—八〇年代におわるグラントおよびペティの生涯は、イングランドがあらゆる意味において資本主義の指導的国家となる基礎をきずいたこの市民革命をさしはさむ世界史的過渡期に展開されたといってさしつかえない。

ところで、このような意味をもつ市民革命の時代に展開されたグラントおよびペティの生涯は、いっそう具体的には、どのような経過をたどったのであろうか。これをペティについて見れば、かれの子孫で、次節（一二ページ）にかかげられている『ペティ未刊論文集』の編集者ランズダウン（H. W. E. Petty-Fitzmaurice, 6th Marquis of Lansdowne, 1872–1936）は、この論文集の巻頭において、これもペティの子孫であるフィツモーリス（Lord E. Fitzmaurice, 1846–1935）が次節（一二ページ）にかかげられている『ペティ伝』の三百余ページにわたって述べたところをつぎの数行に要約している。すなわちランズダウンは、ペティはその少年時代から、つぎつぎに「船室づきボーイ——にせ宝石の行商人——水兵——発明家——医者——ブレイズノーズ（Brasenose）〔・カレッジ〕の評議員および副学長——オックスフォド〔大学〕の解剖学教授およびグレシャム・カレッジ（Gresham College）の音楽教授——土地測量家——下院議員——大土地所有者——哲学者・統計学者および経済学者」(3) という人生行路を歩いた、というのである。以上の要約は、多くの不十分な点をふくんではいるけれども、ペティの人生行路のあらすじを現象的にとらえたものとしては大きな誤りはない。そして、市民革命の時代におけるイングランドの社会発展の諸段階に、ペティの人生行路におけるこれらの階梯の各々を対応させればつぎのようになるであろう。

(一)　市民革命の前夜(少年時代　一六二三—四〇年)……「船室づきボーイ——にせ宝石の行商人」

(二)　市民革命＝内乱時代(一六四〇—四九年)……「水兵——発明家——医者——ブレイズノーズ(・カレッジ)の評議員および副学長——オックスフォド(大学)の解剖学教授およびグレシャム・カレッジの音楽教授」

(三)　市民革命＝共和国時代(一六四九—六〇年)……「土地測量家——下院議員」

(四)　王政復古時代(一六六〇—八七年)……「大土地所有者——哲学者・統計学者および経済学者」

ペティやグラントの生誕から少年時代にかけての時期は、イングランドでは国王対議会の軋轢が急速に激化した市民革命の前夜であった。またこの時期は、政策体系としても学説のうえでも、イングランドの重商主義が劃期的な転換をはじめた時期であり、さらに科学史のうえでは、ベイコン(Sir F. Bacon, 1561-1626)の『ノヴム・オルガヌム』(*Novum Organum*. London, 1620)の出現によって、近世科学の方法に決定的なページが開かれた時期であった。こういう時期に、グラントはきっすいのロンドン商人の子としてピュリタンふうに養育され、ペティは南西イングランドにおける毛織物マニュファクチュアラーの好奇心にみちた子として人生に発足し、しかも後者は、イングランドの毛織物工業の深刻な不況の子として、早くもその少年時代に家郷をはなれて少年水夫となり、フランスに学ぶのである。

このように、両者はともにまぎれもない時代の子として世にでたのであるが、かれらの青年時代の前半は、とりもなおさずイングランドにおいては市民革命＝内乱戦の時期であり、またアイァランドにおいてはこれと複雑にからみあって戦われた大反乱(一六四一—五二年)の時期であった。このような時期に、グラントはイングランドの内乱戦において議会軍の一翼を形成していたロンドンの訓練部隊(trained band)の大尉として流血の激闘に参加した。他方ペティは、この内乱戦をオランダにのがれ、つづいてフランスに遊学した。そして、世界で最初の市民革命に勝利したオランダがその繁栄の絶頂をむかえつつあった時期に、そこでの進歩した大学に学び、苦学するかたわら、かれとしては最初の社会観察を書きのこした。さらにかれは、フロンド（Fronde）の乱を目前にひかえた特異な時期のパリにおいて、ヨーロッパきっての巨大な科学者や思想家たちの知遇をえた。それればかりではなく、イングランドにおける第一次内乱の終結直後にフランスから帰国したペティは、市民革命の波浪がもっとも昂揚した時期のロンドンおよびオックスフォドで、「発明家――医者――大学教授」として、ベイコンの影響を深刻にうけた人々とともに発明や自然研究に没頭し、他方すでにロンドン市の有力者になっていたグラントとの交友にめぐまれた。そしてこれらの活動の成果として、われわれはこの時代に特有のかれの教育＝人間解放論や、また貿易差額説が一般化しようとしていたこの時代としてはきわめて特異なかれの産業交易＝分業＝生産力増進論や、さらには社会経済現象の数量的観察とならんで労働価値理論の素朴な萌芽すらをも、すなわち、総じて後年の政治算術＝解剖の諸端緒をも、みとめうるのである。

ところで、イングランドにおいて市民革命が勝利し、そこに共和国が樹立されたとき、ペティはわずか二十六歳の青年にすぎなかったのであるが、その後のかれは、過去十一年間にわたって戦われたアイァランドの大反乱を鎮圧したクロムウェル（O. Cromwell, 1599–1658）の派遣軍の軍医として、つづいて「土地測量家――下院議員」として、市民革命＝共和国時代の約十年間の大半をアイァランドで活動した。そして、かれの青年時代の後半と相おおうこの期間こそ、イングランドの市民革命そのものにとってばかりではなく、ペティの政治算術＝解剖の生成にとってもかれの生涯にとっても、決定的な時期にほかならないのである。というのは、クロムウェルによるこの大反乱の鎮圧とそれにつづくイングランド共和国政府によるアイァランドの大収奪＝植民――いわゆる“Cromwellian Settlement of Ireland”――は、過去約五世紀にわたるイングランドの侵略に反抗しつづけてきたアイァランドを徹底的に征服し、この島国をイングランドの近代的植民地にする基礎をつくりあげたと同時に、イングランド本国における市民革命そのものを「坐礁」させてしまうほどの重大事件であったからである。そして、イングランドにおける「ブルジョア革命の農業政策はアイァランドにおいてもっとも明瞭にあらわれた」(4)といわれているが、前述の大収奪＝植民の内容を規定するこの「農業政策」は、市民革命＝内乱時代のイングランド本国の長期議会が提起していた近代的土地所有の創設の問題と基本的には同じ問題をもつものなのであって、「土地測量家――下院議員」としてのペティの全活動は、まさに市民革命の中心課題の一つというべきこの問題を解決すべき主宰者としてのそれであり、しかも土地測量・土地分配および人口センサスに三大別されるこの全活動こそ、かれの政治算術＝解剖の生成のもっとも重要な基盤になったものであるからである。つきつめていえば、ペティは、市民革命＝内乱時代までにかちえた諸成果を基礎としながら、共和国時代のアイァランドにおいてこれらの事業を遂行し、そうすることによって自然体(Body Natural)の研究から政治体(Body Politic)＝幼年期の資本主義社会の研究にみずからの主たる関心を転回せざるをえなくなったのであって、これらの活動がかれの政治算術＝解剖の有力な社会的基盤たりえたのは、それらがこの当時の社会におけるもっとも基本的な問題の一つにほかならなかったからである。それればかりではない。この全活動をつうじて、ペティはイングランドにおける市民革命の特有の所産としての新興の大土地所有者になり、またこのために、それ以後のかれとアイァランドとの関係は、物心両方面にわたって不可分のものになってしまうのである。この時代におけるグラントについては、わずかな事実が漠然と知られているにすぎない。けれども、この時代のグラントが、富裕なロンドン商人であると同時にこの市の参事会員(Common-council-man)であったこと、またかれが「商店算術」を駆使しながら十六世紀後半以来八十年にわたるロンドン市の死亡表の研究に着手していたこと、さらにはかれがアイァランドで活動していたペティの強力な支持者でもあったことはたしかである。

イングランド共和国がアイァランドにおいて「坐礁」し、クロムウェルの死につづいてこの共和国が崩壊したとき、イングランドは、新旧の土地貴族と都市の上層階級の妥協のうえに王権と国教とを復位せしめ、いわゆる王政復古時代をむかえた。そして、一六六〇年のステュアート王朝の復辟から一六八八年の政変(いわゆる名誉革命)にいたる約三十年のこの時代は、すくなくとも政治・宗教的には明らかに妥協的な反動期であった。けれども、この時代は、イングランドが対内的には一六四〇―六〇年の市民革命をつうじ、社会生活の全面にわたってかちえた諸成果を着々とかためた時代であり、そのもっともかがやかしい成果の一つは新興科学の総合的研究機関としての王立協会の創立であった。そして対外的には、イングランドは相つぐ戦争に勝利しながら新植民地を獲得したのであって、早くもこの世紀の末には、この国における原始的蓄積の諸契機が「植民制度、国債制度、近代的な租税制度および保護制度において体系的に総括され」(5)、この国は本格的な資本主義的マニュファクチュアの時代をむかえるのである。グラントもペティも、この時代の当初に壮年時代をむかえた。そしてグラントは、共和国時代以来の研究の成果として、『死亡表に関する自然的および政治的諸観察』(*Natural and Political Observations made upon the Bills of Mortality.* London, 1662)を公刊し、これによって前記の王立協会の創立当初の会員になった。他方ペティは、この協会の創立者の一人として活動したばかりではなく、大土地所有者＝経世家として、さらには「哲学者・統計学者および経済学者」として、実際的にも学問的にもきわめて多面的な活動を展開した。これらの活動の諸成果の一部はおびただしい著作となって現存しているが、そのなかでもつぎの諸著作が経済学的統計学的著作として一般に高く評価されている。すなわち、これを執筆年代によって区分すれば、㈠一六六〇年代の著作としては、グラントの前記の主著と同年に公刊され、内容的にもこれと密接に関連しつつ労働価値理論がはじめて展開された『租税貢納論』(*A Treatise of Taxes & Contributions.* London, 1662)、およびその直後に執筆された『賢者に一言』(*Verbum Sapienti.* London, 1691)、(二)一六七〇年代の著作としては、オランダ戦争による危機のさなかに執筆され、政治算術＝解剖が定式化された『政治算術』(*Political Arithmetick.* London, 1690) および『アイァランドの政治的解剖』(*The Political Anatomy of Ireland.* London, 1691)、(三)一六八〇年代の著作としては、『貨幣小論』(*Sir William Petty's Quantulumcunque concerning Money,* 1682. London, 1695)・『アイァランド論』(*A Treatise of Ireland.* Cambridge, 1899) および数多くの政治算術論、があげられるのである。そして王政復古時代のイングランドが当面した諸問題に触発されて書かれたこれらの著作は、いずれもイングランドにおける社会的生産力＝国富の増進を主題としつつ、前述の原始的蓄積の諸契機の全部またはそのいずれかを論じているという点に共通の特徴をもっているのであるが、これらの著作において定式化されたペティの政治算術＝解剖が、市民革命以来のかれの社会的実践の成果であることもまた疑いないのである。

グラントは前述の主著を公刊したのち、ピュリタンからカソリックに改宗し、ペティがちょうど政治算術＝解剖を定式化しつつあった一六七四年に死んだ。ペティが死んだのは、名誉革命の前年、ニュートン(Sir I. Newton, 1642–1724) の名を不朽ならしめた『自然哲学の数学的原理』(*Philosophiae naturalis principia mathematica.* London, 1687) が公刊された数ヵ月後のことであった。このように、市民革命の前夜にイングランドの毛織物工業の深刻な不況の子として生れたペティは、名誉革命の前年に大土地所有者＝経世家として死んだのであるが、その物質的基礎になった新植民地アイァランドにおけるかれの広大な所有地は、十八世紀以降、かれの子孫がウィッグ党(Whigs) の名門ランズダウン侯爵家を創立したばあいにもまたその物質的基礎になったのである。

スミスを産業革命＝資本主義的大工業の成立期＝重商主義の崩壊期に生きた人とするならば、グラントおよびペティは市民革命＝資本主義的マニュファクチュアの成立期＝重商主義の転換期に生きた人々といわなければならない。そして以上に概観したところからもうかがわれるであろうように、とりわけペティについて明瞭に指摘しうることは、その生涯がきわめて変化に富み、多面的であったにもかかわらず、この生涯の各〻の段階が市民革命の時代におけるイングランドの社会発展を特徴づける各〻の歴史的段階と鮮明に対応しているという点である。十七世紀イングランドのような社会的一大変革期に生きた人々は、誰れしも多かれすくなかれ波瀾に富んだ人生行路をたどらざるをえないということは当然であろう。が、王政復古時代に活躍した数多くの天才たちのなかで、「ペティほどその経歴が多様多岐にわたった人はまれである」(6)といわれている。そして、その生涯がこのように多岐的で、活動が多面的であったにもかかわらず、かれがこの各〻の段階において、つねに市民革命が提起する基本的な諸問題ととり組み、そうすることによって新興市民の一人としてのみずからの社会的地歩をかためると同時に学問的にも成長したという事実は、前述の対応が単に自然的・偶然的な符合ではないということを示しているのである。ことばをかえていえば、ペティがこの社会的一大激動期に処して着々と致富への道を歩き、この時代をつうじて決定的な社会階級になりつつあった市民階級の指導的人物になった過程は、同時にかれの政治算術＝解剖の生成過程であり、またそれがこの階級の社会科学の端緒的な一形態として確立された過程にほかならないのである。グラントの生涯については、わずかな漠然たる諸事実が知られているにすぎないのであるが、そのかぎりにおいても、ペティについて特徴的な諸点はグラントについてもまたある程度あてはまるといってさしつかえない。

ところで、以上に要約したようなグラントおよびペティの生涯における重要な所産としての諸〻の著作は、どのような特徴をもっていたのであろうか。つぎにそれらを全体として概観しよう。

(1) Kosminski, *Mittelalter.*, S. 273.　邦訳書　三三八ページ。Jefimow, *Neuzeit.*, SS. 18-19.　邦訳書　二五—二六ページ。
(2) Косминский, Буржуазная революция., I. стр. 8, 13, 19-20.
(3) Lansdowne, *Petty Papers.*, Vol. I. p. xiii.
(4) Косминский, *op. cit.*, стр. 14.
(5) Marx, *Kapital.*, I. Bd. S. 791.　邦訳書　第四分冊　一一四三ページ。
(6) Ogg, *Reign of Charles II.*, p. 733.

第二節　諸　著　作

グラントはいわば「一書の人」である。そしてこの一書こそ、かれの名を不朽にする前述の『死亡表に関する自然的および政治的諸観察』にほかならない。このほか、かれは『内国消費税の増進についての諸観察』(*Observations on the Advance of the Excise*)や、宗教論をも執筆したといわれ[1]、さらに「コイおよびサケの増殖および成長[2]」(Multiplication and growth of carps and salmons)についての観察結果を王立協会へ書き送った、という。が、前二者は現存しておらず、後者はあまりにも簡潔で、かれが水産学的実験や観察にも興味をもっていたということをうかがい知る材料になる程度のものにすぎない。

これに反して、ペティは六十四年の生涯をつうじておびただしい量にのぼる公刊・未公刊の著作をのこしている。その死の二年まえ(一六八五年)に、ダブリンをひきあげてロンドンに居をうつそうとしたとき、かれは五十三個の大箱をみたすほどの手稿の山をまえにして当惑したという（C・一三八）。そして、大部分かれが主宰したアイァランドの土地測量に関するものと推測されているこの山なす手稿は、一九二一年に火災のために焼失してしまったけれども、これとてもかれの著作の一部分にすぎず、「ブリティッシュ・ミュージアムその他にまよいこんだ少数の手稿」は別として、他の大部分の手稿はかれの子孫によって現に保管されているという。(3) こういう点から推測すると、ペティの公刊著作は、かれの全著作にくらべて九牛の一毛にすぎないものといわなければならない。(4) ペティの著作がこんなにも多いのは、一つにはなにごとによらず気づいたことを書きとめておくというかれの少年時代以来の性癖に由来しており、また晩年の著作がとりわけ多いのは、そのころ失明にちかいほど視力を失ったことからくる焦躁感をいやすために、かれが「リクリエーションとして書いた」ためでもあろう。(5) が、それと同時に、天才の時代といわれる王政復古時代における代表的人物の一人としてのかれの旺盛な好奇心(6)や、かれの活動の多面性や、またその生涯の多岐性をも考えあわせなければならないであろう。そして、文字どおり行動の人であったペティにとっては、身辺の雑事を記録したものはもとより、この時代のイングランド社会が提起した基本的な諸問題を論じた諸論策にいたるまで、あらゆる著作は、多かれすくなかれ、かれの生活体験とむすびついた生活記録という性質をもっていたのであって、かれ自身のことばでいえば、それらはいずれもかれの「労苦と不幸の記念碑」（C・一三八）にほかならなかったのである。

ところで、ペティの膨大な著作のうち、十九世紀の中葉（一八五一年）までに公刊されたものは、重版書および翻訳書をのぞけば全部で三十四部であるが、そのうちわけはつぎのとおりである。

㈠　ペティの生前に公刊された著作……二二(7)

(イ)　匿名で公刊されたもの……………七

(ロ) 顕名で公刊されたもの…………一五(このうち、王立協会の手によって公刊されたものが六)

(ニ) ペティの死後に公刊された著作……一二(このうち、既刊の著作のいくつかをあわせて一冊として公刊されたものが二)

十九世紀中葉にいたるまで、ペティの諸著作は容易に手にすることさえできないものであったらしい。ロッシャー(W Roscher. 1817–94)はペティの全集が存在していないことを遺憾としているが[8]、マルクス(K. Marx, 1818–83)はこの点に関してつぎのように述べている。すなわち、『ペティの諸著作は古本屋の取引の稀覯本であって、劣悪な古版本で散在しているにすぎないが、このことはウィリアム・ペティがイギリス国民経済学の父であるばかりではなく、同時に、イギリスのウィッグ党の長老ヘンリ・ペティ(Henry Petty)、別名ランズダウン侯の祖先でもあるだけに、いっそうふしぎなことである」[9]と。このような状態は、十九世紀の末葉にペティの伝記と経済学的統計学的著作集とが、また、今世紀の二十年代になって未刊論文集と書簡集とが、いずれもペティの子孫の手によって公刊されたために、いちじるしく改善された。すなわち、つぎの四部の編著がそれである。

(1) *The Life of Sir William Petty 1623–1687, chiefly derived from private documents hitherto unpublished, by Lord Edmond Fitzmaurice.* London, 1895.

(2) *The Economic Writings of Sir William Petty, together with the Observations upon the Bills of Mortality more probably by Captain John Graunt, edited by Charles Henry Hull.* 2 vols. Cambridge. 1899.

(3) *The Petty Papers, some unpublished Writings of Sir William Petty, edited from the Bowood Papers by the Marquis of Lansdowne.* 2 vols. London, 1927.

(4) *The Petty-Southwell Correspondence 1676-1687, edited from the Bowood Papers by the Marquis of Lansdowne.* London, 1928.

ところで、この『ペティ経済学著作集』の編集者ハル(C. H. Hull)は、この著作集の序文の冒頭で、ペティの全著作を三つの部類に大別し、その各〻についてつぎのように述べている。すなわち、第一の部類は、護民官治下のアイァランドにおける土地測量家としてのかれの諸活動に関するもの——これについて現在われわれが興味をもつのは主として伝記資料としてである。第二の部類は、医学論文および数学・物理学・力学のなんらかの題目についての諸論文——これらはいまでは忘れられている。第三の部類は、経済学的統計学的諸著作——これらの真価はあますところなく認識されている、と。ハルが厳密な校訂をほどこして編集したリプリント版のこの著作集は、ペティの生前または死後に公刊された諸著作のうち、右の第三の部類に属する主要諸著作のほとんどすべて[10]とグラントの前述の主著とを収めたものなのであるが、ハルのこの三つの部類を見ただけでも、ペティの関心が相当広汎多岐な問題領域にわたっていたことがうかがわれるであろう。そしてこのことは、ランズダウンが編集した前記の『ペティ未刊論文集』を見るといっそう明瞭になるのである。

『ペティ未刊論文集』は、ペティの膨大な未公刊著作のなかから一小部分をえらんで編集されたものである。そのばあい編集者ランズダウンは、原則として、ペティの手稿のなかの、㈠興味ふかいもの、㈡未公刊のもの、㈢比較的短文のもの、をえらび、また、㈣この論文集がペティの広汎多岐にわたる関心をよりよく示すように配慮して編集したという。[11]そうとすれば、たとえランズダウンの編集方針からくる諸制約はあるにしても、[12]この論文集は、すくなくとも右の㈣の点から見れば、ペティの全著作の縮図としての役割をかなりの程度に果しているといって大過なかろう。ところで、この論文集には全部で百六十三編の著作が収められている。そのうちわけは、百五十編の断片的小論文、九編の詩、四編のペティ自筆の著作目録(13)（このうちの一編は著作目録ではなくて、計画中のものをもふくめた「小論のための主題一覧表」である）となっており、執筆年次が明らかなもの、またそれを明らかに推定しうるものについていえば、この論文集は一六三七年から八七年までの半世紀間のかれの著作を収め、そのうち晩年（一六八〇年代）の著作だけで八十数編（全体の五割強）に達している。そしてランズダウンは、これらの著作の内容に即して全体をつぎの二十六の項目に分類して編集しているのである（各項目の末尾の数字はそれぞれにふくまれる著作の編数を示す）。すなわち、ランズダウンの配列順序にしたがって列挙すれば、「統治（8）、ロンドン（9）、アイァランド（8）、アイァランドの土地登記（6）、宗教（15）、辞典（3）、統計（11）、産業交易（8）、利子（3）、国王ジェイムズ二世（10）、教育（6）、哲学（5）、人類の増殖（6）、軍事（4）、戦時における羊毛利用法（4）、ダブリン理学協会（2）、アメリカ植民地（9）、植林（3）、ポンプ（2）、海水の甘化法（3）、郵便馬車（2）、医学（6）、雑（15）、諸観察（2）、詩（9）、著作目録（4）」がそれである。ランズダウン自身もみとめているように、これらの断片的小論の主題がたがいに重複しているばあいもすくなくない。そしてランズダウンの分類は、項目のたてかたがあまりにも具体的であるために、雑然とした感じをおおえないのであるが、このことがかえってペティのおそろしく広汎多岐にわたる関心を如実に示すという結果にもなっているのである。つきつめていえば、ペティは、「小論のための主題一覧表」（L・一六一）に列記されている八十四個の「主題」が示しているとおり、「諸王国の自然的人工的状態」を認識するために、自然科学・技術のすべての領域はもとより(14)、各種の産業・諸物品・貨幣・人口およびその経済的意味（“oeconomicall Populus”）・自然法および諸法律等々についての科学的知識のすべてに関心をもっていたといわなければならない。そしてランズダウンがいうように、この論文集に収められているものは、ペティがあらかじめ公刊を予想して執筆したものが一つもないから、ここに表明されている思想や見解はすべてペティのなまのままのものである。つまり、政治的その他の考慮から粉飾されたものは皆無であるから、(15) こういう点から考えても、この論文集はつぎの書簡集と同じようにきわめて貴重な資料なのである。

ペティの書簡集、くわしくは『ペティ＝サウスウェル書簡集　一六七六―一六八七年』は、ペティとその従弟で親友のサウスウェル(16) (Sir R. Southwell, 1635–1702) とのあいだの往復書簡集である。この書簡集には、一六七六年から八七年までの約十年間の往復書簡百九十三通が収められており、ペティの最後の書簡は一六八七年十二月十三日、すなわちかれがその死の三日まえにサウスウェルにあてて書いたものである。一六七六年以後の書簡しか収められていないという点に大きな制約はあるけれども、これらの書簡が他の書簡集一般と同じように貴重な資料であることはいうまでもない。そして、ペティのサウスウェルに対する信頼がひじょうなものであっただけに、ペティの公刊諸著作に対する「脚注」としての意味だけからいっても、この書簡集の価値はいっそう大きいのである。

十九世紀中葉までに公刊されたグラントおよびペティの公刊諸著作は、原則として公刊年次順に、しかも各〻の著作の諸版本や翻訳書をもふくめて網羅的に、前述の『ペティ経済学著作集』の第二巻巻末にかかげられているのでここでは省略する。そして本書においては、『ペティ未刊論文集』においてはじめて公表された諸著作をもふくめたペティの全公刊著作を、各〻の公刊年次順ではなしに執筆年次順に、イングランドにおけるこの時代の歴史的諸段階に対応させながら本論においてとりあつかうことにし、つぎにグラントおよびペティに対する諸〻の歴史的評価を要約しておきたい。

(1) Aubrey, *Lives.*, p. 115.

(2) この水産学的実験の報告は、ハルのリプリント版(H・四三二)に収められ、久留間鮫造訳『グラント　死亡表に関する自然的および政治的諸観察』の三四五—四六ページに訳出されている。

(3) Lansdowne, *Petty Papers.*, Vol. I. pp. xviii–xx.

(4) Kuczynski, *Geschichte.*, S. 151.

(5) Lansdowne, *op. cit.*, p. xxii.

(6) Ogg, *Reign of Charles II.*, p. 733.

(7) ペティのアイァランド地図すなわち *Hiberniae Delineatio* は刊年が不明であるが、もしこの書物がブリティッシュ・ミュージアムによって推定されているように一六八五年に公刊されたとすれば、この「二二」は正しいが、もしこの地図がペティの死後に公刊されたものであれば、この「二二」は「二一」と訂正されなければならない。

(8) Roscher, *Geschichte.*, S. 68.　邦訳書　一四五ページ。

(9) Marx, *Kritik.*, S. 51.　邦訳書　五三ページ。

(10) 前節に王政復古時代の著作としてかかげたのがこれである。一六八七年に執筆した『アイァランド論』だけは、ハルのリプリント版ではじめて公刊された。

(11) Lansdowne, *op. cit.*, pp. xx–xxi.

(12) ランズダウンが「興味ふかい」と考えても、それはランズダウンの「興味」にすぎないばあいもあろう。また、「比較的短文のもの」だけを収めたということも考えあわせなければならない。

(13) この四編の著作目録のうち、第一のもの(L・一五八)は、はじめ、フィツモーリスの『ペティ伝』(Fitzmaurice, *Life*, p. 317–18)にリプリントされ、ハルのリプリント版にも収められている(H・六五三—五五)。しかし、ランズダウンによれば、フィツモーリスもハルも、ともに転写のさいペティの子孫によって誤記された手稿をリプリントしており、ランズダウンの編集にかかるこのリスト(L・一五八)がもっとも正確である(L・一五八注)。

(14) 八十四個の「主題」のうち、自然科学関係の「主題」と考えられるものをひきだして、一応現代の自然科学の諸分野にしたがって整理すると、ペティの関心はつぎのようになろう。「数学・天文学・力学・化学・物理学・光学・磁気学・機械工学・鉱物学・採鉱冶金学・動物学・植物学・人体生理学・比較解剖学・疫学・地理学・製図術・航海術・軍事技術。」が、このように整理することはかえって危険であろう。ランズダウンのリプリント版について直接参照されたい。いずれにせよ、自然科学と技術とが、また経済学と政策とが、さらに技術と政策とが、それぞれ密着した形でペティの関心をもつ「主題」になっているということがいちじるしい特徴である。

(15) Lansdowne, *op. cit.*, pp. xxv–xxvi.

(16) サウスウェルは政治家で、外交官としても有名であった。かれはペティ夫人の従弟で、したがってペティの結婚(一六六七年)以後、かれはペティの従弟にもなったわけである。ペティとサウスウェルの通信は一六六八年からはじめられていたという。ペティの手稿の多くのものが現存しているのは、サウスウェルの配慮に負うところが多い。Lansdowne, *op. cit.*, pp. xix–xx.

第三節　諸〻の歴史的評価

グラントおよびペティを近世統計学および経済学の先駆者あるいは創始者とすれば、この両者に対する諸〻の歴史的評価を要約するということは、すくなくとも十七世紀以降の統計学史および経済学史を要約するということを意味するであろう。が、筆者はここでそれを企てているのではもとよりないし、またそれは現在筆者の力のおよぶところでもない。ここで筆者が企てているのは、本書の主題の輪郭をいっそう明らかにする手がかりをえるために、グラント＝ペティの政治算術＝解剖に対する諸〻の歴史的評価を不十分ながら要約するということである。(1)

両者がともに市民革命という社会的一大激動期に生きた人々であったということは、かれらに対する同時代者たちの人間的評価もまた当然に安定的ではありえなかったであろうということを予想させる。そして事実はまさにそのとおりであった。(2) しかしながら、かれらの学問的成果に対する同時代者たちの評価は、一様にきわめて高かった。グラントが『死亡表に関する自然的および政治的諸観察』によって王立協会の創立当初の会員にえらばれたという一事だけでも、この成果に対する同時代者たちの評価がいかに高かったかということがうかがわれるであろう。かれがロンドン市の「一商店主であったということは、入会のさまたげにならなかったばかりではなく、〔かれの推せん者であった国王チャールズ二世（在位一六六〇―八五年）〕陛下は、この協会に対して、今後もしこのような商人を発見したばあいには、さっそく文句なしに入会させるようにとの特別の指示をあたえられたほどであった」(3) という。そして同時代者たちが、グラントの研究成果について、とりわけ驚嘆したのは、かれの全論述が「数・重量・尺度」(Number, Weight, Measure) すなわち客観的な数字にもとづいて実証的に組みたてられていること、またかれが「商店算術という数学」を駆使しつつ一見混とんとした社会(人口)現象の生起のなかに諸〻の数量的関連をみいだしたばかりではなく、その規則性を発見し、しかもかれがこれらの規則性を「自然的および政治的」に観察し意味づけ、そうすることによって「人民を平和と豊富とにおいて保持する」(H・三九五、邦・二三七) という近代国家の政策の基礎となるべき科学的知識をえようとしていること、等々の諸点についてであった。

ところで、グラントの数多くの同時代者のなかで、かれの研究成果を誰れよりも高く評価したのはペティであろう。そしてペティの学問的成果に対する同時代者のもっとも包括的な評価と考えられるものは、サウスウェルのつぎの立言であろう。すなわち、ペティは、「哲学〔理学〕・医学・航海術・詩・土地測量術・計算および政治算術の才能において当代の第一人者であった」(C・三三三) と。これはペティの死にさいしてサウスウェルが書いた墓碑銘の一部である。この墓碑は実現しなかったのであるが、これだけ広汎な学問分野のすべてについて、ペティが「当代の第一人者」であったかどうかは問題であろう。が、そのいずれにしても、前節で述べたようなかれのきわめて広汎多岐にわたる学問的関心が、かれをもっともよく理解していた同時代者によってこのように要約されていたことはまちがいない。しかもペティが、グラントの研究成果を誰れよりも高く評価したばかりではなく、この成果を政治算術＝解剖へと発展させたのは、このように広汎多岐にわたる学問的視野のもとにおける社会的実践をとおしてであった。グラントの成果の発展としてのペティの政治算術＝解剖の特質は、それが政策的意図においては明らかに重商主義のそれと軌を一にしながらも、なおかつその窮極の目的を「人民・土地・資財・産業交易の真実の状態」(H・三一三、邦・一四七—四八)の認識、つきつめていえば幼年期の資本主義社会における富の実体の認識においていたこと、ことばをかえていえば、一国の社会的生産力に着眼し、この統一的視点にたってすぐれて数量的に社会経済現象を観察し、その数量的諸関連を媒介とする推論("Ratiocination")をつうじてえられた労働価値理論の萌芽を包摂していたことにある。つまり、グラントの発見したものがこの社会における数量的規則性であったのに対し、ペティが発見したものはこの社会を支配する質的法則性であったといわなければならない。が、ペティの政治算術＝解剖に対して絶讃をおしまなかった同時代者たちのほとんどすべての者は、いわば幼年期の資本主義社会の社会解剖学としてのかれの研究成果を不十分にしか理解できなかったのであって、かれらの賞讃は主としてこの社会解剖学の数量的観察ないしそれにもとづく諸推論の形式的な側面についてであった。このような側面だけでも当時としてはもとより貴重な成果であるが、ペティを政治算術の創始者として高く評価したデヴィナント(C. Davenant, 1656–1714)が、政治算術を「統治に関する諸事項について数字を用いて推理する術」(4)と定義し、こういう術としてしか理解できなかったということは、同時代者たちの評価の内容をよくあらわしているといわなければならない。国王チャールズ二世は、ペティを批評して、

「不可能事を追求する(Ayming at Impossible Things)人」(C・二八一)といったという。これは、総じて十八世紀以降のはるか後代になってはじめて実現されたようなペティの諸〻の発明に関する着想や行政上の諸提案を、国王が理解できなかったことの表明にほかならない。そしてこのことは、ペティの政治算術＝解剖についても妥当するのであって、同時代者にとってそれを理解することは「不可能事」であったといわなければならない。そしてなぜそれが「不可能事」であったかということ、つまりペティの社会解剖学がなぜ独歩的に高い水準に到達しえたかということがここでの問題であろう。

それはともかくとして、この時代のイングランドにおける経済学説の主流を形成していた重商主義の著作家たちは、幼年期の資本主義社会を商品流通の面においてのみ、すなわち主として商品価格をとおして数量的にとらえていたのであるから、本質的には多かれすくなかれデヴィナントが定義する意味においての「政治算術家」であり、またこの意味における経済統計家なのであって、その典型的な代表者は、「キングの法則」の発見者で、デヴィナントとよくまちがえられるキング(G. King, 1648–1712)である。他方、グラントが導出したイングランドの死亡生残表(5)(H・三八六―八七、邦・二一〇―一一)は、天文学者のハリ(E. Halley, 1656–1742)によって数学的にいっそう精密化され、十八世紀以降における生命表の原型になり、またその後の人口統計へと発展するのである。このように見てくると、グラント＝ペティの政治算術＝解剖は、早くもその創始者またはその直接の後継者の時代に、ペティによって代表される古典派経済学の萌芽と、キングによって代表される経済統計と、ハリによって代表される人口統計との三者に発展し分化しはじめていたといってさしつかえない。

グラント＝ペティの政治算術＝解剖は、イングランドの同時代者たちによってのみ高く評価されたのではない。とりわけグラントの研究成果は、かれの主著が公刊された直後から大陸諸国において高い評価をうけたのであるが、(6) その導入にさいしていちじるしい特徴を示したのは十八世紀中葉のドイツであって、それはズュースミルヒ（J. P. Süßmilch, 1707–67）およびアッヘンワル（G. Achenwall, 1719–72）の両者がほぼ同じ時期にグラント＝ペティの政治算術＝解剖に接してこれを摂取したそれぞれのしかたのなかにきわめて明瞭にあらわれているのである。

プロイセン（Preußen）の開明的な絶対君主フリードリッヒ大王（在位一七四〇―一八六年）の治下における啓蒙的神学者ズュースミルヒがその主著『神の秩序』（*Die göttliche Ordnung.* Berlin, 1741）においてとりあつかった主題は、この大王の富国強兵政策の一環としての人口増加策と緊密にむすびついている。そしてこの主題のもとに人口現象を解明しようとしたとき、ズュースミルヒは、グラントが経験的帰納的に導出したこの現象の生起における規則性を、神の摂理を実証するための手段として援用したのである。ズュースミルヒがこの規則性の発見者グラントを新大陸アメリカの発見者コロムブス（C. Columbus, 1446?–1506）になぞらえたことは有名であるが、ハリその他の政治算術家たちの諸成果をとりいれたばかりではなく、確率論的思想にささえられつつ諸〻の資料の数学的処理においても進歩していたかれが、その先行者たちの成果をいっそう精密にし、後代におけるいわゆる大数法則の確立に先鞭をつけ、この意味において政治算術を体系づけたことは疑うべくもない。が、その反面において、かれはみずからが導出した人口現象の生起における諸〻の規則性を意味づけるべき経済学的諸理論についてはほとんどまったく無理解なのであって、この点においてかれの「神の秩序」はグラント＝ペティの政治算術＝解剖よりもいちじるしくたちおくれていたといわなければならないのである。

他方、カメラリスムス（Kameralismus）の伝統に依拠しつつゲッティンゲン（Göttingen）の大学で近代統計学の源流の一つとなった国状学(Staatenkunde)を確立したアッヘンワルはどうかといえば、かれが体系化した「いわゆる統計学」(sogenannte Statistik)は、「諸〻の国家顕著事項」(Staatsmerkwürdigkeiten)の総合としての「国状」(Staatsverfassung)に関する学問であった。しかもこれらの「国家顕著事項」のなかでの最重要な「事項」は、「よってもって国家が成立するところの土地と人民」(Land und Leute)であって、「この両概念のもとにいっさいを総括」し、絶対主義国家の政策をうちたてるための体系的知識をあたえるのが「統計学それ自体」なのである。(7) このように、アッヘンワルが「土地と人民」を「国状」を認識するための総括的基本概念にすえたということは、グラント＝ペティの政治算術＝解剖における問題のたてかたと形式的には酷似している。けれども、アッヘンワルの統計学＝国状学は、社会解剖学としてのグラント＝ペティの諸成果をへだたることきわめて遠いものであって、社会経済現象の数量的観察すらほとんどまったくおこなわず、これらの現象すなわち諸〻の「国家顕著事項」の平板な羅列的記述に終始してしまった。そしてグラントやペティの主著はイングランドまたはアイァランドにおけるこれらの「事項」を知るための参考文献としてアッヘンワルの主著に注記されているにすぎないのである。

ズュースミルヒをドイツにおけるグラントとすれば、アッヘンワルはここでのペティになぞらえることができるかも知れない。けれども、十八世紀の中葉以後になってようやく絶対主義の確立期をむかえようとしていたドイツの「グラント」や「ペティ」は、ドイツ社会のいちじるしい後進性に制約されて、市民革命の所産としてのイングランドの政治算術＝解剖をまったく不十分にしか理解できなかったといわなければならない。その反面、政治算術＝解剖の母国イングランドはどうかといえば、そこでは早くもこの時代に産業革命が開始しようとしていた。そしてアッヘンワルの同時代者と見るべきスミスは、「政治算術に大なる信をおくものではない」(8) といったけれども、このばあいスミスが政治算術を統計的推算に関する技術的方法としてしか評価していなかったということはほとんど疑いないのであって、グラント＝ペティの政治算術＝解剖が包摂していた経済学の基本的諸理論の萌芽は、ほかならぬスミスによって継承され、労働価値理論を基礎とするイギリス古典派経済学の理論的主脈に発展しつつあったのである。

ズュースミルヒおよびアッヘンワル以降、十九世紀初頭にかけてのドイツの統計学界を特徴づけるものは、つきつめた形でいえば、アッヘンワルの後継者たちが政治算術的方法を国状学へ導入しようとする傾向であり、あるいはまた、「グラントによって創始され〔ズュースミルヒによって継承され〕た科学〔すなわち政治算術〕と国状学とを結合させ」(9)ようとする傾向であった。そして、明らかにドイツにおける社会経済現象の数量的観察の可能性の増大を基盤とするこの新傾向は、グラントやペティの諸成果の理解においてまったく幼稚なものではあったけれども、十九世紀初頭におけるドイツの統計学界を刺戟し、国状学の伝統をまもろうとする旧学派とのあいだに統計学の目的・対象・方法をめぐる著名な論争をひきおこした。が、その結果は、ナポレオン戦争につづくドイツ社会の空前の激動のなかで、新旧両学派の「結合」どころか、これらの両者に対する底知れぬ懐疑――これを代表するのはスミスの学説のドイツへの導入者としても有名なリューダー(A. F. Lueder, 1760–1819)である――という悲劇的な主張をさえ生むようになったのである。

ドイツの統計学界がこのような論争に忙殺されていたところ、イギリスでは、リカード(D. Ricardo, 1772–1823)によって古典派経済学が完成され、またベルギーでは、ハリ＝ズュースミルヒ的方向における政治算術(主として人口統計)とフランスの確率論の諸成果とを基礎としつつ、天文学者のケトレー(L. A. J. Quetelet, 1796–1874)によって「社会物理学」(physique sociale)としての近世統計学が確立された。機械的唯物論と確率論とを主軸としつつ人間生活のなかに徹底して超歴史的な自然法則を確認しようとするケトレーの「社会物理学」＝統計学は、こうすることによってズュースミルヒの「神の秩序」をのりこえることはできたけれども、他面においてグラント＝ペティの政治算術＝解剖が到達した前述の社会的質的法則の認識についてはほとんどまったく無理解であった。そしてケトレーの統計学が十九世紀の中葉以降、ドイツの統計学界によって大々的に輸入されたとき、そこでは社会政策思想および歴史学派経済学の影響のもとに、社会的集団を大量観察によって研究し、社会生活における合法則性の追究を目的とする社会統計学(Sozialstatistik)が建設された。それはズュースミルヒ＝ケトレー的方向における統計学を「本来の統計学」とするものであって、(10)ここではグラントはズュースミルヒの先行者として不動の評価をうけたのである。他方、ペティはどうかといえば、たとえばロッシャーのペティ評価に見られるように、近世統計学の始源的地位にたつ者として高く評価されたのであるが、かれがその創始者としてもっとも高い評価をうけたのは経済学の分野においてであった。このような評価は、すでにマカロック(J. R. McCulloch, 1789–1864)・ロッシャーなどによって、それぞれの立場においてなされていたのであるが、ペティの経済学説史上の地位を決定的なものにしたのはマルクスの評価である。すなわち、「マルクスが経済学の歴史を十七世紀の中葉から批判的に追究しようとした」(11)とき、かれがペティを「近世経済学の建設者」として、また「もっとも天才的でもっとも独創的な経済学研究者」(12)として評価したのは周知のとおりである。そしてこんなにも高い評価は、マルクスがペティを経済学のもっとも基礎的な理論＝価値理論(剰余価値理論)の創始者、すなわち価値法則の最初の発見者と考えたからであり、この理論を包摂するがゆえに、ペティの「政治算術〔＝解剖〕は経済学が独立した科学として分離した最初の形態である」(13)と考えたからであろう。さらに、マルクスがペティを評価して「経済学の父」であるばかりでなく、「いわば統計学の発明者」(14)といっているのは、ペティの主著

『政治算術』を「通説どおり(vulgo)統計学の基礎づけ」と考えても、「今日の統計学は、いまだにペティが力強い筆致でえがいたその目標からほど遠いという事実」[15]に着眼したからであろう。

以上のように見てくると、諸科学の確立期といわれている十九世紀中葉以降、グラント＝ペティの政治算術＝解剖は、近世経済学および統計学の始源として評価され、そのばあいグラントは統計学の、そしてペティは経済学および統計学の創始者として位置づけられたということになるであろう。が、それればかりではない。その後十九世紀の末葉において、ペティは財政学の先駆者として評価され、今世紀の三十年代には人文地理学の先駆者として、さらに比較的最近においてはグラントとともに計量経済学(econometrics)の先駆者としても評価されているのである。ペティを財政学の先駆者と評価した最初の人はおそらくはセリグマン(E. R. A. Seligman, 1861–1941)であろう。もっとも、セリグマンは、ペティの主著『租税貢納論』に言及しつつ、かれを「一著作をあげて租税の問題にささげた最初のイングランド人」[16]といっているのであるが、ペティはこの主著の冒頭で国家経費を論じているのであるから、そして労働価値説を基礎理論とする「経済学の上に財政論を樹立した」のであるから、「われわれは、ペティを『近世財政学の創設者』とよんでいい」[17]といわなければならない。ペティを「二十世紀の人文地理学の先駆者」[18]として評価したのはゴブレ(Y. M. Goblet)である。そしてゴブレのこのような評価は、かれが共和国時代のアイァランドでペティが主宰した土地測量とその成果としてのペティのアイァランド地図および『アイァランドの政治的解剖』その他の主著を長年にわたって研究した結果である。最後に、グラントおよびペティを計量経済学の先駆者として評価したのはシュムペーター(J. A. Schumpeter, 1883–1950)である。[19]このばあいシュムペーターは、イングランドの政治算術家たちはもとより、スミス以前のフランスにおける経済学の先駆者たちをもこれに加えているのであるが、かれが政治算術に関するデヴィナントの前述の定義を「またとないほど公正[20]」な規定であるといっているのは、きわめて特徴的であるといわなければならない。

ところで、十九世紀中葉以降における諸科学の確立にともない、グラントおよびペティが上述のように位置づけられた過程は、同時にグラントの主著『死亡表に関する自然的および政治的諸観察』(以下『諸観察』と略記する)についていわゆる著作者論争が提起された過程であった。すなわち、「『諸観察』の著者はグラントかそれともペティか」という論争がそれであって、この論争は、一八四五年にマカロックが口火を切って以来、筆者が知るかぎりにおいても、英・米・独・仏の経済学者・統計学者・経済史家・歴史家・文学史家など、広汎な学問分野に属する数多くの人々が直接間接に参加し、断続的にではあるが第二次大戦後の現代にまでもちこされているものである[21]。

前述のように、マカロックの時代はイギリス古典経済学および近世統計学が完成し確立した時代であり、それにつづく時代において、経済学は、マルクス主義経済学といわゆる近代経済学およびその諸〻の支脈とに発展・分化し、また統計学は、社会統計学と数理統計学およびその諸〻の支脈とに発展・分化したのであって、すでにエンゲル(E. Engel, 1821-96)の時代には、統計学について、百数十の定義が数えられたという。したがって、マカロックの時代に『諸観察』の著作者論争が提起されたということは、近世統計学の確立にともない、その創始者があらためて問題になり、その不朽の功績がグラントまたはペティのいずれに帰せられるべきかが問われたということを意味する。そしてマカロック以後、経済学および統計学が発展・分化する過程において展開されたこの論争のなかには、いわば功績争いという角度からなされた論議もなしとしなかった。けれども、この論争からこういう側面をとりのぞいて考えなおしてみると、「イングランドにおける統計学と経済学の生みの母たる科学[22]〔政治算術〕」の始源的著作の著作者を問題にするということは、この二つの科学の発展・分化の過程において両者の母胎たる科学の具体的な生成過程を明らかにし、ひいてはそれをどのように評価するかということを問題にすることにほかならない。というのは、この論争は、十九世紀の末に、『諸観察』をグラントおよびペティの共同著作とする点において一応決着したけれども、この決着は、同時にもう一つの新しい問題、すなわちこの「共同」の内容にたちいって「両者のうちのいずれがよりいっそう本質的な寄与をしたか」という新しい問題を提起する結果になったからである。つまり、この「本質的な寄与」を明らかにするという問題は、「共同」の結果として生れた『諸観察』そのものの本質、したがってまたその発展としての政治算術＝解剖をどのように評価し理解するかという点に決定的にかかわってくる問題であるからである。再言すれば、論争参加者たちが "old story" だといったこの一世紀以上も断続して果てしのつかない論争は、実はすくなくとも統計学の研究対象および方法、ならびにそれらと経済学との相互関連をどのように理解し規定するかという根本的な問題にただちにむすびついているといわなければならないのである。

（1）　本節の全体について、拙稿「J・グラント『諸観察』の成立、その方法の発展および評価をめぐる歴史的展望——統計学の学問的性格に関する一反省——」（『経済研究』第七巻第二号　一九五六年四月）をあわせて参照されたい。

（2）　このことは、「誰れからも敬愛された」というグラントについてさえあてはまる。すなわち、ウッド（A. À. Wood, 1632-95）によれば、グラントは、「天才的で篤学な人物であって、誰れからも敬愛された忠実な友、偉大な調停者であり、その慎慮と公正さのゆえにしばしば仲裁者にえらばれた人であった。そしてなによりの評判は、かれのすばらしくよく働く頭脳であって、しかもそれが商人や職人にはきわめてまれな学問という公共の幸福にむけられていたためである」と。Hull, *Introduction*., p. xxxv iii. 人間グラントに対するウッドのこの評価は、同時代者たちのそれを代表していると考えてさしつかえない。それにもかかわらず、一六六六年のロンドンの大火のさいにこの市の水道会社（New River Company）の理事でもあったグラントは、消火のために当然なすべきこの会社の送水を故意に停止し、この火災を大事にいたらしめたという悪評をこうむったのである。*ibid*., p. xli. グラントがこうむった冤罪は十八世紀の前半にすすがれたのであるが、このような悪評のかげには、ロンドンの大火のころにグラントがピュリタンからカソリックへ改宗したことに対する一部の人々の反感――カソリックに対する恐怖――が考えられるのである。*ibid.*, p. xli. 久留間鮫造「グラントの生涯」三四七―五〇ページ。

他方、ペティはどうかといえば、かれの行動がこの時代における社会経済的な深刻な利害の対立にふかい関連をもっていただけに、かれに対する同時代者たちの評価はグラントに対するそれよりもはるかに不安定なものであった。そしてこのことは、幼少の時代からぬけめなく致富への道を歩きつづけたかれの性格とも関連しているのであるが、共和国時代の末期にかれがアイァランドにおいてみずから主宰した土地分配事業にからむ汚職のかどで、イングランドの議会に召喚されたり、王政復古時代にかれがアイァランドにおける徴税請負制度に反対し法廷侮辱のかどで投獄されたりしたこともまた、かれに対する同時代者たちの評価の一端を示すものにほかならない。一六七二―七七年にアイァランド総督をしていたエシックス伯(A. Capel, Earl of Essex, 1631-83)は、「私は陛下の三王国〔イングランド・スコットランド・アイァランド〕のなかで、サー・ウィリアム・ペティほど人をいらだたせる人はいないということを確信する」といったという。*ibid.*, p. xxviii.

その反面、ペティに対する同時代者たちの高い評価もまた数多い。その代表的なものをあげれば、ペピーズ(S. Pepys, 1633-1703)・イーヴリン(J. Evelyn, 1620-1706)およびオーブリ(J. Aubrey, 1626-97)の評価であろう。すなわち、実に数多くの著名人と交友していたダイアリストのペピーズは、ペティをこれらの人々のなかで「もっとも合理的な人」といい、また王立協会の書記でもあった学芸愛好者(virtuoso)のイーヴリンによれば、王政復古時代のペティは、あらゆることを精査し吟味する能力において、また「製造業の管理、産業交易の改善および植民地の統治」についての第一人者で、「かれにとって困難というものは一つとしてなく」、「一言でいえば、かれはあらゆることを洞察する奇智に富んだ天才であった」と。さらに、好古家で有名な『小伝集』(*Brief Lives*)の著者オーブリによれば、ペティは「おどろくほどの善人であると同時に、驚嘆すべき発明の才にめぐまれた実際的な多能家である」と。Pepys, *Diary.*, quoted in Hull's *Introduction.*, p. xxxiii. Evelyn, *Diary.*, Vol. II. pp. 100-01. Aubrey, *Lives.*, p. 240.

以上のような諸〻の評価が、両者の社会的立場と密接に関連していることはいうまでもない。この点については、『経済学批判』においてなされた人間ペティに対するマルクスの評価(*Kritik.*, S. 51. 邦訳書 五三ページ)とともに本論のなかでとりあつかうことにする。

(3) Sprat, *History.*, p. 67.

(4) Davenant, *Works.*, Vol. I. p. 128.

(5) この死亡生残表は、グラントを近世統計学の創始者として位置づける有力な根拠の一つになっていたのであるが、一九三七年に発表されたウィルコックス(W.F.Willcox)の研究においてペティに帰せられることになった。*cf.* Willcox, *Introduction.*, pp. xi-xiii.

(6) オランダおよびフランスに対する影響については本書の第二章でふれる。

(7) Achenwall, *Staatsverfassung.*, SS. 3, 7.

(8) Smith, *Wealth of nations.*, Vol. II. p. 36.　邦訳書　第三分冊　一九五ページ。

(9) Crome, *Europäische Staaten.*, Vorrede.

(10) Wagner, *Statistik*, S. 428.　邦訳書　九五ページ。

(11) Marx, *Theorien.*, Teil 1, S. viii.　邦訳書　第一分冊　六ページ。

(12) Engels, *Anti-Dühring.*, SS. 283, 286.　邦訳書　四〇〇、四〇三ページ。この評価は、その「すべての重要な部分がマルクスの筆になる」第十章「批判的学史から」のなかでなされているものである。

(13) Marx, *Kritik.*, S. 50.　邦訳書　五〇ページ。

(14) Marx, *Kapital.*, I. Bd. S. 284.　邦訳書　第二分冊　四六九ページ。

(15) Engels, *op. cit.*, S. 286.　邦訳書　四〇三ページ。

(16) Seligman, *Taxation.*, p. 30.　邦訳書　第一部　三七ページ。この点については経済思想史家のヘネー(L. H. Haney)も同じように評価している。*cf.* Haney, *History.*, p. 137.

(17) 大内兵衛「ウィリアム・ペティ『租税貢納論』の学説史的意義」一三ページ。

(18) Goblet, *Géographie politique de l'Irlande.*, Vol. II. p. 359.

(19) Schumpeter, *History.*, Pt. II. Chap. 4.　邦訳書(2)　第二編　第四章。

(20) *ibid.*, p. 210.　同書　四三八ページ。

(21)　この論争の概要とそれに関する私見とについては本節の注(1)にかかげた拙稿を参照されたい。
(22)　Bauer, *Political arithmetic*., p. 56.

第四節　主題の意味と方法

現代諸科学の確立期といわれる十九世紀中葉以降、グラントおよびペティの諸成果に対してなされた諸〻の評価をとおしてふりかえると、グラントは近世統計学の創始者の一人として、またペティは近世経済学・統計学・財政学・人文地理学および計量経済学の創始者または先駆者の一人として評価され位置づけられている、ということになるであろう。そしてこの両者によって創始された政治算術＝解剖は、これより二世紀ちかくもまえに創始されたそのきわにおいては、いわば一個の社会科学として、その後に発展・分化したこれらの諸科学の萌芽を未分化の形で包括していたといわなければならない。したがって、グラント＝ペティの政治算術＝解剖の生成過程を考究するという問題自体は、とりもなおさず近世経済学・統計学・財政学・人文地理学および計量経済学をその分化以前の始源にひきもどし、これらの諸科学が呱々の声をあげたまさにその過程を明らかにするということを意味する。そしてこの過程を明らかにするということは、同時にこれらの科学を科学たらしめた基本的な社会的諸条件をつきとめ、諸科学の始源における態様、その各〻の相互関連およびそれらがこうむらざるをえなかった諸〻の歴史的制約、約言すれば諸科学のいわば原型を明らかにすることを意味しているのである。

断わるまでもなく、グラントおよびペティの二人だけがこれらの科学の創始者または先駆者ではないから、かりに政治算術＝解剖の生成過程をあますところなく究明しえたとしても、それだけでこのような問題を解明しつくすことはとうていできるものではなかろう。けれども、この両者がこれらの科学の創始者または先駆者の一人として不動の評価をうけているという事実は、政治算術＝解剖の生成過程を考究するという本書の主題がこのように大きな問題に重大なつながりをもっているということを示唆しているのである。そして筆者が従来企ててきたことは、このような問題を念頭におきながら、主として近世経済学および統計学の始源としてのグラント＝ペティの政治算術＝解剖の生成過程を明らかにするということである。いいかえれば、前節で要約したように、両者によって創始された政治算術＝解剖に包摂されている経済学上の諸理論は、イギリス古典派経済学の理論的主脈をなす労働価値理論の萌芽として、また両者の政治算術＝解剖をいちじるしく特徴づけている社会経済現象の数量的研究方法は、ドイツの国状学やフランスの確率論とともに近世統計学の源流の一つとして、一般的に評価されているのであるが、筆者の当面の企ては、こういう萌芽や源流の生成過程についてなのである。それを考究するということは、経済学および統計学を生みだした基本的な社会的諸条件を明らかにし、それらの原型を歴史的に反省することにほかならない。そして、創始の当初における政治算術＝解剖がすくなくとも経済学および統計学の萌芽を未分の形で包括していたということ自体、その生成過程について考究するということが、すなわちこの両者の相互関連の問題、したがってまた資本主義社会の理論的分析と統計的実証の相互関連の問題を歴史的に考えなおすということを意味しているのである。

このように考えてくると、前節で要約した諸〻の歴史的評価、とりわけ第二次大戦後にまでもちこされているところの、グラントの主著についての著作者論争という“old story”は、実は上述の問題を内包するがゆえに“new story”でもあるといわなければならない。さらに、一九三〇年代にはじまり一九五四年に一応の局をむすんだというソヴェート同盟における統計学論争も、このことを示唆しているといってさしつかえなかろう。というのは、統計学の対象と方法をめぐって展開されたこの大論争は、その結論において、統計学を独立した一個の社会科学として、しかも「社会的大量現象の量的側面をその質的側面との不可分の関連において研究する」(1)科学として規定しているからである。統計学が独立した一個の社会科学であるかどうかはともかくとして、この結論があたえている重要な示唆は、上述の問題がここでもまた現実の問題になっているということ、またここでは経済学と統計学とがいわば一体をなすものとして考えられているということであろう。実をいえば、上述したかぎりにおいてもある程度うかがわれるであろうように、グラント＝ペティの政治算術＝解剖こそ、諸〻の歴史的制約はもとよりあるけれども、「社会的大量現象の量的側面をその質的側面との不可分の関連において研究する」ことをいちじるしい特徴の一つとする一個の社会科学の端緒的な形態にほかならなかったのである。

従来の数多くの経済学史書は、グラントを不問に付してペティのみを問題にし、また統計学史書のほとんどすべては、政治算術をとりあつかうばあい、グラントを社会(人口)現象の数量的規則性の発見者として、またペティを推算や社会経済統計の先駆者としてそれぞれに評価している。いうまでもなく、このようなとりあつかいかたは、後代において発展し分化した経済学および統計学の立場にたってなされているものなのであって、諸〻の学説や方法を整理したり、その諸〻の系譜を明らかにしたりするためにはきわめて有効であろう。けれども、このようにとりあつかうことは、同時に、未分化の状態において生成しつつあった創始期の科学を発展し分化した立場から強いてわりきり、その含蓄に富む態様をあるがままに観察することをさまたげてしまう危険をともなうものといわなければならない。

ところで、近世史家のクラーク(G. N. Clark)は、十七世紀のイングランドにおける政治算術についてつぎのように述べている。「ベイコンにはじまってニュートンにおわる世紀において、この関連のまぎれもない所産は、統計学すなわち社会的諸事実についての数量的研究の興隆であった」と。そしてクラークは、近世統計学の源流を王立協会の創立と同年に公刊されたグラントの『死亡表に関する自然的および政治的諸観察』に求め、このことはまちがいないけれども、「社会〔的諸事実〕の研究に数学を適用することによって、統計学が突如として興隆したと考えるならばそれはまったく誤りである。統計学は無から生じたものではなく、長年にわたって、しだいに高く建設された建造物である」といっている。(2) さらにクラークは、イングランドを中心としながら、十七世紀ヨーロッパを特徴づける新興科学の擡頭 (scientific movement) に言及し、社会経済現象に自然科学的方法を適用することによってこの世紀の中葉に社会科学の萌芽が生れたこと、しかもこの適用は十一世紀のイングランドにおける土地台帳 (Domesday Book) の作成以来の諸成果に基礎をおいているということを述べているのである。(3) ここでクラークが政治算術をすなわち統計学と考えているのは、すくなくともグラントおよびペティのばあいには妥当ではない。が、それはともかくとして、ここでクラークが十七世紀イングランドにおける政治算術を当代における新興科学の擡頭とむすびつけ、「長年にわたってしだいに高く建設された建造物」として、つまり十一世紀以来、社会経済現象の数量的研究を可能ならしめた社会的基盤の成熟と関連させながらその生成過程を解明しようとしているということは疑いもなく正当であって、本書の主題をとりあつかうばあいにもこのことはそのまま妥当するといわなければならない。

しかしながら、ここで十一世紀以来のイングランドにおける社会発展との関連において全面的に主題を追究するということは、とうてい筆者の企ておよぶところではない。このような関連に眼をつむってしまおうというのではもとよりないけれども、ここで筆者が主として企てているのは、政治算術＝解剖がイングランドにおける市民革命の科学の分野における成果の一つとして定式化され、クラークのいう「建造物」がいわばその頂点に達したその時代を中心に主題を追究することである。

このばあい筆者は、市民革命の四つの段階、すなわち、すでに第一節で述べた市民革命の前夜、市民革命＝内乱時代、市民革命＝共和国時代、王政復古時代の各〻におけるグラントおよびペティの諸〻の社会的実践をとおして、主題を追究する。そしてこの四つの段階はそれぞれ本書の四つの章を構成しているのであるが、このようにわけたのは、この四つが市民革命の時代におけるイングランドの社会発展を特徴づける歴史的段階であると同時に、グラントおよびペティの波瀾に富んだ多様多岐な生涯が、両者の人間的成長においても学問的成長においても、既述のようにきわめて鮮明にこれらの歴史的段階に対応しているからである。つまり筆者は、市民革命の所産としての政治算術＝解剖の生成過程を、同時にグラントおよびペティの諸〻の社会的実践に即しつつ、かれらの創造の過程として、しかもそのばあい、グラントおよびペティをいわば一体とし、後者を中心としてとらえようとしているのである。

市民革命の所産としての政治算術＝解剖の生成過程を、同時にグラントおよびペティの創造の過程としてとらえようとしているのは、この二人がほかならぬ創始者であるばかりではなく、このようなとらえかたがこの生成過程をいっそう如実にとらえうると考えられるからである。もしこうしないなら、素朴ながらもそれ自体独立して客観的な論理の世界をもっていた政治算術＝解剖と、市民革命時代のイングランドあるいはアイァランド等々の現実社会とをいわば平行的にならべ、前者を後者の反映としてかたづけてしまうという危険におちいるであろう。後者が前者を規定し、また前者がなんらかの形で後者を反映しているであろうことはもとより疑いない。けれども、このようにとりあつかうことは、上述の生成過程を不十分にしかとらえられぬばかりか、総じて諸〻の思想や学説の生成・発展を、すくなくともその結果においては、いわばこれらの思想や学説の自己発展としてのみとらえようとするのと同様の危険におちいり、したがってまた政治算術＝解剖の論理構造そのものも、抽象的にしかとらえられなくなるであろう。再言すれば、筆者はここでグラントおよびペティを激動期のイングランドあるいはアイァランドの現実社会のなかに位置づけ、かれらの同時代者たちの社会経済的諸思想や諸学説からかれらがなにを負ったか、またそれらをどのようにしてこえたかを観察し、その所産としての政治算術＝解剖が生成する過程を追究しようとしているのである。

つぎに、グラントおよびペティの両者をいわば一体をなすものとしてとりあつかうのは、この両者が内乱時代以降終生の友であったからというよりも、むしろ政治算術＝解剖が、理論的にも実践的にも、その生成にとってもっとも重要なこの時代以降、両者の文字どおりの協働の成果であるという事実にもとづいている。さらにこのばあいペティを中心にするのは、グラントの生涯についてはわずかな事実が漠然と知られているにすぎないという伝記資料的な制約からというよりも、むしろグラントの研究成果に内在しながらこれを発展させ、それをはじめて一個の科学の創始者という自覚のもとに定式化したのがペティである、という事実にもとづいているのである。ペティは交友関係の実に広い人であった。が、本書の主題から見るばあい、ペティの友人としてグラントが占めている特殊な地位は、この点にあるといわなければならない。グラントの主著に関する著作者論争のさい、多くの論者たちに共通した欠陥の一つは、以上の二つの事実を無視または軽視し、しかもこの両者の諸〻の観察やその結果についての諸〻の所見を、単に印刷された書物のうえでの論述としてのみ比較検討することに終始したこと、つまりこれらの観察や所見がひきずっている市民革命時代の諸〻の社会的現実を見のがしがちであったということである。こういう点は、「どうしても手さぐりしたり、実験したり、やっと形成されはじめた観念的混とんとたたかったりしなければならなかった」(4)この時代の著作を理解しようとするばあい、とりわけ強調されるべきことであろう。そして前記の論者たちが、多くの経済学史書や統計学史書におけるグラントやペティのとりあつかいについてすでに筆者が指摘したような立場から論旨をすすめていたことはあらためて指摘するまでもないのである。

以上のようにして主題を追究するばあい、グラント＝ペティの政治算術＝解剖の生成過程は、グラントおよびペティの諸活動そのもの――たとえば王立協会の創設のためのペティの活動そのもの――のなかでも、両者の諸〻の著作のなかに具体的に物語られているということはいうまでもない。ローゼンベルグ（Д. И. Розенберг）は、ペティの「著作の一つ一つが、かれの方法ならびに見解の発展における一定の段階である(5)」といっているが、このことはローゼンベルグがとりあげているような王政復古後の諸著作ばかりではなく、内乱時代以降の全著作について妥当する。それゆえ筆者は、現に筆者がとりあつかいうるかぎりのすべての著作を、それらの公刊年次順ではなしに執筆年次順に再整理して、前述の四つの歴史的段階の各〻に対応させながらとりあげようとしているのである。第二節で述べたような特徴をもつこれらの著作のなかには、ハルが「伝記資料」としてしか興味がないといったものはもとより、「いまでは忘れられている」といったものもふくまれていることはいうまでもない。そしてこれらの著作をとりあつかうばあい、そのなかから経済学的な側面や統計学的な側面だけをとりだしてそれらを考究するだけでは不十分であろう。ペティは現につぎのようにも評価されている人物である。すなわちホグベン（L. Hogben）はいう。「ランズダウンのコレクション〔『ペティ未刊論文集』〕が公刊されるまで、われわれはペティを〔経済学や統計学の〕創始者として、また練達な実務家として理解していた。が、いまやわれわれは新しい光のなかでかれを見ている。うむことを知らぬ多芸多能と、むさぼるような好奇心とにみちたウィリアム・ペティやロバート・フック（Robert Hooke, 1635–1703）のような人物は、かたくなな詭弁によってまだ腐敗されたことのない人々の頭脳のなかに、高邁な希望がささえられているような時代の社会環境のもとにおいてのみ、よくその大をなしうるのである。かりにペティを経済学の父として評価することが正当であるにしても、その性格や関心において、いわゆる大学の経済学教授とこれほどいちじるしくかけはなれた人物もまたありえないであろう」(6)と。またポウウェル(A. Powell)もいう。現在、統計学者といわれる人々は、無数でしかもきわめて多義的な「種族」であるが、ペティのように無限といってよいほどの関心をもっていた人物が現代の「統計学者族」の共通の始祖と考えられているのはもっともなことにちがいない、(7)と。このことはグラントについてもあてはまる。そうとすれば、グラントやペティの著作のなかから、前述の両側面だけをとりだして近代的な概念で整理することは、かれらが「考えてもみなかった問題について、〔かれらに〕答えを要求するという危険をおかすことになるかも知れないであろう。(8)」したがって、かれらの著作に関するここでの問題は、ハルが「伝記資料」としてしか興味がないといったものはもとより、「いまでは忘れられている」といった著作をも可能なかぎりあらためて検討し、これらの著作を著者とその時代の社会とに内在しつつ理解するということでなければならない。

(1)　*Die Statistik ist eine Gesellschaftswissenschaft.*, S. 160.　有沢広巳編『統計学の対象と方法』二二九ページ。この大論争の結論がこれにつきるものでないことはいうまでもない。
(2)　Clark, *Age of Newton.*, p. 120.
(3)　*ibid.*, pp. 120 *et seq.*
(4)　Engels, *Anti-Dühring.*, S. 285.　邦訳書　四〇二ページ。マルクスがこのようにいっているのはスミスについてであるが、このことはペティの時代についても、もっといちじるしい程度においてあてはまるであろう。
(5)　デ・イ・ローゼンベルグ＝イ・ゲ・ブリューミン『経済学史』上巻　一〇二―〇三ページ。
(6)　Hogben, *Prolegomena.*, p. 23.

（7）Powell, *Aubrey*., p. 261.

（8）Hull, *Introduction*., p. lxix.

第一章　市民革命の前夜＝少年時代（一六二三―四〇年）

ウィリアム・ペティは、一六二三年五月二十六日、(1) 南部イングランドのハムプシャ（Hampshire）にあるラムジー（Rumsey）という小都市の父の家に生れた。父のアンソニ（Anthony or Antony Petty, 1587-1644）はこの小都市の織元（clothier）で、その妻フランシスカ（Francisca Petty, *d.* 1663）は六人の子の母となった人であるが、ウィリアムは第三子であった。

ペティの生誕から少年時代にかけての時期（一六二三―四〇年）は、イングランドにおいては初期ステュアート王朝の二王、すなわちジェイムズ一世（在位一六〇三―二五年）の晩年からチャールズ一世（在位一六二五―四九年）の治世の前半と相おおい、イギリス絶対王制の末期＝市民革命の前夜に相当し、国王対議会の政治・宗教的軋轢が徴税権および独占の問題を中心としつつとりわけ激化した時期である。この時期に、ペティはまぎれもない時代の子として早くもいくつかの特徴的性格をあらわし、それらはいずれも直接間接にかれの全生涯、したがってまた、その諸業績の生成発展に関連をもつのである。が、なににもましてまず最初にわれわれの注目をひくのは、ペティの生涯がその発端において父の職業としての織元＝毛織物マニュファクチュアとむすびつきをもっていた、という事実であろう。そして、イングランドの毛織物工業が、資本主義の典型的母国といわれるこの国の社会発展の幼年期において、その発展のための根幹的役割を果したということ、またペティ自身にとっても、毛織物工業――総じてマニュファクチュア

——の技術的ならびに経済的意義が生涯をつうじての主たる関心の一つになるということを考えるならば、この事実はいっそう軽視できないのである。それればかりではなく、ペティの終生の友であったグラントもまた、すくなくともその生涯の発端において毛織物工業と関連なしとしなかった。というのは、グラントの父ヘンリ(Henry Graunt)は、ペティと同郷のハムプシャ出身の人で、ロンドンの毛織物商(Draper)であったからであり、グラント自身もまた、これを機縁にその生涯をロンドン商人として終始することになるからである。そこで、市民革命の前夜の時期におけるペティの少年時代を観察するまえに、かれの生地ラムジーについて、またその家系および家業について考察し、この時期におけるかれの活動の背景を素描しておくことにしたいと思う。

(1)「この日は聖霊降臨祭のつぎの日曜日(Trinity Sunday)、時刻は午後十一時四十二分五十六秒。」オーブリはこのように記している。Fitzmaurice, *Life*., p. 1.

第一節　毛織物工業地ラムジー

ラムジー(1)は、ロンドンの南西約百十キロ、ブリストル(Bristol)の南東約六十キロのところにある小都市である。テスト(Test)川に沿い、かつてノルマンの征服以前すなわち西ウェシックス(West Wessex)王国の時代(八二九年ごろ)(2)にはイングランドの首都でもあったウィンチスタ(Winchester)にちかく、南方には、十字軍以来の要港サザムプトン(Southampton)とヘンリ八世以来の軍港ポーツマス(Portsmouth)とを比較的まぢかにひかえ、さらにこの後者は、スピットヘッド(Spithead)水道をへだてて、市民革命のさなかにチャールズ一世が幽閉されたワイト島(Isle of Wight)

に対している。現在でも、ラムジーは人口五千(一九五〇年)ほどの小都市であるが、古くまた優美な修道院風の教会によってとくに著名で、また良質の湧泉にめぐまれたビールとテスト川での魚つりとによって知られているという。(3) いずれにせよラムジーは、現在ではもはや工業の立地とはいえない。けれども、中世以降すくなくとも十七世紀前半まで、この小都市はハムプシャきっての毛織物工業地の一つであった。

ラムジーの起源はこの小都市にある修道院風の教会のそれとともに古い。発端は、サクソン時代(十世紀初期)にたてられたこの教会の前身をなすベネディクト派の尼僧院にさかのぼるという。「この修道院がたてられるまで、ラムジーという町は存在しなかった。したがって、ラムジーの歴史はこの僧院の歴史でなければならない」(4)、とさえいわれている。ハムプシャのみにかぎられたことではもとよりないけれども、この地方が中世以来宗教生活の中心となった修道院や僧房を数多く擁していたということは、ハムプシャの諸都市――その代表は古都ウィンチスタであるが――を、中世以来商工業の中心地として繁栄させた有力な基礎であった。(5) しかしながら、いわば「僧院の付属物として発足し、これを中心としてその周辺に発展した」(6) ラムジーは、その後十七世紀にかけての発展において、ウィンチスタとはきわめて対照的な径路をたどるのである。

代表的な中世都市ウィンチスタにおけるもっとも古いそしてもっとも有力な産業が毛織物工業であったということは、イングランド各州における中世的諸都市の多くのものと共通する特徴である。すでにヘンリ一世の時代(一一三〇年)にウィンチスタには縮絨業者や織布業者のギルドが存在し、その後ノルマンの征服にともない、海外から来住した多数の職人がウィンチスタの毛織物工業にむすびついていたという。(7) その宗教的起源に加えて、ダウンズ(Downs)の丘陵地帯やワイト島に産する豊富な羊毛と、近隣にサザムプトンをはじめとする要港をひかえ、しかもロンドンに比較的近接しているという地理的な利点と、さらには海港をつうじてはいってくる大陸諸国の影響――とりわけ熟練した職人の来住による刺戟――とが、ウィンチスタをはじめとするハムプシャの中世的諸都市に毛織物工業が勃興した直接の主因と考えられている。(8) ところで、これらの都市における毛織物工業がハムプシャ一帯に広くふかく滲透しはじめたのは、イングランド全般についてと同様に十四世紀中葉、エドワード三世の治世以後のことである。すなわちハムプシャの毛織物工業もまた、羊毛輸出の抑制・毛織物輸出の助長・フランダーズ(Flanders)およびフランスからの熟練職人の招致という全イングランド的な政策に幸いされ、イングランドの人口が半減したとさえいわれる十四世紀中葉の黒死病による深刻な打撃にもかかわらず、この世紀末には早くも回復に転じ、フランス、スペイン、オランダ、チャネル諸島(Channel Islands)むけの輸出が活潑におこなわれたのである。(9)

ところで、以上の過程は、同時にイングランドの毛織物工業がとりわけ「農村工業」(10) として発展した過程であり、地代の金納化にともなう自営農民層の成長・中世的諸都市の毛織物工業における前期的資本の分解・マニュファクチュアの農村への拡散の過程にほかならない。そして、ラムジーが毛織物工業地として登場するのはまさにこの過程においてであって、約一世紀後の十五世紀中葉にイングランドの毛織物工業が「国民的規模において『産業の基軸』たる地位を確立」(11) するころ、地方的小都市ラムジーは、早くも古都ウィンチスタにつぐハムプシャ第二の毛織物工業地になった。(12) ところが、ハムプシャの産業史は、十五世紀をつうずる特徴として、ウィンチスタにおける毛織物工業の衰退の事実をあげ、これがなによりも中世的都市におけるギルド的規制をのがれようとする工業人口の農村への移動によってひきおこされたということを指摘し、それにひきかえ、ラムジーやベイジングストーク(Basingstoke)等々の地方的小都市の毛織物工業が、粗ラシャすなわちハムプシャ・カージー(kersey)の生産を中心として活況を呈していたことを伝えているのである。[13] このように見てくると、ラムジーが毛織物工業地として興隆したのは、ウィンチスタのように中世的ギルド的諸特権にまもられてではなく、むしろその反対に、中世的ギルド的諸制約から解放された地方的小都市としてである、といわなければならない。つまりラムジーは、イングランドの毛織物工業が農村に滲透し、いっそうそうすることによってそれがこの国の「産業の基軸」として確立されるその過程において興隆したところの、いっそう近代的な産業都市の一つである、といわなければならないのである。そして、この過程に海外から来住し、ハムプシャに定着した職人の数は、ラムジーにおいて最多であって、この町における最大規模の毛織物業者のなかにも外国人またはその子孫の名が見うけられ、この特徴は後代においても変ることがなかったという。[14]

イングランドの毛織物工業は、すでにテューダー絶対王制の成立期には「押しも押されもせぬ『国民的産業』(national industry)としての地位を確立[15]」したのであるが、十五世紀末以降相ついでおこなわれた地理上の大発見にともなうイングランドの国際貿易への参加、十六世紀初頭以降の価格革命、ならびに耕地の牧羊化＝土地囲いこみ運動の盛行によっていちじるしく促進されながら、この国における資本の本源的蓄積の推進・初期資本主義的生産方法＝マニュファクチュアの確立過程に中核的役割を果し、テューダー絶対王制の最盛期たる十六世紀後半には、イングランドをしてオランダとならぶ「ヨーロッパ第一流の毛織物生産国[16]」たらしめた。ところがこの時代において、ハムプシャの毛織物工業は、とりわけ十六世紀後半以降、サザムプトンを中心に主としてユグノー(Huguenot)によって導入された新品種の毛織物(new drapery)との競争に直面しなければならなくなった。そして十七世紀初期(一六一四年)にいたり、前述のカージーをはじめとする旧品種の毛織物(old drapery)は新品種によって圧倒され、十七世紀をつうじてなお活況を呈しえた都市は、新品種の生産を成功的にとりいれ、しかも製品の大部分をオランダ等への輸出にあてていたラムジーやベイジングストーク等二、三の地方的小都市にすぎなかったという。[17] しかしながら、おそらくは次節で述べる十七世紀前半の毛織物工業大不況によって、ラムジーの毛織物工業はこの当時すでに衰退しはじめていた、と考えられるのである。

十八世紀中葉以降における「毛織物工業立地の北漸[18]」にともない、ハムプシャの毛織物工業はイングランド西南部諸州のそれと大局的には軌を一にしつつ衰退にむかうのであるが、ラムジーもまたその例外ではなかった。[19] が、それはともかくとして、毛織物工業地ラムジーには、十七世紀中葉にいたるその発展をつうじて見ると、前述の特徴的性格のほかにそれと関連するもう一つの特徴的性格がみとめられるのであって、それは宗教改革後のこの小都市が、「その宗教的起源にもかかわらず、ハムプシャにおける国教反対（dissent）の中心地になった[20]」という点である。十六世紀中葉の宗教改革は、十世紀以来の「修道院をのぞいて他に教会たるべきものがなかった[21]」だけに、ラムジーにとってはとりわけ大きな衝撃であった。一五五四年、教区の人々はこの修道院を百ポンドで王室から買いうけ、破壊から救うと同時にこれをこの教区の教会にしたという。[22] そしてこの小都市がその後ハムプシャにおける特異な思想的特徴をもつものになったことの根拠は、その毛織物工業の発展過程において、上述のように中世的ギルド的諸制約から解放された地方的産業都市として興隆し、しかも進歩的思想をもつ諸外国人から直接の刺戟をうけることがとくに多かったという事実に求むべきであろう。

ペティの生誕から少年時代にかけての時期は、上述の過程をたどりつつ毛織物マニュファクチュアを基盤として成長した新興市民階級が、絶対王制の権力のもとに結合した前期的商業資本および封建的土地貴族との激しい政治抗争を展開した時期であり、これらの抗争は、ペティが生れた翌年すなわち一六二四年の独占禁止条例、一六二八年の権利請願、一六二九年以後十一年におよぶチャールズ一世による親政、一六三四年以後の船舶税徴収、等々の劃期的事件を生みながらついに一六四〇年以降の市民革命となって爆発するのである。そして議会対国王の軋轢として特徴づけられるこの過程において、ピュリタニズムが前者に、そして国教が後者に結合し、それぞれ重要な意義をもち、役割を果したのである。このように考えるならば、ラムジーの前述の二つの特徴的性格はいっそう注目すべき点となるであろう。ラムジーが勅許をえて自治都市になったのは、ジェイムズ一世時代の一六〇七年である。[23] そしてペティの生誕当時のラムジーの人口はほぼ二千七百人と推定されていた。この推定をおこなったのはグラントであるが、[24] グラントはラムジー(いっそう正確には「ひとつの市場町をふくむ周囲十二マイル」の「地方教区」ラムジー)の人口が一五六八―一六五八年の九十年間をつうじてほぼ二千七百人であったと推定し、ラムジーにおけるこのような人口停滞の原因を、しばしば流行した悪疫と、ロンドンへの人口移動と、「最近四十年間」すなわちメイフラワー(Mayflower)以後におけるニュー・イングランド(New England)その他のアメリカ諸地域への移住とに帰している。そしてラムジーの歴史によれば、一六三四年、「厳格なピュリタン」として知られた教区牧師エイヴァリ(J. Avery)は大司教ロード(W. Laud, 1573–1645)の圧迫をのがれ、一隊の人々をひきいてラムジーからニュー・イングランドにわたったという。[25] グラントが指摘しているアメリカ諸地域への移住者のなかには、ステュアート王朝初期における相当数のピュリタンがふくまれている、と考えてさしつかえなかろう。[26] そして上述のラムジーの思想的特徴は、王政復古後においてもなお失われることがなかったのである。[27]

以上に素描したように、イギリス資本主義の勃興の基幹産業によって興隆した毛織物工業地ラムジーは、中世的ギルド的諸制約から解放されたいわば新興の産業都市であったという点を、また、これと表裏してハムプシャ一帯における国教反対者の中心地であったという点をその特徴とする小都市であった。[28] こういう都市で、ほかならぬ毛織物工業をその生業としていたのがウィリアムの父アンソニ・ペティなのである。

(1) Rumsey は、現在の地名では Romsey である。そして Rumsey という地名は、本来ケルト語の Rumesige (沼沢のなかの島——Island in the Marshes) に由来するものであるという。Luce, *History of Romsey*., p. 6.
(2) *Victoria county history* (Hampshire). 〔以下 *V.C.H.* と略記する〕Vol. II. p. 29.
(3) Luce, *op. cit.*, p. 5.
(4) *ibid.*, p. 5.
(5) *V.C.H.*. Vol. V. p. 418.
(6) Luce, *op. cit.*, p. 6.
(7) *V.C.H.*, Vol. V. pp. 476–77. Lipson, *Economic history*., Vol. I. p. 443.
(8) *V.C.H.*, Vol. IV. pp. 452, 455. Vol. V. pp. 451, 475.
(9) *ibid.*, Vol. V. p. 481.
(10) 大塚久雄『序説』(上ノ二) 一八五ページ。
(11) 同書(上ノ二) 一七九ページ。
(12) *V.C.H.*, Vol. V. p. 482.
(13) *ibid.*, pp. 482–84. ラムジーのばあい、テスト川の水運やこの川による水車動力の利用が毛織物工業の興隆に幸いしたことも見のがされてはならない。
(14) *ibid.*, pp. 481–82.
(15) 大塚久雄　前掲書(上ノ二) 一八五ページ。
(16) 同書　六七ページ。
(17) *V.C.H.*, Vol. V. pp. 485–86.

(18) 大塚久雄　前掲書(上ノ二)　二〇三ページ。

(19) *V.C.H.*, Vol. V. pp. 487-88.

(20) Strauss, *Petty*., p. 18.

(21) Luce, *op. cit.*, p. 52.

(22) *ibid.*, p. 52. *V.C.H.*, Vol. II. p. 131.

(23) *V.C.H.*, Vol. IV. p. 452. Luce, *op. cit.*, p. 54.

(24) グラントの『死亡表に関する自然的および政治的諸観察』は、明らかにラムジーと推定される「地方教区の表」を巻末にかかげ、本論第十二章「地方の表について」は、その分析にあてられている。

(25) Luce, *op. cit.*, p. 56.

(26) Strauss, *op. cit.*, p. 18.

(27) ハムプシャは、王政復古後においても非国教主義(nonconformity)が比較的強い地方であった。一六七六年のつぎの数字は、十六歳以上の住民についての宗派別をあらわしたものであるが、非国教主義がラムジーにおいてとくにいちじるしかったことを示している。*V.C.H.*, Vol. II. pp. 95, 96.

	国教徒	ローマ教徒	非国教徒
ハムプシャの地方副監督管区合計	七〇、六六〇	八四〇	三、七一四
ラムジー教区	一、〇七〇	三	七七七

(単位＝人)

(28) ストラウスは、主としてラムジーの地理的条件に着眼しつつ、「ラムジーの歴史はイギリス中世史の縮図であった」といっている。Strauss, *op. cit.*, p. 17. が、以上に述べた諸点を考えるならば、むしろこのような特徴をもっていたという点において、中世から近世初頭にかけてのラムジーの歴史はこの時代のイギリス史の縮図であった、というべきであろう。

第二節　家系と家業

ラムジーの歴史によれば、ペティ家は「この町の古い家がら(a long-established family)であった」という。[1] が、現在筆者が明らかにしうることは、ペティの父アンソニのみについてであって、それ以前の家系についてはまったく不明というほかはない。[2] すでに一言したように、アンソニは一五八七年に生れ、一六四四年に死んだ人である。[3] したがって、かれの五十八年の生涯は、スペインの無敵艦隊の撃滅の前年、すなわちイングランドが対外的にはスペインの制海権に決定的な打撃をあたえ、対内的には国教確立のための重要な契機をつかんだアルマダ撃滅の前年から、市民革命のさなかにかけての時期に展開された、ということになるであろう。ペティの母フランシスカについては、王政復古後、ペティの『租税貢納論』の出版の翌年の一六六三年に死んだということ以外は不明である。なお、ペティの生誕当時、ハムプシャの僧職者にウィリアム・ペティという人物がいたこと、またこの人物がペティの父アンソニの兄弟であったことが確認されており、ペティの洗礼名は縁者であるこの人物からもらいうけたものである、と推測されている。[4] 後述するペティのいとこのジョン[5] (John Petty) がこの僧職者の子であるかどうかは明らかではない。

ところで、ペティの父アンソニの家業やその浮沈についても、漠然とした断片的事実と、それにもとづく推測がなりたつにとどまる。ハムプシャの産業史は、ペティ家が「十七世紀のラムジーにおけるかなりの織元 (considerable clothiers) であった」[6] と記し、またラムジーの歴史は、アンソニが「この町の裕福な織元 (a well-to-do clothier) であった」[7] とも伝えている。これらの記述は、ハムプシャおよびラムジーについてのたちいった研究の結果であって、おそらくは十分根拠あるものであろう。が、ペティの同時代者たちの立言は——アンソニが織元であったという一点をのぞけば——かならずしもこれと一致しないのである。オーブリはアンソニについてつぎのように述べている。すなわちアンソニは、「ホッブズ氏（Mr. Hobbes〔T. Hobbes. 1588–1679〕）の前年の聖灰水曜日（Ash Wednesday）に生れ、職業は織元であったが、自分の衣服も染めていた。かれはサー・ウィリアム〔・ペティ〕にほとんどまったく資産（estate）というものをのこさなかった。……サー・ウィリアムは、私に、自分が遺産によってえたところはわずか十ポンドにすぎず、それさえ支払われはしなかったと語ったことがある」(8)と。また、イーヴリンは、「サー・ウィリアムはサシックス（Sussex）あたりのまずしい人（a mean man）の息子であった」(9)、といっている。このサシックスは明らかに誤りで、ハムプシャと訂正すべきであろうが、それはともかくとして、この二人の同時代者の立言からうかがい知られることは、ハムプシャおよびラムジーの歴史が伝えているところとはむしろ逆に、アンソニがまずしい織元で、おそらくは織布のみならず染色業をもいとなんでいた、ということである。そして次節で述べるように、少年時代のペティに関する諸事実は、アンソニがまずしい人であったということを立証しているとしか考えられないのである。

その反面において、ラムジーの有名な教会の通りの西側にあったペティの生家が、羊毛商人（woolstapler）に特有の——そしてまずしい織元にはふさわしくない——高い納屋のあるかなりの屋敷であったということは事実である。(10)またペティは、晩年（一六八五年）に書いた『遺書』（*Will*）のなかでみずからの所有にかかる財産に言及し、つぎのように述べている。すなわち、「ラムジーにおいて私の所有にかかるものは、大きな屋敷と四つの地所、堤道すじにある四エィカの牧草地、ならびに町はずれのマークスおよびウールスワース（Marks and Woollsworth）とよばれるところにある約四エィカの耕地であって、年収は全部で約三十ポンドである」(11)と。そしてこの「大きな屋敷」は、前述の高い納屋のあるかなりの屋敷であって、ペティはこれを父から相続したのであろうと推測されている。[12] そうとすれば、この推測はさきに引用したオーブリに対するペティの立言と矛盾するが、ペティが十四歳のころに作ったラテン語の詩の冒頭に「私というものは、気にもとめられずに田舎で耕作していた」（L・一四九）と書いているところから考えると、アンソニがわずかながらも地所をもった織元であったということもたしからしいのである。[13]

以上のように、ペティの父の家業や家産の状態についても、不分明な点が多いばかりではなく、たがいに矛盾するような点さえ見いだされる。けれども、上述のかぎりにおいて、つぎのように推測してもいちじるしく不自然ではなかろう。すなわち、ペティ家はラムジーにおける羊毛商人出身の織元で、染色業をもいとなみ、かつては相当の財産をもっていたけれども、アンソニの代になって――とくにペティが生れてからアンソニの死（一六四四年）にかけての時期に――その家運がかたむいた、と。しかもこのばあい想起されるのは、ペティが生れた一六二三年が、「イギリス繊維工業の年代記において銘記されるべき」一六二〇―二四年の毛織物工業の大不況のさなかであり、「輸出は三分の一に減少し、羊毛価格は下落し、もっとも富裕な織元と称せられる者でさえ、倒産のせとぎわまで追いつめられ、失業が一般化した」[14]時期である、という点であろう。そしてこの不況は、「飢饉によって増悪された一六二九―三一年の業況不振」[15]とともに、初期ステュアート王朝における「慢性的」[16]不況――それは一六一四年以後におけるいわゆる「オールダマン・コケイン（Alderman. Sir William Cockayne *d.* 1626）の企画」、すなわち国家（王室）が毛織物の生産過程に介入し、独占的に産業利潤をあげようとした企画とその失敗によって促進された[17]――の頂点をなすものであるが、ハムプシャの織元たちにあたえた打撃からいえば一六二九―三一年の不況の方が深刻であった。[18] もっとも、これらの不況がアンソニの家業[19]にどのように大きな打撃をあたえたかはまったく不明である。しかし、次節で述べるべティの少年時代における貧困の事実と考えあわせると、前述の推測は不自然でないばかりか、たしからしくさえ思われるのである。いずれにせよ、前節で述べたような特徴をもつ毛織物工業地ラムジーの織元の子として生れたペティが、同時にイングランドにおける毛織物工業の深刻な不況の子でもあった、ということはまちがいない。

それればかりではなく、ペティは、現実政策のうえでも学説のうえでも、イングランドにおける重商主義の転換期の子であった。すなわち、まず現実政策についていえば、ペティが生れる三年まえ、すなわちグラントが生れた一六二〇年は、イングランドの議会が羊毛の輸出禁止を断行し、「国民的輸出産業としての毛織物工業」[20]をいっそう強固化するための第一歩をふみだした年であり、この輸出禁止は、ペティが生れた翌年の議会による独占禁止条令とともに、この国の重商主義の歴史に一段階を劃した時期である。また、現実政策と密接に関連する重商主義学説についていえば、一六二一年には、東インド会社の取締役であったマン(T. Mun, 1571–1641)の最初の主著『東インド貿易論』(*A discourse of trade from England unto the East-Indies.* London, 1621)が出版され、商品流通の側面からする社会の総体的な把握が、すでにはじめられていた。さらに、一六二二―二三年には、「ブリオニズムの最重要な代表者」[21]マリーン(G. Malynes, *fl.* 1586–1641)と「指導的な重商主義者」[22]で「貿易差額」(balance of trade)の最初の提唱者であったミッセルデン(E. Misselden, *fl.* 1608–54)とが、ブリオニズムと貿易差額論、すなわち「半中世的経済統制と端緒的自由放任とのあいだにおける根本的な論争」[23]を展開していた。そして、“balance of trade”ということばを公刊著作にはじめて用いた[24]ミッセルデンの主著『商業循環論』(*The circle of commerce. Or the balance of trade.* London, 1623)が出版されたのは、ペティが生れたまさにその年であった。このように見てくると、ペティが生れた時期は、イングランドの重商主義が、その現実政策においてもまたその学説においても、絶対主義的＝個別取引差額主義から議会的＝貿易差額主義へ転換するその重要な時期であった、といわなければならない。

そればかりではなく、この時期は近代科学一般の成立にとってもまた劃期的な時期であった。というのは、この時期は、コペルニクス(N. Copernicus, 1473–1543)やヴェサリウス(A. Vesalius, 1514–64)につづくガリレイ(G. Galilei, 1564–1642)やハーヴィ(W. Harvey, 1578–1657)等々のかがやかしい発見によって特徴づけられているが、なによりもベイコンの『ノヴム・オルガヌム』の出版(一六二〇年)によって世界史的に記念されるべき時期であるからである。そして、同じベイコンの『学問の進歩』(*Advancement of Learning*. London, 1605)の改訂ラテン語版(*De augmentis scientiarum*)が出版されたのは、ペティが生れた一六二三年であったからである。

以上の諸事実やそれらが提起する諸問題が、ペティの人生行路と無縁のものにおわるならば、このような時期にかれが生れたということは偶然的な一致というほかはなかろう。しかしながら、後述するところから明らかになるであろうように、ペティの人生行路は、これらの問題と密接に関連しつつ展開されるのである。たとえば、「イギリス唯物論およびあらゆる近代的実験科学の真の始祖[25]」ベイコンが、「ハイギット(Highgate)で死に瀕していたとき、未来の政治算術家〔ペティ〕はハムプシャの織匠の小せがれにすぎなかった[26]」けれども、この「小せがれ」がベイコンの深刻な影響をまっこうからうけるのは、早くもその青年時代においてなのである。これを要するに、毛織物工業地ラムジーにはじまる以上の素描をつうじて、われわれは、ペティはまぎれもない時代の子、いわばその申し子として生れた、といわなければならない。

（1）　Luce, *History of Romsey*., p. 68.

（2）　ハムプシャの歴史は、ヘンリ八世(在位一五〇九―四七年)の時代、ベイジングストークにウィリアム・ペティという資産ある織物業者がいたことを伝えているが、これとアンソニとの関連は臆測をこえた問題であろう。*V.C.H.*, Vol. V. p. 484.

（3）アンソニは、一六四四年七月十四日に埋葬された。Hull, *Introduction.*, p. xiv n.

（4）Bevan, *Petty.*, p. 22.

（5）ジョン・ペティについては第三章で述べる。

（6）*V.C.H.*, Vol. V. p. 487.

（7）Luce, *op. cit.*, p. 68.

（8）Aubrey, *Lives.*, p. 237.

（9）Evelyn, *Diary.*, Vol. II. p. 98.

（10）Suckling. *Bygone Romsey* (MS. in Romsey Library) cited by Strauss, *Petty.*, pp. 20, 237. なお、この屋敷は一八二六年の火災で焼失した。

（11）Petty's *Will.*, p.〔vi.〕

（12）Strauss, *op. cit.*, p. 20.

（13）*cf. ibid.*, p. 20.

（14）Lipson, *Economic history.*, Vol. III. p. 305. 一六三〇年ごろに執筆されたと推定されている『外国貿易によるイングランドの財宝』(*England's treasure by forraign trade.* London, 1664)のなかで、マンが「われわれは外国むけ〔毛〕織物のすくなくとも半分を失った」(*ibid.*, p. 128. 邦訳書　一二三ページ)、といっているのは、この不況をさしてのことであるといわれている。Lipson, *op. cit.*, Vol. III. p. 305n.

（15）*ibid.*, p. 311.

（16）Strauss, *op. cit.*, p. 18.

（17）Hill; *English revolution.*, 3rd ed. pp. 31, 35. 邦訳書　四二、四九ページ。大塚久雄『序説』（上ノ一）八六―八七、一一〇ページ。

（18）*V.C.H.*, Vol. V. pp. 427-28. スコット(W. R. Scott)は、一六二〇―二四年の毛織物工業の大不況は一六二六年には改善されたけれども、一六二九年の穀価の値上り・翌年の凶作および悪疫・羊毛価格の値下り・毛織物需要の激減によって、ふたたび大不況にみまわれ、ハムプシャでは「毛織物生産は約八〇%減少した」といっている。Scott, *Joint-stock companies.* Vol. I. pp. 193–94.

(19) 大塚久雄教授は、「農村の織元と都市の織元」についてたちいった分析をおこなっている。前掲書（上ノ二）第二章。この分析にみちびかれながら、筆者は織元としてのアンソニを観察したのであるが、それがいわゆる「西部型」に属することは推測しえても、それ以上明らかにはしえなかった。ハムプシャについて、とりわけラムジーという小都市について、いっそうたちいった考察が必要である。なおライアンズ(Sir H. Lyons)は、アンソニを "a cloth weaver and dyed his own cloths"; "a working clothier and dyer" と二様に伝えているが、いずれのばあいにもその典拠は示されていない。*cf.* Lyons, *Royal Society.*, pp. 13, 30, 31.

(20) 大塚久雄　前掲書（上ノ一）　一一三ページ。

(21) Roll, *History of economic thought.*, p. 71. 邦訳書　上巻　七九ページ。

(22) *ibid.*, p. 57. 同右　六〇ページ。

(23) Johnson, *Predecessors.*, p. 45.

(24) Viner, *Theory of international trade.* p. 8. Price, *Origin of the phrase "Balance of Trade."* p. 167n. なお、"balance of trade" ということばを最初に用いたのはベイコンであって、それはベイコンが一六一五年ごろバッキンガム公爵(G. Villier, Duke of Buckingham, 1592–1628)にあてた手紙のなかに記されているという。この手紙は、一六六一年にはじめて公刊されたが、ベイコンはこのことばを友人のシーザ(Sir J. Caesar, 1558–1636)から聞いたのであろうと推測されている。*ibid.*, p. 166n.

(25) Marx-Engels, *Heilige Familie.*, S. 257. 邦訳書　三五一ページ。

(26) Hull, *op. cit.*, p. lxiii.

第三節　工匠の子――少年水夫――イエズス会のカレッジ

ペティが六人兄妹の第三子であったということはすでに一言したとおりである。そしてこの六人を年長順にあげれば、アンソニ(Anthony, 幼死)、フランシスカ(Francisca, 幼死)、ウィリアム(William, 1623-87)、スーザン(Susan. 幼死)、アンソニ(Anthony, *d.* 1649)、ドロシー(Dorothy)であるが、三人の兄妹が幼死したため、事実上兄妹は三人で、かれはその長男として成長したのである。(1)

「私という者は、気にもとめられずに田舎で耕作していた。そして学校では、叱声や鞭で矯正される怠け者であったが、動詞の時相や法に、また名詞の語尾変化に、没頭していた」、という意味のことをペティは十四歳のときにつくったラテン語の詩(L・一四九)のなかに記している。おそろしく早熟で好奇心にみち、頭のするどい、ひにくでひょうきんな子ども、というのが幼年時代のペティを特徴づける性格であった。(2) そして漫画がじょうずで、みずから「手相見(chiromantes〔chiromancer〕)の達人」をもって任じ、近隣の人たちから風変りな子どもとして一目おかれていたという。(3) 上述のように、かれはラムジーで(おそらくは父アンソニの所有にかかる耕地の)「耕作」にしたがい、またこの町のグラマ・スクール(4)(grammar-school)に通学した。そして「十二歳ごろには、ラテン語のなまかじりがりっぱにできるようになり、十五歳にならぬうちにギリシャ語にすすんだ。(5)」しかしながら、幼年時代におけるかれの興味は、学校よりもむしろ実際的な方面にあったらしい。というのは、かれが織元としての父の家業をてつだったであろうこともたしかであるが、かれの「最大の楽しみは、〔ラムジーの〕工匠たち(artificers)、つまり鍛冶職・時計師・大工・指物師等々〔の仕事〕を見ていることであって、十二歳のときにはこのような商売のどれかで働こうと思えば働けた(6)」ほどであったからである。後述するように、このような実際的知識についての関心――とりわけ、機械技術的なそれ――は、マニュファクチュアの時代に特異な時代的風潮であると同時に、ペティの青年時代以降その終生の特徴をなすものであった。そしてこの特徴が織元としての父アンソニの職業――毛織物マニュファクチュア――にむすびついていたということは、確言してさしつかえなかろう。

それればかりではなく、ペティが実際的であったのは、知的方面のみについてではなく、生活そのものについてもそうであった。一六三六年（十三歳）のクリスマスにかれは二シリングを獲得したが、そのうちの六ペンスは「田舎の紳士（Country Squire）にトランプの手品をやって見せた駄賃であり、他の六ペンスはトランプの勝負に勝って正当にもうけた」ものであった（C・三一六）。また後述するように、ペティはまもなく水夫になるのであるが、そしてそのときかれのポケットには六ペンスしかはいっていなかったのであるが、[7] その六ペンスは、『アンドルー氏（Mr. Andrew）の"*Silver Watch Bell*"や"*The plain man's pathway to Heaven*"をダウリングおばさん（Mother Dowling〔おそらくは近隣の人であろう〕）に読んでやった駄賃にもらった」[8] ものであった（C・二一六）。

ところで、オーブリがペティから聞いた話として伝えているところによれば、ペティは「十二歳か十三歳、つまり十五歳にならぬうちに、人生の一大事に遭遇した。そしてこの一大事は（それがなんであったかをかれはいわなかったが）、その後のかれの偉大さや致富の基礎になった」[9] という。ペティが遭遇した「人生の一大事」が前述の毛織物工業の深刻な不況による家運の衰退であったかどうか、われわれはオーブリとともに「臆測する」[10] ほかはないのであるが、ちょうどこのころに、ペティの生涯にとっての最初の転機がおとずれたことは事実である。というのは、一六三七年のはじめごろ、ペティはラムジーをとびだして水夫になり、それが機縁となってかれの人生行路は「その後非常に、そして不意に変化してしまった」（L・一四九）からである。ペティが水夫になった動機について、フィッツモーリスは「なにをおいても故郷の町〔ラムジー〕のそとにある広大な世界を見たいと切望したらしい」[11]、といっている。おそらくは、そのとおりであろう。しかしペティ自身が述べているように、かれが海の冒険者であると同時に無敵艦隊撃滅の勇将の一人であった「わが国人のドレイク（Sir F. Drake, 1540？-96）たちを心から賞嘆していた」（L・一四九、C・二一七）ことも事実であったにちがいない。そこでペティは、ラムジーをとびだしてフランスがよいのイングランドの商船にのり組み、年期契約をしてその水夫になったのである。

かれは「帆柱によじのぼり、帆をおろし、綱をまき、舵をあやつり」（L・一四九）、少年水夫として大いに働いた。そして航海用羅針儀のあつかいかたや操舵についてばかりではなく、航海暦の読みかたについても、他の年長の乗組員たちをしのいだので、それがかえって乗組員たちのねたみを買う結果になった（C・二一七）。それればかりではなく、水夫になってまもなく、ペティは自分が半盲にちかい近視であることを発見した。[12] おそらくは前述した生来の性格もてつだったのであろうが、船員としてのペティはとかく冷遇されることが多かった。そして十ヵ月ほど航海したのち、足をくじいたのをきっかけにして、かれはフランスのノルマンディ（Normandy）の海岸に遺棄されてしまったのである。そのときかれは歩行すらできなかったという。[13]

ペティが遺棄されたのはカーン（Caen）市にちかい海岸のちいさい宿屋であった。かれはまず最初にラテン語で自分の身にふりかかった災難について語り、『ラテン語とギリシャ語を話すイングランドの少年水夫（Le Petit Matelot Anglais qui parle Latin et Grec）』（C・二一六）としてこの土地の人々を驚かせた。すでに水夫として働いていたときから、かれはフランスの港で「ダイヤモンドやルビーではなしに、冷たいガラスのはまった粗末な真鍮の指輪」（同上）などの商売をしてこがねをえていたのであるが、遺棄されるや否や、ただちにこれで傷ついた足の治療代を支払い、松葉杖を買い、「災難の見舞いにもらった一二個の蜂蠟ののこりをもとでに商売をはじめた」（C・二一七）。それればかりではなく、フランスの一士官にラテン語で航海術を教え、またフランスの一紳士に英語を教え、生計の資をえたので

ある。(14)

ペティが「海員たることを断念し」(L・一四九)フランスにふみとどまって「ミューズたちの愛された弟子」(同上)になろうと決意したのは、かれが「商人としてふるまいはじめ、生計の資や学資をえるようになった」(15)この過程においてであった。そこで、かれはカーン市の私塾にはいった。が、カーン市にあるイエズス会のカレッジが最善の教育をしているということがわかったので、まもなくかれはこのカレッジに入学しようとした。かれのこの願いはかなえられたのであるが、そのさいジェスイットの教父たちは、イングランドからきたこの少年の信仰に容喙せず、ただひたすらその改宗を祈念するということを条件とし、ペティもまたその条件をみとめたという。(16)すでにしばしば引用したペティのラテン語の詩(L・一四九)――『返し歌、カドムス〔カーン〕のイエズス会の教父たちへ　イングランド人G・P』(*Palinodia. Ad Patres Soc. Jesu Cadomaeos. G. P. Anglus*)――には、『返し歌、カドムス〔カーン〕のイエズス会の教父たちへ　イングランドのラムジーの人　ウィリアム・ペティ　一六三七年」(Anno 1637. Guil. Petty Rumseensis, Angli. Ad Patres Soc. Jesu Cadomœos. Palinodia)という書きこみがある。そしてこの詩は、十四歳の少年ペティがその幼年時代からの経歴を語り、またこれから「ミューズたちのもとにかえろうという願望を披瀝した」(C・二一七)歌と考えてさしつかえなかろう。かれは一六三九年ごろまでここで学んだのである。

一六三七年といえば、ベイコンの『ノヴム・オルガヌム』(一六二〇年)とならんで、近代科学一般の成立に基本的に貢献したデカルト(R. Descartes, 1596–1650)の『方法叙説』(*Discours de la méthode*)がオランダのライデン(Lyden)で出版された年である。そしてオーブリによれば、ペティは一六三七―三九年のあいだに、カーンのみならず、かつて少年デカルトが教育をうけたラ・フレーシュ(La Flèche)のイエズス会のカレッジにも学んだという。(17)「改革されたローマ法王政治の常備軍」[18]としてのイエズス会は、とりわけ十七世紀中葉以後のフランスにおいて、政治的には絶対王制の確立に寄与するような役割を果した。が、それと同時に、イエズス会が十七世紀の「カソリック・ヨーロッパにおける最大の教育団体」として進歩的な役割りを果したということもまた動かしがたい事実であって、ペティと同年のパスカル (B. Pascal, 1623–62) の生地クレルモン (Clermont) におけるイエズス会のカレッジは、一六五一年には二千人、一六七五年には三千人の学生を擁していたという。[19] スペインの聖ロヨラ (I. Loyola, 1491–1556) に源を発するこの会は、すでに前世紀末(一五九九年)に、数十年にわたる組織的実験にもとづく諸経験の成果としての独自の学習体系――「ラツィオ・ストゥディオールム (Ratio Studiorum)」――を確立し、それによって「西欧の教育史にその名をとどめることになった」[20]、といわれている。この学習体系は、中世以来のいわゆる「自由七芸科」(Seven Liberal Arts)――三科 (trivium 文法、論理、修辞) と四科 (quadrium 算術、音楽、幾何、天文)――の学制をキリスト教的ヒューマニズムの基礎のうえに発展せしめたものと考えて誤りなかろう。[21] そしてイエズス会の教育者たちは、みずからには秋霜烈日の訓練と規律とを課しながら、一般社会にむかっては「苛酷な監察官としてではなしに、実際問題についての練達で有能な人として、また近代的理想の柔軟で親切な、しかも敏腕な代表者としてふるまった」のであって、その制度および諸施設は、教育についてはイエズス会を範とすべし、とベイコンがいったことにもあらわれているように、十七世紀前半においては「全ヨーロッパに冠絶する」ものとされていたのである。[22]

オーブリは、「かれ〔ペティ〕はここ〔カーン〕で学芸 (Arts) を学んだ」[23] といっている。そして一六四〇年ごろにペティはイングランドに帰るのであるが、かれがカーン市のカレッジで実際にどのような学習課程に配置されていたのかは明らかではない。けれども、一六四〇年ごろのイングランドへの帰還をもっておわるかれの少年時代の末に、かれがどのような一般的教養を身につけていたかということは、この時期のかれの作品その他を手がかりにすれば、ある程度具体的に知ることができる。ペティのもっとも初期の著作というべきこれらの作品を示せばつぎのとおりである。[24]

(1) *Palinodia. Ad Patres Soc. Jesu. Cadomaeos*〔Caen〕. *G. P. Anglus.*〔1637〕(L. 149)

*(2) A Course of practicall Geometry and dialling. (Caen, 1637)

*(3) *Cursus Rhetorices et Geographiae.* (Caen, 1638)

*(4) A Systeme of Astronomy (Ptolemaical, Copernican). (London, 1639)

*(5) Severall drawings and paintings. (London, 1640)

*(6) An English Poem of Susanna and the Elders. (London, 1643)

これらの作品のなかで現存しているのは(1)だけであって、その他は表題だけが知られているにすぎない。そしてこの(1)は、すでにしばしば引用したラテン語の詩である。幼年時代からの経歴と、イエズス会のカレッジで学ぼうという強い願望とを歌ったこの詩のなかで、ペティはこのカレッジで地理学・雄弁術・年代記・論理学および「神聖な自然の内奥」(L・一四九)を学ぶことを予想している。そして(2)—(5)の表題から推測すると、この時期に、かれはすくなくとも実用幾何学・羅針盤術・修辞学・地理学・天文学・製図術および画法を習得していたように考えられる。さらに、晩年の『遺書』によると、かれは満十五歳(一六三八年)のときには「ラテン語・ギリシャ語・フランス語・一般算術、航海術と羅針盤術に役だつ実用幾何学等々ならびに各種の数学をわがものにしていた[25]」という。このように見てくると、少年時代におけるペティの一般的教養は、ラムジーにおける語学、父の家業に由来するマニュファクチュア技術への関心、ならびに少年水夫としての航海術・羅針盤術・暦法の習得を基礎としつつ、中世以来の伝統を基礎とするイエズス会の学習体系に沿って主として獲得された、と考えてさしつかえなかろう。[26] なお、このリストの(6)の文献は、おそらくは幼死した妹のスーザンや兄姉たちをうたった詩であろう。ペティがその生涯をつうじていくつもの詩を書きのこしていることも注意しておかなければならない。

すでに一言したように、一六四〇年ごろペティはフランスを去ってイングランドに帰った(前掲の著作リストの(4)と(5)はロンドンで書かれたことになっている)。そして、おそらくはその後まもなく、かれは「国王の海軍」(King's Navy)に勤務することになった。というのは、すでにカーン市にいたとき、かれは「国王の海軍の方がいいと思った」[27]からであるという。海軍での勤務の開始とともに、ペティの少年時代はおわる、と考えてさしつかえなかろう。それは市民革命が勃発するまさにその年であった。

(1) ペティの弟のアンソニについてはあとでふれる。末妹のドロシーは準男爵サー・ナサニエル・ネイパ (Sir Nathaniel Naper〔or Napper〕)の息子のジェイムズ(James)に嫁し、アイァランドのミーズ(Meath)に定住した。Fitzmaurice, *Life*., pp. 313–14. なお、(C・七および二七〇)参照。

(2) ペティは晩年の手紙のなかでつぎのように記している。「私は、でたらめで脈絡のない五十個のことばを一度聞いただけでおぼえこんでしまい、それらを前方からも後方からも、たちどころにくりかえすことができたばかりではなく、その第三番目、第十九番目、第三十七番目等々をいいあてることもできた。これはまったくつまらないことではあったが、愚人の賞讃を博すのには役だった」と(C・二八三—四)。そしてこの一文はその少年時代についてのかれの追憶と解されているが(Strauss, *Petty*., p. 22.)、もしそうだとすれば、かれはおそろしく記憶力の強い子どもでもあったわけである。

(3) *Petty MSS.* cited by Fitzmaurice, *op. cit.*, p. 2.

(4) Chalmers, *Biographical Dictionary*., Vol. XXIV. p. 406.

(5) *Bodleian letters* cited by Fitzmaurice, *op. cit.*, p. 2.

(6) *ibid.*, p. 2.

(7) Lansdowne, *Petty Papers.*, Vol. I. p.xl.

(8) ここに引用したものは、いずれもペティの晩年の追憶であるが、この「アンドルー氏」は、おそらくはペティが生れたころウィンチスタの司教をしていた高名なアンドルーズ(L. Andrewes, 1555-1626)で、ここに記されている書物はアンドルーズの法話であろう。

(9) Aubrey, *Lives.*, p. 237.

(10) *ibid.*, p. 237.

(11) Fitzmaurice, *op. cit.*, p. 2.

(12) ペティは船長から、「なわばしごにのぼり、目標になる陸上の尖塔を見つけしだい報告するように」命じられたので、それにしたがった。ところがかれが見つけたのは砂洲を標示するための陸標であった。この失敗のために、かれは船長からなわでうちすえられたが、同時に自分がひどい近視であることを発見した。*Bodleian Letters*, ii. 482, cited by Fitzmaurice, *op. cit.*, p. 2.

(13) *ibid.*, p. 3.

(14) *ibid.*, p. 3.

(15) Aubrey, *op. cit.*, p. 237. オーブリは、このことをペティのいう「人生の一大事」であろうと「臆測」している。

(16) Fitzmaurice, *op. cit.*, p. 3.

(17) Aubrey, *op. cit.*, p. 237.

(18) Clark, *Seventeenth century.*, p. 303.

(19) *ibid.*, pp. 302-03.

(20) ルーメル『イエズス会の学習体系』一〇九ページ。

(21) 同書　一一七—一二二ページ。

(22) Clark, *op. cit.*, pp. 302-03. ペティがカーン市のイエズス会のカレッジに入学したとき、教父たちがかれの信仰に容喙しようとしなかったことは前述したとおりであるが、それは「イエズス会に入会を希望しない者でも、われわれの学校への入学は許可されるが、これは、われわれの会憲と矛盾しない」、というイエズス会の会憲(解説)によるものであろう。ルーメル　前掲書　一一〇―一一ページ。

(23) Aubrey, *op. cit.*, p. 237.

(24) (イ) このリストにかかげられている文献のうち、(2)―(6)は一六七一年十月六日づけのペティ自筆の『著作リスト』(L・一五八、本書一六ページ注(13)参照)によっている。

(ロ) ＊印の文献は現存していないと推測されているもの。

(ハ) 括弧内の地名と年次は、ペティ自身が記入した執筆地とその年次。

(ニ) 末尾の括弧内の「L」は、『未刊論文集』の略記号で、そのつぎの数字は、この論文集の文献番号。

(ホ) なお、このリストは、本書一〇九ページのリストにつづくべきものである。

(25) Petty's *Will.*, p.〔iv.〕前掲のリストの文献(4)は、一六三二年に公刊されたガリレイの主著『二大体系対話』(*Dialogo sopra i due massimi sistemi del mondo. Tolemaico e Copernicano.* Florence, 1632)の表題を想起させる。ペティはこの当時、おそらくはすでにガリレイの影響をもうけていたのであろう。

(26) 前述したように、ペティがカーンのイエズス会のカレッジのどのような課程で学んだかは明らかではない。が、以上に述べた諸点と、イエズス会の学習体系そのもの(ルーメル　前掲書　一二二―三四ページ参照)とをつきあわせてみると、かれはこのカレッジの中等教育の上級と高等教育の中級までの諸学年における諸学課を学んだように推測される。

(27) Petty's *Will.*, p.〔iv.〕

第四節　ジョン・グラント

「私はロンドン市で生れそこで育った」、とグラントは後年の主著『死亡表に関する自然的および政治的諸観察』

の「序文」の冒頭(H・三三三、邦・六三)に記している。(1) かれが当時パリと肩をならべるヨーロッパ第一の大都市になろうとしていたロンドンで生れたのは、一六二〇年四月二十四日であった。(2)

オーブリによれば、グラントの父ヘンリはペティと同郷の「ハムプシャ出身の人」であったという。しかし、ヘンリ・グラントがハムプシャのどこの人か、またかれがどのような家系をもつ人か、さらにかれがいつごろどういう事情でロンドンにでてきたのか、いずれもまったく不明である。が、グラントがおそらくは八人兄妹の長子として生れたころ、ヘンリがロンドンのバーチン・レイン(Birchin Lane)で「七つ星」(Seven Stars)という屋号の毛織物商をいとなんでいたことは事実である。(3) 総じてイングランドの毛織商は、この国の毛織物工業が前述のように「国民的産業」として確立される過程に擡頭し、「外国商人に対する国粋的反抗とその駆逐という経過」をたどりつつ「国民的商人層の中核をなしていた、といわれている。そして毛織物商は、都市の織元層と緊密にからみあいながら「相共に十五世紀後半以降十七世紀半ばにかけて到るところの都市で支配的勢力を揮うに至った」(4) のであるが、ロンドンの毛織物商の組合(Draper's Company)は、すでにテューダー王朝の末期には、毛織物工業に関する統制から大部分手をひき、もっぱら商業部面の活動に従事するようになっていた。(5) ヘンリ・グラントがこの毛織物商の組合の特権をもっていたこと、またグラントが後年この特権を父からゆずりうけたことは確かであるが、ヘンリ自身については、これ以外のことはまったく知られていない。

ところで、われわれのグラントは、きわめて利発で勉強ずきな、そして誰れからもかわいがられるような少年であったという。かれは「(当時の風習にしたがって)ピュリタンふうに育てられ」英学(English learning)の教育もうけたが、まい朝「早く起き、開店まえの勉学によってラテン語とフランス語を自得し」、また「速記術にも長じていた。(6)」

そしてかれは「たえず法話をきき、それをノートに書きとめていたのであるが、そのうちにソチニ派（socinian）の最良の書物を購読するようになり、ついにこれと見解を同じくするようになった」(7) のである。グラントが毛織物商と関連のふかい小間物商（haber-dasher of small wares）に年期をいれたのは(8)、おそらくはその少年時代のことであろう。そして、小間物商は後年におけるグラントの主たる生業になるのである。

グラントの少年時代については以上の程度にしか明らかではない。が、このかぎりにおいても、ペティおよびグラントに共通する若干の特徴をひきだすことは可能なのであって、つぎにそれらを要約しておこう。

ペティにとってもグラントにとっても、その生誕から少年時代にかけての時期は、くりかえして述べたようにイギリス市民革命の前夜に相当していた。そしてペティは、ラムジーという新興産業都市の毛織物マニュファクチュアにむすびついて生れ、またグラントは、あらゆる近代的な意味においてヨーロッパ第一の大都市になろうとしていたロンドンの商人の子として生れたのであって、両者はともにその人生の発端においてこの革命の原動力となった職業やその担い手となった市民階級と不可分にむすびついていたのである。後年ペティは、その主著『政治算術』のなかで、総じて生産的職業を重視しながら、「農夫、海員、兵士、工匠および商人こそは、いずれの国家社会においても、まさにその大黒柱である」（H・二五九、邦・四八）、といった。またグラントは、前述の『諸観察』のなかで、みずからを「自然界の国会に議席を占むべき騎士および市民議員を選挙する自由保有農(9)（Free-holder）」（H・三二五、邦・三四）として意識するようになった。が、以上に述べた点から考えれば、両者はすでにその少年時代において、このような見解や自覚を生むべき社会的基盤に立脚していたといわなければならない。そして「工匠」の子に生れたペティが、毛織物工業の記録的不況の時期に早くも「海員」となり、みずからの責任において「外国貿易(10)」に従事し、青年時代の初期には「国王の海軍」の「兵士」となり、この時期以降、マニュファクチュアおよび農業における発明や技術的改善を主たる関心の一つにするようになるということに思いおよぶならば、この特徴はいっそう重要視されてよかろう。(11)きっすいの「商人」として人生にスタートし、しかも内乱戦のさい議会軍の将校として偉功をたてるグラントについてもこのことはあてはまる。

つぎに、ペティおよびグラントの少年時代は、ヨーロッパにおける近代科学一般の成立にとって、また現実政策ならびに学説としての重商主義の発展にとって、ともに重要な歴史的転換期の一つであるが、同時にこの時期は、両者の将来の学問的生成発展にとっても重要な第一歩を意味しているのである。ペティもグラントも、イングランドにおける正規の教育というものをほとんどまったくうけなかった。そしてペティのばあいまず指摘できることは、かれの一般的教養が毛織物工業地ラムジーにおけるピュリタニズムの根強い伝統と、さまざまの業種の工匠の生産活動についての好奇心にみちた実践的関心とを基礎としながら、フランスのイエズス会のカレッジにおける体系的な学習による厳格な組織的訓練のもとにえられたということである。また「ピュリタンふうに育てられた」グラントのばあい、かれが自学自習の人であり、またかれが理神論的色彩の強いソチニ派の教説にふかく傾倒するようになったということを見のがすことはできない。イエズス会の教義そのものはペティになんら重大な影響をあたえなかった。そしてスコラ哲学の否定は青年時代以後のペティの重要な関心事になるのであるが、イエズス会のカレッジにおける基礎的教養そのものは、青年時代以後のペティの広い学問的視野の重要な基盤の一つとなり、またイエズス会の教育制度そのものは青年時代におけるかれの教育論に影響をおよぼすのである。(12)

ところで、この点に関連してもう一つ指摘すべきことは、この時期におけるペティの一般的教養の中核をなすものが、数学——しかも当時の中心的な社会的要請であったマニュファクチュアの技術や航海術の発達と緊密に結合した応用数学——であったと考えられることである。グラントがその少年時代に、ラテン語やフランス語のみならず、数学にも学問的関心をもっていたかどうかは明らかではない。が、後年ニュートンによる二項定理の発見に先鞭をつけたという数学者で司教のウォリズ(J. Wallis, 1616–1703)が、一六三〇年代のイングランドの数学についておこなったつぎの回想は、少年時代のペティの数学についてはもとより、グラントのそれについても示唆するところがきわめて多い。すなわちウォリズは、「当代の数学は学者のなすべき研究とはまず考えられず、むしろ職人のなすべき研究と考えられていた。つまり数学は、貿易業者・商人・海員・大工・土地測量家またはそれに類する者の業務であり、またおそらくはロンドンの暦作成家などの業務であった。……当代の数学研究は、諸大学よりもロンドンにおいていっそう練磨されていた[13]」、といっている。またこれに関連して、十七世紀イングランドにおける数学の発達が、前世紀以来、とりわけ海外貿易の発展にともなう商業算術の発達——そこでの中心的な問題は「三の法則・連鎖法」すなわち比(proportion, ratio)であった——を重要な基盤のひとつとしていた、ということも銘記すべき点であろう。レコード(R. Recorde, 1510?–58)の『技術の礎』(*The Groūd of Artes*. London, 1540)、ネイピア(J. Napier, 1550–1617)の『対数論』(*Mirifici Logarithmorum Canonis Descriptio*. Edinburgh, 1614)、オートレッド(W. Oughtred, 1575–1660)の『算術論』(*Arithmeticae in numeris et speciebus institutio*. London. 1631)等々、近世数学史上の不朽の業績は、この過程における所産であり、純粋数学と応用数学の未分の時代の成果にほかならないのである[14]。ところで、ペティは青年時代の後半においてウォリズのいう「土地測量家」になるのであるが、「工匠」の子として生れたかれはすでに少年時代に「海員」であり、またそれとして暦法を学び、さらに「商人」でもあった。また、生れながらの商人であったグラントにとっては、数学というものはとりたてて学問的関心の対象というよりも、むしろ父の家業やみずからの日常業務遂行のために不可欠な技術、すなわち商業算術――グラント自身のことばでいえば「商店算術」(Shop-Arithmetick)(H・三二三、邦・三一)――として実践され、そういうものとして身についた知識になっていた、と考えるべきであろう。つまり、かれらは科学史のうえで数学の世紀(15)ともいわれる十七世紀のイングランドにおける数学の発達の担い手にほかならなかったのである。しかも両者にとっての数学および数学的合理主義は、宗教上の諸問題をのりこえ、(16)ベイコンの経験哲学とむすびつきながら、青年時代以降におけるその社会科学的方法や理論の生成に重大な役割を演ずるようになるのである。

最後に、ペティについてとりわけ明瞭にあらわれていることであるが、かれのすぐれて実践的な性格をもつ学問的関心が、つねに現実的利益と密接にむすびついていたという点はきわめて特徴的である。そしてこのことは、一方ではかれの学問的関心の実践的性格そのものに由来しており、それについてはすでにふれたとおりであって、ペティだけに特有なものではなく、むしろ十七世紀イングランドにおける一般的特徴をなすものといってさしつかえない。ところが他方において、ペティのばあいにいちじるしい特徴をなしているのは、このような学問的関心や成果が、ただちに現実的利益と密接にむすびつくという点である。幼年時代のラムジーにおいて、またその後フランスのカーンにおける遺棄されたイングランドの少年水夫として、ペティはつねにもっとも俊敏に商才を働かせ、またみずから獲得した知識を活用することによって当面する窮状を打開し、困難に屈することを知らなかった。そしてこのような特徴は、おそらくは記録的な不況の子としてのペティの「異例的な有能さと貧困に悩みぬいた窮迫とのいちじるしい対照」(17)から生みだされたものであろう。が、同時にこの特徴は、青年時代以降の全生涯をつうじてあらわれるのであって、その結果は、一人の致富者として社会的一大激動期に生きたペティの成功や蹉跌と不可分にむすびつくようになるのである。

（1）ジョン・グラントの生涯については、ペティのそれにくらべてごくわずかのことしか知られていない。かれの生涯をとりあつかった文献としては、オーブリの『小伝集』(*Brief Lives, ed. by* O. L. *Dick*. London, 1950)、チャーマズの『伝記辞典』(*Chalmers' General Biographical Dictionary*. London, 1812-17)、および *Dictionary of National Biography* におさめられているもの (Thomson Cooper 執筆)、さらにハルの『グラント伝』(*Graunt's life* in *The economic writings of Sir William Petty*. 2 vols. Cambridge, 1899)等が主要なものである。グラントの『諸観察』の邦訳の巻末におさめられている久留間鮫造教授の「グラントの生涯」は、ハルの『グラント伝』を骨子としたものである。

（2）この日は「月曜日で、時刻は朝七時半」とオーブリは記している。Aubrey, *op. cit.*, p. 114. グラントは一週間後の五月一日に聖マイクル (St. Michael) で洗礼をうけた。

（3）*ibid.*, p. 114. Hull, *Introduction.*, p. xxxiv. グラントの母メアリ (Mary) は八人の子どもを生んだ人であるが、かれの洗礼が最初に記録されているところから推測すると、かれは八人の長子であったらしい。*ibid.*, p. xxxiv.

（4）大塚久雄『序説』(上ノ二) 二一〇―一一、二三六―三七ページ。

（5）Unwin, *Industrial organization.*, p. 107.

（6）Hull, *op. cit.*, p. xxxiv. Aubrey, *op. cit.*, p. 114.

（7）*ibid.*, p. 114. グラントがソチニ派の教説とその見解を同じくするようになるのは、おそらくは青年時代以後のことであろう。

（8）Hull, *op. cit.*, p. xxxiv.

（9）これは王立協会の会長マリ (Sir R. Moray, 1608? 73) にあてたグラントの呈辞のなかの一句である。かりにこの呈辞がペティによって書かれたとしても、本質的な意味において変りはなかろう。

（10）Strauss, *Petty.*, p. 23.

（11）後出第二章参照。

(12) カーンのイエズス会の教育をつうじてペティがうけたその他の影響としては、ペティの定義癖と、もう一つはイエズス会士でスペインの偉大なる神学者・国際法学者のスアレス(F. de Suárez, 1548-1618)に対するかれの終生をつうじての尊敬(C・一五八・一五九・三一三)である、といわれている。Strauss, *op. cit.*, p. 25.

(13) Taylor, *Mathematical practitioners.*, p. 4.

(14) Cajori, *History of elementary mathematics.*, pp. 179-204. 邦訳書二八〇—三一五ページ。たとえばレコードの『技術の礎』は、「英文算術書の最初のものの一つなるのみならず、当時欧州大陸の算術書の水準線を超え、英国第一の名著」(小倉金之助『数学史研究』四四ページ)であった。そしてこの書物のなかの例題は、十六世紀中葉のイングランドにおける農業・牧羊・物価・賃銀・生活費・貨幣・度量衡・商品・利子・合資・戦争等々、社会経済生活の全面にわたってのなまなましい諸問題をとりあげているのである。小倉金之助博士は、「ウィリアム・ペチーよりも一世紀以前の数学者が、恐らくは無意識に書き流した唯一巻の算術書中の例題が、如何に全面的に、如何に雄弁に、当時の英国民の社会経済生活を絵巻物の如く展開して居るかを顧みて、算術乃至は一般科学の社会性についての、深刻なる反省と研究とを促したいと思ふ」、といっている。同書　六〇ページ。十七世紀中葉まで、イングランドの諸大学においては、数学教育はほとんどおこなわれなかった。これは、数学が実際生活とあまりにも密接に関連していたため、大学において教授すべき価値なしと考えられていたためである、といわれている。Cajori, *op. cit.*, p. 206. 邦訳書　三一八ページ。

(15) Clark, *Seventeenth century.*, p. 233.

(16) Clark, *Later Stuarts.*, p. 24.

(17) Strauss, *op. cit.*, p. 22.

第二章　市民革命＝内乱時代（一六四〇―四九年）

一六四〇年における長期議会の召集から一六六〇年の王政復古までの二十年間は、イングランドでは市民革命の時代であり、またアイァランドではこの革命と複雑にからみあって発展する大反乱と、クロムウェルによるその鎮圧＝大収奪＝植民（いわゆる“Cromwellian Settlement of Ireland”）の時代である。イングランドにおける資本主義の確立にとってきわめて重要なこの時代は、イングランドによるアイァランドの近代的植民地化の歴史のうえでもまた決定的な意味をもっているのであるが、この時代における歴史的諸段階を英・愛両国をつうじて大づかみに区分すればつぎのようになるであろう。(1)

(一)　一六四〇年十一月の長期議会の召集から、一六四二年八月の内乱戦の勃発まで――この間、アイァランドでは一六四一年十月に大反乱が勃発した。

(二)　第一次内乱（一六四二年八月―四六年五月）の勃発から第二次内乱（一六四八年六月以後）を経て、その終結・国王の処刑・共和国宣言（一六四九年五月）まで――この間、アイァランドの大反乱はつづき、一六四九年八月のクロムウェルの遠征・鎮圧となり、それは一六五二年五月に終結した。

(三)　共和国宣言から長期議会の解散（一六五三年四月）・護民官制度の成立（同年十二月）を経て、共和国の崩壊・王政復古（一六六〇年五月）まで――この間、アイァランドでは「土地分与定住法」（一六五二年八月に制定）を基本法とする大収奪＝植民がおこなわれた。

このように英・愛両国にとって空前の動乱期であった二十年間を、ペティやグラントの人生行路について見れば、かれらの青年時代に相当するこの時期は同時にかれらの全生涯における一大激動期である、といってもけっして過言ではない。ペティがフランスのカーン市にあったイエズス会のカレッジを去ってイングランドに帰り、「国王の海軍」にはいったのは、すでに一言したようにおそらくは長期議会が召集された年であった。そして内乱戦が勃発してまもなく、かれはオランダとフランスに遊学し、第一次内乱が終結した年にイングランドに帰来した。その後のかれは、共和国宣言の直後まで、「発明家―医者―ブレイズノーズ〔・カレッジ〕の評議員および副学長―オックスフォド大学解剖学教授―グレシャム・カレッジ音楽教授[2]」として、ラムジー・ロンドン・オックスフォドでめざましく活動し、グラントとの終生の交友にめぐまれた。さらに、アイァランドにおける大反乱の鎮圧とほとんど同時に、かれは軍医としてこの島国に渡航し、「土地測量家―下院議員[3]」として共和国時代の大部分をここで活動し、それを機縁に躍進してこの新植民地における大土地所有者＝新興の土地貴族になり、かれとこの島国との関係は、物心両方面ともにその後の全生涯をつうじて不可分のものになってしまうのである。他方、グラントはどうかといえば、伝記資料がきわめてとぼしいので、この時代についてもわずかの漠然たる事実しか知られていない。が、そのかぎりでも、市民革命の時代をつうじてロンドン商人であったかれが、この時代のおわりには富裕で確固とした社会的地位をきずきあげたこと、しかもその間、議会軍の将校として身をもってイングランドの動乱の渦中に投じ、また共和国時代にはロンドン市の要職にもついたということは、おそらくはまちがいない事実だといってさしつかえないのである。

ところで、この動乱と激動の二十年間は、とりもなおさずペティやグラントの後年の科学的方法や理論の基礎がかためられた時期であった。ことばをかえていえば、この動乱と激動のなかにこそ、両者によって王政復古後に「イギリス政治算術」が創始される社会的基盤や主体的契機が存在するのである。内乱という流血の動乱の渦中に投じなかったという意味において、ペティはたしかに革命の傍観者であった。けれども、内乱時代以後にかれがとり組んだのは、まさにこの時期のイングランド社会が主として長期議会をつうじて提起した市民革命の中心問題であった。すなわち、それを共和国時代のアイァランドにおけるペティの主要な活動からふりかえって見れば、土地制度の問題であり、また王政復古後におけるかれの最初の主著の主題からふりかえって見れば、徴税権＝王権の物質的基礎につらなる公収入(とりわけ地租および内国消費税)の問題である。そして、共和国時代以後、かれがこれらの問題を解くための土台として役だてた科学的知識は、鋭利な社会観察者＝自然研究者——総じてベイコンの学徒——としてのかれが、内乱時代の諸活動をつうじて獲得したものにほかならない。しかもこれらの活動の成果は、部分的にはすでにこの時代の末期におけるかれの『教育論』や『産業交易誌』となってあらわれるのであって、これらの成果もまた、長期議会をつうじて提起された問題につらなっているのである。こういう点についても、グラントの活動は明らかではない。が、かれがペティの協力のもとに、後年の『死亡表に関する自然的および政治的諸観察』を準備したのが市民革命の時代であるということは疑いない。このように見てくると、市民革命の時代は「イギリス政治算術」の生成にとってもまたきわめて重要な時代だということがうかがわれるのである。

以下筆者は、市民革命の歴史的段階を追いながら、前記の㈠および㈡の段階を「市民革命＝内乱時代」として本章でとりあつかい、㈢の段階を「市民革命＝共和国時代」として次章でとりあつかうことにする。ペティやグラントの年代からいえば、本章でとりあつかう時期はかれらの青年時代の前半に相当し、次章でとりあつかう時期はその後半に相当している、といってさしつかえなかろう。そして本章においては、内乱時代におけるペティの諸活動にたちいるまえに、後年におけるかれの主著の主題をなすばかりではなく、現にこの時代において、イングランド社会の主題をなしていた公収入の問題を中心にしながら、長期議会をつうじて提起された諸問題を概観し、後年におけるペティの諸々の活動との関連においていくつかの問題点をとりだしておくことにしたい。

（1）　この区分は、Jefimow, *Neuzeit.*, S. 8. 邦訳書　九―一〇ページによる。
（2）（3）　この特徴づけは、ランズダウンの既述の要約――三、四ページ――による。

第一節　長期議会における公収入の諸問題

一　長期議会の「継承財産」

一六四二年に勃発した「内乱は、過去約三世紀にわたってイングランドを支配してきた財政制度を最終的に瓦解させた。」(1) それは同時に近代的な財政制度を発足させたのであるが、内乱をつうじて「最終的に瓦解」させられた財政制度――テューダー王朝以来、絶対王制の物質的基礎をなしてきた諸々の公収入――の主要な特徴について、まずはじめに一言しておかなければならない。というのは、長期議会において提起された公収入の問題は、まさにこの絶対王制の物質的基礎――財政史家ケネディ(W. Kennedy)のいう長期議会の「継承財産」――をめぐっての問題であり、したがってまた市民革命における中心問題の具体的内容につらなるものであるからである。

テューダー王朝の成立以降、イングランドの絶対王制は、国内支配の機構を維持強化するために、また相つぐ海上商権の伸張および対外戦争に勝利するために、強固な官僚制度と強大な常備軍とをますます必要とした。そしてこのことは、いっそう巨額な貨幣支出の主要原因をなしたのであるが、それとみあうべき国王の収入は、およそつぎの三部分からなりたっていた。(2) すなわち、その第一は、国内行政のための経常費の大部分をまかなうべき王領地 (Crown lands) および国王の封建的諸特権にもとづく収入であり、この後者は、主として国王の直領地 (Demesne) からの収入であった。そして、これらの収入は、経常的収入の根幹をなしていたのであって、「国王は自己の収入で生活する」(King lives on his own) という中世以来の伝統的な財政的原則の基礎でもあったのである。しかしながら、テューダー王朝の後半には、火急を告げる貨幣収入の必要に迫られて王領地の売却が活潑化し、(3) その後初期ステュアート王朝の二王の時代においても王領地は総じて減少をつづけたのである。第二は、「海上の守護」すなわち通商貿易の保護と王国の防衛とに任ずる海軍の経費をまかなうべき関税 (Customs) 収入である。この時代の関税はいわゆる財政関税であって、海上の警備によって保護をうけた商品に対して臨時的に課せられ、消費者の負担となっていた。しかもこの税は、いわば国王の特権として徴収されていたのであって、王領地収入の減少傾向にともない、また対外貿易額の増大とともに重要性を加え、それからの収入は初期ステュアート王朝の二王の時代には経常収入総額の過半を占めるにいたり、その使途も海軍の経費以外におよんだのである。第三の収入は、戦時等、国家的非常事態にさいし、そのつど議会の協賛をえて課徴され、特定の目的のための支出をまかなったのであって、「ことばの完全な意味における近代的な直接税」であり、テューダー王朝の後半から初期ステュアート王朝にかけては、「十五分の一および十分の一税ならびに補助金 (the Fifteenth and Tenth, and the Subsidy)」(4) がその主たるものであった。このばあい、特定の目的とは主として戦費にほかならなかったのであるから、補助金は、絶対君主が戦費を要求する形態であったといってさしつかえなかろう。(5) そしてこれらの直接税——とりわけ補助金(いわゆる“Tudor Subsidies”)——は、土地からの収入に課せられるものとして土地所有者によって、また土地収穫物をふくむ動産に課せられるものとして動産所有者によって、それぞれ負担され、各地方における「もっとも高潔で誠実な」監督官によって査定・徴収されていた。(6) が、実際の課徴においては、課徴は恣意的におこなわれ、またとりわけ動産課税の困難性のゆえに、しだいに土地課税になってしまったのである。(7)

ところで、これらの三大収入は、以上のように簡単な説明によってもうかがわれるように、国家収入の体系としても、また諸収入そのものの社会的性質においても、「均質性の欠如」(8)、すなわち封建的要素と近代的なそれとの混合をいちじるしい特徴とするものであり、絶対王制の過渡的性格の実体を示すものであった。初期ステュアート王朝の二王の時代に、ひきつづき王領地の売却がおこなわれ、それからの収入が減少する一方、王領地売却による貨幣収入によってはとうていみたしえぬほど財政が急迫するにおよんで、国王は、議会を無視して独占特許制度の拡充・関税の増徴・強制公債および“Tudor Subsidies”と同性質の船舶税(Ship-money)の賦課等々の挙にでる一方、国教会とむすんで王権の強化をはかり、ついに一六二九年以降の親政によるチャールズ一世の専制支配がおこなわれるにいたった。そして、毛織物工業の発達を中核として成長してきた市民階級が、ピュリタニズムとむすびついてこれに対抗し、その結果は前述の独占禁止条例となり、また政治的には「権利請願」・船舶税拒否等々となった。約言すれば、初期ステュアート王朝の二王は、絶対王権を強化するために公収入の増徴をはからざるをえず、しかもそれをはかればはかるほど、ほかならぬ公収入の源泉を擁する市民階級の抵抗をうけ、王権の物質的基礎そのものの弱体化を招来したのである。そして、いわばその総決算が、十一年間の親政のあとに召集された一六四〇年十一月の長期議会における市民階級のいちじるしい進出となり、さらにはこの矛盾の爆発としての内乱戦となったのである。

（1）　Kennedy, *English taxation.*, p. 8.

（2）　*ibid.*, pp. 8-9.　長谷田泰三『英国財政史研究』九六ページ。「財政制度のこれらの三区分は実際においては必ずしも厳守されたとはいえない。……それはまだ国王の内帑と国家の財政との分離が明らかでない時代においてまぬかれないところであるが、しかし、大体においては以上の如き財政上の区分が憲法的拘束ではないとしても、すくなくとも政治上の原則として、また行政部内における原則として存在したといえる。」　同書　九六ページ。*cf.* Kennedy, *op. cit.*, p. 9.　なお、以下に述べる三収入は国王の収入の主たるものであって、それがこれらにつきるものでないことはもとよりである。

（3）　すでにヘンリ八世の時代にも、没収した修道院の所領地の売却がおこなわれ、土地所有の大規模な変動の一要因をなしていた。イリザベス一世の治世には、アイァランド討伐戦・スペインとの海戦等々のため、王領地の売却やそれを担保とするロンドン市からの資金借入れが活溌におこなわれた。長谷田泰三　前掲書　二二一―二三ページ。

（4）　Kennedy, *op. cit.*, pp. 9, 16.

（5）　補助金がはじめて課せられたのは、テューダー王朝以前、エドワード四世の一四七二年だといわれている。テューダー王朝においては、一四八八年・一五一四年・一五二三年・一五四〇年・一五四四年・一五四八年・一五五三年に課せられたが、いずれも戦費調達が主目的であった。Dowell, *History of taxation.*, Vol. I. pp. 121-58.

（6）　*ibid.*, pp. 151-54.

（7）　長谷田泰三　前掲書　一一三ページ。

（8）　Kennedy, *op. cit.*, p. 8.

二　王領地その他封建的領有地の差押え・没収・売却――月割税

内乱は武力にうったえる政治闘争であるから、王軍にとっても議会軍にとっても、さしあたっての焦眉の財政問題は戦費の調達であった。が、この政治闘争は、いうまでもなくイングランドにおける政治的支配権力の争奪をめぐっての闘争であるから、戦費調達の問題は、当然にこの支配権力の物質的基礎そのものの争奪にむすびつく問題であった。したがって、戦乱の長期化―絶対王制の倒壊―共和国の成立の過程は、絶対王制の物質的基礎の変革の過程であると同時に、当初は戦費調達のために採用された諸方法が、共和国を維持強化すべき近代的租税として制度化され、体系づけられる過程であり、また長期議会そのものの性格が変化する過程でもある。そこで、このような過程を前述した長期議会の「継承財産」の各〻について略述しよう。まず最初は、最大の「継承財産」である土地――王領地その他の封建的領有地――と、その収益に対する直接税、すなわち前述の補助金(“Tudor Subsidies”)の後身としての月割税(Monthly Assessment)についてである。

内乱戦の勃発とともに、議会側は、国王・教会・封建貴族および指導的王党員等の総じて封建的領有地を大々的に差押えた。そしてその当初の目的は、これらの土地を差押えることによって、それから生ずる地代その他の収入を獲得し、戦費をまかない、後述する諸〻の租税とともにこれを経常的収入とし、財政的基礎をかためることにあった。(1)このような差押えは、最初はまず個人の領有地――国王側に組みする「政治犯人」または「罪人」(すなわち指導的王党員)の領有地――についておこなわれ、ついで教会の領有地――大主教・主教・僧会長および本山僧会等々の領有地――におよび、さらに王領地におよんだのである。ところが、戦乱の長期化は、議会側の財政難をはなはだしいものにし、とりわけ軍隊に対する給与の支払難を加重した。(2) この結果は、早くも一六四四年に軍隊に対する給与の「支払猶予」(“respiting”)となってあらわれ、この年の春には、将校に対して未払給与の支払を土地を担保として保証する「給与債務証書」(“Debenture”)が発給され、翌年春の新型軍の編成に当っては、その当初からこの証書が発給された。そして第一次内乱の終結後、一六四七年におこなわれた議会軍の解隊のさいには、ついにこの証書の発給が全兵士にまでおよんだのである。(3) 内乱時代における軍隊への支給はいわば至上命令であり、「その不払による動揺は致命的危険を蔵する。(4)」そこで議会側は、差押えた土地からの収入に依存するという当初の政策を放棄し、差押えた土地の没収とその売却による現金収入の獲得、またそれによる財政難の緩和をはかるという政策に転じたのであって、政策それ自体としては前述した絶対王制による王領地の売却と、ひにくにも一致したのである。

差押えられた土地の没収・売却は、示談金(composition)その他の方法によって、第一次内乱の時期にも実質的にはすでにおこなわれていた。そして議会軍の勝利を決定的なものにした一六四五年六月のネイズビー(Naseby)の戦闘ののちの一六四六年二月には、後見法廷その他封建的土地保有にまつわる国王の諸権利や封建領主の臣従義務が長期議会によって全面的に廃止された。長期議会のこの決定は、共和国時代の一六五六年十一月に法制化されたのであるが、これらの措置は、没収地の売却によって、絶対王制のもとで「国王に依存していたすべての財産を自由資産すなわち私的ブルジョア的財産に転化(5)」させる道をひらいたのであって、売却が公然たる形をとるようになったのは、一六四九年一月における国王の処刑以後、アイァランド遠征費が共和国の財政難を一段と加重した時期においてであった。(6)

この時期における没収地の売却総額は、王領地および教会関係の領有地だけでも三百四十六万一千三百八十七ポンドに達したという。(7) そして、「封建地主あるいは封建団体に属した土地が、これほど大量に、しかもわずか十三年（一六四六―一六五九年）という短期間に売却された時代は、イギリス史上かつてなかった。バラ戦争の時代にも、あるいは十六世紀前半の修道院解散の時代にも、土地の売却はこれほどいちじるしくはなかった」(8)、といわれている。このような没収地の売却が土地所有権を大々的に移転させ、封建的土地所有の広汎な廃絶＝近代的土地所有の大規模な創設を結果したことはいうまでもない。そして売却された土地は、「新興階級たるブルジョアジー」（とりわけロンドンの富商・銀行家・富裕化した工匠および手工業者）と、「生活条件においてそれにちかい新貴族」・上級の将校および官吏の手に帰したのであって(9)、これらの社会階層は市民革命の主導勢力たる長老教会派（presbyterians）および独立教会派（independents）を構成したのである。他方において、前述の「給与債務証書」を発給されていた大群の兵士たち（その多くは貧農・工匠・職人）は、担保物件としての没収地を分割給付されることによって小地主たることを約束されてはいたけれども、この約束は果されなかった。というのは、かれらは軍の解隊とともに生活に困窮し、「給与債務証書」を売り払って換金せざるをえなくなったからである。そのばあい、これらの証書は上級将校や土地投機家たちによって買占められた。(10) そしてこれらの兵士たちの多くの者は、没落してレヴェラーズ（Levellers）の有力な構成要素となり、市民革命の最左翼を形成して前記の主導勢力と対立したのである。このような情勢のさなかにおいて、『貧民の弁護』（*The poore mans advocate, or, Englands Samalitan.* London, 1649）の著者チェインバリン（P. Chamberlen, 1601–83）は、没収地の売却が土地の富者への集中を結果するがゆえにそれに反対し、没収地を「公共の資財」(11)（joynt or publick stock）として「貧民すなわち（少数の将校をのぞく）軍隊」に貸与し、富の増進のためにかれらを雇用すべきことを主張した。(12) こういう主張は――後述するように（本章第五節）、このばあいチェインバリンは貧民の労働を富の源泉と考えるのであるが——第一次内乱の終結後にいっそう激化した階級分化、したがってまた長期議会における主導勢力の分裂と密接にむすびついているものといわなければならない。

ところで、近代的土地所有権が以上のように大規模に創設されつつあった土地の収益に対して課せられる月割税もまた、戦費調達を当初の目的として新設された租税である。長期議会は、内乱勃発のさいテューダー王朝以来の補助金(すなわち“Tudor Subsidies”)を復活させようとした。しかしこの直接税制度においては、租税の徴収が年一回または半年ごとにおこなわれることになっていたので、それによって火急の戦費をまかなうことはとうていできなかった。そこで議会は、「迅速かつ継続的に」戦費を調達するために、一六四三年二月以降、「週割税(Weekly Assessment)」を創設し、これがその翌々年の二月以降、あらためて月割税として設定され、その後恒常的に徴収されるようになったのである。[13] この税は、動産たると不動産たるとを問わず、いっさいの資産すなわち「土地・貨物・年金・賃料・官職その他の資産」を課税対象として徴収された。徴収の総額を決定するのは議会であるが、チャールズ一世の船舶税にならい、また“Tudor Subsidies”の実績にてらしながら各地方・州に配賦され、監督官によって査定徴収されたのであって、監督官は、当該地方の「住民が平素用いる方法にしたがい、住民の資産(Substance)を調査すべく」、またそれにもとづいて各住民に課すべき課徴の「比例分すなわち比率」——ポンド率(Pound Rate)——を決定すべきこと、そして、もっとも公平かつ通常の方法と様式を用いて徴税すべきこと、を委任されたのである。[14] したがって月割税は、明らかに、テューダー王朝以来の補助金制度をその前身とする財産税であり、また所得税であって、ポンド率は動産・不動産をつうじて、土地の収益率を基準としていた。が、実際の税率は、各地方・州によっていちじるしく区々たるものであって、その程度は船舶税のばあいよりもはなはだしかったという。[15] そして戦乱の終結とともに、国税であるにもかかわらず税率が地方的に異なり、しかも査定基準があいまいであるという点が集中的に批判され、護民官時代の第二議会（一六五六—五七年）において、弑逆議員のひとりであったウェイリ（E. Whally, *d*. 1675?）は、『一ポンドにつき六ペンスという全国一律（national rate）』の税たらしめるように提案した。[16] けれども、「賃料の性質が〔地方的に〕区々である一方、動産の精密な調査をおこなうためには、宗教裁判に類する方法が必要になるであろう」[17]、という強硬な反対論に会ってこの提案は拒否されたという。

新興の大土地所有者たちが総じてこの税に反対したのは当然であろう。が、かりにこの反対がなかったとしても、ウェイリの提案が実行可能なものになるためには、その前提となるべき社会経済的諸条件がみたされなければならない。すなわち、税率の地方的差異を解消・統一し、主観的・恣意的な課税標準を客観的・合理的なものにしなければならないからである。したがって、それは「ピュリタンの革新論者たると当代の政論家たるとを問わず」、かれらが異口同音に提唱した全国的な地籍の確定の問題であり[18]、また「王国の全財産についての精密な調査」[19]の問題であって、つきつめていえば、全国的な規模における近代的土地所有の確定にともなう金納地租の設定の問題である。そしてこれらの問題こそ、共和国時代のアイァランドにおいてペティがとり組んだ問題なのであって、それらはイングランド共和国の強大な権力を背景とする「土地測量家」ペティの活動の核心的内容をなし、さらには王政復古後におけるかれの主著の主題、とりわけその地代論にふかくむすびつく問題にほかならないのである。ところで、地籍の確定の技術的基礎となるべき土地測量や製図術（cartography）は、封建的土地所有の崩壊と表裏しつつ、イングランドでは十六世紀以来いちじるしく発達し[20]、『土地資産の没収時代』ともいわれる市民革命の時代にはとりわけめざましい進歩をとげていた。[21] というのは、新興の「地主たちが国王にむかって自分たちの財産に対する絶対権を確立した」[22]ところの、近代的土地所有の創設の過程においては、新たに設定される私有財産権（土地所有権）の限界を劃定するために、所有地の面積その他の精密な測量とそれにもとづく地図（estate map）の作製とが強い社会的要請になっていたからである。(23) そしてこの要請こそ、すでに一言した数学の進歩と相まって、オートレッドやムア（J. Moore, 1627–79）とならび称せられる数学者レイバーン（W. Leybourne, 1626–1716）の名著『測量全書』（*The Compleat Surveyor*. London, 1653）を生みだした原動力をなすものと考えられるのであって、(24)「土地測量家」としてのペティの全活動もまた、この要請に答えるものといわなければならないのである。

　月割税は、テューダー王朝以来の補助金制度の後身であったという意味において、とくに新規な租税ではなく、また後述する内国消費税のように人民の反対をうけず、むしろかえって財産に比例して課せられるがゆえに「公平な租税」としてレヴェラーズから推奨されたほどであった。そしてこの税は、補助金制度にくらべてはるかに能率的で、すくなくとも当初においては相当の収入をあげ、しかも土地の私的所有とそれに対する投資の盛行にともない、土地収入以外の諸収入に対してどのように課税するかという問題を解くのに寄与し、したがってまた全体として中世以来の財政制度の倒壊に寄与した。(25) とはいえ、共和国時代においてこの税が中世的・地方的性格を完全に脱却しえたのではもとよりない。そして、補助金制度以来もちこされた動産課税の困難性のゆえに、この税は王政復古時代をつうじてしだいに不動産、とりわけ土地のみに課せられる租税となり、名誉革命後に創設される地租の先駆になるのである。(26) そして市民革命時代には、その増徴がはばまれたために、後述する内国消費税による人民の負担がますます加重され、(27) それがこの時代における階級分化をいっそう促進したのである。

（1）　長谷田泰三『英国財政史研究』二二九ページ。Космиский, Буржуазная революция., I. стр. 373.

（2）長谷田泰三　前掲書　二三〇ページ。
（3）Firth, *Cromwell's army*., p. 202.
（4）長谷田泰三　前掲書　二三〇ページ。
（5）Косминский, *op. cit.*, стр. 372.
（6）「政治犯人」または「罪人」（すなわち指導的王党員）の土地は一六五一年七月十七日づけの法令によって、教会関係の土地は一六四九年四月三十日づけの法令によって、王領地は同年七月十六日づけの「王領地売却法」によって、それぞれの売却が根拠づけられた。*ibid.*, стр. 379, 381, 386. 長谷田泰三　前掲書　二三〇―三一ページ。
（7）Косминский, *op. cit.*, стр. 392. 共和国政府は、没収地売却によって獲得した収入で、すくなくとも一六五四年ごろまで財政難をきりぬけることができた。長谷田泰三　前掲書　二三三―三四ページ。
（8）Косминский. *op. cit.*, стр. 392.
（9）*ibid.*, стр. 372. 教会関係の領有地の主たる購入者は、「郷紳・ロンドンおよび地方のブルジョアジー・将校」であり、また「罪人」（指導的王党員）の領有地の購入者百三十八人の社会構成は、つぎのとおりであったといわれている。*ibid.*, стр. 379, 382.

	購入者数	百分比
貴族および郷紳	一三	九・四二
ロンドンのブルジョア	七〇	五〇・七三
各種の債権者および富者	一〇	七・二五
将校	一九	一三・七七
役人	一一	七・九六
土地の賃借人	一〇	七・二五
農民型の土地保有者	五	三・六二
合計	一三八	一〇〇・〇〇

そしてこの数字は、ごく少数の「社会的地位を定めうる土地購入者」についてのものではあるが、「ブルジョアジーが圧倒的で

あり、ロンドンのブルジョアジーのグループが購入者の半分を占めていたということは、教会関係の領有地の購入者のばあいと同様、それが主導的役割を演じた」ことを示すものとされている。*ibid.*, стр. 387

（10）Firth, *op. cit.*, p. 204. Косминский, *op. cit.*, стр. 387. そしてこのことが、軍隊内部の階級分裂を促進したことはいうまでもない。Hill, *English revolution.*, 3rd ed. p. 56. 邦訳書　八三ページ。

（11）Chamberlen, *Poore mans advocate.*, Epistle, p. 4.

（12）*ibid.*, pp. 9, 14. *cf.* Hill & Dell, *Good old cause.*, p. 421. Schenk, *Social justice.*, p. 138.

（13）Dowell, *History of taxation.*, Vol. II. p. 4. Kennedy, *English taxation.*, pp. 39-40.

（14）*ibid.*, pp. 30-40. 長谷田泰三　前掲書　一一二ページ。

（15）同書　一一三ページ。

（16）Ashley, *Financial policy.*, pp. 74-75 長谷田泰三　前掲書　一一三ページ。

（17）*ibid.*, p. 75. その他の反対論については、Kennedy, *op. cit.*, p. 42. を参照。

（18）Ogg, *Reign of Charles II.*, Vol. II. p. 441.

（19）Ashley, *op. cit.*, p. 75.

（20）イングランドにおける近代的土地測量に関する最初の著作は、一般にアンソニ・フィツハーバート(Sir A. Fitzherbert, 1470-1538)——その兄弟のジョン・フィツハーバートではない——の『土地測量書』(*Boke of surveying.* London, 1523)だといわれているが、幾何学的土地測量術に関する最初の著作は、アウグスティヌス教団の高僧ベニーズ (R. Benese, *fl.* 1537-47) の『土地測量法』(*This boke sheweth the maner of measuring of all maner of lande.* London, 1537?) であるという。Fussell, *English farming books.*, pp. 5-7. Taylor, *Mathematical practitioners.*, pp. 14, 312. この書物が修道院の解散の直前に修道院のなかから生れたということはきわめて興味ふかい。*ibid.*, p. 168.

（21）Taylor, *op. cit.*, pp. 84-87.

（22）Hill, *op. cit.*, pp. 53-54. 邦訳書　七九ページ。

（23）Clark, *Age of Newton.*, pp. 125-26. なお、地理上の発見以後の時代における測量・製図術の発達が航海術や天文学のそれとむすびついていることはもとよりであろう。

(24) Taylor, *op. cit.*, pp. 86, 230–31, 360.

(25) Ashley, *op. cit.*, p. 83. 長谷田泰三　前掲書　一一四ページ。

(26) Kennedy, *op. cit.*, pp. 42–43. Dowell, *op. cit.*, pp. 50–51. 長谷田泰三　前掲書　一一三―一四ページ。

(27) 同書　一一三ページ。

三　関税および内国消費税

長期議会の「継承財産」としての関税が、国王の特権にもとづいて徴収される財政関税であり、またそれが通商貿易の保護と王国の防衛とに任ずる海軍の経費をまかなうものとして、この保護をうける輸出入諸商品に臨時的に課せられる税であったということは、前述したとおりである。初期ステュアート王朝の時代における前述の重商主義政策の転換によって、またこの時代における財政難によって、関税のこのような特質はしだいに失われつつあったが、市民革命はこの傾向を決定的なものにしたのである。国王の関税徴収権が長期議会によってうばわれたことはいうまでもない。そして関税は、この時代以降、議会的重商主義＝貿易差額主義にもとづく通商政策とのむすびつきを一歩一歩緊密にし、農業および毛織物工業を中心とする国内産業の保護と輸出の奨励とに歩調をあわせるようになるのである。(1) 他方において、長期議会のこのような通商政策は、諸外国とりわけオランダとの十七世紀初頭以来の海上商権＝植民地争奪戦をいっそう激化したのであって、当時の海外商業にとっては、世界の富の最大のわけまえを獲得するための戦争が常態であった。(2) そして次節で述べるように、当時繁栄の絶頂期をむかえていたオランダがイングランドの国内紛争を好機として世界貿易を掌握しようとしたとき、両国の伝統的な利害の対立は頂点に達した。一六五一年の航海条例を契機とする第一次オランダ戦争(一六五二―五四年)はこの対立の爆発であって、これも次節で述べるように、この戦争(および一六五六年の対スペイン戦争)をつうじて、イングランドの「国王の海軍」は「真の国民軍」に発展する第一歩をふみだすのである。

以上に述べた過程は、かつての財政関税としてのイングランドの関税を近代的な保護関税へと発展させる動因をなすものにほかならない。そして同時にこの過程は、イングランドの関税が海軍費という特定の目的とのむすびつきを失い、前述の月割税やつぎに述べる内国消費税とともに国家の経常的収入の体系に組みいれられ、国民一般によって負担される近代的租税(national tax)へと発展する最初のきわめて重要な段階でもあった。ペティが王政復古後の主著において問題にするのは、まさにこのような段階における関税なのであって、自然的秩序の思想を基調として、そこでかれは当時としてはいちじるしく進歩した関税政策を展開するのである。

ところで、内国消費税(excise)は、長期議会によってまったく新たにイングランドへ導入された間接税である。前述した王領地その他封建的領有地の没収や売却は、財政収入の獲得という点から見れば中世以来の諸王朝によって採用された方法であり、また月割税はテューダー王朝以来の補助金制度をその前身とし、関税もその淵源を遠い中世にもつものである。ところが内国消費税は、「イングランドにおいては全然先例のないもの」であり、市民革命をつうじて「新発足したもっとも顕著な事例」(3)といわなければならない。

主としてオランダの先例にならいながら、内国消費税をイングランドへ導入しようという構想は、すでにイリザベス一世の時代からくりかえし提唱されていた。そして初期ステュアート王朝においては、ジェイムズ一世時代(一六一〇―一一年）の「大契約」(Great Contract) のさい、封建的課徴の代税として考慮されはしたが実現せず、さらにチャールズ一世の治世の初期の議会においても提案されたが、一六二八年に下院で徹底的に拒否された。[4] このように、すでに大陸の先進国でおこなわれていたこの税がイングランドで強硬な反対をうけたのは、それが前例のない「隷従の象徴」として人民の憎悪のまとになっていたからである。[5] ところが、内乱戦の勃発にともなう財政難は、長期議会をしてほかならぬこの「隷従の象徴」を国税としてイングランドへ導入させた。そこでのこの税の提唱者は、一六二八年の「権利の請願」の先導者で、その後「内国消費税の父」[6]とよばれたピム (J. Pym, 1584–1643) であって、激しい反対を押しきりながら、[7] この税は前述の週割税とほとんど同時期の一六四三年七月から実施されたのである。

物品税としての内国消費税は、商品の生産者を納税者とするものではあるけれども、それが商品価格をつうじて消費者たる人民大衆に転嫁され、その負担になることはいうまでもないのであって、この税が月割税や関税とはおもむきを異にする大衆的反感を買ったのもこのためである。[8] そこでこの税は、予想される反対を顧慮して、一六四三年に実施された当初には、課税品目をビール・エール・サイダー・梨酒等々の嗜好品に限定し、しかも一定期間をかぎって課せられることになった。が、早くもその翌年には、課税品目は石けん・織物類・肉類・塩・屠肉等々の生活必需品に拡大され、一六四七年にはそのほとんど全部が包括されるようになったのであって、課税期間もまたこのあいだに延長・継続されたのである。[9] ところで、以上のような過程は、とりもなおさずイングランドにおける「先例のない」大衆的収奪がおこなわれる過程であった。一六四七年二月にロンドンのスミスフィールド (Smithfield) でおこった内国消費税反対の暴動や、またこの時期の各地方における徴税署の襲撃事件は、このような収奪に対する大衆的反抗のあらわれにほかならないのである。[10] しかしながら、内国消費税は、このような反抗があったにもかかわらず、共和国が樹立され、ブルジョアジーと新興の土地貴族が革命の主導権を掌握し、それによってレヴェラーズの反抗が鎮圧される過程において、月割税および関税とともにイングランド共和国の国税として確立された。(11) それは文字どおり「剣をつきつけながら創設された」(12)のである。そして、一六五三年における護民官制度の開始とともにクロムウェルの軍事的独裁がうちたてられたとき、この税は「人民に課しうるもっとも軽易で無差別な徴税」として推奨されるようになったのである。(13)

ところで、十七世紀のイングランドにおける租税理論上の論議は、内国消費税の問題に集中したといわれている。(14) そのわけは、この税の導入がイングランドとしては先例のないことであったばかりではもとよりなく、それが深刻な社会的影響を生み、市民革命をつうじて創出された新しい社会関係につらなる根本的な諸問題を提起したからにほかならない。そしてこれらの問題は、具体的にはこの税の導入についての賛否の論議をつうじて提起されたのであるが、もっとも徹底した反対論がこの税によって収奪されるがわからなされたことは当然であって、それはレヴェラーズの見解のなかに明瞭にあらわれているのである。内国消費税に対するレヴェラーズの見解は、当時のパンフレット類のなかに散在している。そしてそれらのなかで比較的まとまっているものは、第一『人民協定』(An agreement of the people) の約二ヵ月後の一六四八年一月にレヴェラーズが長期議会に対しておこなった『請願』(15)(To the supream authority of England) の第十四項にあらわれているつぎの見解であろう。すなわちレヴェラーズはつぎのように主張している。「内国消費税という負担多き租税が、比較的まずしい人民、つまりもっとも創意に富む勤勉な人民だけの重荷となり、かれらの耐えがたい圧制となっている反面、土地からの大収入や貨幣賃料にもとづく莫大な資産をえている人々は、この税の重荷の最小比例部分さえ負担しておらず、このために産業交易は衰退し、いっさいの創意と勤勉とは挫折させられている。したがって、こういう圧制的な貨幣調達方法を即刻にも廃止し、人々の資産に比例する公平な割合でいっさいの貨幣を調達されたい」と。[16]また、一六四八年九月の『請願』[17]はいう。「旧来イングランドで唯一の正当な方法であった補助金（subsidies）をのぞき、内国消費税およびあらゆる種類の租税を廃止されたい」と。[18]さらに、第二『人民協定』[19]（一六四八年十二月）は、内国消費税の廃止の主張とならんでつぎのように述べている。「不動産および動産に比例する公平な割合による以外、どのような方法によっても貨幣を調達してはならない」と。[20]以上に引用したかぎりにおいても、大衆的収奪のまったく新しい武器としての内国消費税が、貧民に重課され、[21]市民革命の時代における階級分化を促進したことが如実にあらわれているといわなければならない。そしてレヴェラーズは、疑いもなくピュリタンの勤労思想を基調としながら、貧民こそ「もっとも創意に富む勤勉な人民」であるということ、また革命の主導権を掌握したブルジョアジーや新興の土地貴族がこの税をほとんどまったく負担していないということを指摘し、すすんでこの税の全廃を主張し、財産に比例して課せられる租税だけが公平な租税だとしてこれを容認しているのである。ここでレヴェラーズが「旧来の補助金」といっているのは、おそらくはこの時期の月割税であって、それが除外されているのは月割税が土地資産に比例するがゆえに公平な租税だと考えられていたからであろう。

ところで、「公平な租税」とか「平等な課税」とかということは、この時期に内国消費税に賛成し、これを推奨した人々にとってもまた、その主張の根拠であった。問題はそのばあいの「公平」とか「平等」とかいう概念の内容なのであるが、課税の基準として支出を考えた最初のイギリス人といわれているホッブズは、[22]共和国宣言の二年後に公刊された『リヴァイアサン』（*Leviathan.* London, 1651）のなかでつぎのように述べている。「課税の平等は、富の平等には依存せず、あらゆる人が自己の防衛のために国家に負うている債務の平等に依存している。主権によって人民に課せられる課税は、私人が種々の産業交易や召命を遂行するのを防衛するために、公共の剣を保持する人々に当然支払われるべき賃銀にほかならない。あらゆる人がそれによってうける利益は生命の享受であり、生命は貧民にとっても富者にとっても平等に高価なのであるから、貧民がその生命の防衛のために負う債務は、富者がそのために負う債務と同一である。……課税の平等は、消費する人々の富の平等というよりも、むしろ消費されるものの平等にある。……諸々の課税が人々の消費物に課せられるばあい、あらゆる人はそれを使用するのとひきかえに平等に〔租税を〕支払うのである」[23]と。このかぎりで明らかなことは、ホッブズが租税の根拠を万人が国家主権から享受するその生命の保護の代償という点に求め、その「公平」の基準を、各人の富ではなしにその消費支出に比例するという点にみいだしていることであって、いわゆる租税利益説の第一声といわれているこの立言において、かれは「内国消費税」と明言はしていないけれども、明らかにこの税を支持しているのである。そして、内国消費が、各人の消費支出に比例しつつ万人に無差別的に課せられ、しかも無意識的に支払われるがゆえに公平な税だという見解は、ホッブズにかぎらず、クラドック(F. Cradock, fl. 1659)等々、内乱および共和国時代をつうじてこの税を支持した著作家や為政者たちに共通する理由であった[24]。ところが、レヴェラーズが内国消費税に反対し、その全廃と財産に比例する公平な課税とを主張したのは、消費支出に比例するがゆえに公平だといわれたこの税によって、「私人が種々の産業交易や召命を遂行」しえないほどの収奪をうけたばかりではなく、「生命の防衛」さえもが危険にさらされたからにほかならないのである。現実のことの運びとしては、前述のようにこの税は共和国の国税として確立された。それは、前項で述べた封建的領有地の売却が大半完了し(一六五四年ごろ)、護民官制度が確立し、共和国政府の主導権を掌握した新興階級が「その財産を開発するために平和と秩序とを必要とする」ようになり、かれらの保守的傾向がいよいよはなはだしくなるのとまさに符節をあわせるものであった。[25] そして、ホッブズをはじめこの税を支持した人々は、各人の消費支出総額はその所有にかかる富の指標だということを暗黙のうちに示唆しながら、[26] 結果においてはこの税が果した大衆的収奪の新しい武器としての役割を合理化したのである。

内国消費税についての賛否の論議をつうじて提起された問題を根本的に解明するためには、財産・富・所得・消費等々の諸概念を市民革命によって創出された新しい国家制度＝社会関係との関連において経済学的に掘りさげなければならないことはいうまでもなかろう。そしてまさにこのことこそ、公収入を主題とするペティの王政復古後の主著『租税貢納論』におけるかれの経済学の中心問題になるのである。というよりも、いっそう適切にいえば、ペティはこのような問題を追究することによって、みずからの経済学をうちたてるのであって、かれの内国消費税論――それは『租税貢納論』のいわば結論なのであるが――がユニークなものとなりえたのはこのためにほかならない。さきばしっていえば、ペティは『租税貢納論』において、当時の誰れよりも完膚なきまでに内国消費税の本質を批判し、[27] レヴェラーズが提起した前述の問題に学問的解答をあたえたのである。そればかりではなく、レヴェラーズは、貧民は「もっとも創意に富む勤勉な人民」だといったが、マニュファクチュアの生産活動にむすびついた機械器具の発明を主軸とする貧民の創意や勤勉の助長、それにもとづく産業の増進や人間の解放は、内乱時代の末期におけるベイコンの学徒としての青年ペティの教育論や産業論の中心的題目にほかならないのである。

以上、長期議会の「継承財産」としての公収入をめぐって、市民革命時代のイングランド社会が提起した諸問題を概観し、ペティがそこからうけとった諸〻の課題を述べた。そしてこのかぎりにおいても、市民革命の時代が「イングランドにおける近代的租税の開始期[28]」の発端であることが明瞭になるのであって、これらの「近代的租税」は、月割税・関税および内国消費税をその大宗とし[29]、「十七世紀末に、植民制度・国債制度・近代的租税制度および保護制度において体系的に総括された」ところの、「原始的蓄積の種々なる契機」[30]の一環をなしているのである。この観点から見れば、ペティがうけとった課題はこれらの契機のすべてに関連し、また共和国時代のアイァランドにおける「残虐きわまる暴力に立脚する植民制度」[31]の確立のためのかれの全活動は、これらの課題を解決するためのもっとも重要な社会的実践になるのである。そこで、ここでの当面の問題は、ペティはその青年時代以降どのようにしてこれらの課題に接近していったか、ということになるであろう。それを明らかにするためには、可能なかぎり具体的にペティの社会的諸実践を一つ一つ順を追って観察しなければならない。

(1) Kennedy, *English taxation.*, pp. 26-27, 33-37.

(2) Williamson, *British expansion.*, Vol. I. p. 241.

(3) Kennedy, *op. cit.*, p. 51.

(4) Dowell, *History of taxation.*, Vol. II. pp. 8-9. Ashley, *Financial policy.*, p. 62. 長谷田泰三『英国財政史研究』一〇一、一〇九ページ。

(5) Dowell, *op. cit.*, p. 8.

(6) *ibid.*, p. 9.

(7) 一六四三年三月に、ピムが内国消費税を長期議会に提案したとき、ダイアリストのデューズ(Sir S. D'Ewes, 1602–50)は、もしこれが二年まえの長期議会の召集当時であったら、こういう動議は「王国を破滅にみちびくのも同然のもの」と考えられたであろう、と記しているという。Kennedy, *op. cit.*, p. 52. 長谷田泰三　前掲書　一〇九ページ。

(8) 月割税のばあいには農業労働者や貧農は事実上免税者であった。また関税は、それが主として輸入ぜいたく品に課せられ、輸入食料品に課せられぬかぎり、ぜいたく制限法と同様の効果をあげた。Kennedy, *op. cit.*, pp. 20–22, 28–31. 後述するように、レヴェラーズは内国消費税に反対したが、そのばあい、かれらはこれとならんで関税の廃止または軽減を主張した。しかし関税の配分については、問題は内国消費税ほど深刻ではなかった。

(9) *ibid.*, pp. 52–53. Dowell, *op. cit.*, pp. 9–10.

(10) Dowell, *op. cit.*, p. 11. Kennedy, *op. cit.*, pp. 53–54. スミスフィールドの暴動が鎮圧されたのち、一六四七年八月に、軍隊は「この国の貧民が日常それによって生活しているような諸商品に対する内国消費税を廃止し、また一定期間をかぎって全商品についてもそれを廃止すべきこと」を議会に要請した。Woodhouse, *Puritanism and liberty.*, p. 425. *cf.* Kennedy, *op. cit.*, p. 54. その後議会は屠肉および塩に対するこの税を廃止せざるをえなくなった。

(11) 一六四九年の共和国宣言以降、長期議会は、人民の反抗を回避するために内国消費税の徴収を請負制度にした。そしてロンドンのブルジョアジーは、みずからすすんで請負人になり自己の金融的勢力をいっそう強大化することができた。Ashley, *op. cit.*, pp. 64–66. 長谷田泰三　前掲書　一一〇ページ。

(12) Dowell, *op. cit.*, p. 11.

(13) Kennedy, *op. cit.*, p. 55.

(14) *ibid.*, p. 51.

(15) Wolfe, *Leveller manifestoes.*, pp. 263–72. レヴェラーズの指導者たちのなかでも、とりわけリルバーン (J. Lilburne, 1614–57) やオーヴァートン (R. Overton, *fl.* 1642–63) の断乎たる風格がにじみでているといわれているこの『請願』は、レヴェラーズの思想が、一六四七年十一月の第一『人民協定』から、一六四八年十二月の第二『人民協定』(*ibid.*, pp. 293–303) および翌年一月の国王の処刑直前の『人民協定』(いわゆる Officer's agreement. *ibid.*, pp. 333–54) を経て、第三『人民協定』(*ibid.*, pp. 400–10) において頂点に達する過程の重要な一階梯を示すものであろう。そしてこの『請願』の貴重な意義は、二世紀後の『人民憲章』(The people's charter) にいたってはじめて実現した憲法上の模型たる男子普通選挙権 (manhood suffrage) ——ただし、ここでは二十一歳未満の者・刑法上の公権喪失者・使用人 (servants) およびこじきが除外されている——を明確に規定している点にある、といわれている。*ibid.*, pp. 260–61.

(16) *ibid.*, p. 270.

(17) *ibid.*, pp. 283–90.

(18)　*ibid.*, p. 288. *cf.* Shenk, *Social justice.*, pp. 75-76.

(19)　Wolfe, *op. cit.*, pp. 293-303.

(20)　*ibid.*, p. 302.

(21)　一六四八年一月のレヴェラーズの檄文(“The mournfull cryes of many thousand poor tradesmen”)はいう。「いっさいの租税が即時廃止されれば、平和は確保され、産業は復活し、やせかれて飢え死にしそうになっているわれわれの家族は救われるであろう」と。*ibid.*, p. 277.

(22)　Seligman, *Taxation.*, p. 24.　邦訳書　第一部　二八ページ。

(23)　Hobbes, *Leviathan.*, pp. 266-67.　水田洋『近代人の形成』二五〇—五一ページ。

(24)　Kennedy, *op. cit.*, pp. 63-69.

(25)　Hill, *English revolution.*, 3rd ed. p. 56.　邦訳書　八三—八四ページ。

(26)　Kennedy, *op. cit.*, pp. 63, 67.

(27)　*ibid.*, pp. 70-71.

(28)　Dowell, *op. cit.*, pp. 3-14.

(29)　内乱＝共和国時代の公収入は、もとよりこの三者だけではなかった。そして収入の体系という観点から見ても、共和国時代の財政制度はけっして整然たるものではなかった。が、それによって近代的租税の開始期の発端としての共和国時代の意義が減殺されるものではもとよりない。

(30)　Marx, *Kapital.*, 1. Bd., S. 791.　邦訳書　第四分冊　一一四三ページ。

(31)　*ibid.*, S. 791.　同書　一一四四ページ。

第二節　「国王の海軍」――オランダ遊学

一　「国王の海軍」

一六四〇年ごろにペティがフランスのカーン市にあったイエズス会のカレッジを去ってイングランドへ帰り、「国王の海軍」に勤務したということはすでに一言したとおりである。後述するように、一六四三年にオランダに渡航する直前まで、かれが海軍に勤務していたことはおそらくはたしかなのであるが、いつからこの勤務が開始したのかは不明である。いずれにせよ、かれの青年時代が海軍での生活をもってはじまるということは疑いない。

十七世紀は、海外商業や植民地争奪と符節をあわせつつ、ヨーロッパ各国の海軍の盛衰にいちじるしい変化があった世紀である。そしてこの変化は、無敵艦隊の壊滅を契機とするスペイン海軍の急速な衰退、この世紀の末にとりわけ明瞭化したオランダ海軍の衰勢、それにひきかえて、この世紀の中葉以降におけるイングランド海軍の勃興によって特徴づけられているのである。(1) 初期ステュアートの時代に、ジェイムズ一世を誇りやかに「海洋の主権者」とよんだ人はいたけれども、(2) この国王の治下に「イギリス海軍（British navy）なるものは事実上まったく存在しなかった。(3)」とはいえ、初期ステュアートの時代に、地理上の発見以来の海上遠征・外国貿易の増大・数学の進歩とむすびついた航海術の発達等々にうながされながら、私掠船の域をこえた商船隊および海軍を創設しようという要請が高まっていたことはもとより事実であった。そしてこの要請は、十七世紀初頭以来とりわけ激化したオランダとの角逐にともなっていっそう促進されたのであって、チャールズ一世の船舶税はこの要請に応ずるための重税であり、それは艦船の建造にかなりの成果を収めたのである。(4) しかしながら、船舶税そのものは市民革命の有力な導火線となり、内乱戦の勃発とともに水兵も海軍も議会軍に味方し、このことが王軍の敗北の有力な因子になった。(5) そればかりではなく、革命の動乱によって海軍の強化は一時的に阻止されはしたけれども、(6)「議会がおこなった海軍の再編成は、十七世紀の後半をつうずるイングランドの運命にとってはかり知れない重要性をもつものであった。(7)」そして一六五一年の航海条例によって激発された第一次オランダ戦争の当初、すでにイングランドはオランダとともに世界の二大海軍国になっていたのであるが、(8) クロムウェルの厳格な規律のもとに、また商人出身の勇将ブレイク(R. Blake, 1599–1657)の統率のもとに戦われたこの戦争とその勝利とは、兵員の組織訓練においても軍事技術においても、その後のイングランド海軍の基礎をきずく第一歩であった。(9) したがって、「イングランド海軍を真の国民軍たらしめたのはステュアート王朝である(10)」といわれているが、いっそう適切には、それは「空位時代をもふくめた後期ステュアート王朝」だというべきであろう。イングランドの海軍にとっては、ブレイクが活躍した共和国時代こそ、少年時代のペティが夢みた「ドレイクの世界から、ネルソン(H. Nelson, 1758–1805)のそれにほど遠からぬ世界への過渡期(11)」におけるきわめて重要な時期であり、前節で述べたように、それはこの国の関税が「真の国民軍」の経費をまかなうべき共和国の経常的収入＝国税の一部門に発展する過程と表裏するものにほかならないのである。

このように見てくると、ペティが「国王の海軍」にはいったのは、それが「真の国民軍」への決定的な第一歩をふみだす一時期であったといわなければならない。しかし、その正確な時期やそこでのかれの勤務の内容はほとんどまったく不明である。(12) ただ明らかなことは、かれは海軍に勤務中に二十歳をむかえたこと、またこの時期にかれはその生涯における最高の数学的知識水準に達していたこと、さらにかれは海軍での勤務をとおして六十ポンドの現金を獲得したこと、の三点である。(13) かれが少年時代に水夫としての実際的経験をもち、数学と密接に結合した形で航海術・羅針盤術を体得していたこと、またそれが当代社会の喫緊の要請にきわめてよく適合したものであったことはすでに述べたが、青年時代の初期における海軍での勤務がこのようなかれの特質をいっそう助長したであろうことは想像にかたくない。後年におけるかれの船舶の建造や、とりわけ『政治算術』の随所に見られる船舶・航海に関する専門的知識の基礎は、大部分この時期までにえられたものと考えてさしつかえなかろう。そして、この時期におけるかれの知識が――すくなくとも書かれたもののうえで見るかぎりでは――数学を核心としていたこと、またそれが現実的利益と密接にむすびついていたということとは、ここでもくりかえして指摘されるべき点であろう。オランダへ遊学する以前、すでにペティが、当代きっての数学者であった前述のオートレッドと相知っていたらしい形跡ものこされているのである。(14)

「一六四三年、国王と議会のあいだの内乱が白熱化したとき、私は〔前記の六十ポンドの〕生活費をふところにして、三年間ネザランズ(Netherlands)とフランスにおもむき、ユトレヒト・ライデン・アムステルダム(Utrecht. Leyden. Amsterdam)およびパリにおいて、諸〻の研究のなかでもとりわけ医学の研究に熱中した」(15)、とペティは記している。一六四二年八月に市民革命が武力闘争の形をとって爆発した当時、ペティはおそらくは海軍に勤務していたのであろう。そしてこの年の八月十日に国王がノッティンガム(Nottingham)で挙兵する二週間ちかくもまえ、ペティの生地ラムジーおよびその近隣では、王党員と議会がわの民兵隊とのあいだに小戦闘がまじえられ、二十数人の死傷者をだして注目をひいたという。(16) しかし全体としてのハムプシャが国王対議会のいずれのがわに味方するかということは――

王党に対する織元たちの敵意や、[17]ラムジーを筆頭とする前述した国教反対の強固なふん囲気にもかかわらず——国王の挙兵当初には予断をゆるさぬ問題であったらしい。[18]が、そのいずれにせよ、かれは革命の「軍事的冒険に全然興味を感じなかったし、またおそらくはこの地方の織元たちが王党に対していだいていた敵意をかれもまたいだいていたので」[19]、革命の戦乱が白熱化したとき、前述のように海軍の勤務でかちえた六十ポンドの学資をふところにして、オランダに遊学し、ついでパリに学んだ。この点からふりかえって見ると、ペティの海軍での勤務は大陸遊学の資をえるためのものでしかなかったようにさえ思われるのである。

(1) Clark, *Seventeenth century.*, pp. 115–23.
(2) Mahan, *Influence of sea power.*, p. 59.
(3) Clark, *op. cit.*, p. 121.
(4) Williamson, *British expansion.*, Vol. I. p. 244.
(5) *ibid.*, p. 166. Clark, *op. cit.*, p. 121.
(6) *ibid.*, p. 121.
(7) Williamson, *op. cit.*, p. 244.
(8) *ibid.*, p. 245.
(9) Mahan, *op. cit.*, p. 60. Clark, *op. cit.*, pp. 117–20. 第一次オランダ戦争につづくスペイン戦争（一六五六年）、王政復古期における二回のオランダ戦争、および名誉革命直後のフランス戦争がこの基礎を強化したことはいうまでもない。
(10) Clark, *op. cit.*, p. 117.
(11) *ibid.*, p. 117.
(12) ペティ自身が、海軍にいたとき二十歳をむかえた、といっているのであるから、かれが一六四三年に海軍に勤務していたことはたしかであろう。が、一六四〇年ごろにカーン市からイングランドに帰ってすぐ海軍にはいったのかどうかは不明である。ハルは、ペティは「イングランドに帰ってから数ヵ月間海軍にいたらしい」、といっている。Hull, *Introduction.*, p. xiv.

(13) Petty's *Will.*, p.〔iv.〕

(14) Fitzmaurice, *Life.*, p. 9. *cf.* Strauss, *Petty.*, p. 26.

(15) Petty's *Will.*, p.〔iv.〕

(16) Luce, *History of Romsey.*, p. 60.

(17) Fitzmaurice, *op. cit.*, p. 5.

(18) *V.C.H.*, Vol. V. p. 338.

(19) Fitzmaurice, *op. cit.*, p. 5.

二　一六四〇年代のオランダ共和国

どのような理由からペティが遊学の地としてオランダをえらんだのかは明らかではない。十七世紀におけるイングランドの貴族の子弟のあいだでは、フランスとイタリーに遊学するのが定石であって、かれらの日記には、スペイン・ドイツおよびオランダについてはほとんどなに一つ記されていないという。この根拠は理解できないことではない。というのは、スペインは少数の外交官や商人以外には用がなく、またドイツは三十年戦争で閉鎖状態におかれ、さらにオランダには、イングランドの貴族の子弟たちの知識欲を満足させるほどの「世界的記念碑や財宝」はなく、その「地方的言語や文学は研究に値いしないと考えられていた」からである。(1) ところが、ペティの故郷ラムジーの歴史をふりかえってみてもうかがわれるように、イングランドとオランダのあいだには、とりわけ宗教改革とスペイン戦争以来、人口の社会的移動(亡命者・義勇兵等々による来住・往住)が活潑におこなわれた結果、密接な関係がむすばれていた。したがって、経済的・宗教的・政治的等々の理由からオランダに定着していたイングランド出身者の数は、他の大陸諸国全体に散在していたこの種の者の総数よりもはるかに多かった。(2) そして一六三七—三八年の記録からみれば、イングランドからオランダへ渡航した者は、亡命者や義勇兵ばかりではなく、あらゆる種類の織物関係業者（裁縫師・織布工・梳毛工・刺繡工・縮絨工等々）および各種の職人（革匠・大工・さじ職人等々）であって、「貸し金をとりたてたり、仲間を訪ねたり、職をもとめたり、技倆をみがいたり、諸物品を購入したり」するのがその主たる目的であったという。(3) 以上の点から考えると、オランダは、なるほどイングランドの貴族の子弟や富裕な旅行者たちにとってこそ用のない国であったかも知れないけれども、ペティにとってはぜひとも遊学すべき国であったといわなければならないであろう。というのは、前述したかれの生地ラムジーの伝統的特徴、かれの父の生業およびかれのこの時期までの経歴や関心にてらしてそうであったばかりではなく、つぎに述べるような新興の共和国オランダの繁栄と、とりわけ進歩した諸大学とは、新時代を担うという課題をみずからの課題にしようとしていたこの青年の旺盛な知識欲を刺戟せずにはおかなかったであろうからである。

ペティがはじめてオランダの地をふんだ一六四三年は、オランダが生んだ近世解剖学の定礎者ヴェサリウスの『人体の構造について』(*De humani corporis fabrica.* Basel, 1543)——すなわち、コペルニクスの『天体の回転について』(*De revolutionibus arbium coelestium.* Nürnberg, 1543) と同年に出版され、ともに黎明期の「近世科学の全領域における決定的な業績」(4) となったヴェサリウスの主著——が出版されてからちょうど一世紀を経過した年である。オランダにおいては、南部のフランダーズおよびブラバント (Brabant) を中心とする毛織物工業がすでに十三・四世紀に「問屋制度」(Verlagssystem) のもとに展開され、原料羊毛を主としてイングランドにあおぎながら、その製品はひろくヨーロッパ各地に売りさばかれていた。(5) そして十六世紀初頭以降、南部における毛織物工業のいっそうの発展、北部――アントワープ(Antwerp)その他の諸都市――におけるイングランド産毛織物の仕上げおよび加工業の盛大化は、(イングランドにおける毛織物工業の前述のような発展とともに)、この世紀の中葉に繁栄の頂点に達していたスペインの毛織物工業に重大な脅威をあたえていた。(6) そしてこのようなオランダの初期資本主義的発展こそ、反宗教改革の祖国＝絶対主義スペインの旧教的圧制、したがってまた一五六六年以降明瞭な形をとって戦われたオランダ独立戦争＝市民革命のもっとも有力な要因の一つであった。約言すれば、ヴェサリウスの主著の出版後の一世紀の前半は、オランダが絶対主義スペインの旧教的圧制からみずからを解放し、ヨーロッパにおける最初の市民革命を成就しつつ、新教信教の自由を獲得してその独立を宣言するにいたった(一五八一年)時期であり、この間における国際的対立は、新教国「イギリス＝ネーデルランドと(旧教国)スペインの対立(7)」であった。ところが、この一世紀の後半は、イングランド対オランダ共和国の対立がしだいに激化した時期である。というのは、とりわけ一六〇九年のスペインによるオランダ共和国の独立承認以降、商業資本の優位によって特徴づけられながら、オランダは「十七世紀における古典的資本主義国(8)」としていちじるしい繁栄と海上商権の伸張を実現したのであるが、ほかならぬこのオランダの諸政策を模範としてきたイングランドは、無敵艦隊の撃滅を契機とするスペインの衰退後、本国の沿岸漁業はもとより、貿易・植民地をめぐってヨーロッパ・アフリカ・アメリカのいたるところでオランダと対立するにいたったからである。そしてウェストファリア条約が締結された「一六四八年にその商業的繁栄の頂点に達した(9)」オランダが、イングランドにおける市民革命を好機として世界の仲立貿易を決定的に掌握しようとするにおよんで、両国の伝統的な利害の対立は頂点に達した。その結果として、イングランドは内乱戦の終結、共和国の成立とともに、その後議会的重商主義政策の根幹をなすようになった航海条例を公布実施し(一六五一年)、それを直接の契機として第一次オランダ戦争(一六五二―五四年)を戦うのである。そして王政復古期におけるこの条例の強化は、さらに二回のオランダ戦争(一六六四―六七年、七二―七四年)となるのであるが、これらの戦争は、十八世紀以後においてとりわけ明瞭になるところのオランダの頽勢の有力な要因をなすものにほかならないのである。

このように考えてくると、ペティがオランダに遊学したころは、この新興の共和国が、十六世紀における「世界未曾有の令名高き都市」アントワープにとってかわって十七世紀以降国際金融の中心となったアムステルダムを擁しつつ、その繁栄を満喫していた時期であったといわなければならない。この国の産業にむすびついた比類なく稠密な人口はヨーロッパ各国人の驚嘆のまとであり、低廉な利子率は、イングランド人にとって驚異に値する「一個の謎」であった[10]。またこの国が全ヨーロッパの船舶の七五％以上を所有しつつ、世界の、そしてとりわけイングランドの一般的仲立業者として自国を「世界の荷造り倉庫」たらしめていたこと[11]、さらに、この国の産業技術――毛織物の製造および仕上げ・機械器具・造船・平坦地における風車・「世界最大」を誇る乾沢・排水路・水道等の土木事業――銀行制度・登記制度・生命保険・救貧および教育・傭兵等々の社会制度・その他の諸施設の整備のための努力は、いずれも当時のイングランド人が模範としたところである[12]。ロッシャーが、十六・七世紀のイングランドの著述家のなかで「いっさいのオランダ的なものに対する最大の讃美者[13]」と特徴づけたチャイルド(Sir J. Child, 1630–99)は、一六六八年に出版(一六六五年ごろに執筆)された最初の主著[14]の冒頭において、オランダがその繁栄のために採用した「諸方策」をイングランドのそれと対比しつつ、つぎの十五点に要約している[15]。すなわち、(1)理論的にも実際的にも、内外の産業貿易に精通している者が最高の国務に参加し、戦争を指揮したこと、(2)男子平分相続法(Law of Gavel-kind)

を実施し、長子相続を廃止したこと、(3)国産品（とくに魚類）の製造・荷造りを厳格にし、その声価をあげたこと、(4)産業における発明・発見を国家が奨励したこと、(5)低廉な運賃で航海する大型船舶を建造したこと、(6)国民が極度に節約的でつましい生活をしたこと、(7)一般に子弟の教育——とくに「合理的才能」の発展に役だつ算術と商業会計——を重視したこと、(8)関税を低くし、「疑いなく世界中でもっとも公平・無差別な内国消費税」を高くしたこと、(9)救貧・授産に注意したこと、(10)銀行が活用されたこと、(11)宗教上の寛容と、それにもとづいて外国人をうけいれたこと、(12)「商人法」（Law-Merchant）を実施し、迅速・安価に係争を処理したこと、(13)商業手形の流通を発達させたこと、(14)土地・家屋の登記制度（Publick Registers）を確実にしたこと、(15)利子を低くしたこと、である。そしてチャイルドは、この書物では主として「最後の点」、すなわちオランダの低利について論じ、イングランドにおける利子の引下げを主張しているのであるが、オランダのこのような繁栄やそのための諸政策が、当時二十歳そこその青年ペティの眼にどのように映じたかは本節の後段で述べるとおりである。

ところで、独立戦争＝市民革命以来、オランダがこの繁栄に到達する過程は、市民階級のあいだに「政治的および精神的自由の原理が勝利を占める」[16]過程にほかならなかった。事実上十六—七世紀のオランダは、メルカトール（Mercator, G. Kremer, 1512–94）およびオルテリウス（A. Ortelius, 1527–98）によってうちたてられた地理学（カルトグラフィー）上の劃期的業績につづいて、ステヴィン（S. Stevin, 1548?–1620?）の「小数の発明〔一五八四年〕により、水力学および数学的航海学の研究により、〔スネリウス（W. Snellius, 1591–1626）が一六一七年に創始した〕三角測量の発達により、〔ヨーロッパにおける〕技術的科学の前衛的位置の一を占めていた。[17]」そればかりではなく、ライデン大学（創立一五七五年）・グロニンヘン（Groningen）大学（同一六一四年）・ユトレヒト大学（同一六三四年）・アムステルダム大学

(同年)等の諸大学は、いずれもオランダの独立の過程に主として富裕な各都市によって設立・規制され、スコラ的伝統の重荷をほとんどまったく知らぬ大学であった。[18] 宗教的にはカルヴィニズム(Calvinism)のみを容認していたこれらの大学(とりわけライデンおよびユトレヒト大学)では、ヨーロッパ各国の大学にさきがけてデカルトの学説が講義され、言論・出版・教育の自由が最大限にみとめられていたばかりではなく、各国の大学が主として宗教上の紛争から沈滞していたとき、オランダの諸大学だけはその例外をなし、イングランドのピュリタン、フランスのユグノー、三十年戦争にともなうドイツ人亡命者たちにひろくその門戸を開放し、みずから「国際的施設」となることによってヨーロッパの学界に指導的な地位を占めていたのである。[19] そして、オランダの諸大学においてもっとも進歩し、またもっとも重要な学科は、グロティウス(H. Grotius, 1583–1645)によって代表される法学、および医学であり、とりわけライデン大学における医学は、パラセルスス(P. A. Paracelsus, 1493–1541)およびヘルモント(J. B. van Helmont. 1577–1644)をうけついで近代医化学の始祖となったシルヴィウス(F. Sylvius, 1614–72)の指導のもとに、きわめて特異な進歩をとげていた。[20] そしてこの大学ではすでに一五九七年に、ヴェサリウスの流れをくんだパーウフ(P. Paauw. 1564–1619)が解剖学の講義のための階段教室を建設していたという。[21] レンブラント(Rembrandt van Rijn, 1606–69)の初期の大作『トゥルプ博士の解剖』(一六三二年)は、かれの名声を不動のものにした作品であるといわれているが、このトゥルピウス(N. Tulpius. 1593–1674)博士は、パーウフの弟子で、当時はアムステルダム大学の教授(のちにアムステルダム市長)であった。『ライデン〔大学〕においては、この画の制作後まもない時期に、解剖学の研究がきわめて活潑に進歩した[22]」のである。

ホイヘンス(C. Huygens, 1629–95)のかがやかしい発明(一六五八、七八年)やスピノザ(B. de Spinoza, 1632–77)の主著の出現（一六七〇、七七年）にさきだつ時期ではあったけれども、ペティがオランダに遊学したところは、この新興の共和国が経済的繁栄の頂点をむかえようとし、またヨーロッパきっての進歩した大学を擁しつつ、学問や芸術においてもきわめて昂揚していた時期であったといわなければならない。

（1）Stoye, *English travellers*., pp. 239, 241–42.　Clark, *Seventeenth century*., p.15.　なおチャーマズ（A. Chalmers, 1759–1834）は、ペティが一六四三年に自分の「職業として医学をえらび」、その研究のためにオランダとフランスに渡航した、といっている。Chalmers, *Biographical Dictionary*., Vol. XXIV. p. 407.

（2）Stoye, *op. cit.*, p. 240.

（3）*ibid.*, pp. 240–41.

（4）Singer, *Evolution of anatomy*., p. 122.

（5）大塚久雄『序説』（上ノ一）　六四―六五ページ。

（6）同書　六五―七六ページ参照。

（7）同書　七五ページ。

（8）Marx, *Kapital*., I. Bd. S. 791.　邦訳書　第四分冊　三八〇ページ。

（9）*ibid.*, S. 793.　同書　三八四ページ。バーシュ（E. Baasch）は、かりにオランダが十七世紀中葉に海洋を支配したにしても、それはオランダにとっての最強の海上の敵すなわちイングランドが（市民革命によって）一時的に弱化していたためであって、この点を一応別にすれば、「一六四九年をオランダの貿易が頂点に達した年とする同時代者の立言はある意味において正当である」といっている。Baasch, *Holländische Wirtschaftsgeschichte*., S. 330.

（10）Barbour, *Capitalism in Amsterdam*., pp. 13, 80–81, 130–31.　Clark, *op. cit.*, p. 15.

（11）Baasch, *op. cit.*, S. 321.　Clark, *op. cit.*, p. 14.

（12）Clark, *op. cit.*, pp. 15–19, 51, 109–10.　Barbour, *op. cit.*, p. 69.

（13）Roscher, *Geschichte*., S. 62.　邦訳書　一三二ページ。

(14) この書物は、J. Child, *Brief observations concerning trade, and interest of money*. London, 1668. である。
(15) *ibid*., pp. 3-6. *cf*. Roscher, *op. cit*., SS. 62-63. 邦訳書　一三三―一三五ページ。
(16) 小倉金之助『数学史研究』一二八ページ。
(17) 同書　一二八ページ。*cf*. Wolf, *History of science*., pp. 174, 219-22, 383-85.
(18) Clark, *op. cit*., pp. 291-92. Ornstein, *Scientific societies*., pp. 250-51.
(19) Ornstein, *op. cit*., pp. 251, 253-54. Clark, *Age of Newton*., p. 131. Clark, *Seventeenth century*., pp. 291-92.
(20) Ornstein, *op. cit*., pp. 251-52.
(21) Singer, *op. cit*., p. 166.
(22) *ibid*., p.166. この当時以降、ライデン大学の医学部に学んだもっともすぐれた学生は、イングランド人ではウィリス(T. Willis, 1621-75)、グルウ(N. Grew, 1641-1712)、オランダ人ではスヴァマダム(J. Swammerdam, 1637-82)、デンマーク人ではステノ(N. Steno, 1638-86)等々であったという。また、マンドヴィル(B. de Mandeville, 1670?-1733)もこの学部の出身である。

三　医学・数学の研究——最初の社会観察

すでに述べたように、ペティはユトレヒト・ライデンおよびアムステルダムで、「とりわけ医学の研究に熱中した。」かれがライデン大学の医学部に入学を許可されたのは、一六四四年五月二十六日、すなわちかれの二十一歳の誕生日であった。(1) おそらくかれは、ここでヴェサリウスの前述の主著を知ったのであろう。また後掲の著作リストによって推測すれば(その文献の(4)参照)、かれは解剖学ばかりではなく、パラセルススやヘルモントの流れをくんだシルヴィウスの近代医化学にも接したように思われる。シルヴィウスは、人体における食物の消化という現象の本質を「醱酵」(fermentation)の過程として化学的に解明した最初の人といわれているが、(2) この「醱酵」という概念が後年のペティの社会科学的方法の生成に一つの役割を演じているということは興味ふかい。ペティがオランダの大学で学んだのは、医学のほかには数学であった。それは当時アムステルダム大学の数学の教授であったペル(J. Pell, 1611–85)にあてたペティの手紙(3)によって知ることができる。そしてペティは、本国の市民革命の動乱をオランダに避けていたこの「おそろしく多面的な知識をもった(4)」イングランドの数学者から、「代数学の諸法則」を学び、この人のためによろこんでその「道具として使ってもらおう(5)」と考えた。当時ペルは、かつてはデンマークが生んだ偉大な天文学者ティコ・ブラーエ(T. Brahe. 1546–1601)の助手であったロンゴモンタヌス(C. Longomontanus, 1562–1647)とのあいだに、円積法の問題について論争していたのであるが、ペティはペルのために、ロンゴモンタヌスに対するペルの駁論の写しをオートレッドやデカルトをはじめ蘭・仏・英の数多くの学者たちに送り(6)、ペルの助手としてばかりではなく、当時ヨーロッパの学界で重要な役割を演じていた通信者としても活動したのである。以上のように、青年学徒としてはきわめてめぐまれた環境にありながら、オランダにおけるペティの生活はけっして楽なものではなかった。かれが少年時代に模造宝石の行商人として「外国貿易」に従事していたことは前述のとおりであるが、オランダでのかれは、おそらくはアムステルダムで、ある期間ダイヤモンド工業の年期職人(journeyman jeweller)になり、その学資をえていたという(7)。そして当時ヨーロッパにおけるダイヤモンド工業の中心地(8)であったアムステルダムにおけるこの体験が、つぎに述べるかれの社会観察をひろめたりふかめたりするのに役だったであろうことは推測にかたくないのである。

ところで、ペティは一六四五年十一月ごろにオランダを去ってフランスにうつるのであるが、かれのオランダ滞在中の著作を示せばつぎの四編となるであろう(9)。これらはいずれも約二年間におけるかれの収穫の一部を代表するものといわなければならない。

*(1)　*Collegium Logicum et Metaphysicum.* (Holland, 1644)

*(2)　A Collection of the Frugalities of Holland. (Holland, 1644)

(3)　*Holland.*〔1644?〕(L. 132)

*(4)　An history of 7 monthes practise in a Chymical Laboratory. (Holland, 1645)

これらの四編のうちの三編は「海難で失われた」ので、表題だけしか知ることができない。(4)についてはすでに述べたが、(1)の表題から推測すると、ペティはオランダの大学で論理学や形而上学をも学んだように思われる。が、これはカーン市のイエズス会のカレッジにおける学習のなごりかも知れない。

ところで、(2)の『オランダの節倹についての集成』も「海難で失われた」ものの一つであるが、(3)の『オランダ』は――ランズダウンの推測によれば――(2)を執筆するためにペティが書きとめておいたメモ的なノートである。そしてもしそうとすれば、これは「若き日のかれの心にきざみこまれた」(L・一三二注) オランダ社会の印象であり、かれがおこなった社会観察の最初の記録だといわなければならない。メモ的なノートであるから、いわば名詞を書きならべたようなものであって判読しがたい点もあるが、つぎにその全文を訳出しよう。

オランダ

権利名義(Titles)が有効で、〔土地は〕二十五年の購買年数(years purchase)に値いしている。

土地は肥え、一エィカ当り五十シリングないし三ポンド以上に値いしている。

家屋・牧場・橋・波止場・荷揚機が充満。防衛し易い。

まっすぐな河川が四通八達し、帆船・そり・橈船……に適している。

人民が充満し、いっしょになっているから産業交易〔が発達している〕。
国土は平坦で、風車に適している。
外国人をやとって兵士にしている。
インドに植民地(Colonies)。国内ではつくれぬような物のための工場。
船舶と冒険(?)〔Venture(?)〕。
漁業。
公平な租税とその申し分のない使途。
公平な代議制。
紳士諸君は一人もいない。
神学者・医師および法律家は最大級の人物ではない。
商人と兵士。
利子は低廉。
あらゆる人が働く。
銀行と質屋。
寛容。
極度の節約——勤労(Parsimony——Industry)。
婦人と子どもの雇傭。

公共の装飾——建築物・芝居・娯楽場。
河川・掘割り・橋・波止場・荷揚機・車輛。
船舶。
男子平分相続法。
農村は都市にちかい。
産業交易と消費——大規模な製造業。
庭園・果樹園・草花・垣壁果(wall fruits)。
耕作——牧草地・肥えた家畜。
飼育・搾乳。
育種。

前述したランズダウンの推測が正しいとすれば、このメモ的なノートは、『オランダにおける節倹(frugalities)』という問題に焦点をあわせて読まれるべきものであろう。そしてこのメモ的なノートがその性質上脈絡にとぼしいことは否定できないにしても、全体をつうじてまず第一に気づかれることは、ペティの社会観察が鋭利で視野がひろくいきいきとしているという点であろう。チャイルドはオランダの繁栄のための特徴的な「諸方策」として前述のように十五点をあげているが——そしてかれは「以上の諸点は産業交易の真実の性質および原理を検討しようとするすべての人が一致して認容しているところ(10)」だといっているが——それらの諸点およびバーシュやクラークが指摘している諸点と、ペティのこのメモ的なノートとをつきあわせてみると、ペティが見落している点はほとんどないばかりか、むしろそれらをぬきんでているとさえいえる。後年の主著――とくに『政治算術』の第一・二章――のなかでペティはフランスとの比較においてオランダを論じ、社会的生産力の視点にたってオランダ社会を解剖しているが、そのばあいの諸論点は、このメモ的なノートのなかになまなましい観察の結果として記録されているのである。

第二に、このメモ的なノートが「オランダにおける節倹」に焦点をあわせて読まれるべきものであろうということはすでに一言したが、この観点から見るばあい、「極度の節約――勤労」(Parsimony—Industry) という項目――それはチャイルドの「諸方策」の(6)に相当する[11]――は、「あらゆる人が働く」・「寛容」・「婦人と子どもの雇傭」等々の項目とともにいっそう注目に値いする。というのは、勤勉＝労働は、『租税貢納論』以後のペティの経済学上の全理論の統一的基礎をなした概念であり、このメモ的ノートのすべての項目を一国の社会的生産力の観点にたって統一的に論じたのが後年の主著『政治算術』(とくにその第一・二章に展開されているオランダ論) であるからである。青年ペティがオランダの繁栄の基礎に、「オランダの人民大衆が、すでに一六四八年において爾余のヨーロッパ全体の人民大衆よりもはるかに過労で、貧乏で、残酷に圧迫されていた」[12]という事実をどの程度的確に看取していたかどうかは疑わしい。けれども、「海難で失われた」かれの最初の社会観察が、繁栄の絶頂をむかえようとしていたオランダ社会を“Frugality—Parsimony—Industry”という観点からとらえようとしていたものであったことはほとんど疑いない。そしてこのばあい、後年の『政治算術』のなかでは、オランダの人民がいかに「貧乏で抑圧されていた」か、したがってまた、なぜかれらは「はげしく労働し、……富者も貧者も、老いも若きも、数・重量および尺度 (Number, Weight and Measure) についての技術を学ばなければならないか」(H・二六一、邦・五二―三) ということ、一言でいえばこの国の繁栄の「自然的」・社会的根拠が示され、それがこの国の繁栄を「オランダ人の天使のような機智」(H・二五八、邦・四八）に帰せしめようとする俗論を反駁する基礎になっている、[13] ということをあらかじめ想起しておくべきであろう。

第三に注目すべきことは、このメモ的なノートが、オランダの土地についての観察——土地所有権と地価についての観察——ではじまっているという点であろう。そしてこの点は、チャイルドの前述の「諸方策」の⒁すなわち不動産の登記制度に照応するものであるが、ここでペティが記している「購買年数」という用語にとくに注意する必要がある。土地の年収益また年地代を基礎として地価を算定するための一種の係数としての「購買年数」という用語は、イングランドでは十六世紀後半から用いられていたらしい。[14] が、この用語にはじめて経済学的内容を盛り、グラントの研究成果をとりいれながらこれを一個の経済学上の概念——すなわちその機能においては一般的利子率に等しい概念——として規定したのはペティであり、それはかれのオランダ遊学の約二十年後の主著『租税貢納論』の地代論、土地・労働等価論につづく地価論においてである。そして土地所有権の設定の基礎たるべき土地の登記制度＝地籍の確定の問題は、前節でも述べたように共和国時代のアイァランドにおけるかれの社会的諸実践のいわば中心課題になるのである。

ペティがオランダに滞在したころは、この国の偉大な政治家で「愛国者」[15] のデ・ヴィット（J. de Witt, 1625–72）や、「十七世紀オランダのもっともすぐれた多産的な国民経済学的著作家の一人」[16] であったドゥ・ラ・クール（P. de la Court, 1618–85）が活躍する直前の時期である。そしてこの二人が活躍した十七世紀の後半には、グラント＝ペティが創始した政治算術＝解剖はオランダにも影響をおよぼし、とりわけグラントの研究成果は、ホイヘンスの確率論によって媒介されながら、デ・ヴィットによる年金制度の研究や、生命保険の発達に寄与した。[17] その反面、ペティは『政治算術』においてデ・ヴィット＝ドゥ・ラ・クールから影響をうけるようになるのである（H・二五九注、邦・四九注）。が、これらの点については後章でまたふれるとして、新興の共和国オランダにおけるペティの約二ヵ年にわたる遊学の成果は、医学および数学の修得と進歩、ならびに学生＝職人生活をつうじておこなった現実社会の観察――つきつめたところ、この社会観察は「土地」と「勤労」をその核心としていたといえよう――であって、それらの特徴は以上のとおりきわめて貴重なものであった。[18] そしてペティは、これらの成果を身につけて、オランダとはいちじるしくおもむきを異にするフランスへ――絶対王制の最盛期をむかえようとしていたルイ十四世＝宰相マザラン（J. Mazarin, 1602–61）の支配するフランスの首都パリへ――行くのである。

（1）*Album studiosorum* cited by Hull, *Introduction.*, p. xiv.
（2）Wolf, *History of science.*, p. 444.
（3）Fitzmaurice, *Life.*, pp. 7–10.
（4）Aubrey, *Lives.*, p. 239.
（5）Fitzmaurice, *op. cit.*, pp. 7, 9.
（6）*ibid.*, pp. 8–9.
（7）Lansdowne, *Petty Papers.*, Vol. II. p. 276.　Strauss, *Petty.*, p. 28.
（8）Barbour, *Capitalism in Amsterdam.*, pp. 24, 25.　Strauss, *op. cit.*, p. 28.
（9）(イ)　このリストにかかげられている文献のうち、(1)(2)(4)は一六七一年十月六日づけのペティ自筆の『著作リスト』（L・一五八、本書一六ページ注(13)参照）によっている。
(ロ)　＊印の文献はペティが「海難で失われた」と記しているもの。
(ハ)　円括弧内の地名と年次は、ペティ自身が記入した執筆地とその年次。角括弧内の年次は推定執筆年次。

(ニ) 末尾の括弧内の「L」は、『未刊論文集』の略記号で、そのつぎの数字は、この論文集の文献番号。

(ホ) なお、このリストは本書六〇ページのリストをうけ、一三〇ページのリストにつづくべきものである。

(10) Child, *Brief observations.*, p. 6

(11) ここでチャイルドはいう。「オランダ人の極度に節約的でつましい生活ぶりは法外なものであって、十万ポンドの資産をもつ商人でも、一千五百ポンドの資産しかもっていないロンドンの商人ほどの年消費さえしないくらいである」と。*ibid.*, p. 4.

(12) Marx, *Kapital.*, Bd. I. S. 793. 邦訳書 第四分冊 三八四ページ。

(13) とくに『政治算術』の第一・二章を見よ。なお、ここでペティが「数・重量・尺度についての技術」といっているのは、チャイルドの前述の「諸方策」の(7)に照応するものにほかならない。

(14) 筆者がこのように推測するのは、辞典(N・E・D)に"years purchase"の最初の用例としてウェットストーン(G. Whetstone, 1584?-87?)の *A mirour for magestrates.* London, 1584. がかかげられているからである。ウェットストーンが一五七二―七四年に低地諸国の対スペイン戦争に参加した人であるだけにこの事実は興味ふかい。同じ辞典にでてくるつぎの用例は、一六二五年のベイコンの *The essays or counsels, civil and moral.* 3rd ed. London, 1625. である。この『随筆集』の「貨幣賃料について」(Of usury)のなかで、ベイコンは「十六年の購買年数で購入した土地は、六分またはそれ以上の利子を生むであろう」、といっている。このかぎり、「購買年数」は一般的利子率にきわめてちかいものとして考えられているといえよう。Bacon, *Essays.*, p. 476. 邦訳書 一九五ページ。ペティはオランダの「購買年数」を二十五年とし、地価を一エィカ当り五十―六十シリングとしているが、この「購買年数」は一般的利子率が四%ということを意味し、当時の実情とほぼ一致していると考えられる。*cf.* Barbour, *op. cit.*, pp. 80-83, 85-88. なお、後出の注(17)参照。

(15) Marx, *op. cit.*, I. Bd. S. 793. 邦訳書 第四分冊 三八九ページ。

(16) Baasch, *Holländische Wirtschaftgeschichte.*, S. 78.

(17) Westergaard, *History of statistics.*, pp. 25-28. 邦訳書 二九―三二ページ。Todhunter, *Theory of probability.*, pp. 22, 37-40. ついでながら、ヨーン(V. John, 1838-1900)はオランダにおける「政治算術の最初の代表者」をケルセブーム(W. Kersseboom, 1691-1771)だとしている。John, *Geschichte der Statistik.*, SS. 227-33. 邦訳書 二三七―四三ページ。おそらくはそのとおりで

あろう。が、近代オランダにおける社会経済現象の数量的観察は、十六世紀初期における海関調査や租税台帳にはじまるのであって、公収入の一源泉としての年金制度が発達し、それがホイヘンスやデ・ヴィット等の研究にむすびつきつつ、いっそう確固たる制度となり、オランダの政治算術の有力な社会的基盤の一つになったということも、同時に注目すべき事実であろう。土地の「購買年数」と「年金の購買価格(purchase price)」とはもとより無関係な概念ではない。Stuart, *Statistics in Netherlands*., pp. 429-30.

(18) 一六八七年、その死の数ヵ月まえに、ペティは当時十五歳になる長子のチャールズ(Charles, 1672-96)をオランダに旅行させ、見聞をひろめさせた。この旅行は成功裡におわったが、こういう着想は、ペティ自身の青年時代におけるオランダ遊学の成果に由来するものであろう(C・二八四、二九九―三〇四)。

第三節　パリ滞在

一　メルセンヌのサークル

一六四五年十一月ごろにペティはオランダからフランスに移り、その後約一ヵ年間パリに滞在するのであるが、かれがオランダからフランスへ移った動機がどういうものであったかは明らかではない。しかし結果から推測すると、パリにおける学僧メルセンヌ(M. Mersenne, 1588-1648)を中心とする自然研究者のサークルに参加することと、医学(解剖学)および数学の研究をいっそう前進させることとがそのおもな動機であったらしい。いずれにせよ、かれはアムステルダム大学の数学の教授であったペルからホッブズにあてた紹介状をもらってパリに行き、一六四一年の一月以来パリに亡命していたホッブズの知遇をえることになり、さらにホッブズを介してその旧友メルセンヌを中心とする前記のサークルに参加したのである。前述のように、ペルは円積法の問題をめぐってロンゴモンタヌスと論争していたのであるが、当時のホッブズはこの問題についても重大な関心をよせていたという。(1)

十七世紀は、「おそらくはヨーロッパにおけるもっとも傑出したフランスの世紀(French century)であろう」、といわれている。このばあい考えられていることは、当時のヨーロッパ諸国のなかで最大の人口を擁していたこの国が、十七世紀をつうじ、政策担当者の名にちなんでコルベール主義とよばれたところの、徹底した重商主義政策を押しすすめつつ、典型的な絶対主義的中央集権国家を確立し、最大の外交・軍事力をふるったということ、またその影響力が政治・経済のみならず、宗教・思想・文学・美術・風俗のあらゆる部面にまでおよんだということである。(2)ところで、十六世紀末葉におけるユグノー戦争の終結、ナントの勅令(一五九八年)以降、ブルボン家の諸王のもとで採用された重商主義政策は、王権にもとづく官営マニュファクチュアの創設・保護関税・土木事業を一貫した特徴としていた。そしてこのあいだに、当初に強調された国内市場の拡大のための農業の保護奨励は犠牲に供されたのであるが、この農民の犠牲において旧教的貴族的中央集権国家＝ブルボン家の絶対王制が強固化されたのは枢機官リシュリュー(A. J. de Plessis, Cardinal de Richelieu, 1585–1642)の時代(一六二四—四二年)においてであった。しかしながら、アンリ四世(在位一五八九—一六一〇年)以来の重商主義政策が「毛織物工業を基軸とする保護貿易システム」として結実し、フランスが世界商業の面においてともかくもオランダやイングランドに一応比肩しうるようになったのはコルベール(J. B. Colbert, 1619–83)の時代であり、(3)またリシュリュー以来イエズス会の旧教勢力を組織的に駆使しつつ推進されてきた外交政策が、強大な軍事力を行使してヨーロッパの国際政治の舞台に現実的な力たりうるようになったのもコルベールの時代においてである。(4)したがって、十七世紀が現実に「フランスの世紀」たりえたのは、いっそう適切にはこの世紀の中葉以降であり、一六六一年におけるルイ十四世(在位一六四三―一七一五年)の親政＝宰相コルベールの登用によるいわゆる「大いなる世紀」の開幕以後と考えるべきであろう。そしてこの開幕を決定的なものにしたのは一六四八―五三年のフロンド(Fronde)の乱であったといってさしつかえなかろう。というのは、イングランドにおける市民革命(第二次内乱―護民官制度の確立)の時期に戦われたこの乱は、ブルボン家の旧教的絶対王制に対する市民・農民・新旧貴族の反抗という複雑な性格をもっていたといわれているが、その破滅的な鎮圧＝フランス絶対王制の勝利は、アンシャン・レジームをいよいよ強固化することになったからである。(5)

すでに一言したように、ペティがパリに滞在したのは一六四五―四六年である。それは枢機官リシュリューの死の約三年後であり、イタリー出身の枢機官マザランがわずか七、八歳の国王ルイ十四世の宰相として全権をふるっていた時期であった。イングランドの市民革命における議会軍の相つぐ勝利は、ブルボン家の絶対王制の支持者たちにとっては大きな衝撃であり、当初はイングランドの議会軍に「秩序の攪乱者」という極印を押していたかれらも、市民革命の勝利をみとめないわけにはいかなくなっていた。しかも三十年戦争のための傭兵をスコットランドやアイァランドからえていたマザランの政府は、イングランドの市民革命に干渉することもできなかつたのである。(6)その反面、ラ・ロシェル(La Rochelle)におけるユグノーの大虐殺(一六二八年)、ノルマンディにおける農民暴動の弾圧(一六三九年)のあとをうけて、この時期のフランス国内においては絶対王制に対する「国民大衆の不満が増大し、反乱の空気がただよっていた。また議会(パリおよび地方の高等法院)においては、尖鋭化した官僚ブルジョアジーも、ユグノー派のブルジョアジーも不満を表明」しており、「一六四三―四五年におけるフランスの国内情勢は極度に緊張したものであった」(7)という。そうとすれば、ペティがパリに滞在した時期は、ブルボン家の絶対王制に対するいわば最終的な国民的反抗がフロンドの乱となって爆発する直前であったといわなければならない。そしてこの時期のフランス社会におけるいちじるしい特徴の一つは、多分に貴族的な市民のあいだにガリレイやベイコンによって創始された近代科学の新精神が昂揚したことであって、イエズス会の教義と鋭く対立したジャンセニズム(jansenism)がペティと同年のパスカルに深刻な影響をおよぼしたといわれているのもこの時期である。フィツモーリスは、ペティがパリに滞在したころのこの新精神の昂揚についてつぎのように記している。「当時の〔パリの〕ふん囲気は、相ついでなされる科学的発見にどよめき、人間の知的水準は日に日に拡大していくように思われた。この時期はフランス史上とりわけブリリアントな時期の一つであった。聖職者というよりもむしろ政治家というべき一人の枢機官〔マザラン〕がこの国を支配していた。ナントの勅令が授与した諸特権によって確保されたカルヴィニストたちの諸権利は、なおそこなわれてはおらず、しかも大陸における最大の新教的軍事国家たるスウェーデンとのあいだには、政治同盟がむすばれていた。哲学や科学の自由な探求は、プロテスタンティズムと同様スペインやイタリーから放逐され――この国〔フランス〕の国家的統一に対する攻撃と、その宗教に対する公然たる批判とをおこなわないという暗黙の諒解のもとに――アルプスの北〔フランス〕に、その避難所をみいだしていた。当時は、哲学においてはガッサンディ(P. Gassendi, 1592–1656)やデカルトの時代であり、神学においてはパスカルやサン・シラン(St. Cyran, 1581–1643)の時代であり、また慈善事業においてはサン・ヴァンサン・ドゥ・ポウル(St. Vincent de Paul, 1576 or 1581–1660)の時代であった。フランスの学界は、ガリレイ・ケプラー(J. Kepler, 1571–1630)およびハーヴィの天文学・物理学および生理学上の諸発見から深刻な感動をうけていたのである(8)」と。そしてこのようなふん囲気の中心こそ、ペティがホッブズにみちびかれて参加したパリにおける自然研究者の自発的な集り――学僧メルセンヌを中心とする自然研究者の私的サークル――にほかならなかったのである。

この反面、パリの諸大学によって代表される当時のフランスの大学はどうかといえば、そこでは旧教だけが公認されていた。そして、アリストテレスの諸学説の習得を基礎課程にするというアンリ四世以来の学令(一六〇〇年)が堅持され、医学部ではヒポクラテス(Hippocrates, *c.* 460–380 B.C.)およびガレノス(Galenos, *c.* 129–99 A.D.)の著作が惰性的に講義されるにすぎず、デカルトやガッサンディの学説は禁じられ、また教育方法の改革は思いもよらぬこととされていた。しかもこれらの大学は、ジャンセニズムおよびイエズス会の双方と戦うことによって精力を消耗し、この世紀の後半にはしだいにイエズス会の統制に服してしまうのであって、「十七世紀の新精神も新科学も、大学の教科にほとんどなんのあとかたものこさなかった」といわれている。(9) フランスの諸大学におけるこのいちじるしい沈滞は、前述したオランダの諸大学の活況と対蹠的な特徴であると同時に、メルセンヌの私的なサークルにおける活潑な研究活動とまさに表裏するものといわなければならないのである。

メルセンヌその人は、ミニム会の修道士で、「あくことなき好奇心、やや混乱した学問理念の持ち主であった。数学、自然学、錬金術、魔術すべてに興味があり、それと結びつけて神学を論じ、自由思想家攻撃の書をも書いた。(10)」そして物理学者のボイル(R. Boyle, 1627–91)の評価によれば、メルセンヌは「その道において真にたぐいなき人(11)」であり、またかれは「新科学の技術や方法は、それらが人心を誤謬から解放するがゆえに重要だ(12)」と考える人であったという。かれは若き日にラ・フレーシュにあったイエズス会のカレッジで学び、そこでデカルトと相知り、その終生の友となった。そしてかれが数学や自然科学の研究に着手したのも、デカルトにみちびかれてであった。(13) しかしメルセンヌは、その後とりわけかれを著名にした音響学(acoustics)を中心とする自然科学上の諸研究において、デカルトよりもガリレイの実験科学的方法からいっそう多くの影響をうけ、明らかに後者の指導のもとに研究をつづけた。(14) ガリレイが起訴された直後にかれの諸業績を仏訳することによってその影響をヨーロッパ大陸にひろめたのもメルセンヌであり、(15) 音響学についてのガリレイの業績は主としてメルセンヌをつうじてしか知りえないという。(16) かれの真の偉大さは、みずからが熟達した自然実験家であったばかりではなく、実に数多くの研究者の業績を理解し、その真価をみとめる能力をもっていた点にある。しかもメルセンヌは、「科学に対する教会の敵意が明らかに高潮に達したその時期に、一人の旧教の僧侶としてこれをなしたのである。」(17) このようにして、パリにおけるメルセンヌの僧房は、一六三五年ごろからフランスを中心とする全ヨーロッパの自然研究者の研究室となり、天文学・物理学・力学・機械工学・解剖学・植物学等々の協同的な研究室・実験室・観測場となった。(18) 近世総合幾何学の創始者デザルグ (G. Desargues, 1593–1650)・当時のフランスにおける最大級の数学者フェルマ (P. de Fermat, 1601–65)・コレージュ・ドゥ・フランス (Collège de France) の数学教授ロベルヴァル (G. P. de Roberval, 1602–75)・数学者ミドルジュ (C. Mydorge, 1585–1647)・パスカル父子・ガッサンディ等々がこのサークルの常連であり、デカルトもまた直接間接にこれに参加した。(19) これに直接間接に参加した外国人は誰れかといえば、イングランド人では前述のペル・ボイル・ホッブズのほか、神学者で数学者のウォード (S. Ward, 1617–89)・政治家で哲学的著作家のディグビ (Sir K. Digby, 1603–65) 等々がいた。またイタリー人ではガリレイや物理学者のトリチェリ (E. Torricelli, 1608–47)・天文学者のカッシーニ (J. D. Cassini, 1625–1712)・数学者のカヴァリエーリ (F. B. Cavalieri, 1598–1647) 等々がいた。さらにオランダの物理学者ホイヘンス、ドイツ出身の神学者・数学者で翻訳者のハーク (T. Haak, 1605–90) やその後王立協会の最初の書記になったオルデンブルグ (H. Oldenburg, 1615?–77)、ポーランド出身でミルトン (J. Milton, 1608–74) の友人ハートリップ (S. Hartlib, 1599–1670)

等々もいたのである。[20] そしてこのサークルでは、定期的な集会と各地に散在する研究者相互間の通信とが研究活動の前進のための手段とされ、メルセンヌはその中心的な存在であった。[21]「メルセンヌの客間は、ヨーロッパ中の大学を合せたものよりもなおねうちがある」、とホッブズは評したという。[22] メルセンヌのサークルの活動は、イングランドおよびドイツに影響をあたえつつ、一六六六年にルイ十四世＝コルベールの治下において創立されたパリの「王立科学アカデミー」(L'Académie Royale des Sciences) の母胎になるのであるが、[23] その発足の当初においては、主たる参加者――デカルト・デザルグ・フェルマ・パスカルの四人はとりわけかがやかしい存在であった――を見ても明らかであるように、「フランスがこの世紀の中葉、数学においてとくに卓越していた」ということを物語っているのである。[24]

(1) Fitzmaurice, *Life.*, p. 7. Aubrey, *Lives.*, p. 230. ペルは、交友関係がきわめてひろい人であったらしい。そのなかでも、後年王立協会の創立メンバーになったドイツ出身のハークおよびミルトンの友人で教育論や農業論の著述家であったポーランド出身のハートリップとの交友がよく知られている。そして、ハークもハートリップも、ともに一六二〇年代以降、三十年戦争の戦禍をイングランドにのがれた人で、後述するように、ベイコンの学徒としてペティと交友するようになるのである。

(2) Clark, *Seventeenth century.*, pp. 13-14.

(3) 大塚久雄『序説』(上ノ一) 一二二―一二五ページ。Clark, *op. cit.*, pp. 68-73.

(4) *ibid.*, pp. 99-114, 117-23.

(5) *cf.* Jefimow, *Neuzeit.*, SS. 20-21. 邦訳書 二一七―二二八ページ。Ogg, *Seventeenth century.*, pp. 217-18.

(6) Косминский, Буржуазная революция, II. стр. 71-72.

(7) *ibid.*, стр. 72. この時期に、ノルマンディのユグノー派は「イングランドの議会がわに兵員と武器の援助をつづけ」、また多数のノルマンディの富商はイングランドの議会軍に多大の支援をあたえていたが、その反面旧教派の富商はイングランドの王党派だけと取引していたという。*ibid.*, стр. 72.

(8) Fitzmaurice, *op. cit.*, pp. 6-7.

(9) Ornstein, *Scientific societies.*, pp. 220–24. この沈滞の唯一の例外とみるべきものは、フランソワ一世（在位一五一五―四七年）が設立したコレージュ・ドゥ・フランスであろう。*cf. ibid.*, pp. 225–26.

(10) 野田又夫『パスカル』三三ページ。

(11) Ornstein, *op. cit.*, p. 140.

(12) Lyons, *Royal Society.*, p. 2.

(13) *ibid.*, p. 2.

(14) Wolf., *History of science.*, p. 52.

(15) Ornstein, *op. cit.*, p. 140.

(16) Wolf, *op. cit.*, p. 52.

(17) Ornstein, *op. cit.*, p. 140.

(18) *ibid.*, p. 142.

(19) *ibid.*, pp. 140–41.

(20) *ibid.*, p. 140. Lyons, *op. cit.*, p. 2.

(21) 十七世紀初期における科学的交流の唯一の手段は私信であった。通信者としてのメルセンヌの活動はその後における学術誌の発達のうえに貴重な寄与をなしたという。Ornstein, *op. cit.*, p. 198. Hall, *Scientific revolution.*, p. 191.

(22) 野田又夫　前掲書　三三ページ。

(23) メルセンヌのサークルは、すでにこの当時から「メルセンヌ・アカデミー」(Académie Mersenne)とよばれていたという（同書　三三ページ）。「王立科学アカデミー」の母胎として、メルセンヌのサークルのほかに、リシュリューが一六三五年に創立した「アカデミー・フランセーズ」(Académie Française)があげられることがあるが、この国家的アカデミーは、「フランス語の純化・保存」を主たる目的とするものであって、市民のあいだにおける「科学的協同作業を本質的要素」とするメルセンヌのサークルとは区別されるべきものである。Hall, *op. cit.*, p. 188. Ornstein, *op. cit.*, p. 139. なお、「王立科学アカデミー」およびイングランドやドイツ等における同種の機関の性質については後章で述べよう。

(24) Ornstein, *op. cit.*, p. 141. なぜフランスがこの当時数学においてヨーロッパ諸国の先頭をきり、すでにこの世紀の前半にいわば数学における「フランスの世紀」を現出していたか。クラークは、十七世紀はヨーロッパの諸科学のなかでも数学に最大の進歩があった世紀であり、数学は他の諸科学や生活一般に大影響をおよぼしたが、「数学の進歩に対する外的な刺戟はほとんどなんの重要性もなく」、すでにずっと以前から「数学的知識はそれ自身の目的のために追究されていた」、といっている。Clark, *op. cit.*, p. 233. しかし、問題はこれだけでかたづくものではもとよりなかろう。そしてこのばあい、パスカル＝フェルマによって創始された古典確率論の萌芽がルイ十三世（在位一六一〇—四三年）以来の宮廷貴族のあいだにおける数学遊戯＝「賭の計算」に——いっそう古くはルネッサンス期のイタリーにおける商業資本の成長を背景とする自然哲学者カルダーノ(G. Cardano, 1501-76)の確率思想に——つらなっていたことは見のがせない事実であろう。小倉金之助『数学史研究』一一七—一九ページ。Todhunter, *History of probability.*, pp. 1-4. また、天才的な土木建築技師でラ・ロシェルの攻囲にも従軍したデザルグの総合幾何学が、リシュリューの時代における国家的事業としての大規模な土木事業——それが要請する石きり・透視法——にむすびついていたこと、さらにデカルトの思想が当時のヨーロッパにおける「技術的科学の前衛的位置の一つを占めていた」オランダで成熟したことも見のがせない事実であろう。小倉金之助　前掲書　一二三—二四、一二八ページ。

二　諸収穫

ホッブズを介してメルセンヌのサークルに参加したペティは、そこで「真理を探求し」、「メルセンヌ・ガッサンディ・ホッブズ氏・デカルト氏・ロベルヴァル氏・ミドルジュ氏その他ここに集ったすべての著名人たちから、談話や公開講義や著作をつうじて激励され、また影響をうけた」、といっている。かれがこういっているのは、三十年後に書いた実用数学に関する論文『二重比論』(*The discourse...concerning the use of duplicate proportion in sundry important particulars.* London, 1674)の呈辞においてである。[1] ヨーロッパにおける新時代の科学を現に担っていたこれらの「著名人たち」のすべてから青年ペティがさまざまの影響をうけたであろうことは疑いないけれども、それらを一つ一つつきとめることは容易ではない。が、その後におけるかれの諸〻の活動や業績との関連から考えるばあい、すくなくともつぎの諸点は指摘しうるであろう。

イングランドに帰還してまもなく、ペティはロンドンやオックスフォドにおけるベイコンの学徒たちのサークルに参加して機械器具の発明や自然実験に関する諸活動を展開するのであるが、このサークル自体がメルセンヌのサークルにおける組織的協同的研究活動から――これのみからではもとよりないけれども――刺戟をうけたものだということは疑いない。また、後述するように、イングランドにおけるこれらの方法が、ベイコンとならんでガリレイ＝メルセンヌの力学や総じて実験科学から影響をうけたことも明らかである。ガリレイもベイコンも自然認識において実験を重視したことに変りはないが、この点における両者のちがいは、前者にとっての実験が諸〻の理論を数量的に験証し、数量的法則を定立するための手段であったのに対し、後者にとってのそれが諸知識を獲得するための手段であったという点にある。(2) そしてペティのばあい、ガリレイの数量的方法はとりわけ注目に値いする。というのは、かれは後年ベイコンにしたがって自然実験の方法を社会科学的問題領域の研究に「拡大」するのであるが、そのさいかれは社会経済現象の数量化とそれにもとづく推理とを方法上の核心にすえるようになるからである。そして諸現象の数量化――ペティ流にいえば“Number, Weight, or Measure”による観察――という方法こそ、ガリレイが自然認識のあらゆる問題を論じたという主著『黄金秤量者』(*Il saggiatore.* Roma, 1623) のなかで自然研究の方法としてすでに力説したところであるからである。(3) さらに、ペティはその晩年にみずからの政治算術を「代数の算法」(Algorithme of Algebra) (C・三一八) と名づけ、諸現象の数量化とそれにもとづく推理を記号化にもとづく推理に替え、それによって推理そのものをいっそう自由に発展させようと試みるのであるが、「政治代数学」(L・八六注)とよばれるべきこの方法が、「計算記号の単なる結合として代数学を作り上げた」[4]デカルトに多くを負っているということもまた疑いない。この点についても後章で述べたいと思う。

　ところで、ホッブズは、ペティがその人生行路において出会ったおそらくは最初のもっとも巨大な人物であろう。[5]当時ホッブズは五十七歳、ペティは二十二歳ということになるが、このときにはじまる両者の友情と尊敬とは、「その人となりや性向がたがいにいちじるしく相違していた」[6]にもかかわらず、生涯をつうじてかわることがなかった。[7]ペティは(おそらくはその晩年に)、「自分は、二十五歳以後、書物というものを読まず、ホッブズ氏の心を心としていた。もしその後多くの書物を読んでいたら、これだけ多くのことを知りえなかったし、またあれほどの発見や改良をすることもできなかったろう」、とオーブリに語ったという。[8]パリではじめてホッブズの知遇をえて以来、三十年以上の交友をつうじて、「ホッブズ氏の心を心とした」ペティがホッブズからうけた影響は、きわめて大きく、また多方面にわたるものであったであろう。そして、最大の影響が政治論に関してであろうことは、ペティが、その死の前年に自分の子どもたちのために推奨した数すくない書物のなかに、ホッブズがフランス亡命中に書いた『市民論』(*De cive.* Paris, 1642)があげられていることからもうかがうことができる[9](L・八二)。また、前述したことと関連するが、ペティの数量的方法が数学的論証を重視したホッブズからも影響をうけたということは明らかである。[10]そして、後年ペティは社会経済現象の数量化にもとづく推理を好んで「推論」(Ratiocination)とよび、これをおこなうことは「天使の労働にも似た無上の快楽だ」(C・二八三)と書いているが、数学的推理方法にほかならないこの「推論」は、ホッブズからも由来するものであろう。[11]が、さし当ってパリ滞在中の問題としては、光学や解剖学の研究に関するホッブズとペティの協働の事実が指摘されなければならない。ホッブズの『光学論文』(*Tractatus Opticus*) が公刊されたのは一六四四年であるが、ホッブズの光学研究についてのペティの寄与は、かれがホッブズのために光学に関する製図の大半を完成したことであろう。(12)「製図や描写の名手であった。ペティが作成した図表類(schemes)はホッブズ氏を満足させた」(13)とオーブリは記している。光学に対するペティの関心がホッブズによってよびおこされたことは明らかであり、またこの関心は、ランズダウンが指摘しているようにペティの少年時代からのはなはだしい近視と関連するものであろう(L・一三一注)。また、のちにかかげる文献(一三〇ページの文献(1))は、おそらくはこの関心が解剖学上の知識とむすびつきながら形をとって表明されたものであろう。のちにふれるように、この文献からもペティのガリレイに対する関心がうかがわれるのであるが、ここでとくに注目すべきことは、ペティがこのころすでに「製図や描写の名手であった」という事実である。というのは、かれのこの才能は、おそらくは少年時代以来学んだ実用幾何学に由来するものであろうが、共和国時代のアイァランドにおいてかれがおこなった土地測量およびそれにもとづく地図の作成にさいしてもっとも効果的に発揮されたからである。

メルセンヌのサークルに参加するかたわら、ペティはパリの「解剖学校」(School of Anatomy) に学んだといわれているが、その学習内容は明らかではない。(14)そして解剖学に関するパリでの収穫としては、むしろホッブズとともに読んだヴェサリウスの主著をあげなければならないであろう。すでに一言したように、コペルニクスの主著と同年に出版されたヴェサリウスの『人体の構造について』は、「ただ単に一個の科学として近世医学の基礎をなすばかりではなく、近世科学の全領域における最初の決定的な大業績であった。コペルニクスの著作が地球を宇宙の中心から移動させたとすれば、ヴェサリウスのそれは人間の肉体の真実の組織構成をあらわにした。そして両著において、かれらは中世以来偏愛されていたところの、大宇宙(macrocosm)およびその縮図である人体(microcosm)についての理論を、未来永劫に打ちくだいた」、といわれている。[15] ガレノスを解剖学の巨匠として尊敬しつつ、これをきびしく批判することによって創始されたヴェサリウスの解剖学は、なおかつ中世医学を支配しつづけたガレノスの影響を完全に脱却することはできなかった。[16] が、それにもかかわらず、ヴェサリウスの解剖学は、それが実験および観察を基調としていたがゆえに、解剖学ばかりではなく、近世科学一般の始源たりえたのである。[17] そして人体生理学の分野においてこれを真に徹底せしめたのは、ヴェサリウスと同じくイタリーのパドゥア(Padua)の大学に学び、その流れをくんだハーヴィ――『心臓および血液の運動について』(*De motu cordis et sanguinis.* Frankfurt, 1628)――であった。後年(一六七六年)、ダブリンの医科大学における講義のなかで、ペティはガレノスの解剖学を「猿の粗雑な切開にすぎぬもの」と批判し、ヴェサリウスを「解剖学の偉大なる改革者(instorator)」(L・一二九)として正当に位置づけたのであるが、メルセンヌのサークルに参加するかたわらホッブズとともに学んだヴェサリウスは、その後一人の解剖学者としてのペティの学問的な基礎をいっそう強固なものにしたに相違ないのである。

すでに述べたような観点からオランダ社会を観察したペティの眼に、フロンドの乱をまぢかにひかえ、絶対王制の最盛期を望見していたルイ十四世＝宰相マザランの支配するフランス社会がどのように映じたかは明らかでない。かれはオランダで「公平な租税とその申し分なき使途」を観察したのであるが(この観察の当否は別として)、すくなくともこの観点からすれば、この当時のフランス社会では、絶対王権にもとづくはなはだしい誅求や財政の紊乱等々が特徴的であったはずである。また、フランスにおける政治算術は、アンリ四世治下において、ユグノー出身の宰相シュリー公(M. de Béthune, Duc de Sully. 1560–1601)が断行した財政改革――それにともない、一五九九―一六一一年に設立された会計院(Chambres des Comptes)ならびに記録局(Cabinet d'Archives)の活動——に端を発するといわれている。[18] シュリー公は、農業を富の源泉と考えてこれを奨励したがゆえに一般に重農学派の先駆者とされているが、ややおくれてあらわれた同じくユグノー出身の詩人で工業家のモンクレシアン(A. de Montchrétien, *c.* 1579–1621)は、『政治経済学概説』(*Traicté de l'Œconomie Politique.* Rouen, 1615)を公刊して重商主義的見解を述べ、これをルイ十三世にささげた。そして、この書物が「政治経済学」という語を書名とする最初の著作とされていることは周知のとおりである。コルベールの時代およびその後にフランスの政治算術はコルベールの重商主義政策と緊密にむすびつきつつ、グラント＝ペティが創始したイングランドの政治算術＝解剖から大きな影響をうけ、築城家ヴォーバン元帥(S. le P. de Vauban, 1633–1707)等々の学説を生むのであるが、[19] その基盤としてのフランス社会の「富および力」＝ルイ十四世の支配の基礎の脆弱性は、ペティによって徹底的に批判されることになるのである(『政治算術』第三・四章)。それはともかくとして、パリ滞在当時のペティが、シュリー公の時代に端を発した近代フランスにおける社会経済現象の数量的把握やモンクレシアンの「政治経済学」に接したかどうかもまた、不明というほかはないのである。

以上によって判断するかぎり、ペティの約一年間のパリ滞在の収穫は、ホッブズ・メルセンヌ等々当代における第一級の科学者たちとの知遇、メルセンヌのサークルにおける実験科学を中心とする多方面におよんだ研究活動、自然諸科学——とりわけ数学・光学・解剖学——の修得、一言でいえば一人の自然研究者としての基礎的な教養のいっそうの強固化であったといえよう。この時期に執筆されたかれの著作は、推測的なものを加えてつぎの二編である。[20] このうちの前者は動物の眼球に関する解剖学的所見をともなう光学についての断片的ノートといってさしつかえなかろう。そしてランズダウンによれば、このなかには、ガリレイの望遠鏡および顕微鏡(“Of telescopes and microscopes of one convex")、ケプラーの望遠鏡("Of telescopes of 2 convexes")、さらに当時問題になったばかりの反射望遠鏡("Of Catoptrick Telescopes")についてのペティの関心が示されている(L・一三一注)。後者はその表題から推測すれば医学および解剖学に関するものである。そしてペティが記している執筆地から考えると、その一つすなわち『痛風およびばい毒について』(*De Arthritide et Lue Venerea*)はパリで、もう一つすなわち『解剖学綱要』(*Cursus anatomicus*)はイングランドに帰還したのちに、執筆されたものかも知れない。

(1) *Opticall.* 〔1646?〕(L. 131)

(2) A discourse in Latin *De Arthritide et Lue Venerea* and *Cursus anatomicus.*(Paris Oxford, 1646)

パリ滞在中のペティの生活は、精神的にはすでに述べたようにきわめてゆたかなものであったのにひきかえ、物質的にはいちじるしく困窮したものであった。二、三ペンスで買いもとめたクルミで一週間の食をつないだこともあったし、またあるときは借金のことで逮捕されたこともあったらしい。[21] それにもかかわらず、かれは一六四三年にオランダへ旅だったときもっていた六十ポンドを「約十ポンドふやして」[22]、つまり七十ポンドにして、一六四六年にイングランドへ帰ったのである。それはちょうど第一次内乱が終結した年のことであった。

(1) この『二重比論』は、かつての王党軍の将軍で、王政復古後は学者や文人の庇護者になった、ニューキャッスル公爵(Duke of Newcastle, W. Cavendish, 1592-1676)と王立協会の会長ブラウンカー(W. Brouncker, 1620?-84)との双方にささげられている。ペティは、一六四五—四六年のパリ滞在中に、イングランドからの亡命者であったニューキャッスル公爵(当時は侯爵)およびその兄で数学者のキャヴェンディッシュ(Sir C. Cavendish, 1591-1654)の知遇をえていた。ここに引用した部分は、ニューキャッスル公爵にあてた呈辞の一部であって、三十年まえのパリでの研学についての追憶である。

(2) Hall, *Scientific revolution.*, pp. 173-74.

(3) Lansdowne, *Petty Papers.*, Vol. I. p. xxviii. ペティがオランダからパリへ移ったのは、ガリレイの死の三年後であるから、両者が直接相知る可能性はもとよりないが、すでにカーン市のイエズス会のカレッジにいたころの著作の表題からうかがうかぎり、ペティがガリレイの影響をうけていたという形跡もなしとしないのであって、この点については本書六三ページの注(25)を参照されたい。

(4) 小倉金之助『数学史研究』一三〇ページ。

(5) Strauss, *Petty.*, p. 28.

(6) *ibid.*, p. 27.

(7) Aubrey, *Lives.*, p. 157.

(8) *ibid.*, pp. 240–41.

(9) Fitzmaurice, *Life.*, pp. 303–04 Strauss, *op. cit.*, p. 29.

(10) Bevan, *Petty.*, p. 87.

(11) Lansdowne, *op. cit.*, pp. xxvii–xxviii. Hobbes, *Leviathan.*, p. 29. 邦訳書 第一分冊 七五ページ。

(12) Strauss, *op. cit.*, p. 29. ペティがオランダからパリに移ったのは一六四五年十一月ごろであるから、この「寄与」がホッブズの『光学論文』に対するものであるとすれば時期的におかしい。なお、(L・一三一注)参照。

(13) Aubrey, *op. cit.*, p. 237.

(14) Fitzmaurice, *op. cit.*, p. 5. Stoye, *English travellers.*, p. 429.

(15) Singer *Evolution of anatomy.*, pp. 122–23.

(16) Hall, *op. cit.*, pp. 36, 48.

(17) *ibid.*, p. 31.

(18) Faure, *Statistics in France.*, pp. 244–47. John, *Geschichte der Statistik.*, S. 45. 邦訳書 四九ページ。Westergaard, *History of statistics.*, pp. 48–49. 邦訳書 五九ページ。

(19) Faure, *op. cit.*, pp. 247–56. Westergaard, *op. cit.*, pp. 49–53. 邦訳書 五九—六三ページ。

(20)　(1)の執筆年次は不明であるが、ランズダウンはそれをパリ滞在中かまたは王政復古後の王立協会で活動したころかのいずれかであろうと推測している(L・一三一注)。ここでは、ホッブズにみちびかれて光学の研究に関心をもちつつヴェサリウスを読んだころと推測し、一六四六年とした。(2)はペティ自筆の『著作リスト』(L・一五八、本書一六ページ注(13)参照)に表題だけが記されているものであるが、ランズダウンはペティの未公刊手稿本中にその存在をみとめている。なお、このリストは、本書一〇九ページのリストをうけ、一六〇—六一ページのリストにつづくべきものである。

(21)　Aubrey, *op. cit.*, p. 237. Fitzmaurice, *op. cit.*, p. 10.

(22)　Petty's *Will*., p. [iv.]

第四節　自然研究者ペティ

一　複写器の発明

約三年間の収穫多き大陸遊学をおわって、ペティは一六四六年のおそらくは後半にパリからイングランドに帰ったのであるが、それはイングランドではちょうど第一次内乱が終結した年のことであった。そしてかれは、パリからもち帰った「七〇ポンドと私〔ペティ〕の努力とによって、四年とはたたぬうちに、オックスフォド〔大学〕の医学博士の学位を獲得し、その後まもなくロンドンの医科大学や学芸愛好者のさまざまのクラブにはいり、……つづく二年間に、ブレイズ・ノーズ(Brazen Nose)〔・カレッジ〕のフェローやオックスフォド〔大学〕の解剖学教授になり、グレシャム・カレッジ(Gresham College)の講師にもなった」[1]のである。ところで、ペティの社会的地位がこのように躍進した数年間のイングランド社会は、市民革命の第二段階のなかほどからその終局までの数年間を経過したといってさしつかえない。すなわちこの時期は、一六四六年五月における第一次内乱の終結から第二次内乱・国王の処刑を経て、共和国宣言・クロムウェルのアイァランド遠征・アイァランドの大反乱の鎮定(一六五二年五月)にいたる約六年間とほぼ相おおっているのである。この時期のイングランド社会の基本的な諸問題については、長期議会の「継承財産」としての公収入の問題を中心としてすでに述べたとおりである。そして本節以下における主要な問題は、このような時期のラムジー・ロンドンおよびオックスフォドにおけるペティの具体的な諸活動を観察することでなければならない。

パリからイングランドに帰って、ペティはまず最初に生れ故郷のラムジーにおちついたのであるが、父アンソニは、かれのオランダ遊学中の一六四四年にすでに死んでいた。(2) かれの大陸遊学中、父アンソニの家業がどのようになっていたかということについては、第一章で述べた程度の臆測がゆるされるにとどまる。けれども、第一次内乱の時期に、議会軍の駐留地サザムプトンと王軍の根拠地ウィンチスタの中間に位するラムジーが、王軍のゴーリング将軍(Sir G. Goring, 1608–57)と議会軍のワラー将軍(Sir W. Waller, 1597?–1668)のあいだの争奪地点になり、一六四五年一月には、ゴーリング将軍の軍隊のために「一頭の羊はおろか一頭の豚さえのこらぬほど徹底的に掠奪された」(3) ことは事実である。このような戦災が父アンソニなきあとのペティ家の家業にどのような影響をおよぼしたかは明らかではない。しかし、第一章で述べた毛織物工業の沈滞や不況と関連して考えると、この戦災がそれらに相当の打撃をあたえたであろうことは想像にかたくない。いずれにせよ、第一次内乱が終結した「一六四六年は、ハムプシャにとってはまったく平穏無事な年であった」(4) という。

ラムジーに帰ったペティは、父なきあとの家業をうけつぎ、パリからもち帰った七十ポンドの一部で弟アンソニの学資をまかないながら、しばらくは織元として活動した。(5) しかしながら、すでにオランダやフランスに学び、進歩した医学・数学を身につけたばかりではなく、メルセンヌのサークルにおける活動をつうじてヨーロッパきっての先進的な科学者たちや思想家たちの影響をうけていたペティの活動の舞台としては、沈滞した毛織物工業地ラムジーはあまりにも狭隘であり、織元という親ゆずりの生業も、生涯をかけてそれにうちこむべき職業としてはものたりないものであった。(6) そこでペティは、大陸遊学によって身につけた教養を基礎としてこれをいっそう発展させ、またおそらくはそうすることによってかたむきかけている家運を再興するために、その後まもなくラムジーを去ってロンドンにでかけて行ったのであって、(7) そのきっかけとなったのが、ラムジーでかれが発明した「複写器」(Double Writing Instrument)なのである。

ペティ自身の説明によれば、この「小型で安価な器具」は、「構造が簡単でしかも耐久力があり、はじめての人でも、これを用いてものを書くと、ふつうにものを書くのと同じ速度で同時に二通の写しをとることができる。……この器具の用途はひじょうにひろく、法律家や公証人は、これを用いて公契約書やあらゆる種類の複本をつくるであろうし、商人・通信員・登記者・書記・事務員等々は、これを用いて信書・勘定書・送状・令状の記入およびその他の諸記録をつくるであろうし、学者は、これを用いて稀覯の手稿本を転写したり、原本の偽造や年月の経過にともなうその破損を防止したりするであろう。さらにこの器具は、文書を吟味する労力を減じ、文書の偽造や不正の発見に役だち、容易かつ迅速に、しかも十分に秘密を保持しながら、いっさいの文書事務を処理することに役だつ」(8)と。これによって判断すれば、この器具は現在の複写器または写図器(manifold letter-writer or copying machine)の原型をなすようなものであったらしい。(9) この新発明の器具に対して、ペティは議会から一六四七年三月七日づけで十七ヵ年間有効の特許を授与された(H・七四注)。そして、かれがこの年の十一月ごろにラムジーをひきはらってロンドンにでたおもな目的の一つは、みずからの発明にかかるこの複写器を売りひろめることであった。[10]

ロンドンは、この年の八月以来完全に議会軍の支配下におかれ、フェアファックス(T. Fairfax, 1612–71)にひきいられた新型軍によって秩序づけられていた。が、すでに述べたように、第一次内乱から第二次内乱にかけての過渡期に当るこの時期には、長期議会の主導的勢力の分裂が急速に顕著になったのであって、レヴェラーズのいわゆる「アジテーション」がロンドンを中心としてさかんにおこなわれ、クロムウェルによる革命の裏切りを非難するレヴェラーズのパンフレットが数多く発行されていた。そして、ペティがロンドンにでてきたのと同じ一六四七年十一月の三日には、レヴェラーズによる『人民協定』が公表され、その後の世界史の発展に一つの重要な道標をうちたてたのである。[11] 長期議会の主導勢力の分裂と対立は、翌年六月以降の第二次内乱となるのであるが、次項以下で述べるように、ベイコンの学徒たちがロンドンやオックスフォードでサークルをつくり、自然研究をはじめるのもこの時期においてである。

それはともかくとして、ペティの複写器の売れゆきはどうかといえば、それはいっこう思わしいものではなかった。フェアファックス将軍のもとで新型軍の軍事顧問をしていた歴史家のラシュワース(J. Rushworth, 1612?–90)は、「一時間足らずの練習で使いこなせる」この便利な器具を激賞したという。[12] そしてペティ自身もまた、筆に口にこの器具を宣伝したばかりではなく、[13] デットフォド(Deptford)在住のホランド(John Holland)という人物と提携し、ホランドから資金の提供をうけ、三年間の約束で一種の組合をつくってこの器具の販売に努力した。[14] が、それは失敗におわってしまった。後年の『租税貢納論』のなかで、ペティは自分自身が「実際に観察した」こととして、当時の発明家たちが当面していた困難な事情をつぎのように述べている。「新しい発明がはじめてもちだされると、最初のうちはあらゆる人がそれに反対する。そしてあわれな発明者は、短気な智者たちから一斉にむち刑をうける。すなわち、あらゆる人がそれについていろいろの欠点をあげ、誰れ一人として――自分たちの意見どおりに発明者が改良をおこなわぬかぎり――これでよいとはいわない。そこで、この責苦を生きのびる者は百中一をでないのであって、しかもこれをなしとげた者でも、けっきょくは多くの他の人の種々の考案のために変更をよぎなくされ、発明の全部に対し、これが自分のものだといいきれる者は一人もなく、また、どの部分が誰れに属するということについても、意見が一致しないのである。そればかりではなく、こういうことになるまでには、相当長い時間がかかるのがふつうであるから、そのうちには、あわれな発明者は死んでしまうか、そうでなくても、その発明を追求するために契約した負債によってうごきがつかなくなってしまい、あげくの果てには、かれの奇智に協力して自分の貨幣をつぎこんだ人たちから、山師だとか、あるいはもっと悪い者としてののしられる。このようにして、右の発明者もかれの権利も全部失われ、消えうせてしまうのである」と(H・七四―五、邦・一三〇―一)。ペティの複写器の販売が失敗におわり、かれの発明が経済的にはむくいられなかったことの具体的な諸事情、とりわけかれとホランドとの関係は明らかではない。が、いずれにせよ、この引用のなかにいきいきと述べられている諸事情は、複写器の発明について味わったかれ自身の苦い体験にも関連していると考えてさしつかえなかろう。(15)

ところで、経済的にむくいられないものではあったけれども、ペティのこの発明そのものがもつ意義はけっして僅少なものではない。なるほどこの発明は、ガリレイの望遠鏡(一六〇三年)・ドレッベル(C. Drebbel, 1572–1634)のアルコール寒暖計(一六二〇年)・パスカルの計算器(一六四二年)・キルハー(A. Kircher, 1601–80)の水銀寒暖計(一六四三年)・トリチェリの真空管(一六四三年)・ゲーリケ(O. von Guericke, 1602–86)の空気ポンプ(一六五四年)・ホイヘンスの振子時計(一六五八年)等々、十七世紀初頭から中葉にかけてのかがやかしい諸発明にくらべればささやかであり、またそれほど著名なものでもない。しかしながら、ペティの複写器がこれらのかがやかしい諸発明と共通にもつ特徴は、それが十七世紀において開花した近代科学の根本的な信条となったところの、実験と観察とにいっそう有効に役だつべき器具の一種であったという点である。また、ペティのこの発明をかれ自身の経歴に即して考えるならば、それはラムジーのマニュファクチュアラーの子どもとしての生得の素質や関心に加えて、実用数学・航海術・製図法等々の諸技術の修得、さらにはメルセンヌのサークルにおける諸研究の所産であるということも疑いない。ペティがはじめて世に問うた成果が、論文や著書ではなくてマニュファクチュアの時代を特徴づける器具であったということは注目すべき点であろう。そしてペティ自身が語るところによれば、かれはこれによって「はからずも神の御心にかない、世界中のあらゆる種類の人々に日々刻々しかも永久に有用な複写術(Art of Double Writing)の発明家になった。」[16] しかもこの発明は、ペティがこの時期にベイコンの学徒の一人としておこなった組織的な自然研究や、またそういう学徒として執筆した『教育論』・『産業交易誌』と密接に関連することによって、いっそう大きな社会的意義を主張しうるものになるのである。

(1)　Petty's *Will*., p.〔iv.〕

(2)　ペティの父アンソニは、一六四四年五月二十六日にラムジーに埋葬された。Hull, *Introduction*., p. xiv.

(3)　Luce, *History of Romsey*., pp. 62-65

(4)　V. C. H., Vol. V. p. 347. ラムジーは、第二次内乱にともなう戦災からはなんの打撃もうけなかった。そして第二次内乱にともなうラムジーの唯一の政治的事件としては、審問に付するためにチャールズ一世を最後の幽閉地ハースト・キャッスル(Hurst Castle——ワイト島の荒涼たる対岸にある城)からロンドンに移送する「悲しげな行列」が一六四八年十一月十三日にこの小都市を通過したことだけであったという。Luce, *op. cit.*, p. 67.

(5) Petty's *Will.*, p. [iv.] Fitzmaurice, *Life.*, p. 10.

(6) *cf.* Strauss, *Petty.*, pp. 29–30. Fitzmaurice, *op. cit.*, p. 10.

(7) このとき以後——一六八七年十二月十六日に死んだとき、かれはラムジーのあの有名な教会に葬られたけれども——ラムジーはかれの生涯をつうじて活動の舞台にはならなかった。ペティがラムジーを去ったあとの織元としての家業がどのようになったかは明らかではない。が、父アンソニなきあとのペティ家がいちじるしく困窮していたということは、一六四九年のペティの手紙によって十分うかがうことができる。Fitzmaurice, *op. cit.*, pp. 13–15. なお、このとき以後、ペティは織物業や染色業の経営に直接手をくだすことはしなくなったが、これらの工業における技術的改善の問題が後年の王立協会におけるかれの研究テーマの一つになり、またかれの分業論の基礎にもなったということは銘記しておくべきことであろう。これらの点については後述する。

(8) 後述するペティの『教育論』(一六〇ページの文献(3))の巻頭にかかげられている「複写器」の広告文による。

(9) Fitzmaurice, *op. cit.*, pp. 10, 13.

(10) Hull, *Introduction.*, p. xiv. 一六四六年にパリから帰って以来このときまでのある期間、ペティはオックスフォド大学に学生として在籍したらしい。というのは、一六〇ページの文献(3)のなかの『解剖学綱要』(*Cursus anatomicus*)は、一六四六年にオックスフォドで執筆されたと推測されるからである。*cf.* Strauss, *op. cit.*, p. 30.

(11) Wolfe, *Leveller manifestoes.*, p. 223.

(12) Fitzmaurice, *op. cit.*, p. 10.

(13) 一六〇ページの文献(1)および(2)はこのために執筆公刊されたものにちがいない。

(14) Fitzmaurice, *op. cit.*, p. 13.

(15) *cf.* Hull, *op. cit.*, p. xiv.

(16) Petty, *Advice.*, Epistle.

二「ロンドン理学協会」

ペティがロンドンにおける自然研究者の私的なサークルにはいって活動したのは、かれが複写器を完成してロンドンにでてきたのと前後してである。そしてかれが『教育論』や『産業交易誌』等々を執筆したのもこの時期なのであるが、王政復古後に王立協会として公然と創立されたその発端をなすこの時期の私的なサークルについてまず観察しておくのが順序であろう。

当時のロンドンにおいて、自然研究者たちによって自発的に組織された研究サークルは一、二にとどまらなかったし、また各々のサークルのメムバーはたがいに重複してもいたようである。(1) これらのサークルの成立や諸活動について比較的くわしく知られているのは、ウォリズのつぎの叙述であって、これはすでに一言したハークやクロムウェルの義弟ウィルキンズ(J. Wilkins, 1614–72)を中心とする当時もっとも有力なサークルの一つについてのものである。

「私がロンドンに住んでいた一六四五年ごろ(当時わが両大学における学術研究は内乱のためにひどく阻害されていたが)、……私は、自然哲学およびその他の学問の諸領域、とりわけ新哲学または実験哲学(*New Philosophy* or *Experimental Philosophy*)とよばれていたものの研究に熱心な、さまざまの尊敬すべき人々と相知る機会をもった。われわれは多種多様ではあったが、おたがいの同意によって、まい週日をきめてロンドンで会合し、このような諸事項を論議することにした。そして会員には、ジョン・ウィルキンズ博士、ジョナサン・ゴダド博士(Dr. Jonathan Goddard, 1617–75)、ジョージ・エント博士(Dr. George Ent, 1604–89)、グリッスン博士(Dr. F. Glisson, 1597–1677)、メレット博士(Dr. C. Merret, 1614–95)、当時、グレシャム・カレッジの天文学の教授であった、サミュエル・フォスタ氏(Mr.

Samuel Foster, *d.* 1652)、シアダー・ハーク氏(この人は選帝侯領出身のドイツ人で当時ロンドンに在住、私は、これらの会合に最初のきっかけをあたえ、また最初にこれを示唆したのはこの人だと思う)および多くの他の人々であった。これらの会合はゴダド博士が望遠鏡や顕微鏡用のガラスをみがくために一人の技手をその家においていたのを機会に、ウッド・ストリート(Wood Street)にある同博士の宿所でひらかれることもあったし、チープサイド(Cheapside)の好つごうな場所でひらかれることもあったし、グレシャム・カレッジまたはその近所でひらかれることもあった。」

「われわれの仕事は、(神学や国事についての諸事項は別として)物理学・解剖学・幾何学・天文学・航海術・静力学・磁気学・化学・力学および自然実験のような、理学の探究(Philosophical Enquiries)およびそれに関連することについて、また当時国内および海外で練磨されていたこれらの研究の状態について、論じたり考えたりすることであった。すなわち、当時われわれは、血液の循環・静脈内の弁膜・乳静脈・淋巴管・コペルニクスの仮説・彗星および新星の性質・木星の衛星・土星の(その当時あらわれた)楕円形・太陽の黒点およびその自転・月の凸凹および月面学・金星および水星のさまざまの盈虚《えいきょ》・望遠鏡の改善およびその目的のためのガラスの研磨・空気の重さ・真空の可能性または不可能性および自然の真空嫌忌・水銀を用いておこなったトリチェリの実験・物体の落下とその加速度、およびこれらと類似の性質をもつさまざまの他のことがらについて論じたのである。これらのうちのあるものは――フローレンス(Florence)のガリレオやイングランドのサー・フランシス・ベイコンの時代から、イタリー・フランス・ドイツその他の海外諸国ならびにわがイングランドにおいて大いに練磨されたところの、新哲学とよばれていたものに関連する他のことがらについてもそうであるが――当時なされたばかりの新発見であり、その他のものも、現在ほど一般に知られていなかったし、またうけいれられてもいなかったのである」(2)と。

歴史家のグリーン(J. R. Green)は、「最後の王党員がかれの武器をおくかおかぬかに、その後王立協会として知られるようになった小さなグループがオックスフォドでウィルキンズを中心に集まった」(3)、といっている。が、このグループは、後述する一六四八年以降のオックスフォドにおける自然研究者のサークルのことであろう。ここに引用したウォリズによれば、「その後王立協会として知られるようになった小さなグループ」の最初の発足は、王党員がまだ武器を手にしていた「一六四五年ごろ」すなわち、第一次内乱が議会軍の勝利をもって終結しようとしていたころのロンドンにおいてである。それはミルトンが『アレオパジティカ』(*Areopagitica.* London, 1644)や『教育について』(*Of education.* London. 1644)を公刊してまもないころであって、パリにおけるメルセンヌのサークルが発足した約十年後といわなければならない。ホールは、これらのサークルをつぎの四つに分けている。すなわち、その一つは当時の「政府と親密な」サークルで、ミルトン・オルデンブルグ・(おそらくは)ペル・ラニラ夫人(Lady Ranelagh——ボイルの姉)によってつくられていた。これと「接触をたもちながら」つくられていたそのつぎのサークルは、ボイルが「不可視の学院」("Invisible College")とよんでいたもので、ここにはハートリップ・ボイル・ドルーアリ(J. Drury)・オルデンブルグ・プラッツ(G. Plattes, *fl.* 1638–40)・ディマック(C. Dymock)・ペティその他がいた。もう一つのサークルは、ウォリズが右に述べているもので、ハークやウィルキンズを中心とする「比較的有力な人々」によってつくられ、「共和制にふかく傾倒していた。」さらにもう一つのサークルは、イーヴリン・ブラウンカー・マリ(R. Moray, 1608?–73)のような「国王に忠誠な人々」がつくっていたものであるが、かれらは他のサークルの人々と「(すくなくとも)個人的には和協的な関係をたもっていた」という(4)。これらの人々は、その国籍・出身・職業において、また宗教的政治的信条において、ウォリズが述べているように「多種多様」であった(5)。が、それにもかかわらず、かれらのすべては、「フローレンスのガリレオやイングランドのサー・フランシス・ベイコンの時代から」ヨーロッパの主要国で「練磨されたところの、新哲学〔または実験哲学〕とよばれていたもの」について、それぞれの関心をもち、また、ベイコンによって創始された方法を基調として実験し研究するという点において一致していた。(6) つまり、かれらは、市民革命によって「過去の死重が突如としてはねのけられ」ようとしたその時期に、「ベイコンのよび声を聞き、それを理解した」(7) 人々であって、かれらによってつくられたこれらのサークルは、『ニュー・アトランティス』(*New Atlantis*. London, 1627) におけるベイコンの提唱——組織的協働的な科学研究——がイングランドにおいて具体化された最初の所産にほかならなかったのである。(8)

ところで、フィツモーリスによれば、ペティが参加したサークルは「ロンドン理学協会」(London Philosophical Society) とよばれていたものであったという。(9) この「協会」が、ホールのあげている四つのサークルのなかのどれなのかは的確にはわからない。が、おそらくはその第二のもの、すなわちボイルが「不可視の学院」または「理学院」(Philosophical College) とよんでいたサークルであろう。(10) このサークルの指導的人物はハートリップであった。(11) われわれはメルセンヌのサークルへの参加者の一人としてすでにハートリップの名に接したが、かれはポーランドの商人の子で、一六二八年ごろからイングランドに亡命していた熱烈な新教徒であった。そして、十七世紀ヨーロッパ各国に特有の「アマテュア科学者」(12) の一人として、かれはおどろくほど広汎な学問的関心をもち、また実に多数の「学芸愛好者」(virtuoso) と交友していた。(13) かれの念願は、「自然的知識を改善し、それを人間生活に役だてる」(14) ことであって、ベイコンやヨーロッパの新教界における偉大な教育学者コメニウス (J. A. Comenius, 1592–1670) から影響をうけ、当時は教育の改革と農業技術の改善にもっとも力をそそいでいたのである。(15) 第一次内乱の勃発直前(一六四一年)に、コメニウスをボヘミアからまねいて『ニュー・アトランティス』の構想をイングランドの教育制度として実現しようとしたのはハートリップであり、またミルトンの親友としてその著作『教育について』(一六四四年)の公刊をすすめたのもハートリップであった。[16] 農業技術についてはどうかといえば、市民革命時代のイングランドにおけるその改善は、「ハートリップ時代[17]」(Age of Hartlib, 1641-60)と名づけられているほどハートリップの影響を強くうけた時代なのである。このように、ハートリップは、「科学を技術(technology)に応用することを力説した人ではあるが、かれ自身科学者ではなく[18]」、むしろ当時の科学者たちのパトロンといわれるべき人であった。[19]

当時のペティは、名もない青年ではなく、すでに「ペティの器具[20]」(“Instrumentum Pettii”——複写器のこと)の発明家として世に知られはじめていた。そして、かれはおそらくはハートリップを介してこの協会のメムバーになったのであるが、[21] かれがハートリップからうけた配慮は相当のものであったらしい。[22] かれの最初の著作らしい著作である『教育論』は表題にハートリップの名をかかげ、またこの人に献呈されているが、かれが『産業交易誌』等々の執筆を思いたったのはこの人のすすめによってであり、さらにはかれをボイルその他の自然研究者たちに紹介したのもこの人であった。[23] この当時のペティがどれほどふかくベイコンに傾倒していたかは、かれの『教育論』によくあらわれている。が、かれの自然研究そのものの内容については第五節(一六〇—一六一ページ)にかかげられている文献の(8)および(9)の表題をつうじてうかがうほかはない。そしてこのかぎりでいえることは、かれの研究が主として農業技術の改善に関するものであったということであろう。文献の(8)は比較的明瞭にそれを示唆しており、それが「ハートリップ時代」においてかれがそのパトロンからうけた影響であるということはほとんど疑いない。他方、ペティが『教育論』や『産業交易誌』等々を執筆したということ自体が示しているように、この時期のかれが自然研究と密接に関連した形において激動期のイングランド社会の諸問題を問題としていたこともまた疑いない。その具体的な内容については後述するが、このこととも関連して注目すべきことは、ペティがおそらくはこの時期にグラントとの交友にめぐまれたということである。

フィツモーリスは、ペティは「すでにその生涯のごく初期に統計の収集や吟味に注意をむけ、それによってグラント大尉の好意と援助とをえていた」(24)、といっている。フィツモーリスが「生涯のごく初期」という時期がいつのことかは明らかではないが、ペティが「ロンドン理学協会」で活動していたこの時期と考えてさしつかえなかろう。というのは、次項で述べるようにペティがグラントの世話でオックスフォド大学に職をえたりグレシャム・カレッジの音楽の教授になったりしたのは一六四九―五〇年であるから、両者の交友はそれ以前、すなわちグラントがロンドンの民兵隊すなわち「訓練部隊」の大尉として「偉功をたてた」(25)内乱時代にはじまっていたと考えられなければならないからである。フィツモーリスのいう「統計の収集や吟味」ということの内容も明瞭ではない。しかし、それが社会経済現象の数量的観察にかかわるものであるということは明らかなのであって、ペティについてもグラントについても、後年の政治算術＝解剖の萌芽は、王立協会の発端と同じくすでにこの時期に胚胎している、と断言してさしつかえなかろう。この萌芽の具体的内容についてはこの時期の著作とともに後述することにしたい。

ところで、一六四八―四九年に、ハークやウィルキンズを中心とする自然研究者のサークルの一部の人々は、ロンドンを去ってオックスフォドへ移動した(26)。そしてペティもまたこのあとを追ってオックスフォドへうつった。ウィルキンズ・ゴダド・ウォリズ等々の人々がオックスフォドへうつったのは、後述するようにオックスフォド大学が改組されたのを機会にこの大学の教職につくためであった。そしてペティがかれらのあとを追ったのも、この大学に地位をえて医学博士の称号を獲得するのが直接の主目的であって、かれの家運の窮状は一日も早くかれがいっそう安定的な社会的地位を確保することを必要としていたのである。(27)

（1） Hall, *Scientific revolution.*, pp. 192–93.
（2） Ornstein, *Scientific societies.*, pp. 93–95.
（3） Green, *Short history.*, p. 609
（4） Hall, *op. cit.*, p. 193. これらの人々のなかのドルーアリは、後述するデューリ（一六六ページ）の誤りかも知れない。
（5） *ibid.*, pp. 192–93. Ornstein, *op. cit.*, pp. 93–95. これらの人々のなかに、われわれはパリのメルセンヌのサークルに関係のふかかった多くの人をみとめることができる。メルセンヌのサークルが人的にも思想的にもロンドンのサークルと相互的に影響をあたえあっていたことはいうまでもなかろう。
（6） Hall, *op. cit.*, p. 193. ホール（A. R Hall）は、ウォリズが記しているかれらの研究題目は、一六五七年にフローレンスに創立された「実験アカデミー」(Accademia del Cimento) のそれを想起させるといっている。
（7） Green, *op. cit.*, p. 609.
（8） Farrington, *Bacon.*, p. 17. Hall, *op. cit.*, pp. 189, 193.
（9） Fitzmaurice, *Life.*, p. 15.
（10） 前記のように、ホールはペティをこのサークルのメムバーとして記しているが、フィツモーリスは「ロンドン理学協会」がすなわちハークやウィルキンズを中心とするサークルだとしている。*ibid.*, p. 15. モア（L. T. More）もそう考えているようである。More, *Boyle.*, pp. 64–65. いずれにせよ、これらの私的なサークルが劃然とした組織でなかったということは、ホールが指摘しているとおりであろう。そしてこれらのサークルのなかで有力なものは、ハークやウィルキンズを中心とするサークルと「不可視の学院」との両者であった。Hall, *op. cit.*, pp. 192–93.
（11） Hall, *op. cit.*, p. 193.
（12） Ornstein, *op. cit.*, p. 55.

(13) Hall, *op. cit.*, p. 193.

(14) Ornstein, *op. cit.*, p. 62.

(15) *ibid.*, p. 193. Boyd, *Western education.*, p. 270.

(16) *ibid.*, pp. 244-45. Farrington, *op. cit.*, p. 17.

(17) Fussell, *English farming books.*, pp. 36-55. 一六四二年、農業に関するかれの貴重な著作のために、ハートリップは議会から年額一〇〇ポンドの年金を授与されることになった。*Dictionary of National Biography* (S. Hartlib).

(18) Hall, *op. cit.*, p. 193.

(19) ホールが述べている第二のサークルにでてくるディマックやプラッツは、いずれも農業技術の改善に関する著作をのこしているが、それらがハートリップの援助をえたものであることについてはフッセル (G. E. Fussell) の前掲書を参照。まずしい科学者たちに対して惜しみなく援助をあたえすぎたために、ハートリップはとうとう自分自身が困窮してしまったという。*Dictionary of National Biography* (S. Hartlib)

(20) Fitzmaurice, *op. cit.*, p. 13.

(21) ストラウスは、ペティをハートリップに紹介したのは、ペティをホッブズに紹介したペルであろう、といっている。Strauss, *Petty.*, p. 30. メルセンヌのサークルを媒介としてペティがハートリップを知っていたであろうことは推測にかたくない。

(22) 複写器の発明に従事していたころからすでにペティはハートリップの援助をうけていたらしい。*cf.* Petty, *Advice.*, Epistle.

(23) Hull, *Introduction.*, p. xv. Fitzmaurice, *op. cit.*, pp. 12-13.

(24) *ibid.*, p. 180.

(25) *ibid.*, p. 18.

(26) Ornstein, *op. cit.*, p. 96.

(27) Fitzmaurice, *op. cit.*, pp. 12-13.

三　解剖学教授——「オックスフォド理学協会」

オックスフォド市は、第一次内乱の前夜においては総じてピュリタンや議会に味方していた。そしてこの点はここだけにかぎられた傾向ではもとよりないが、オックスフォド大学では事情は別であって、伝統的に保守的なこの大学は国王がわに味方する者が圧倒的であった。(1)ところが、内乱が勃発した一六四二年の十月に国王が宮廷をここにうつして以来、オックスフォド市はあげて「中部イングランドにおける〔王軍の〕国境のとりでになってしまった。(2)」というのは、この市の有力者たちの多くは国王の到着直前にここをたち去ったのであるが、その後のオックスフォド市は国王のがわから見ればイングランドの首都であり、国王ならびに宮廷の御座所、国王に忠誠な議会・裁判所・参謀本部の所在地であるばかりではなく、王族の避難所としての役割りをもはたしたからである。(3)血液循環に関するかがやかしい発見によって近代生理学の始祖となったハーヴィーが、国王に忠誠な侍医として、エッジヒル(Edgehill)の戦闘ののちオックスフォドにうつり、この大学で学位を授与されたのも一六四二年の十二月であった。オックスフォドが「国境のとりで」になったために、この大学のほとんどすべての建物は王軍に接収され、大学は、現金はもとより儀式用の銀器までを供出させられた。そして、市民も大学関係者たちも、塹壕掘りその他この市の築城工事にかりだされ、第一次内乱の全期間をつうじて、この大学では学問研究どころではなかったのである。(4)

ところが、第一次内乱の終結と同時に事態は大きく変化した。一六四六年の四月末に国王は召使いの姿に変装してオックスフォド市の包囲を脱出したが、その後まもなく勝ち誇った議会軍がフェアファックス将軍にひきいられて入城した。フェアファックス将軍は、みずからの母校であるこの大学を賢明にも寛大にとりあつかったので、正規の大学生活はまもなく回復し、学生数もまた増加した。しかも新たに入学した学生たちは、内乱以前のそれらとはちがう階級、すなわち「下層の郷士・上層の農民および商人」のように議会側に好意的な階級の子弟が多かったという。(5) このような情勢のもとに、一六四七年五月以降、議会の手によって、国王と国教とに対して非妥協的に忠誠であったこの大学の改組がおこなわれた。すなわち、二十四人の監察官がこの大学に派遣され、全教職員について政治的および宗教的審問がおこなわれたのであるが、その結果、すべてのカレッジの学長とおそらくは四百人にものぼる大学関係者が罷免され、議会がわに好意的な長老教会派の人々およびカルヴィン派の人々がその後任として任命されたのである。(6) 前述した天文学者で数学者のウィルキンズがワダム・カレッジ(Wadam College)の学長に、またクロムウェルの侍医をしていたゴダドが、かつてチャールズ一世の侍医ハーヴィーが学長をしていたマートン・カレッジ(Merton College)の学長にそれぞれ就任し、数学者のウォリズやウォード、天文学者のルック(L. Rooke, 1622-62)等々が相ついでこの大学の教授になったのもこの結果にほかならない。オックスフォド大学の改組は、内乱勃発当時の名誉総長ロードのかわりにクロムウェルをむかえることによって、一六五一年ごろに一応完了した。そして、共和国時代におけるクロムウェルの妥協的な大学行政は、「貴族政治や監督政治の執拗な温床」としての大学を破壊してしまおうという狂信的な独立教会派からこの大学をまもり、これを新科学の中心たらしめる素地をつくったといわれているが、諸大学を新しい社会的必要に実際に適応させるための共和国政府の努力は、総じて成功しなかった。(7) オックスフォド大学もまた、第二次内乱の時期を中心としておこなわれた右の改組によって、ただちに「新哲学」の最高の学府になったのではもとよりない。ケムブリッジやロンドンからウォリズやウォードその他の人々をむかえることによって、たしかに「オックスフォドはケムブリッジが失ったものを獲得した」(8)が、当時のオックスフォドにおける「新哲学」

の中心は、この大学よりもむしろ以上の人々を中心として学外に組織されていた私的なサークル、すなわち後述する「オックスフォド理学協会」[9]（"Philosophical Society of Oxford"）にあったのである。

このように見てくると、ペティがウィルキンズやゴダド等々のあとを追ってロンドンからオックスフォドにうつったのは、オックスフォド大学の改組の最中であったといわなければならない。かれの宗教上の見解が寛容で、またかれの政治的見解がホッブズの影響をうけていたことがオックスフォドにおけるかれに幸いしたという。[10] そのうえ、かれが共和国における三人の有力者を友としていたということはかれの立場をきわめて有利にした。すなわちその一人は、長期議会の有力な議員で自然研究者たちのパトロンでもあったワイルド（E. Wylde, 1614–96）であり、他の二人はグラントと、オックスフォドに駐留する議会軍の司令官ケルシー（T. Kelsey, *d.* 1680?）とであった。[11] 内乱戦で「偉功をたてた」グラントがロンドン市の参事会員（Common-council-man）になったのは、おそらくはこのころのことであろう。[12] ケルシーは、もともとはグラントと同じロンドンのバーチン・レインの「まずしい職人で、信心ぶかいボタン製造人であった。」かれはグラントの妹と結婚したのでその義弟に当るわけであるが、内乱のさいには新型軍の少佐として活躍した。そして、その後第二『人民協定』（一六四八年十二月）が起草されたとき、かれはリルバーンその他のレヴェラーズに協力し、オックスフォド大学の改組に当っては、この市の助役として、また駐留軍の司令官（大佐）として主役を演じ、兵力を用いて改組を援護した。[13]「ケルシー大佐がかれ〔ペティ〕の非凡な資質や才能について十二分に証言した」[14] ということは、とりわけかれの立場を有利にしたのである。

すでに一言したように、ペティがオックスフォドにきたのは「一刻も早く医学博士の学位をえる」[15] ためであったが、その後オックスフォドにおけるかれの進出ぶりはまことにめざましいものがある。すなわち、ここにきてまもなく、かれはオックスフォド大学にむかえられ、解剖学教授クレイトン博士(Dr. T. Clayton)の代講をすることになった。そして一六四九年三月には医学博士の学位を獲得し、一六五一年一月にはこの大学の解剖学教授としてクレイトン博士の講座をひきついだ。またこのころ、かれはブレイズノーズ・カレッジの評議員に選任され、さらにこのカレッジの副学長となり、他方、ロンドンでは王立医科大学(Royal College of Physicians)に職を奉じ、グレシャム・カレッジの音楽教授としても活動した。かれがグレシャム・カレッジにこの職をえたのはグラントのあっせんに負うところが大であったという。(16) このように、ペティはわずか二十七歳前後の若さで、しかも一、二年のあいだに、これだけの社会的地位をえたのであるが、一六五〇年の末におこった一事件——私生子を殺した疑いで裁判の結果絞首刑に処せられ、死を確認されたアン・グリーン(Ann Greene, *fl.* 1650)という少女をペティやその他の解剖学者たちが蘇生させた事件(17)——は、解剖学者としてのかれの名声をいっそう高めたのである。

しかしながら、オックスフォド大学における解剖学の水準はきわめて低いものであった。当時の諸大学における医学についての関心の高低は、そこでの科学一般についての関心を示すバロメーターだといわれているが、オックスフォド大学におけるこの関心は十七世紀前半においては最低であって、ヘンリ八世以来の欽定講座によってかろうじて余命をつなぐありさまであり、この大学の医学生たちが解剖学のとおりいっぺんの知識を要求しはじめたのはやっと一六二六年以後のことであった。(18) パドゥアの大学でヴェサリウスが学んだものを学び、実験的観察に徹したハーヴィーが、血液の循環＝自然体の有機的運動についての不朽の発見を公表し、近代生理学の始祖になったのは一六二八年である。国王の侍医としてオックスフォドに来てから、ハーヴィーは、市民の医療にもたずさわったのであるが、内乱戦の喧騒をよそに静かに解剖学の研究に没頭し、実際に人体解剖をおこない、この大学に在職する諸学者の協力をさえた。しかしながら、かれが学長をしていたころのマートン・カレッジは、「学府というよりもむしろ宮廷であった。[19]」改組後においても、この大学における解剖学の水準はきわめて低く、ペティが奉職した「当時、この大学では解剖学というものはごくわずかしか理解されていなかった。私〔オーブリ〕は、かれ〔ペティ〕が講義の期間中、水路レディング〔Reding〔Reading〕〕からはこんできた屍体を塩づけかなにかにして保存していたのを記憶している[20]」という。ペティの前任者であった欽定講座の担任教授クレイトン博士は、切りきざまれた屍体を見ることを徹底的にきらい[21]、その講義も単に医学の古典の講読にすぎないものであった。「イギリスのヒポクラテス[22]」といわれているシデナム（T. Sydenham, 1624–89）は、年若い学徒としてこの当時クレイトン教授の講義をきいていたのであるが、それは「ヒッポクラテスをのぞけばまったくつまらない」ものであり[23]、その反面、シデナムはペティがつくった解剖学の標本によって多大の便宜をえたという[24]。解剖学者としてのペティの基礎的な知識が、オランダの大学やホッブズとともに読んだヴェサリウスからえられたものであることは疑いない。そして、解剖学についても「非凡な資質や才能」をもっていると評価されたペティが、改組後のこの大学にふさわしい新進少壮の解剖学者であったことはまちがいなかろう[25]。

以上のように、ウィルキンズ・ウォリズ・ウォード・ゴダド・ルック・ペティ等々、「新哲学」の有能な研究者たちをむかえることによって、オックスフォド大学は、早くも内乱時代の末期にその内容を刷新し、ケムブリッジやロンドンの諸大学をしのぐ第一歩をふみだした[26]。が、共和国時代のオックスフォドを真に著名ならしめたのは、いわば「可視の学院」というべきこの大学よりも、むしろその学外にあった「不可視の学院」、すなわちすでに一言した「オックスフォド理学協会」の研究活動であった[27]。最初の『王立協会史』（*The History of the Royal-Society of London.*

London, 1667)を執筆したスプラット(T. Sprat, 1635-1713)は、王立協会の発端としての「オックスフォード理学協会」[28]に集まった人々は、「内乱終結後まもないころのオックスフォド大学で自由に推理しはじめた有徳な学者たち」や、「大学関係者たち(Gown-men)のあいだに引退することによって王国の不幸からその身の安全を確保しようとしたところの、哲学的心情をもった紳士たち」だといっている。[29] ここでスプラットのいう「有徳の学者たち」とは、改組にともなってこの大学にはいったウィルキンズ以下右にあげた人々のほか、物理学者で化学者のボイル、解剖学者で化学者のウィリス(T. Willis, 1621-75)、のちに天文学者で天才的な建築家になったレン(C. Wren, 1632-1723)、医者で国王に忠誠なバサースト(R. Bathurst, 1620-1704)等々であり、また「哲学的心情をもった紳士たち」の代表的な人物はオーブリであろう。[30] そしてウォリズによれば、これらの人々の集会は、「最初のうちは薬品類を検査する便宜のために、(薬屋のなかにある)ペティ博士の宿所でしばしばひらかれたが、かれが〔一六五二年に〕アイァランドに行ってからは、当時ワダム・カレッジの学長をしていたウィルキンズ博士の宿所で、さらにかれが〔一六五七年に〕ケムブリッジにうつってからは、当時の数年間をオックスフォドですごしていたロバート・ボイル氏の宿所でひらかれた。」[31] ペティはこの協会に集まった「すべての天才的な学者たちから愛された。」[32] そしてかれの宿所が集会の場所にあてられたということは、単に「薬品類を検査する便宜のため」ばかりではなく、この協会においてかれが重きをなしていたことをも物語るものであろう。[33]

ところで、スプラットによれば、この協会の研究題目は「自然哲学」または「自然」であって、この題目こそ、宗教問題や政治問題のように「内乱をひきおこすなどという危険のまったくない」ものであった。[34] そして、「かれらは論議によってというよりも、むしろ行動によって、すなわち主として化学または力学の特定の試行(Trials)に参加することによって仕事を進めた。かれらはなんの規則ももたなかったし、また固定的な方法もまったくもっていなかった。かれらの意図は、結合された・不断の・または規則的な探求をおこなうというよりも、むしろかれらがきわめて狭い範囲内でなしうる諸発見をたがいに知らせあうこと(35)にほかならなかったのである。このばあい、「自然哲学」または「自然」という研究題目の具体的内容は、「ロンドン理学協会」の研究題目としてウォリズが列挙していたものと同じであると考えてさしつかえなかろう。そして、かれらが宗教問題や政治問題にたちいるのを避けたということも、「ロンドン理学協会」のばあいと同様であって、「自然」こそ、「あの陰うつな時代」においてもかれらを「けっして不倶戴天の党派に分裂させるようなことのない(36)」題目であった。ところで、スプラットは、「かれらは固定的な方法をまったくもっていなかった」といっているが(37)、伝統的なスコラ的方法こそ排撃すべきものであったけれども、「ロンドン理学協会」のばあいと同様に、かれらがベイコンによって創始された実験的帰納的方法を基調としていたことはいうまでもない(38)。そして、「諸科学の真実で正当な目標は、人間生活に新しい諸発明や諸力をあたえること以外にはない(39)」と断言したベイコンは、「信奉されるべき信条ではなく、遂行されるべき仕事(40)」として、『ノヴム・オルガヌム』を書き、新しい方法を提唱したのであるが(41)、それを実行にうつし、「論議によってというよりもむしろ行動によって、すなわち主として化学または力学の特定の試行に参加することによって仕事をすすめた」のはこれらの「協会」に集まった自然研究者たちであった。かれらが実験をおこなうばかりではなく、いかにしばしばマニュファクチュアの仕事場を訪問し、工匠たちと語り、産業の諸工程や諸道具について記録しているかは、当時のかれらの日記や手紙によくあらわれているといわれている。そして、実践によって理論を検証すること、すなわち「試行錯誤」ということが、職人たちの日常的手つづきから自然研究者たちのそれに発展したのはまさにこの時期においてであった(42)。

王政復古後に創立された王立協会は、「いかなるあいことばにもよらず」(Nullius in verba) をそのモットーとして、とりわけアリストテレス流のスコラ的思弁を徹底的に排撃した。(43) ホラティウス (Horatius) の箴言をもじったこのモットーは、「論議によってというよりもむしろ行動によって」研究をすすめた市民革命期の自然研究者たちの研究方法そのものに由来しているといわなければならない。ロンドンやオックスフォドのこれらのサークルのメムバーのほとんどすべては、一六六二年に創立された王立協会の創立メムバーになるのである。(44)

それはともかくとして、オックスフォド大学の教授になってまもない一六五一年の秋に、ペティの生涯にとって最大の転機が到来した。というのは、このときに、かれは共和国政府からアイァランド派遣軍の軍医監 (Physician-General) ならびにこの派遣軍の総司令官アイァトン将軍 (H. Ireton, 1611–51) の侍医に任命され、翌一六五二年の九月にこの島国に渡航することになるからである。それればかりではなく、その後約七ヵ年間のアイァランド滞在は、物心両方面について、その後のかれの生活に決定的な影響をおよぼすことにもなるからである。かれがオックスフォド大学の正教授として解剖学を開講したのは一六五一年三月四日であった。(45) そしてその数週間後に、かれはこの大学から年俸三十ポンドをともなう二ヵ年の賜暇をもらい、そのままふたたび教壇に姿をあらわすことなく、(46) 一人の軍医としてアイァランドに行ってしまうのであって、かれが「オックスフォド理学協会」で「すべての天才的な学者たちから愛され」ていたことをも考えあわせると、この転機の到来は一見いかにも唐突であるように思われる。が、かれの従来の経歴から考えれば必ずしもそうではない。一六三七年ごろ、かれはイングランドにおける毛織物工業の不況の子として少年水夫になった。これをきっかけとしてかれがフランスのカーン市にあるイエズス会のカレッジに学んだのは第一の転機であったが、かれがここを去ってイングランドに帰り、「国王の海軍」の水兵になったのは市民革命の発端においてであった。そしてこの革命が武力闘争の形をとる内乱となって爆発したのとほとんど同時に、かれは軍務を放棄して大陸に遊学し、オランダおよびフランスで学んだのであるが、かれがふたたびイングランドに帰ったのは、ちょうど第一次内乱が終結したその年であった。その後のかれは、ラムジー・ロンドンおよびオックスフォドで、発明家として、自然研究者として、あるいは大学教授として活動したのであるが、かれがアイァランドに渡航するのは、イングランドにおいては共和国が樹立され、またアイァランドにおいては一六四一年以来の大反乱がイングランド共和国によって鎮定され、クロムウェルによる前代未聞の大収奪がおこなわれようとしていたちょうどそのときであった。そして、共和国時代のアイァランドにおける活動をとおして、かれは押しも押されもしない致富者＝大土地所有者になる基礎をきずくのである。このように見てくると、一六五一年にかれをおとずれた第二の転機はけっして偶発的なものではなく、市民革命の当初から、その勝利のあとを追いつつ着々と社会的地歩をふみ固めてきたかれとしては、実は致富への道を躍進するためのきわめて冒険的な一歩として企図されていたことなのかも知れないのである。(47)

ところで、ペティが大陸遊学以後、イングランド社会の歴史的な激動期に処して着々とその社会的地歩をふみ固めてきた過程が、とりもなおさずかれがきわめて有能な自然研究者＝解剖学者に成長する過程であったことはあらためてくりかえすまでもなかろう。そして自然研究の領域におけるかれの関心がきわめて広くまた多面的であったことは、ロンドンやオックスフォドの「理学協会」に集まった研究者たち、総じて市民革命期に新興科学の先頭をきったベイコンの学徒たちに共通する特徴であって、一人の軍医としてアイァランドに行くペティが単なる医療技術者でなかったことはいうまでもない。それればかりではなく、音楽教授をも兼ねていた自然研究者＝解剖学者ペティは、ロンドンまたはオックスフォドの「理学協会」の研究題目やオックスフォド大学での講義の主題をのりこえて、社会経済に関する諸問題をも問題としていたのであって、そのあらわれがかれの『教育論』であり、また『産業交易誌』等々の著作なのである。次章以下でとりあつかうであろうように、共和国時代のアイァランドにおいてペティが大土地所有者になる基礎をきずく過程は、同時にかれが社会科学者＝経済学者として大成するための決定的な段階なのであるが、それだけに内乱時代におけるかれの社会経済思想はわれわれの関心をいっそう強くひくのである。そこで、つぎにこれらの著作を中心としてこの時期におけるかれの社会経済思想を考えたいと思う。

(1) Fasnacht, *History of Oxford.*, p. 109.
(2) *ibid.*, p. 111.
(3) *ibid.*, pp. 111–12.
(4) More, *Boyle.*, p. 84.
(5) *ibid.*, p. 84.
(6) *ibid.*, p. 85. Davies, *Early Stuarts.*, p. 354.
(7) More, *op. cit.*, pp. 85–86. Hill, *English revolution*, 2nd ed. p. 68. 邦訳書　一二八ページ。
(8) Ornstein, *Scientific societies.*, p. 241. ウォリズもウォードもケムブリッジ大学の教職にいた人である。そして前者がそれを去ったのはかれの専攻する数学の「研究がこの大学では死滅し、数学教授の前途にはなんの望みもなかった」からであり、後者がそこから追放されたのはかれが一六四三年の「盟約」(League and Covenant) に署名するのを拒否したためである。ベイコンの母校であるケムブリッジ大学の学問的水準は、「ベイコンが諸〻の著作を執筆していた時期がもっとも低かった」といわれているが、つぎに述べるように、このことはオックスフォード大学についてもあてはまる。*ibid.*, pp. 94, 96, 241.
(9) *ibid.*, p. 98.
(10) Fitzmaurice, *Life.*, p. 16. この時期におけるペティの宗教的政治的見解については、かれが書きのこしているものがないので明らかではない。が、かれは「二十五歳以後は書物というものを読まず、ホッブズ氏の心を心としていた」(Aubrey, *Lives.*, pp.

240-41）というから、二十五歳に達したこの時期にはかれはホッブズの強い影響をうけていたであろうことはもとより疑いない。

(11)　Fitzmaurice, *op. cit.*, p. 18.

(12)　Aubrey, *op. cit.*, p. 115.　フィツモーリスは、グラントがこの当時すでに『死亡表に関する諸観察』の著者として有名であったように記しているが、その典拠が示されていないのでなんともいうことができない。Fitzmaurice, *op. cit.*, p. 18.

(13)　Ashley, *Cromwell's generals*, p. 157. Wolfe, *Leveller manifestoes.*, p. 418. *Dictionary of National Biography* (T. Kelsey). ケルシーは、共和国時代にフリートウッド (C. Fleetwood, *d.* 1692) 将軍やラムバート (J. Lambert, 1619-83) を支持して活躍し、一六五五年には民兵隊の少将に昇進したが、王政復古後は不遇であった。

(14)　Fitzmaurice, *op. cit.*, p. 18.

(15)　*ibid.*, p. 14.

(16)　*ibid.*, pp. 16-20.

(17)　*ibid.*, pp. 18-19.　この事件は、『死者からの便り』(*News from the Dead*) というパンフレットになって伝えられた。Fitzmaurice, *op. cit.*, p. 19.　一六一ページの文献(12)はこの事件についてのペティの所見である。

(18)　Ornstein, *op. cit.*, p. 236.

(19)　Chauvois, *Harvey.*, pp. 144, 146-48.

(20)　Aubrey, *op. cit.*, pp. 237-38.

(21)　Fitzmaurice, *op. cit.*, p. 18.　このために、クレイトン博士はよろこんで自分の講座をペティにゆずった。*ibid.*, p. 19.　なお、クレイトン博士は、ペティにむかって「君は生れながらにして現に知っていることの四分の三を知っていたようなものだ」といい、かれの博識をほめたという(C・二七三)。

(22)　Sand, *Social medicine.*, p. 159.

(23)　*Dictionary of National Biography* (T. Sydenham).

(24)　Ogg, *Reign of Charles II.*, Vol. II. p. 724.　ストラウスは、この当時ペティは弟のアンソニから、いわば私的な助手としての援助をうけていたといっている。アンソニは一六四九年十月に死んだが、それはペティにとって大きな打撃であった。Strauss.

Petty., p. 31. *cf.* Fitzmaurice, *op. cit.*, pp. 13–15.

(25) 解剖学者としてのペティのこのころの著作は、一六一ページの文献にあらわれている。表題だけしかわからないので的確にはいえないが、すくなくともその⑽および⑾はこれに該当するものであろう。

(26) More, *op. cit.*, pp. 85–86.

(27) *ibid.*, p. 86.

(28) スプラットは、この協会——かれはこれをただ単に「集会」(assembly) といっている——が後年の王立協会の発端だとしている。オーブリはこの協会を「実験哲学クラブ」(experimentall philosophicall Clubbe) とよび、このクラブが活動しはじめた一六四九年が王立協会の「黎明期」(Incunabula) だとしている。Aubrey, *op. cit.*, p. 320. しかし、上述の事情から考えるならば、王立協会の発端は「ロンドン理学協会」に求めるべきであろう。

(29) Sprat, *History.*, p. 53. スプラットは、これらの人々がここに集った「第一の目的」は、内乱の喧騒からのがれて「自由に空気を呼吸し、たがいに静かに語りあう」ことであったといっている。たしかにオックスフォドは第二次内乱の時期に「自由に空気を呼吸し」うる静かな都市であったが、これだけがかれらの「第一の目的」ではなく、もっと積極的な研究目標があったと考えるべきであろう。そしてスプラットがこの書物を書いたのが政治的には妥協的な反動期の王政復古後まもないころであったということも考えあわせなければならない。*cf.* Strauss, *op. cit.*, pp. 39–40.

(30) Powell, *Aubrey.*, p. 104.

(31) Ornstein, *op. cit.*, p. 96.

(32) Fitzmaurice, *op. cit.*, p. 20.

(33) Strauss, *op. cit.*, p. 40.

(34) Sprat, *op. cit.*, pp. 55–56.

(35) *ibid.*, p. 56.

(36) *ibid.*, p. 56.

(37) スプラットは「かれらはなんの規則ももたなかった」というが、この協会の会則は現存している。Ornstein, *op. cit.*, p. 98.

(38) スプラットについで第二の『王立協会史』(*History of the Royal Society of London.* London, 1756-57)を書いたバーチ(T. Birch, 1705-66)はこの点についてつぎのように述べている。「かれらは、十全な知識に到達するための確実な道は、自然体がどういう現象をひきおこすかを発見するために、それについて種々さまざまの実験をおこなう以外にはないということを確信していたので、刻苦精励してこの方法を独力で追跡し、それをたがいに知らせあったのである」と。Ornstein, *op. cit.*, p. 98.

(39) Bacon, *New organon.*, p. 79.

(40) *ibid.*, p. 21.

(41) Farrington, *Bacon.*, p. 89.

(42) Clark, *Age of Newton.*, p. 76.

(43) Aubrey, *op. cit.*, p. 240. More, *op. cit.*, p. 40.

(44) ショーヴォア(L. Chauvois)は、第一次内乱の時期(一六四二―四六年)の「オックスフォドで、ハーヴィーを中心とする科学者たちの集会が形成されていたが、この集会が後年王立協会になった」といっているが(Chauvois, *op. cit.*, p. 147)、「ハーヴィーを中心とする科学者たちの集会」についてなんの典拠も具体的事実も示されていないので、この点は不明というほかはない。もっとも、ショーヴォアのいうように、ハーヴィーによって実践躬行された実験的方法が大局的にはベイコンの「新哲学」の線に沿うものであることは疑いないし、また王立協会の創立メムバーのなかにハーヴィーの弟子や友人がいく人もいたことは事実である。*ibid.*, pp. 114, 147. 「ロンドン理学協会」のメムバーとしてあげられている人々のなかで、エント・グリッスンおよびメレットはいずれもハーヴィーの友人であった。Ornstein, *op. cit.*, p. 95.

(45) Fitzmaurice., *op. cit.*, p. 19.

(46) 一六五一年の春に賜暇をとってから翌年九月にアイァランドに渡航するまでのペティの行動は明らかではない。フィツモーリスは、この期間ペティは旅行していたらしいといっているが(*ibid.*, p. 21)、その大部分をかれはロンドンですごしたらしい。というのは、一六一ページの文献が示すように、一六五一―五二年の諸著作はいずれもロンドンで執筆されているからである。

(47) この点についてはさらに次章でふれることにしたい。

第五節　社会経済思想

一　諸　著　作

ペティの青年時代の前半における著作といえば、オランダやフランスに遊学していたころのものを当然それにふくませなければならない。が、このころの著作についてはすでにそれぞれの項で述べたので、ここではフランスから帰ってからの著作を中心として考察を進める。すなわち、時期的には第一次内乱の終結から第二次内乱・国王の処刑・共和国の成立という市民革命のピークをなす激動期において、かれが名もない青年から一躍して発明家となり、「四年とはたたぬうちに」医学博士の学位を獲得し、つづいてオックスフォド大学教授・オックスフォド理学協会の中心メムバーの一人になる過程における著作についてである。この時期の諸著作を執筆の年代順にリストの形で示せばつぎの十七編となるであろう。(1)

(1) *A declaration Concerning the newly invented Art of double writing.* (etc.) 〔1647?〕London, 1648. (H. 1)

(2) *THere is invented an Instrument of small bulk and price.* (etc.) 〔1647?〕No date. (H. 2)

(3) *The advice of W. P. to Mr. Samuel Hartlib. For the Advancement of some particular Parts of Learning.* 〔1647〕London, 1648. (H. 3a)

*(4) Collections for the history of Trade &c. (London, 1647)

(5) *History of Trades.* 〔1647?〕(L. 60)

(6) *An Explication of Trade and its Increase.* 〔1647?〕(L. 62)

(7) *Observations of England.* 〔1647?〕(L. 61)

*(8) The engine for planting Corne. (London, 1648)

*(9) Printing——Boyling water in wood. (London, 1648)

**(10) Six Physico Medicall Lectures, read at Oxford. (Oxford, 1649)

*(11) Severall Musick Lectures. (London, 1650)

(12) *History of the Magdalen* (or *The Raising of Anne Greene*). 〔1650〕(L. 126)

**(13) Collection of Experiments——3 osteologicall lectures. (London, 1651)

**(14) *Pharmacopoea* and *formulae Medicamentorum.* (London, 1652)

**(15) *Observationes Medicae et Praxis.* (London, 1652)

(16) (*Natural Observations.*) 〔1652?〕(L.147)

(17) *Exercises of Sense and Reason.* 〔1640 s. ?〕(L. 83)

これらの著作のうち、執筆当時に出版されたものは(1)—(3)の三編だけである。*印は現存せず **印は手稿の形で現存しているものであるが、その他の著作——著作というよりも、むしろメモ的な断片といったほうが適切であろう——はいずれも『未刊論文集』に収められている。ところで、表題しか知られないものはそれによって推測しつつ、これらの著作を内容的に分類すればつぎの六つに大別することができよう。

㈠　複写器およびその他の器具の発明や実験に関するもの――(1)(2)(8)(9)
㈡　教育に関するもの――(3)(17)
㈢　産業交易(trade)に関するもの――(4)―(7)
㈣　医学・解剖学および薬学に関するもの――(10)(12)―(14)
㈤　自然観察に関するもの――(15)(16)
㈥　音楽に関するもの――(11)

推測的な判断をふくんではいるけれども、学芸のすくなくともこの六つの部面がこの時期におけるペティの興味や関心を代表していると考えてさしつかえなかろう。まず、㈠についてであるが、このうちの(1)と(2)は、表題やハルの説明によれば、明らかに複写器に関するものであって、この発明の「宣言」、これに対して授与された特許権、この器具の性能についての宣伝を内容としているもののように思われる。(1)は一〇ページのパンフレットであり、(2)はフォリオ版片面刷りのものであるという。(8)はおそらくは農業技術に関連するものであって、すでに述べたようにハートリップの影響をうけたものであろう。そして(9)もまた、農業技術に関するものではないにしても、マニュファクチュアにおける技術の改善についての実験や発明に関するものであろう。

㈡の教育に関する著作と㈢の産業交易に関する四つのメモ的な断片とは密接に関連するものであって、これらの文献はこの時期におけるペティの社会経済思想を知るうえにきわめて重要であるから、次項以下でややたちいって考察したい。

㈣の医学・解剖学および薬学に関するもののうち、(10)と(13)は、おそらくはオックスフォドやロンドンにおける講義や実験に関するものであり、⑭は薬学に関するものであろう。そして⑫は、すでに述べたように、私生子を殺したかどで処刑された不幸な少女アン・グリーンを蘇生させた事件に関するもので、かれの解剖学者としての所見であると同時に、その減刑についての請願書である。

㈤の自然観察に関するものは⑮、⑯の二編であって、⑯の表題はランズダウンがかりにつけたものである。そしてランズダウンは、⑯はラテン語で書かれたものであって、その四分の一足らずの部分を英訳したのが⑮だといっている(L・一四七注)。そうとすれば、この『自然的諸観察』⑯は六十七の「観察」からなりたっているのであるから、ラテン語で書かれた⑮は、二百数十の「観察」からなりたっているということになる。『自然的諸観察』の内容はどうかといえば、それは人間その他さまざまの動物・植物・鉱物の諸性質やそれらによってひきおこされる諸現象についての、「多岐にわたってはいるがある意味では医学的な」(L・一四七注)、そしてきわめて具体的な観察記録である。そしてこれらの観察は、解剖学・生理学・物理学・化学・薬学・力学の諸実験の結果としてえられたものもあろうし、日常的な諸経験からえられたものもあろう。またこれらの実験や経験には、ペティ自身のものもあろうし、かれが他の人から聞いたことを記録したものもあろう。(2) 銃創による人体の損傷が冒頭に観察されているのは、おそらくは当時の内乱戦のなまなましい経験にちがいない。そのほか、コハクの帯電がそれを「人間の衣服」で摩擦することによって、また表面張力が静止した水面に針を浮べることによって、さらには遠心力が水をみたした皿の回転によって、いずれも実験的に観察されている。全体としての『自然的諸観察』が科学史のうえでどのような地位を占めるべきものであるか筆者にはわからないが、複写器その他の器具の発明や実験と同様に、それがロンドンやオックスフォードの理学協会におけるペイコンの学徒としてのかれの諸活動と不可分の関連をもった所産であることは疑いない。

最後に、⑾の『種々の音楽講義』は、おそらくはグレシャム・カレッジにおける音楽についての講義案であろう。ランズダウンは、このばあいの「音楽」はギリシャ語の μουσική と同義で、一般的に「文芸」(art, letters, and accomplishments)という意味に用いられていたらしく、「いずれにせよ、グレシャム・カレッジの理学者たち(philosophers)は、音楽にはかかわりをもたず、科学的知識の系統的な追究をこととしていた」[3]、といっている。しかしながら、ペティの「講義」の内容がわからないので確言することはできないけれども、「科学的知識の系統的な追究」そのものが音楽とかかわりがなかったとは考えられない。というのは、十七世紀の新興諸科学の方法はすぐれて数学的であって、「神は尺度と数と重量とで万物を秩序づけたもう」ということが「ニュートンにいたるまでの信条になった」のであるが、このばあい数学と音楽とはたがいに関連し、数学的方法の確立には音楽理論の研究もまたあずかって大いに力があったからである[4]。

以上、学芸の六つの部面についてのペティの興味や関心は、けっして個々バラバラなものではなくて、相互に関連し、全体としてこの時期におけるかれの思想や社会観を形成していたにちがいない。そこで、かれの『教育論』や『産業交易誌』等々をややたちいって考察し、この問題に接近しようと思う。

(1)　(イ)　このリストにかかげられている文献のうち、(1)—(3)は執筆当時に出版されたものであり、(4)、(8)—(11)、(13)—(15)は一六七一年十月六日づけのペティ自筆の『著作リスト』(L・一五八、本書一六ページ注(13)参照)によっている。(17)はその筆蹟から「比較的初期のもの」とランズダウンが推定しているメモ的断片。

(ロ)　＊印の文献は現存していないと推測されているもの。＊＊印の文献はランズダウンがペティの未公刊手稿本中にその存在をみとめているもの。

(ハ)　円括弧内の地名と年次はペティ自身が記入した執筆地とその年次。角括弧内の年次は推定執筆年次。

(ニ) 末尾の括弧内の「H」はハル版の略記号で、そのつぎの数字はハル版の第二巻巻末にあるペティの公刊著作のリストの文献番号。「L」は『未刊論文集』の略記号で、そのつぎの数字はこの論文集の文献番号。

(ホ) なお、このリストは、本書一三〇ページのリストをうけているものである。

(2) 気づいたことは大小にかかわりなくつぎつぎに書きとめておくということは、ペティの少年時代からの性癖であって、それは年とともに強まったという。Lansdowne, *Petty Papers.*, Vol. I. p. xviii. この『自然的諸観察』もまた、他の多くのメモ的断片と同じように、ペティのこのような性癖にも負うものであろう。

(3) *ibid.*, Vol. I. p. xxx.

(4) Clark, *Age of Newton.*, pp. 72-73. ここでクラークが引用している「神は尺度と数と重量とで万物を秩序づけたもう」ということばは、『旧約外典』の『ソロモンの智慧』第十一章第二十節に由来している。実験や観察とならんで「尺度・数・重量」がペティの政治算術＝解剖の生成にきわめて重要な意味をもっていることをここで想起しておく必要があろう。

二　『教　育　論』（一六四八年）

ペティの『教育論』は、すでに述べたように第一次内乱から第二次内乱へという市民革命の過渡的な一時期における著作であって、複写器がペティの最初の発明であるように、この『教育論』はかれの最初の著作らしい著作なのである。これを執筆したころのかれは、わずか二十四、五歳の青年にすぎなかったのであるが、(1) その執筆事情についてはすでに述べたとおりである。この時期のイングランドにおいて、教育の改革にもっとも熱心であったのは、政治権力を掌握しつつあったピュリタン＝新興市民階級であり、そして議会であった。すでに述べたように、コメニウスをイングランドにまねいて教育の改革に当らせたり、オックスフォドその他の諸大学を改組したりしたのも議会であるが、「この問題について十九世紀にいたるまでのいかなる政府にもまして大きな関心を示したのは共和国政府であった」[2]といわれている。このように、市民革命の波のたかまりがピークに達したこの時期は、まさに「イングランドにおける教育改革の黄金時代[3]」であった。ミルトン・ハートリップ・デューリー(J. Dury, 1596–1680)・ウッドワード(H.Woodward, 1590–1675)・デル(W. Dell, *d.* 1664)・ウェブスター(J. Webster, 1610–82)等々の教育に関する論議はその所産にほかならないのであって、かれらの教育論は、多かれすくなかれベイコンの流れをくみ、直接間接にその原理から影響をうけると同時に、程度の差はあれベイコンの『ニュー・アトランティス』にならったユートピアであった。[4]そしてこれらの人々のなかでの最年少者であったペティの『教育論』はどうかといえば、かれはそのなかで「われわれにはユートピアをえがいているひまはない[5]」、といってはいるけれども、明らかにこれもまた一つのユートピアであり、しかもきわめて特異なユートピアなのである。

ところで、ペティの『教育論』の正確な表題は、前項の文献(3)に見られるように、『サミュエル・ハートリップ氏に対するW・P〔ウィリアム・ペティ〕の忠告。学問のある特殊の諸部門の進歩のために』である。この著作は、ハートリップへの呈辞[6]をふくめてもわずか二八ページにすぎないパンフレットであるが、ここでペティが「学問のある特殊の諸部門の進歩」という点に問題を限定したのは、このパンフレットの冒頭に述べられているように、学問一般の分類やその進歩については「すでにヴェルラム卿(Lord Verulam)がきわめて的確に論じているから[7]」である。したがって、ベイコンと同じく「全人類の幸福と安楽[8]」の増進を念願とするペティの『教育論』は、ベイコンの『学問の進歩』にしたがいながら、いわばその各論に相当するものになることをはじめから意図して執筆されたものだといわなければならない。[9]そして、ペティのいう「学問のある特殊の諸部門」とはどのような部門かといえば、それは当面の問題として改革の必要が痛感される諸部門、すなわち少年教育と青年教育であり、内容的にはいっさいの発明や発見を促進するための数学・力学・医学・技術誌および自然誌（History of Art and Nature）に関する教育と研究にほかならない。(10) ペティによれば、学界の現状は「四肢や眼球があちこちにごろごろしている戦闘直後の戦場のようなものであって、数多くの奇智や天才はいたずらに分散され、結合されていない。」すなわち、一方では、科学技術の発明や発見の現況が一般に知悉されておらず、各人はめいめいかってに行動し、重複した徒労がつみあげられているにすぎず、また他方では、科学技術の過去の諸成果がほとんどまったく収集されておらず、整理も評価もされていない。学界のこのような現状を改革して「いっさいの技術や科学を前進させ」、発明や発見を促進することは目下の急務なのであるが、ペティは「この難事業を遂行するための道具をみがき、鋭利な要具を準備すること」こそが教育の当面の中心課題だというのであって、(11) このように重大な「教育事業は、（現在のように）最悪最無能な人々にまかせておくべきではなく、最善最有能な人々によって真剣に考究され、そして実行されなければならない」(12) のである。

まず少年教育であるが、(13) これについては「初等実業学校」（*Ergastula Literaria*, Literary-work-houses）が設立されなければならない。そしてこの学校には七歳以上のすべての子どもたちが入学すべきであって、両親の貧困や無能力がその子どもたちの入学のさまたげになってはならない。というのは、「現在鋤《すき》を手にしている子どもたちでも、ゆくゆくは国家の舵《かじ》をとるような人物になるかも知れないからである。」ところでこの学校では、読み・書き・算術・幾何・製図・音楽・外国語・道徳・体育の学習と訓練がおこなわれるが、それと同時に、ありとあらゆる製造業の初歩的な実習がおこなわれ、子どもたちが自分自身で生計の資をえる方法が教えられるのであって、最上層階級の子弟といえどもその例外ではない。学習においてとくに強調すべきことは、感覚の重視、実験・観察・推理・記憶についての諸能力の養成であり、基本的な学科は算術と幾何である。(14) そしてこの学校を卒業すれば、子どもたちが「工匠にだまされることがすくなくなり」、総じて勤勉になり、紳士になっても徒食することなく、諸々の実験を尊重し、学芸の守護者になるであろう、と。

つぎに青年(大学)教育については、(15)「いっさいの機械技術および製造業の進歩」を目的とする「技術の学院」(*Gymnasium Mechanicum* or a College of Trades-men)が設立されなければならない。この大学に入学をゆるされる者は、ありとあらゆる産業および職業に従事する労働者(Work-man)――一部門につき最少限度一人の労働者――であって、学生にはりっぱな住宅が無償で提供される。そしてこの大学は、付属施設として病院・植物園・動物園・天文台・博物館・図書館・美術館をもち、噴水・水道・実験農場を完備しているが、これらの施設は全体として「全世界の縮図」を形成すると同時に、実習の場でなければならない。もっとも基礎的なことは全員の健康であるから、これらの施設のなかでは病院がもっとも重要である、と(ペティはこの病院の人的ならびに物的構成を詳述している)。

ところで、上述の目的をもったこの大学における基本的な学習は、ベイコンのいう「自然解釈」(Interpretation of Nature)のための諸実験であるが、この大学の全員の協力のもとになされるべきもっとも中心的な事業は、大著『金羊毛、すなわち貨殖方策大全』(*Vellus Aureum sive Facultatum Lucriferarum discriptio Magna*)の編さんであり、さしあたっては『産業交易誌』(*History of Trades*)または『製造技術誌』(*History of Arts or Manufactures*)の編さんである。(16)この大著は、青年教育をつうじていわばその教科書となるべきものであって、この書物には、人間が自然に働きかけて「生活の資を獲得し、そうすることによって財産をきずきあげるあらゆる方法が詳述」されなければならない。とりわけ『産業交易誌』＝『製造技術誌』は重要で、この書物には、人間が必要とする諸々の器具や機械を用いて自然に働きかけ、自然物を加工し、諸物品を生産するばあいのいっさいの工程が着色された図解によって示される。しか

も この書物には、もっともすぐれた職人たちが「身をもって観察し立証したこと」のみが記述され、職人たちの成功はもとより、失敗もまた記述される。さらにこの書物には、労働に適する季節・原材料の仕入地や仕入時期・製品の販売地や販売時期・使用人や労働者の雇入方法・取引上の諸〻の奸策など、「経済、すなわちありとあらゆる職業における私財の増殖法」(Oeconomy, *sive Ars augend*[*i*] *rei familiaris* in all Professions) が記述されなければならない、と。

この書物がもたらす効用ははかり知れないものがあろう。[17] すなわち、万人が万人の職業を知り、その秘伝が公開され、万人が「金羊毛」の獲得にふるいたち、「黄金への聖なる渇望」(*Auri Sacra fames*) にかりたてられ、発明は激増し、オランダのような富強が実現するであろう。というのは、「諸〻の製造業や商業(Trades)が繁栄する国々はオランダのように富強になる」からである。他方において、この書物が完成すれば学者たちや「推論すること」(to Ratiocinate)をこのむ人々は、単なることばや詭弁から解放され、「神学におけるかくも多数の説教師・法学におけるかくも多数の三百代言・医学におけるかくも多数のやぶ医者」等々は、姿を消すであろう。そして、数学・幾何学・解剖学・天文学・力学・医学等々は、相互に関連づけられると同時に各〻の原理と応用の両面を結合させることによって、いっそう有用なものになり、発展するであろう。さらに、神学者や法学者は空論をもてあそぶことをやめるであろう。

最後にペティはいう、この書物が完成したばあい、「われわれが勧告するつぎの書物は、『解放された自然誌』(History of Nature free)である。というのは、『産業交易誌』もまた『自然誌』ではあるが、これは、束縛され攪乱された自然(Nature of vexed and disturbed)に関するものでしかないからである。われわれの『解放された自然誌』がどういうものであるかということは、ヴェルラム卿のもっともすぐれた手本によって知ることができるし、またこの書物のなかで論じられるべき個々の論題については、かれの『学問の進歩』の巻末にかかげられている正確で思慮ふかい目録を参照されたい」と。

以上に要約したペティの『教育論』をつうじてまず気づかれる思想的特徴は、「初等実業学校」の構想にあらわれている徹底した教育の機会均等と皆労の思想である。ペティの同時代者で大先輩のミルトンの教育論は、その理念においては明らかにベイコン＝コメニウスにしたがうものであり、その意味においてペティと共通していたけれども、ミルトンが提唱した「アカデミー」は「比較的上流社会の青年」(our nobler and our gentler youth) を対象とするものので、ペティのばあいのように貧民の子弟をも対象とするものではなかった。[18] そして、ペティの「初等実業学校」はデューリーの構想をいっそう徹底させたものだといわれているが、[19] 貧民の子弟の教育についてのペティの強硬な主張は、貧民こそ「もっとも創意に富む勤勉な人民」だというレヴェラーズの主張を代弁し、[20] ピュリタニズムの勤労思想にむすびついたものであるといわなければならない。同時にペティのこの主張は、伝統的なグラマ・スクール――ペティ自身も少年時代の初期に学んだグラマ・スクール――に対する痛烈な批判であり、「初等実業学校」の構想そのものには、いわばマニュファクチュアの生みの子としてのペティの体験のほとんどすべてが一般化されていると考えてさしつかえなかろう。

すでに述べたように、ベイコンは「科学の真実で正当な目標は人間生活に新しい諸発見や諸力をもたらすこと以外にはない」といった。ベイコンにとって「真理であるということは、〔人間生活に〕有用性 (utility) をもつということとまったく同一のこと」なのであって、人間生活をゆたかにするための発明や発見という諸々の仕事 (works) そのものが、なんらかの知識が真実であるか否かをテストする試金石であった。[21] そして「科学の真実で正当な目標」を達成するためにこそ、ベイコンは「ことばの哲学」に「仕事の哲学」を対立させ、科学の再編成をおこない、科学研究の組織化を提唱したのである。(22)この観点から見れば、ペティの「初等実業学校」の構想はこの目標を達成するための第一歩であり、準備的な階梯であって、「技術の学院」はこの基礎のうえにたつものといわなければならない。「全世界の縮図」を形成するこの学院の諸施設は、学芸のあらゆる分野についての理論と実践が統一される場であり、しかもこの学院における中心課題は、研究の組織化による科学技術の一大進歩＝発明・発見の盛大化、つきつめていえばマニュファクチュアの発達にもとづく社会的生産力の増進に対する寄与にほかならないのである。そしてこの課題こそ、革命をつうじて政治権力を掌握しつつあった新興市民階級の基本的な意図に合致すべきものであった。「技術の学院」の構想そのものがベイコンの『ニュー・アトランティス』における「ソロモン学院」(Solomon's House) に負うていることは疑いない。そして、「技術の学院」における研究の組織化が、ペティもまたそのメムバーであったメルセンヌのサークルや「ロンドン理学協会」等々の経験を一般化したものであることもまた明らかである。

ところで、「技術の学院」における上述の中心課題の具体的内容は、大著『金羊毛』の編さんであり、さしあたっては『産業交易誌』または『製造技術誌』の編さんである。ベイコンは、その「自然誌」を「機械および実験誌」とも名づけ、(23)機械技術や実験に長じた有能な人々は「ぜひとも私の〔自然〕誌や〔発見〕表から多くのことがらを収集し、それらを生産事業に適用するように努力してほしい」(24)といっているが、ペティが提案しているこれらの書物は明らかにベイコンのこのような勧告にしたがったものである。そして、これらの書物がもたらすべき最大の効用は、科学技術の大々的な進歩＝発明・発見の盛大化、つきつめていえば社会的生産力の増進であり、さらには「黄金への聖なる渇望」の充足、全国民の富裕化の実現である。しかもこの過程は、科学を進歩させ、教育制度を改革するばかりではなく、「束縛され攪乱された」社会経済的諸関係、(25)すなわち前資本主義的諸制約からの人間の解放を約束する過程として考えられているのである。

このように見てくると、ベイコンの名に終始しているペティの『教育論』を一貫するものは、国民の皆労による皆学を基礎とする科学研究の組織化＝科学技術の進歩＝発明・発見の盛大化、つきつめていえばマニュファクチュアの発達にもとづく社会的生産力の増進によってもたらされる全国民の富裕化と前資本主義的諸制約からの人間解放の思想であるといわなければならない。マッスン(D. Masson)は、ミルトンとペティの教育改革論を比較して、教育の現状に不満であるという点で両者は一致しているけれども、その提案するところを見ると、後者は前者よりもはるかに視野が狭く、また後者にはヒューマニズムの要素が不足している、といっている。(26) しかしながら、ベイコンの『学問の進歩』のいわば各論としてのペティの『教育論』は、当面改革の必要が痛感される分野("where our owne shoe pincheth us")に問題を限定したものであるということを想起しなければならない。そして、一見いわゆる実業教育や職業教育を連想させるペティの提案においては、すでにくりかえし述べたようにベイコンの新哲学を信条としつつ、前資本主義的諸制約からの人間の解放が意図されているのである。しかもこの人間解放は、全国民の皆労による皆学を基礎とする社会的生産力の増進によってもたらされるべきものであって、イエズス会(Society of Jesus)に組織されたジェスイットではなしに、「技術の学院」という"Society of Men"こそこれを実現する原動力なのだ、とペティは主張するのである。(27) かりにペティの視野が狭いとしても、社会的生産力の増進を人間の解放の基礎にすえるということの観点は、ミルトンのそれよりもいっそう根本的であり、角度こそちがうにしても、市民革命の時代におけるヒューマニズムの一表現だといわなければならない。もっとも、ペティの『教育論』が人間解放論だといっても、それは前資本主義的諸制約からの人間解放であって、市民革命をつうじて確立されつつあった新しい社会関係——資本主義的搾取関係――のなかに組みこまれ、それによって「束縛される」勤労人民大衆の解放論ではもとよりない。したがって、前述(本章第一節)したようなはげしい階級分化が進行しつつあったこの時代に、全国民の皆労による「万人の富裕化」を主張するかれの『教育論』は、明らかにユートピア論であるといわなければならない。が、このような歴史的制約はあるにしても、「黄金への聖なる渇望」をいやす道が、同時に人間の解放への道であるとする。ペティの『教育論』は、すでに教育論のわくをのりこえた社会改革論とさえいうことができるであろう。ペティの「技術の学院」の構想は、約半世紀後におけるベラーズ(J. Bellers, 1654–1724)の「産業の学院」(College of Industry)のそれを想わせる。

ペティの『教育論』が少年時代以来のかれの生活体験によって裏づけられているということは、もはやくりかえして指摘するまでもなかろう。ラムジー以来のかれの人生行路をくわしくたどればたどるほど、このことはいっそう明瞭になるのであって、要約的にいえば、この著作は、ベイコンにみちびかれながら、市民革命のピークにおいてかれが従来かちえたいっさいの知識体験を整理し、これを集成したものにほかならないのである。そればかりではなく、ベヴァンも指摘しているように、[28]ペティの『教育論』にあらわれている諸見解には、後年のかれの経済学的主著においていっそう明確な形をとってあらわれる諸見解の萌芽が数多く見いだされる。たとえば、教育の問題そのものは『租税貢納論』の経費論に、またオランダ論[29]や救貧の問題等々は『租税貢納論』や『政治算術』のいたるところで、それぞれいっそう発展した形で展開されている。そして、『教育論』で念願されている「諸々の製造業や商業の繁栄による」イングランドの富強こそ、後年の主著の中心的な主題になり、『教育論』の基調になっている労働観＝社会的生産力観の点こそ、後年の主著における諸見解を全体として統一し、いっそう明確な形で内面的に体系づけるもっとも重要な視点になるのである。そこで、『産業交易誌』等々のメモ的な断片を手がかりにしながら、この時期におけるペティの経済思想を考察したいと思う。

(1) 『教育論』の冒頭にはハートリップにあてたペティの呈辞があるが、その日づけは、"London the 8. *January*. 164$\frac{7}{8}$" となっている。これは、新暦でいえば「一六四八年一月八日」ということであろう。なお、ハーヴァード大学の図書館は、一六四八年版と内容のまったく同一の一六四七年版の『教育論』を所蔵しているという。

(2) Schlatter, *Social ideas.*, p. 42.

(3) *ibid.*, p. 42.

(4) Boyd, *Western education.*, pp. 269–73.　Woodhouse, *Puritanism and liberty.*, p. (48.)

(5) Petty, *Advice.*, p. 10.

(6) この呈辞は二ページである。そしてこのパンフレットの表紙と呈辞のあいだに、複写器についての一ページ分の広告文がかかげられている。

(7) Petty, *op. cit.*, p .1.

(8) *ibid.*, p. 1.

(9) 両著の書名をくらべて見てもこのことはうかがわれるであろう。

(10) Petty, *op. cit.*, Epistle dedicatory.

(11) *ibid.*, pp. 1-3.

(12) *ibid.*, p. 4.

(13) *ibid.*, pp. 3-7.

(14) 『教育論』と同じ時期に執筆されたと推測されているメモ的な断片『感覚と推理の鍛練』——一六一ページの文献目録(17)参照——において、ペティは一歳から十七歳までの子どもの感覚や推理を鍛練する方法その他を述べている。そしてつぎのように述べながらこの断片をむすんでいる。「従来学問の進歩の障害になっていたものは、思想・理論および実践がつねにいく人もの人々に分割されていたこと、またこれらを結合させようとする人々にとって、学問の道があまりにもたいくつなものであったことである。そして、いっさいの著作は、本来、諸物(things)についての記述であるべきはずであるのに、諸々のことば・思いつき・意見・理論の記述でしかないというのが現状であって、これは書物の執筆者たちがほとんど諸物を知らず、また実際家たちが諸物をことばで記述するために十分な国語も方法ももっていないからである」と。ランズダウンは、このメモ的な断片にホッブズの影響をみとめているが、同時にきわめてベイコン的であるともいうべきであろう。

(15)　Petty, *Advice.*, pp. 7–17.

(16)　*ibid.*, pp. 17–21.

(17)　*ibid.*, pp. 21–25.

(18)　Boyd, *op. cit.*, p. 271. ミルトンが「ベイコンに追従して自然研究を提唱し、実践と経験によって既存の知識を検討する必要を強調した」こと、またかれがスコラ的方法を徹底して排撃したことは(Косминский, Буржуазная революция, II. стр. 188–89)、ペティのばあいとまったく同じである。

(19)　*ibid.*, p. 270. Zagorin, *Political thought.*, p. 111.

(20)　本章第一節第三項参照。なお、少年教育に関するペティの諸見解は、「真正レヴェラーズ」すなわちディガーズ(Diggers)の一人であったウィンスタンリ(G. Winstanley, *fl.* 1648–52)のそれらといちじるしい親近性をもっており、それはとりわけウィンスタンリが、かれの理想社会における少年教育の課目を、製造業その他の有用な職業に役だつべき「実用的」な知識——技術と科学——にかぎり、書上の知識に価値をみとめなかったという点にあらわれているといわれている。Strauss, *Petty.*, pp. 140–41. Schenk, *Social justice.*, pp. 109–10. ミュラーは、ウィンスタンリの少年教育の目的は「生産者」の養成であったといっている。Müller, *Petty.*, S. 61.

(21)　Bacon, *New organon.*, p. 111. Farrington, *Bacon.*, pp. 44–45.

(22)　*ibid.*, pp. 17, 27, 45.

(23)　Bacon, *De augmentis.*, p. 298.

(24)　Bacon, *New organon.*, p. 105. 三枝博音『技術の哲学』四七ページ。

(25)　フィツモーリスは、「束縛され攪乱された自然」を、「当時の商業制度によって抑制されていた産業交易」と解している。Fitzmaurice, *Life.*, p. 12.　が、この「自然」はもっと広い意味に理解すべきであろう。
(26)　Masson, *Life of Milton.*, Vol. III. p. 655 referred in Bevan, *Petty.*, p. 92.
(27)　Petty, *op. cit.*, p. 8.
(28)　Bevan, *op. cit.*, p. 40.
(29)　ペティはいう。「われわれは、諸々の製造業や商業が繁栄しているすべての国はオランダのように富強になる、ということを目撃している。というのは、国家の諸収入が新しいいっそう多額の関税によって増加し、すべてのこじきが他の人々の労働によって養われ、(よりよき仕事口がないために)窃盗や強盗をはたらいた者でさえ就業させられ、不毛の土地が多産的になり、湿地が乾沢され、乾燥地が灌漑され、豚やもっと手におえぬ動物さえもが働くようにしこまれ、粗末な諸原料が高級な諸用途に変化させられ、一人の男または一頭の馬が三人または三頭分の仕事をし、あらゆる物がすばらしい利益をあげるように改善されるならば、その国は富強にならざるをえないではないか」と。Petty, *op. cit.*, pp. 22-23.　このような見解は、ペティがオランダ遊学当時に書きとめた最初の社会観察『オランダ』(一〇九―一一ページ参照)を整理し、内容的に発展させたものと考えてさしつかえなかろう。しかもここに観察されていることのすべては、王政復古後の主著におけるオランダ論の論点になっているのである。

三　『産業交易誌』その他

この時期におけるペティの経済思想は、かれのもっとも初期のものと考えてさしつかえないのであるが、これを考察するばあいきわめて重要なことは、かれの経済思想が教育論を媒介とし、それをとおして表明されるようになったという点である。すでに述べたように、ペティの教育論は、国民の皆労による皆学を基礎とする科学研究の組織化＝科学技術の進歩＝発明・発見の盛大化、つきつめていえば、マニュファクチュアの発達にもとづく社会的生産力の増進によってもたらされる全国民の富裕化と、前資本主義的制約からの人間解放を目標とするものであった。このような目標の設定は、明らかに当時興隆しつつあった産業資本の立場にたつものであり、革命をつうじて政治権力を掌握しつつあった市民階級の基本的な意図に合致すべきものであった。そして、「この難事業を遂行するための道具をみがき、鋭利な要具を準備(1)」すべき教育活動における中心的な課題は、前述のように「技術の学院」における大著『金羊毛、すなわち貨殖方策大全』の編さんであり、さしあたっての問題としての『産業交易誌』または『製造技術誌』の編さんであった。

このような編さん事業がベイコンの勧告にしたがうものであることは前項で述べたとおりである。そして、「人間が必要とする諸々の器具や機械を用いて自然に働きかけ、自然物を加工し、諸物品を生産するばあいのいっさいの工程を着色した図解によって示す」という『製造技術誌』=『産業交易誌』が、マニュファクチュアや農業におけるありとあらゆる生産技術に関する百科全書であるということは明らかであろう。そればかりではなく、これらの大著は、生産技術と表裏する形において「経済」についても記述されるべきものであり、「経済」に関する百科全書をも意味しているのである。(2)すなわち、「経済」とは、前述のように「ありとあらゆる職業における私財の増殖方法」であって、その内容は、労働に適する季節・原材料の仕入地や仕入時期・製品の販売地や販売時期・使用人や労働者の雇入方法・取引上の諸々の奸策などについての解説・記述である。(3)このかぎりでは、「経済」はマニュファクチュアや独立自営農における私経済の経営技術として、あるいは「黄金への聖なる渇望(4)」をいやすための術として理解されているといわなければならない。そして、「経済」が商品流通ないしは海外貿易に即して考えられず、商品生産ないしはその技術に即して考えられていることはもっとも注目すべき特徴であろう。以上によって、ペティの経済思想は、その発想の主たる径路から見れば、社会的生産力の増進＝前資本主義的諸制約からの人間解放を窮極の目標とする教育論を媒介としながら、マニュファクチュアや独立自営農における生産や経営の技術に即してでてきたものであるといってさしつかえなかろう。

ところで、ペティは『産業交易誌』の編さんを単に提案しただけではない。すでに述べたように、一六四七年、かれはハートリップのすすめに応じて、みずからもまた実際にこの大著の編さんに着手したのであるが、けっきょくそれは完成しなかった。現在われわれが見ることのできるものは、この編さんに関連をもつメモ的な断片、すなわち、『未刊論文集』に収められている『産業交易誌』・『産業交易およびその増進についての解明』・『イングランドについての諸観察』(一六一ページの文献(5)(6)(7)参照)の三編である。そして、ペティ自筆の著作リストに表題だけが記されている『産業交易誌集成』(同上(4))は、これらの三編を総称したものであろうと推測されるのである。

まず『産業交易誌』であるが、「〔ペティによって〕意図された『産業交易誌』のすじ書き」(L・六〇注)とランズダウンがいうこのメモ的な断片は、一見すると三百にちかい普通名詞がいわば手当りしだいに羅列されているような印象をうける。が、すこし注意して見ると、これらの普通名詞は人間の衣・食・住に直接必要な諸商品を中心とし、それらの諸材料におよび、さらに、これらの商品の生産(加工および製造)・運送・交換に必要な諸手段(機械器具・船舶・貨幣を列挙したもの)であることが知られる。換言すれば、ここで企図されているのは、人間生活に必要な、または人間生活をいっそうゆたかにするために必要な、いっさいの使用価値物とその生産・運送・交換のための諸手段についての“History”なのである。このような内容をもつ『産業交易誌』が、ペティの『教育論』のなかに提案されている大著『金羊毛』や『製造技術誌』と軌を一にするところの、生産技術や産業経済に関する百科全書であるということは疑いない。そして、とりわけ商品生産の技術的諸工程のきわめて詳細な解明に重点をおくこの大著は、マニュファクチュアの作業場における分業の諸過程を当然明らかにすべきものであろう。以上のことを念頭におきながら、『産業交易誌』と密接に関連する他の二編、すなわち『産業交易およびその増進についての解明』・『イングランドについての諸観察』を見よう。

この二つのメモ的な断片は、いずれも産業交易の起源とその発達を論じているが、前者の断片の冒頭で、ペティは主として経済学的な諸概念についての「定義」を列挙的に述べている(L・六二)。これらの「定義」はこの時期のかれの経済思想を知るうえにきわめて重要であるから、つぎにその全文を訳出しておこう。

諸　定　義

諸物品(*Commodities*)　人間が必需・装飾・快楽・防衛等々のために使用するすべての物である。たとえば食用獣肉・飲料・衣服・家屋・武器等々、その大部分は税関の税率表に列挙されている。

産業交易(*Trade*)　諸物品の製造・集荷・分配および交換である。

貨幣(*Mony*)　諸物品の共通の尺度である。あらゆる人と人をむすぶ共通の紐帯であり、諸物品の等価物(equivalent)である。

必需品(*Necessaries*)　人間が、自然的に可能な健康と力とにおいて、その寿命の通常期間を生きるために不可欠な諸物品である。

富んでいる(*Rich*)**ということ**　自分自身が使用しうるより以上に多くの物品を所有していることである。

力(*Power*)　他人の諸物品を奪取しうる能力である。

偉人(*Great Men*)　多数の人々に対して力をもつ人である。

主権者(*Soveraign*)　万人の力、したがってまた万人が所有する物品を処分しうる人である。

富んでいる・力のある・偉大な(*Rich, Powerful, Great*)**ということの比較**　全世界、またはある主権者の臣民、またはある管区内の住民、あるいはある種族・階級または宗派(denomination)の人々の半分が、他の半分よりもいっそう多くの富または力あるいは偉大さをもっていることである。

労働(*Labor*)　諸物品のための、人間が自然的にそれにたえうるだけの時間にわたっての、人間の単純な運動(simple motions)である。

熟練(*Skill*)　多くの準備的習練をつまなければなしえないことを、〔それなしに〕なしうることである。

技術(*Art*)　諸物品の生産において、多数の労働や熟練に匹敵するものである。

貨幣の利子(*Interest of mony*)　一定期間、貸し手が自己の貨幣〔の使用〕を抑制することに対して、借り手が元本をこえて貸し手にあたえるものである。

かわせ料(*Exchange of mony*)　ある人が、どこか他の場所で同じ金額を手にいれるために、他の人にあたえるものである。

共通価格(*Commonprice*)　成人男子一人の日々の労働である。

以上の「諸定義」の全体をつうじて特徴的な点は、ここに規定されている諸概念が「諸物品」および「労働」の両概念によってひきいられている、ということであろう。しかもこの「労働」は、「諸物品のための人間の単純な運動」

であり、一方では「熟練」・「技術」と不可分の関連におかれながら　他方では「成人男子一人の日々の」それは「共通価格」だと規定されているのである。ペティが規定している“Trade”は、いっさいの使用価値物＝商品の生産・集荷・分配・交換、すなわち人間の「労働」が営為するいっさいの経済活動を包括する概念であり、「産業交易」にほかならない。そしてこの経済活動は、「貨幣」という「諸物品の共通の尺度」、すなわち人間の「労働」の生産物たる「諸物品の等価物」を媒介とし、それを「共通の紐帯」としておこなわれるのである。このようにして、「必需品」も「富」も「力」も「偉人」も、さらには「主権者」さえもが、政治学的な基礎づけなどをいっさいぬきにして、労働生産物たる使用価値物＝商品や、その「所有」・「奪取」・「処分」によって説明され、すべてが商品との関連においてきわめて物象的な関係に還元され、単純化されているといわなければならない。

ところで、ペティによれば、「労働」は「諸物品のための人間の単純な運動」であって、「人間が自然的に〔すなわち生理的に〕それにたえうる時間」継続されるものである。したがって「労働」は、諸商品の生産を目的とする「人間の脳髄、筋肉、神経、手などの生産的支出」(5)であり、「生理学的意味での人間的労働の支出」(6)にほかならない。しかも、「熟練」や「技術」によっていっそう有効化されるべきこの「単純な運動」の一定量、すなわち「成人男子一人〔「成人男子」といういばあい、後述するようにペティは「十六歳以上の、職人たりうる男子」を考えている〕の日々の労働」は、諸商品の「共通価格」なのである。このように見てくると、ペティが規定している「共通価格」は、生理学的な意味における人間的労働の一定量であって、それは後年の『租税貢納論』における「自然価格」(natural price)＝価値を想起させる。しかしながら、ペティは、ここで諸商品の使用価値を生産する具体的な有用的労働と、諸商品の価値を形成する抽象的な人間的労働とを区別したうえで「労働」を問題にしているのではもとよりなく、実は諸商品を生産する具体的な有用的労働をもっぱら生理学的に意味づけているにすぎない。「富んでいるということ」についてのペティの規定を「労働」についてのそれに関連づけると、かれは「富」の源泉を労働だと考えているということになるが、このばあい、かれは「富」をもっぱら「諸物品」すなわち諸使用価値物の剰余としてしか考えていないのである。「諸定義」についてはー応ここでうちきって、つぎに産業交易の起源とその増進についてのペティの論述を見よう。

産業交易の起源について、ペティはまず最初につぎのように述べている。「もし人間が野獣のように**天然の産物で**(*ex sponte creatis*) 生活し、かれらが栽培するものを消費し、しかも一つの物品しか存在しなかったとすれば、産業交易などというものは全然ありえなかったであろう。ところが、諸物品が多種多様になり、各人がその興味・労働・熟練および力の所産に応じて諸物品を消費するようになれば、産業交易は大いに増進するであろう」と。ところで、産業交易の考えうる「最低の状態」は、「食(Victualls)・衣(Clothes)・住(Housing)」についての産業交易しか存在しないばあいである。そして、産業交易がやや増進すれば、「食」に関するそれは「穀物の耕作」と「家畜の飼育」とに、また「衣」に関するそれは「織布職・いかけ職(Tinckers)および裁縫職・靴職・革職」に、また「住」に関するそれは「かじ職・石工および大工に分化(branch into)」し、さらにこれらがいっそう増進すれば、たとえば「衣」に関するこれらは「梳毛工・紡績工・縮絨工・染色工・つやだし工・幅だし工(drawers)・ボタン製造人等々に分化する」と(L・六二)。このように、ペティが産業交易の起源を生産力の増進にともなう人間の諸欲望の増加に求め、(7)また その発展の問題を社会的分業の発達および社会的生産力の増進の交互作用を軸として考えていることは疑いない。そしてこのばあい、社会的分業の発達が前述のマニュファクチュアの内部での分業の発達や、それにともなう「熟練」

および「技術」の増進と表裏して考えられているということもまた疑いないのであって、社会的生産力の増進の見地は、かれの『教育論』の基本的見地とまったく同一であるといわなければならない。

ところで、ペティは一歩をすすめて、イングランドの土地面積と人口およびその職業分布を「臆測」する。そして、ここに「臆測」されている数字を統計表の形にあらためて示せば次表のとおりである。これらの数字の「臆測」の根拠はまったく示されていないのであるが、ペティは「土地の耕作者」以下のすべてを「職人」(Tradesmen)とよび、

イングランドの土地面積		25,000,000エィカ
同上の総人口		6,000,000人
「職人」数	「土地の耕作者」	100,000人
	「家畜の飼育者」	20,000人
	「裁縫職」	30,000人
	「織布職およびいかけ職」	50,000人
	「靴職および革職」	15,000人
	「かじ職」	8,000人
	「大工」	12,000人
	「石工」	5,000人
	合計	240,000人

この総数二十四万人はすべて『十六歳以上の成人男子』だとし、つぎのように論旨をすすめている。すなわち、この二十四万人の「職人」は、六百万人の総人口中の「職人」たりうる「成人男子」の六分の一である。そして現在のところでは、二千五百万エィカの土地の生産物のすべては『当然のこととして』『地主(Landlords)』と二十四万人の「職人」の手に帰し、残余の「成人男子」はかれらの「使用人や従者」になっているにすぎず、『地主』の「力」は「職人」のそれをはるかにしのぎ、土地はいわば「国民の唯一の富」(onely wealth of the nation)になっている。ところが、産業交易がさらに増進し、それが上述のようにさらに分化すれば、右の残余の「成人男子」は「職人」となるであろう。またそうなれば、『人間の労働は土地と等価になり』、『地主と職人の力は**均衡する**(*in Aequilibrio*)。』要するに、土地からの単純な生産物のうえに「諸々の操作が加えられ、労働や技術が累積されれば、(8)それだけ土地の価値は減少する」のであって、産業交易がさらにはるかに増進し、

「神学者・医者・法律家・兵士・海員」はもとより、「音楽家・喜劇俳優」までもがいるような社会になれば、「職人」の「力」は「地主」のそれをはるかにこえるものとなるであろう。しかしながら、『人民や産業交易が増進しても、余剰利得(superlucration)がなければ富(wealth)は増加しない。』そして、『余剰利得』があっても、それが「腐滅しやすい(perishing)諸物品」であるならば、『富の最善の増加ではない。』富の最善の増加は、「金・銀・宝石等々の余剰利得」の増加であり、このような「永久的で普遍的な富」の増加である、と(L・六二)。

以上の論旨から見ると、社会的分業の発達および社会的生産力の増進の交互作用を軸として考えられているペティの産業交易増進論は、社会的生産力の増進にもとづく社会発展論といわなければならない。イングランドの職業分布についてのかれの前述の「臆測」は、きわめて素朴ではあるけれども、この国の社会的総生産に関するかれの見解を語っている。そしてこの問題についてのかれの論議の中心点は、「地主」と「職人」のあいだにおける「力」の消長であり、別言すれば「土地の価値」と「人間の労働」の社会経済的な比重である。そしてこのばあい、ペティの最大の関心は、『職人』の「力」の増進であり、それが「地主」の「力」をはるかにこえることなのである。かれは二十四万人の「職人」のうちの五割が農牧業者、二割以上が織物業者だと「臆測」している。そして、かれのいう「職人」は、種々雑多な内容をもつものではあろうが、総じていえば、独立自営農民やマニュファクチュアの親方たち、すなわち市民革命の中核的分子を構成した独立生産者であり、主として産業資本家たるべき人たち――この時代の階級分化をつうじて没落する分子ももとよりふくまれている――であると考えてさしつかえなかろう。『教育論』における「技術の学院」の学生もまたこの意味における「職人」なのであるが、これと対立関係におかれている「地主」が、市民革命による土地所有の変化によって生れた新しい地主というよりも、むしろ封建的な旧地主であることも明らかであろう。ペティの関心は、この「地主」や「職人」の「使用人や従者」となっている「残余の成人男子」を産業資本の担い手たらしめ、両者の「力」を「均衡」させるばかりではなく、後者の「力」をして前者のそれをこえしめることであった。そしてこの問題は、当時の政治過程そのものとしては市民革命の中心問題につらなるものであり、ペティの『教育論』においては人間解放の基礎的な前提であった。ところが、かれはこの問題をここでは「土地の価値」と「人間の労働」の社会経済的な比重の問題として説明しているのであって、かれが「土地の価値の減少」といっているのは、つきつめていえば、マニュファクチュアの発達にともない、イングランドの全生産物価値のなかで、製造業の生産物の価値部分が土地の自然力により多く依存する価値部分よりも相対的に大となるということにほかならないのである。ところで、ペティは前述の「諸定義」のなかで、「富んでいるということは、自分自身が使用しうるよりも以上に多くの物品を所有していること」だといい、「富」を諸商品の剰余だと規定したのであるが、ここではこの社会的総剰余を「余剰利得(9)」とよび、『金・銀・宝石等々の余剰利得」＝「永久的で普遍的な富」の増加が「富の最善の増加」だといっている。このような見解は一見して重商主義思想の影響であるように思われる。また事実かれは当時重商主義思想の影響をうけていたのかも知れない(10)。が、注意しなければならないことは、ここでペティが「余剰利得」をどこからひきだしているか、という点であろう。かれはそれを外国貿易その他商品流通の過程からではなしに、明らかに諸商品の生産過程から、すくなくともこの生産過程に関連させてひきだしているのである。かれはここで「諸物品の輸入」を論じ、「海員」の活動を述べているが、「海員」の活動は「海外諸国にでかけて行って諸原料をはこんでくる」(L・六二)だけのことであり、イングランドが諸商品の輸入をよぎなくされているのは、イングランドの土地の生産性がまだ低く、人民が諸商品の生産を奨励されておらず、生産技術を改善するための「諸実験」をいとっている等々のためであって(L・六二)、けっきょくここでの問題は、貿易差額の問題ではなくて、どこまでも国内生産力の増進の問題に帰着されているのである。さらに、ペティが「諸定義」において、「貨幣」を「諸物品の共通の尺度」＝「諸物品の等価物」と規定し、貨幣はすなわち富だという重金主義的謬見から一応ぬけだしていたということも考えあわせなければならない。(11)

『産業交易誌』をはじめとする以上の三つのメモ的な断片にあらわれているかぎりにおいて、この時期のペティの経済思想は、全体として「職人」すなわち独立生産者的であり、つきつめていえば産業資本の立場にたっていたといわなければならない。そしてこの特徴は、かれの『教育論』の思想的立場と首尾一貫している。ペティがこれらのメモ的な断片を執筆したのは、すでに述べたように第一次内乱終結直後の一六四七年であって、ホッブズの『リヴァイアサン』(*Leviathan.* London, 1651)が公刊される四年まえであった。したがって、パリ遊学中にペティがホッブズの政治論の影響をうけたことはもちろんであろうけれども、公刊された『リヴァイアサン』からこの当時のペティが影響をうけるということはありえない。(12)『リヴァイアサン』の第二部第二十四章「国家社会の栄養および生殖について」を見ると、とりわけ「労働」や「貨幣」という概念について、ペティの「諸定義」のそれらと類似する諸見解を発見することができる。が、両者をくらべてみるばあい、ペティの経済思想のいちじるしい特徴は、かれが労働＝社会的生産力の増進に圧倒的な力点をおいていること、また商品生産の諸過程を分業との関連においてきわめて具体的に述べていること、さらに「必需品」・「労働」・「技術」・「共通価格」等々の諸概念の規定にあらわれているように、かれの規定する諸概念が時間的＝量的な規定をともなうことによっていっそう明確になっていることであろう。ランズダウンは、ペティの「力」等々についての概念規定は、いかにも「単刀直入で生硬である」とし、それは、『リヴァイアサン』の第一部第十章「力、ねうち、位階、名誉、および、ふさわしさについて」においていっそう精緻に分析されている、といっている(L・六二注)。おそらくそのとおりであろう。しかしながら、むしろここで注意すべきことは、ペティのこのように「単刀直入で生硬な」概念が、当時急進的なレヴェラーズやいわゆる「第五王国派」(Fifth Monarchy Men)の見解と共通するものをもっていたという点であろう。(13)

重商主義学説の歴史のうえで、富の源泉としての労働を重視した最初の人は、アームストロング(C. Armstrong, *d.* 1536?)であろうといわれている。(14) すなわちアームストロングは、十六世紀の前半、羊毛商人による投機がイングランドの貨幣を国外に流失させ、農業を衰退させることを憂慮し、国内における毛織物生産のために人民を就業せしめ、農村におけるマニュファクチュアを奨励すべきことを提案したのであるが、そのわけは、かれが「全王国の富は庶民(common people)の労働や仕事にその源を発する(15)(risith out of the labours and workes)」と考えたからにほかならないのである。その後約一世紀を経た十七世紀の前半には、労働が富の源泉だという思想はより一般的になっていた。マンは、一六二一年に公刊した最初の主著『東インド貿易論』において「富」(riches or sufficiencies)を「自然的富」と「人工的富」に分け、前者は「領土そのものから生ずるもの」、後者は「住民の勤労に依存するもの」とし、「勤労は、海外貿易を増大し左右するためばかりではなく、国内における諸技術を維持し増進するためにも、その役割を演じなければならない(16)」、といっている。同じ見解は一六三〇年ごろに執筆されたと推測されるマンの『外国貿易によるイングランドの財宝』(一六六四年)のなかにも述べられているが、マンにとっての中心問題は、貿易差額にもとづく富の増大であり、商品の流通過程における総剰余の増加であった。

ところで、市民革命の時代になると、人民の勤労を尊重しこれを重視するという思想は、革命そのものの推進力となった。革命の過程においてレヴェラーズが貧民の「創意や勤勉」をどれほど重視していたかということはすでに述べたが、「真正レヴェラーズ」すなわちディガーズのウィンスタンリもまた、「自分自身の労働によるか、または自分を助けてくれる他の人々の労働によるか、そのいずれかによる以外、誰れ一人として富裕にはなれない」、といったという。(17)が、この思想は『貧民の弁護』(一六四九年)の著者チェインバリンによっていっそう明確な形で表明されるようになったのである。(18)革新的な医者で鋭利な社会批評家のチェインバリンは、至福千年説を信奉する「第五王国派」の一人でもあったが、(19)かれの最大の関心事は、内乱戦において大多数の兵士が、窮乏のあげく没収地を担保として発給された「給与債務証書」を売却し、その結果、土地が少数の「富者」の手に集中することであった。(20)「人類にとってもっとも喫緊の事業は、貧民を扶養することだ」(21)とチェインバリンは考える。そして、『諸君〔下院の議員諸君〕が貧民を扶養すれば、かれらは諸君を扶養するであろうし、諸君が貧民を破滅させれば、かれらは諸君を破滅させるであろう。またもし諸君が貧民を扶養しないならば、かれらは自分自身でみずからを扶養するであろう。(22)』「富者たちは王制の最大の敵でもなんでもないのだ」(23)、とかれは主張するのである。具体的な方策として、チェインバリンはさまざまのことを提案するのであるが、その核心をなすものは、没収地を「公共の資財」としていわば土地を国有にし、これを基礎として一種の株式会社——“joynt stock”——を創設し、これを貧民に貸与して「二〇〇、〇〇〇人の貧民を就業させ」、かれらを有能な市民たらしめて国富を増進しようということであった。(24)そして、かれの主張や具体的な提案の基礎にあるものは、『働くことができるのに働こうとしないものは食うべからず』(25)という信条であり、「ありとあらゆる富は貧民の労働と勤勉から生じ」(26)、「あらゆる国の富と力とは貧民の手中にある」(27)、という思想である。というのは、「国家(Common-wealth)の圧倒的な構成要素」をなす貧民は、この国家が必要とするいっさいの大事業の遂

行者であると同時に軍隊の根幹をなしているからにほかならないのである。(28)

チェインバリンが宗教的情熱にささえられながら激越な口調で「弁護」している「貧民」は、本章の第一節で述べたように、市民革命の過程における収奪＝階級分化によって生産手段をうばわれた広汎な人民大衆を根幹とするものであろう。このような貧民の労働に「ありとあらゆる富」の源泉をみいだしたというところにチェインバリンの思想の深刻さがあるといわなければならない。ところが、ペティの立場は、すでに述べたようにこの革命をつうじて権力を掌握しつつあった市民階級の立場であり、つきつめた形でいえばチェインバリンが「弁護」している「貧民」を雇用して新しい社会関係を設定すべき産業資本の基本的な意図に合致する立場であり、そういう意味においての「富者」の立場である。そしてこのような立場こそ、市民革命の時期におけるペティの『教育論』―『産業交易誌』等々にあらわれた上述の中心的な思想、すなわちマニュファクチュア的分業に基礎をおく生産技術の進歩＝社会的生産力の増進、またこれによって招来されるところの、前資本主義的な社会経済的諸制約からの人間解放という思想の現実性や合理性を保証するものなのである。

かれの「諸定義」のなかには、「利子」や「かわせ料」の規定にあらわれているような伝統的な見解が混在しており、「諸定義」はなお多くの経済学的な概念を媒介しなければ全体として十分に脈絡づけることもできないであろう。が、すでに述べたように、この「諸定義」が「諸物品」および「労働」の両概念によってひきいられているということは疑いないのであって、それらは経済学的であるというよりも、むしろ多分に技術的であり、解剖学＝生理学的であるという点が特徴的なのである。そしてこのような特徴は、ベイコンの忠実な学徒としてのペティが、発明家として、あるいはきわめて多面的な自然研究者(数学者＝解剖学者)として、マニュファクチュアにおける器具・機械・分業等々に関する生産技術や経営技術の改善の問題を問題としたその結果にほかならない。そのばあい、かれが企図したのは生産技術や経営技術に関する百科全書の編さんであった。(29) そしてそのなかで、かれは商品生産とむすびつけて労働を規定し、また諸商品の「共通価格」として一定量の人間労働を規定したのである。これらの規定がすぐれて技術的で生理学的なものになったのは当然であるが、同時にこれらの規定は、むしろこの特徴のゆえにこそきわめて貴重な経済学的着想だといわなければならない。というのは、上述の社会経済思想にみちびかれながら、ペティが明らかに自然科学の諸理論をマニュファクチュアにおける商品生産の技術的諸過程に即しつつ、社会経済問題の解明に適用したそのきわに生まれたこれらの経済学的着想は、疑いもなく後年におけるかれの労働価値論における経済学上の諸概念の萌芽と考えられるからである。(30) オランダに遊学した当時、ペティは繁栄の絶頂期をむかえようとしていたオランダ社会を“Frugality—Parsimony—Industry”の観点から観察したのであるが、以上のように見てくると、『教育論』—『産業交易誌』等々における上述の基本的観点や経済学的着想は、かれが市民革命期のイングランドにおいて、ベイコンの学徒としての諸実践をとおして、オランダ遊学当時の思想をさらにいっそう前進させた結果だといわなければならない。またかれは「経済」を「ありとあらゆる職業における私財の増殖方法」だといったが、そしてこのことは少年時代から致富への道を歩きつづけてきたかれにとっては自分自身の処世の道でもあったが、この「方法」もまた、上述の観点や着想にひきいられることによって、いっそう学問的な形式や内容をもつものになったのである。

最後に指摘しておくべき点は、ペティの「諸定義」が多くの量的な規定をもち、またかれの論述が社会経済現象の数量化を媒介として展開されているということである。この特徴は、かれが少年時代から数学にすぐれていたこと、またオランダの大学で数学を学び、パリのメルセンヌのサークルにおいてデカルト・ミドルジュおよびホッブズ等々の影響をうけたこと、さらには市民革命の時期にグラントとの交友にめぐまれ「統計の収集や吟味」について「グラント大尉の好意と援助」をえたこと等々に負うものであろう。[31] 後年の政治算術＝解剖を特徴づける社会経済現象の数量化とそれにもとづく推理は、すでに『教育論』や『産業交易誌』等々のなかに展開されている。またペティがグラントからうけた「好意や援助」のなかには、おそらくは上述のイングランドの面積や人口や職業分布＝社会的総生産に関するデータもふくまれているのであろう。しかもそこで追究されている問題が、イングランド社会における「地主」と「職人」のあいだにおける「力」の消長、すなわち「土地の価値」と「人間の労働」の社会経済的な比重の問題であるということはもっとも注目すべき点である。というのは、「土地」と「労働」は、後年におけるペティの労働価値理論の核心をなす概念であるが、それをふまえた社会経済現象の数量化とそれにもとづく推理こそ、後年におけるかれの政治算術＝解剖の主要な内容にほかならないからである。

以上のように見てくると、『教育論』や『産業交易誌』等々にあらわれたペティの社会経済思想や経済学的着想は、市民革命＝内乱時代における自然研究者としてのかれの社会経済問題についての諸見解の到達点であると同時に、共和国時代以後におけるかれの社会科学的方法や理論の形成の出発点をなすものといわなければならない。すでに述べたように、一六五二年の秋にペティは共和国の派遣軍の軍医監としてアイァランドに渡航するのであるが、この一介の軍医は、後期重商主義が——現実政策としても学説としても——ようやく一般化しようとしていた一六四〇年代に、早くも産業資本の立場にたちえたほど進歩的な社会経済思想をもつ自然研究者であった。[32] そして、かれが共和国時代の大半をすごしたアイァランドにとっての最大の問題は、クロムウェルの空前の大収奪と、それにつづくイングランド共和国によるこの島国の近代的植民地化の問題であり、いっそう根本的には、本章の第一節で述べた土地所有の近代化の問題であった。しかもペティは、この大問題ととり組むことによって、自然体＝人体の解剖学者から政治体＝社会の解剖学者になるべき決定的な契機をつかむことになるのである。

(1) Petty, *Advice*., p. 3.
(2) Strauss, *Petty*., pp. 174, 206.
(3) Petty, *op. cit*., p. 19.
(4) *ibid*., p. 22.
(5) Marx, *Kapital*., I. Bd. S. 48. 邦訳書　第一分冊　一二八ページ。
(6) *ibid*., S. 51. 同書　一三一ページ。
(7) 「産業交易というものは、人間が自分の家や国が生産しうるより以上に多種多様な物品を必要とするばあいに生ずる。」(L・六一)
(8) この具体例としてペティはつぎのように述べている。「もし人間が草だけを食べ、しかも万人がその草の所有者であるならば、〔人間は〕大地そのものがなす以上になに一つその草に付加することはできない。しかし、もし産業交易が増進するならば、すなわち、もし人間があらゆる種類の草を無差別に食べずにそのなかの一つ(すなわち小麦)を選択し、(それを十分に獲得するために)従来かえりみなかった土地の耕作をおこなうとしよう。否それればかりではなく、収穫物の全部すなわち茎や葉や根までも食べてしまわずにその種子だけを食べ、しかも種子をそのまま食べずに粉にひき、粗粉を精粉とし、他の諸成分をまぜ、念をいれて調理したうえでこれを焼きあげ、最後にこまかく切って食べるとしよう。このばあい、大地の最初のもっとも単純な生産物のうえに累積される諸〻の操作や労働や技術が、土地の価値を減少させるということは明白である。換言すれば、〔こうなればなるほど〕土地がそれに投下される労働に対してもっている割合は、ただの小麦やまたは煮たりいったりしただけの小麦が人間の食欲を満足させていたときよりも、はるかにすくないものになるのである。」(L・六二)
(9) ランズダウンは「余剰利得」(superlucration)を「貯蓄または富の蓄積」と解釈している(L・六二注)。
(10) しかし、ペティの経歴について知られているかぎりの諸事実から判断するかぎり、この時期までのかれは重商主義の論者たちと交渉をもたなかったようである。

(11) 以上に述べたかれの見解は、王政復古後の諸著作において、ある意味ではかえって後退を示しているとさえいわなければならない。

(12) 一六四二年に出版されたホッブズの『市民論』(*De cive*. Paris, 1642) におけるホッブズの経済学的論述は、『リヴァイアサン』のそれよりもいっそう初歩的であるという。Плотников. Меркантилизм. стр. 64.　邦訳書　九六ページ。

(13) *cf.* Schenk, *Social justice.*, p. 138.

(14) Плотников, *op. cit.*, стр. 64.　邦訳書　九六ページ。

(15) Armstrong, ***Howe to reforme the realme.***, p. 115. なおアームストロングの生涯やこの著作の執筆年次の考証については Bindoff, *Clement Armstrong.*, pp. 64-73. を参照。

(16) Mun, *Discourse.*, pp. 49-50.　邦訳書　五三―五四ページ。Плотников, *op. cit.*, стр. 39, 41-42.　邦訳書　五四、五九ページ。

(17) Hill, *English revolution.* 2nd ed., p. 99.　邦訳書　一一六ページ。

(18) Плотников. *op. cit.*, стр. 41.　邦訳書　五九ページ。

(19) Chamberlen, *Advocate.*, Prayer dedicatory.　Zagorin, *Political thought.*, pp. 99-100.

(20) 本章第1節第二項参照。Schenk, *op., cit.*, p. 138.

(21) Chamberlen, *op. cit.*, p. 1.

(22) *ibid.*, Epistle dedicatory.

(23) *ibid.*, p. 21.

(24) *ibid.*, Epistle dedicatory.　Hill & Dell, *Good old cause.*, p. 421.　Schenk, *op. cit.*, p. 138.　チェインバリンが提案している銀行は十七世紀のイングランドにおける同種の諸提案の先駆の一つをなすものであった。Richards, *History of banking.*, p. 96. なお、チェインバリンは、十七世紀後半に「土地銀行」(land-bank) を提案したチェインバリン (H. Chamberlen, *fl.* 1720) の父である。

(25) Chamberlen, *op. cit.*, p. 12.

(26) *ibid.*, p. 13.

(27) *ibid.*, p. 1.

(28) *ibid.*, pp. 1, 14.

(29) 『自然誌』の編さんに関するベイコンの勧告は、十八世紀フランスの『百科全書』に結実した、と一般にいわれているが、ペティの『産業交易誌』はこの勧告の具体化の第一着手だというべきであろう。もっとも、十七世紀中葉のイングランドにおいてこれを企てたのはペティ一人ではなく、『産業交易誌』の編さんは、ベイコンの流れをくんだ人々のあいだでは共通的な計画の一部であった。イーヴリンもこれを企てた一人であったが、かれがそれに成功しなかった理由の一つは、「気まぐれな職人たちとたびたび語りあわなければならなかったのだが、それが私にはたえられなかった」からであるという。Clark, *Age of Newton.*, pp. 76–77.

(30) ミークは、「労働は価値の源泉だ」という十七世紀の着想は、たいていのばあい、資本制的経営形態は、分業をさらにいっそう発達させうるという事実のゆえに、それ以前の諸形態よりもより生産的だ、ということをいいかえたものにほかならないといい、この着想は、本来的にはマルクスの意味する資本制的マニュファクチュアの内部における分業の可能性の認識とむすびついている、といっている(この反面、十八世紀における同じ着想は、マニュファクチュアの内部における分業というよりも、むしろ社会的分業とむすびつくようになった、といっている)。そしてこのばあい、ペティについては、『政治算術』(一六九〇年)第一章の織布業における分業や、『政治算術別論』(*Another Essay in Political Arithmetick concerning the Growth of the City of London*, 1682. London, 1683)の時計製造業における分業が指摘されている。Meek, *Studies.*, pp. 37, 39. 邦訳書　三六、三八ページ。ミークのこのような見解はきわめて貴重であるが、ここに指摘されている「むすびつき」は、すでに一六四〇年代における『教育論』や『産業交易誌』等々において、ペティが「社会的分業一般をマニュファクチュア的分業の立場から」(Marx, *op. cit.*, S. 383. 邦訳書　第三分冊　六〇四ページ)考察する過程に「諸定義」(とりわけ「労働」・「熟練」・「技術」・「共通価格」)の形で規定されているといわなければならない。マルクスは右と同じ個所で、経済学は「マニュファクチュア時代に初めて独自の科学として成立する」といい、そこでは「同一分量の労働をもってより多くの商品を生産するための・したがって商品を低廉ならしめ資本蓄積を促進するための手段としての」「マニュファクチュア的分業」が考察された、といっている。ペティの『教育論』や『産業交易誌』等々は、技術的には明らかにこの見地にたつものであり、またそれらの窮極のねらいも「資本蓄積」――ペティのことばでいえば「余剰利得」

の促進にあったといってさしつかえなかろう。そして「諸定義」における上述の諸〻の概念規定は、「経済学が独自の科学として成立する」ためのもっとも端緒的な、それだけにきわめて貴重な一歩だといわなければならない。

(31)　Fitzmaurice, *Life*., p. 180.

(32)　ローゼンベルグはペティの生涯を述べるに当って、十七世紀におけるペティの出現は、「経済の研究の舞台にはじめて学者が登場」したことを意味するといっている。その意味は、ペティの時代までに経済の研究に従事した人々は、富商であろうと貿易会社の支配人であろうと、いずれも商品交換の領域に直接参加した人々であって、経済の研究はその本務ではなかったが、ペティは商品生産の領域に研究の重点をうつした最初の人であり、しかもベイコンの学徒の一人であった、ということである。Розенберг, Предисловие. стр. xiii. が、ペティもまた、その生涯をつうじて経済の研究だけを本務とした学者ではなかった。そして、ペティが経済の研究においてその重点を商品生産の領域にうつしえたのは、ローゼンベルグが指摘しているように、ベイコンの学徒であったからであって、いっそう具体的には、一六四〇年代にこの学徒の一人として商品生産の領域に直接参加した——換言すれば、ロンドンやオックスフォドにおける自然研究者のサークルに一人の発明家として参加し、商品生産についての技術的諸研究に従事したからであり、かれがこのような自然研究者であったからである。そして、ペティが商品生産の領域へ文字どおり直接に参加するのは、共和国時代のアイァランドでの活動をつうじてである。

第三章　市民革命＝共和国時代（一六四九―六〇年）

一六四九年一月のチャールズ一世の処刑と、それにつづく同年五月の共和国（Commonwealth）の成立から、護民官政治（Protectorate）の確立（一六五三年十二月）を経て、一六五八年九月のクロムウェルの死につづく共和国の崩壊＝王政復古（一六六〇年五月）までの十余年間は、イングランドでは内乱時代につづく共和国時代である。その反面、アイァランドにとってのこの十余年間は、一六四一年以来イングランドの内乱と複雑にからみあって進展してきた大反乱のクロムウェルによる鎮圧（一六四九―五二年）と、イングランド共和国によるアイァランドの収奪＝植民の時代、すなわち、一六五二年以降本格化し、イングランド共和国の崩壊とともに終結するところの、いわゆる"Cromwellian Settlement of Ireland"の時代である。市民革命の第三段階に相当するこの時代についてのわれわれの考察は、いちおうイングランドをはなれ、主としてアイァランドについておこなわれる。というのは、この時代のペティの活動舞台がこの島国を中心にしていたからというよりも、ロンドンにおけるグラントの諸活動をも考えあわせると、むしろこの島国におけるペティの諸活動そのものの社会的な意味が、本書の主題ときわめて重要な関連をもっているからである。

「近代史にその類例を見ないほど徹底した収奪」(1)といわれているクロムウェルの収奪＝植民は、一六四一年以降のアイァランドの大反乱の総決算を意味するばかりでなく、またイングランドの市民革命そのものを挫折させる重要な要因の一つになったばかりでもなく、その後の英・愛両国の歴史にとってもまた画期的な意味をもつ大事件であった。なぜかといえば、それにつづく一六六〇年の王政復古にともなう収奪(Restoration Settlement)と、名誉革命につづく収奪(Revolution Settlement または Williamite Confiscation)とによって完結するクロムウェルの収奪＝植民は、十八世紀以降、いわゆるアイァランドの3P(Peat, Potato, Poverty)によって象徴されるこの島国のイングランドへの植民地的隷属と窮乏化とを必然的にする歴史的な契機になったからである。名誉革命後に土地の収奪がやんだのは、「もはや収奪すべき土地がなくなったからであって、燃えるべきものがなくなったために自然に火が消えたのとまったく同じ理由による」(2)とさえいわれている。アイァランドが北アメリカの諸地域やインド等々とならんで、大英帝国の諸植民地のなかでのきわめて特異な一環になり、その繁栄の重要な基礎の一つとして運命づけられたのは、この共和国時代におけるクロムウェルの収奪＝植民をとおしてであるといわなければならない。

ペティは、一六五二年九月にクロムウェルのアイァランド派遣軍の軍医としてこの島国に渡航し、その後約七ヵ年間ここで活動したのであるが、すでに一言したように、この活動は軍医としてのそれというよりも、むしろ「土地測量家―下院議員」としてのそれであり、実質的にはクロムウェルの収奪＝植民のための基本政策に直結するものであった。そしてこの政策が志向していたところをつきつめていえば、イングランド共和国の強大な権力によるアイァランド人反徒の土地の大々的没収と、この没収地のイングランド人新教徒への分配とを根幹としつつ、この島国に近代的土地所有を創設し、この島国を近代的植民地にすることであった。ペティの全活動は、この政策を実施するための基礎的な諸事業、すなわち、(1)没収地の分配の前提としての、アイァランドのほとんど全島におよぶ土地の測量調査と、(2)没収地のイングランド人新教徒への分配と、(3)アイァランドの人口調査との三事業を主宰することにほかならなかったのである。

ところで、クロムウェルの収奪＝植民がその後の英・愛両国の歴史にとって画期的な意味をもったのと同じように、これらの事業を主宰したということは、ペティ自身にとってもきわめて重大な意味をもつことになった。というのは、そうすることによって、ペティはアイァランドにおける押しも押されもしない新興の大土地所有者になり、かれとこの島国との利害関係は物心両面において不可分にむすびつくようになったからである(滞在期間だけについて見ても、かれは、一六五二年以降一六八七年の死にいたるまでの三五ヵ年のうち、約二四ヵ年をこの島国ですごしている)。また、この結合をつうじて、かれは十八世紀以降におけるウィッグ党の名門ランズダウン侯爵家の始祖になったからである。それればかりではなく、われわれにとっていっそう重大なことは、これらの事業を担当するばあい、ペティは前章で述べたような学問的諸成果をふまえながら、とりわけベイコンの学徒の一人としての自覚のもとに、かれ自身の「実験という職業」を自然科学的問題領域から社会科学的なそれへ意識的に「拡大」したのであるが[3]、この拡大された実験こそ、幼年期資本主義社会の解剖学としてのペティの政治算術＝解剖の生成のもっとも重要な基盤をなしているという事実である。しかもこのことは、この時代におけるペティとグラントの学問的協働と、その所産としての王政復古直後における両者の諸成果とを内在的に検討すればいっそう明瞭になるのである。

本章において考察の中心になるのは、共和国時代のアイァランドでペティが主宰した上述の諸事業とそれらの意味なのであるが、それはクロムウェルの収奪＝植民そのものを多少ともたちいって考察することにほかならない。ところで、一六五二―五九年のクロムウェルの収奪＝植民を市民革命時代におけるアイァランド史の終幕だとすれば、一六四一年十月に勃発したアイァランドの大反乱はその序幕に相当する、といえよう。けれども、クロムウェルの収奪＝

植民というアイァランド史上おそらくは最大の不幸をもたらしたこの大反乱は、十五世紀末におけるテューダー王朝の成立以来、絶対主義イングランドによって採用されてきたアイァランド収奪政策の帰結であり、そしてこの政策は、さらに遠く十二世紀以来の封建イングランドによるアイァランド収奪政策にその源を発しているのである。(4) いいかえれば、市民革命＝共和国時代のアイァランドにおけるクロムウェルの収奪＝植民は、十二世紀以降五世紀にわたるアイァランド史——それはイングランドによるアイァランドの収奪史にほかならない(5)——のいわば総帰結を意味するといわなければならない。そこで、本章の叙述も、この収奪史の素描からはじまるのである。

(1) Butler, *Confiscation.*, p. 115.
(2) *Ibid.*, p. 1.
(3) Petty, *Reflections.*, p. 7.
(4) Dunlop, *Ireland under the Commonwealth.*, Vol. I, p. xxi.
(5) Butler, *op. cit.*, p. 1.

第一節　アイァランド収奪小史

一　封建イングランドによる収奪

アイァランドは、面積約八万四千平方キロ、わが国でいえば九州のほぼ二倍に相当する広さの島である。現在、この島は二つの国に分裂している。すなわち、エール(Eire)という共和国——英語名では“Ireland”または“Republic of Ireland"——と、連合王国の一環に組みこまれた北部アイァランド(Northern Ireland)とがそれであって、前者は東部のレンスタ地方(Leinster)一二県、南部のマンスタ地方(Munster)六県、西部のコンノート地方(Connacht)五県、および北部のアルスタ地方(Ulster)九県中の三県にまたがり、アルスタ地方の残余の六県を後者が占めているのである。全島に対する面積の割合は、前者が約八七%、後者が約一三%とみてよかろう。一九六一年におけるこの島の総人口(センサスの暫定数の合計)は、約四一八万で、その構成比率は、前者約六七%、後者約三三%となっている。ところで、一九二二年にイギリスの植民地たることをやめ、北部アイァランドを分離されたままその自治領として成立したアイァランド自由国(Irish Free State)は、一九三七年に主権を獲得して国名をエールと変えたが、それが完全な独立を達成したのは、やっと第二次世界大戦後の一九四九年のことである。そして、一九五五年に国連に加盟はしたけれども、北大西洋条約機構には加盟せず、いかなる外国の軍事基地をももたないアイァランドの真の独立は、この島が十二世紀にはじめてイングランドの侵略をこうむってから実に八世紀にわたるアイァランド人の苦闘の成果なのであるが、そのばあいですら、なおこの国の領土が全島におよびえなかったのも、もとはといえば十二世紀以来のイングランドの収奪、とりわけ十七世紀における収奪と植民に由来しているのである。

ところで、十二世紀にはじまる封建イングランドの収奪を素描するまえに、それ以前のアイァランドについて一言しておかなければならない(1)。

中世初期のアイァランドには、ヨーロッパの西北部で最古の伝統をもつというこの島の先住民を征服して、紀元前四世紀のなかばごろからここに定着したケルト人(Celts)、すなわちゲール人(Gaels; Irish Celts)の氏族制共同社会がいとなまれていた。ケルト人による征服は五世紀ごろに完了したといわれているが、この当時のゲールの社会における基本的な階層は、征服民であるゲールの家父長制家族(Fine)によって構成される氏族(Sept)の成員すなわち自由民と、被征服民である先住民の子孫すなわち不自由民とであって、氏族制共同社会は当時すでにある程度分解していたけれども、土地は原則として氏族によって共有されていた。そしてこれらの氏族は、血縁的地縁的に集まって種族(Clan)を形成し、その族長の相続は氏族民の選挙によるという最適者相続制(Tanistry)がおこなわれ、ゲールの社会は一般的慣習法としてのブリホン法(Brehon laws)によって律せられていたのである。ところで、数多くの種族は、広狭さまざまの地域にその政治的連合体としての小国(Tuath)を形成していた。そして、全島に八〇ないし一〇〇を数えた(2)というこれらの小国には、それぞれの首長としての王(Ri)が種族によって選出され、さらにそのうえには、いわば全島的な頭首としての大王(Ard-Ri)がえらばれたのであるが、王や大王の機能は、政治的支配者としてのそれというよりも、むしろ宗教上の儀式の主宰者としてのそれでしかなかったのである。

ところで、ケルト人による征服の完了と前後しつつ、聖パトリック(St. Patrick, 387?-461)によってクリスト教がこの島に導入され、ゲールの社会は、伝統的なドゥルイド教(Druidism)からクリスト教に改宗したのであるが、それにともなってローマの文化がここにとりいれられた。そしてこの島は、地理的な環境に幸いされながら、西ローマ帝国の崩壊後における聖者や学徒の避難所になり、また聖コロンバ(St. Columba, 521-97)の名とともに広く知られているように、ヨーロッパにおける宗教や学芸の中心になった。七、八世紀ごろのアイァランドは、「聖者の島(Insula Sanctorum)または聖なる島(Insula Sacra)とよばれ、サクスン(Saxon)時代のイングランド人は、アイァランド人からアルファベットを教えられた」ばかりではなく、「全ヨーロッパが、学問するためにアイァランドへ群がり集まった」という(3)。このようにして、八世紀末までのアイァランドは、とりわけ宗教・学芸・文化の分野においてその「黄金時代」を享受したのであるが、九世紀以降、この島はデーン人(Danes)およびスカンディナヴィア人(Norse-men)の侵入を断続的にこうむり、はげしい掠奪をうけたのである。けっきょく、この侵入は十一世紀初頭に撃退されたのであるが、約二世紀にわたった侵入は、一方ではこの島の農業・漁業および商業の発達と海港都市の建設とをうながすと同時に、他方では人種的混交をもたらし、族長の地位の世襲化、氏族制共同社会の分解、ひいては地域国家の形成をもうながしたのである。(4)

イングランドによるアイァランドの最初の侵略とそれにともなう収奪は、ゲールの社会がまさにこのような過程をたどっていたその時期に開始されたものにほかならない。それは一一六九年のことなのであるが、アイァランドは、その後十五世紀末まで、つまりテューダー王朝の成立までの約三世紀半、封建イングランドによる収奪を間断なくうけることになるのである。

この最初の侵略は、プランタジネット王朝(Plantagenets)初代の国王ヘンリ二世(在位一一五四―八九年)の治下におけるノルマン系貴族ストロングボウ(Strongbow, Richard de Clare, *d.* 1176)によっておこなわれた。そしてその動機は、ゲールの諸王の内紛への介入であり、またこの内紛は、前述のような地域国家の形成への過渡期のアイァランドにおける大王の地位をめぐるものであった。ストロングボウにつづいて、ヘンリ二世もまたみずからこの島に渡り、数年をでぬうちに全島の大半が武力によって征服されたのである。「アングロ・ノルマンによる最初の征服」といわれるヘンリ二世のこの侵略は、それにさきだつ一一五五年に、かれがローマ教皇アドリアン四世(Adrian IV)から委任されたという「一教会と一国王」、すなわちローマ教皇による英・愛両国の教会の改革＝統一と、イングランド国王によるアイァランドの領有とを意図するものであった。そしてこの意図は、一一七五年に締結されたウィンザ条約(Treaty of Windsor)にもとづく宗主権の確立によって、すくなくとも形式的には達成されたのである。

ところで、この当時のイングランドは、ノルマン・コンクェストからすでに約一世紀を経過しており、そこでは封建国家が着々と形成されていた。そして、アイァランドにおける宗主権を確立したヘンリ二世のアイァランド政策は、イングランドの封建制度をここに導入し、封建的支配を強力によってうちたてることであり、そのために、ゲールの法律や慣習はまったく無視され、征服された氏族の共有地はほとんど例外なしに収奪され、イングランドから渡来したノルマン系の貴族たちにあたえられ、かれらは領主になった。その反面、ゲールの氏族民は隷農化したのであって、かれらは「物件にすぎず、それ以上のなにものでもなかったのである。」(5)ところが、封建制度についてほとんどまったく無知なアイァランド人にとっては、個々の土地は氏族の共有財産であり、全島の土地はいわば全アイァランド人の世襲財産なのであって、それは他のいかなる者によっても領有されるべきものではなく、まして収奪されるべきものではなかった。(6)そこで、当然にもアイァランド人はこの政策に反抗し、その結果は果てしもない反乱となった。その反面、収奪と反乱がくりかえされる過程に、人種的混交によるイングランド人のゲール化もまた進行し、アングロ・アイリッシュ(Anglo-Irish)が生みだされ、世代とともにその範囲は拡大された。それゆえ、十四世紀初頭には、この島国の三分の二がイングランドの勢力圏内におかれたといわれているが、イングランド人が名実ともに優勢でありえたのは、「領内」(Pale)とよばれていたところの、ダブリン(Dublin)を中心とするレンスタ地方の比較的小範囲の治外法権的地域にすぎなかったのである。

それにもかかわらず、ヘンリ二世以後のアイァランドに、「二つの制度、すなわち〔イングランド流の〕封建制度と、〔ゲールの慣習としての〕ブリホン制度とが平行して存在するようになった」(7)ことはまぎれもない事実である。そして、前者の伸展をはかっていたイングランド本国政府や領内《ペイル》の出先官憲にとって、イングランド人領主たちのゲール化、つまりアングロ・アイリッシュの出現が好ましくなかったことはいうまでもない。そこで、このゲール化の防止策としてさまざまの措置が講じられたのであって、その頂点をなすものは一三六六年にレンスタ地方のキルケニ(Kilkenny)に召集された議会において制定された「キルケニ条例」(Statutes of Kilkenny)であり、その最大のねらいは、アイァランド人を徹底的に敵視しつつ、アングロ・アイリッシュを純粋のイングランド人の側にひきよせ、この両者をアイァランド人から截然と隔離することであった。(8) ところが、その後二世紀間有効であったこの条例は、その制定の当初から死文に等しいものであった。というのは、過去約二世紀にわたる英・愛両国人の人種的混交と、それを土台にした両者の経済的・社会的・文化的諸関係を一片の法令で切断することは本来不可能であったからである。なるほど、ゲール化したイングランド人は、イングランド人でもアイァランド人でもない「中間国民」(middle nation)とよばれ、純粋のイングランド人からは「堕落したイングランド人」(degenerated English)とさげすまれた。(9) けれども、この中間国民は、たとえばジェラルディーン家(Geraldiens)やバトラー家(Butlers)のように、すでに氏族制度の色彩の濃い封建領主になり、貴族に列し、ゲールの諸王と比肩するほどの有力者を擁していた。しかも、百年戦争とそれにつづくバラ戦争のあいだ、イングランドの諸王がアイァランドをかえりみるいとまがなかったうちに、中間国民の勢力はついにアイァランドの議会に滲透し、一四六〇年の議会は立法上イングランドからの独立を宣言するようになり、その後約半世紀間のアイァランドには、植民地的・貴族的な性格のものではあったにしても、「自治」(Home Rule)がうちたてられた。(10) けっきょく、キルケニ条例は、その目的を達しなかったばかりではなく、逆にアングロ・アイリッシュを「アイァランド人そのものよりもいっそうアイァランド的」なものにしてしまったといわなければならないのである。

これを要するに、ヘンリ二世以来の封建イングランドによるアイァランドの収奪は、キルケニ条例の推移が物語っているように、総じて失敗におわった。とはいえ、約三世紀半にわたったこの収奪が、全島を三種の人口とそれぞれに異なる社会関係によって特徴づけられる三種の地域とに分裂させたということもまた疑いない。すなわち、(1)純粋のイングランド人によって保有される領内《ペイル》(ここではイングランド流の封建制度が支配的であった)[1]と、(2)中間国民(アングロ・アイリッシュ)によって保有される地域(ここでは氏族制度の色彩の濃い封建制度が優勢であった)と、(3)依然として未征服のアイァランド人――当時のことばでいえば「はえぬきのアイァランド人」(mere Irish)――によって保有される地域(その面積は、十六世紀初頭には全島の約三分の二に達し、ここではブリホン法によって律せられるゲールの社会がいとなまれていた)との三者がそれである。そして、ゲールの族長たちのある者は、イングランドの収奪に対抗するためにも、みずから封建領主化への道を歩んだのであるが、これはいたるところで氏族民の抵抗にあい、その結果氏族間の私闘が誘発され、ゲールの社会の混乱がふかめられたのである。

ところで、アイァランドにアングロ・アイリッシュの「自治」がうちたてられてまもなく、イングランドではバラ戦争が終結し、絶対王政の基礎をかためつつテューダー王朝が登場した。これにともない、イングランドによるアイァランドの収奪は、新しい段階をむかえるのである。

(1) 以下、この項は、とくに断わらぬかぎり、主として Curtis, *History*., Chapts. I-X; Beckett, *Short history*., Chapt. I; Jackson, *Ireland*., pp. 1-25 によっている。
(2) Freeman, *Ireland*., p. 84.
(3) *Advertisements*., p. 1.

(4) "Ireland" という統一的な国名も、スカンディナヴィア人によってあたえられたものであるという。Green, *Irish nationality*, p. 76.

(5) Bonn, *Englische Kolonisation.*, I. Bd., S. 129.

(6) Prendergast, *Cromwellian settlement.*, p. 19.

(7) *Ibid.*, pp. 14-15.

(8) Curtis & McDowell, *Historical documents.*, pp. 52-59.

(9) ヘンリ二世の侵略は、それが「アングロ・ノルマンの侵入」とよばれていることからも知られるように、ノルマンや、ウェイルズ系ノルマンや、フランダーズ人やによってなされた。そして、ノルマンがイングランドを征服したばあい、人種的混交がおこなわれたのと同じように、かれらがアイァランドに侵入したばあいにはアングロ・アイリッシュという「中間国民」が生みだされたのであって、それが「堕落」だとされたのは、その後かれらの利害がイングランド人のそれと対立したからにほかならない。キルケニ条例は、英語の使用を規定しているが、ヘンリ二世時代にアイァランドを侵略したノルマンはフランス語を使用していたのであって、ほかならぬキルケニ条例そのものも、フランス語で書かれていたのである。また、この条例は、イングランド人やアングロ・アイリッシュによるアイァランドの氏姓の使用を禁じているが、この島国における氏姓もまた人種的混交の所産である。現在、アイァランドの氏姓が他のヨーロッパ諸国のそれとは比較にならぬほど種々雑多で、しかも外来のものがいちじるしく多いのは、ヘンリ二世以来のアイァランド史が侵略や収奪にともなう社会的混乱にみたされてきた結果である。MacLysaght, *Irish families.*, pp. 14, 142.

(10) Curtis & McDowell, *op. cit.*, pp. 72-76.

(11) 領内《ペイル》を中心とする「イングランド人の土地」では、不在領主の存在が大きな問題になった。というのは、そのために、これらの土地が隣接するアイァランド人やアングロ・アイリッシュの手に帰してしまう危険が多かったからである。この問題もまた、ヘンリ二世以来のものであって、その後歴代の諸王はその対策に苦しまなければならなかった。後代のアイァランドにおける不在地主の問題は、はやくもこの時代に芽ばえていたのである。Curtis, *op. cit.*, pp. 83, 111, 123. Curtis & McDowell, *op. cit.*, pp. 59-61.

二　絶対主義イングランドによる収奪

絶対主義イングランドによるアイァランドの収奪は、十五世紀末から約一世紀にわたるテューダー王朝の時代と、十七世紀前半における初期ステュアート王朝の時代とに分けて考えることができるであろう。そして、この約一世紀半の収奪における基本的な政策志向は、つねに絶対主義イングランドの一環としてのアイァランドの実現をその焦点としていたのであるが、その具体的な内容をごく大づかみにいえば、イングランド流の宗教改革を基調としつつ、土地収奪にはじまり、新教徒植民へ進んだ、と考えてさしつかえなかろう。

ヘンリ七世(在位一四八五―一五〇九年)がテューダー王朝初代の国王として「アイァランドのことを考えたとき、かれはそこがまだまったく未征服であることに気づいた」という(1)。しかもこの島国には、ヘンリ二世以来の「反徒」ばかりではなく、かれらよりもいっそう「アイァランド的な」アングロ・アイリッシュがすでにその「自治」をさえ獲得していたのである。バラ戦争をつうじて国内の封建貴族に大打撃をあたえ、強固な王権のもとに絶対主義＝中央集権的統一国家を形成しつつあったテューダー王朝にとって、この姉妹島における「反徒」や「自治」の存在が容認しがたいものであったことはいうまでもない。そこで、ヘンリ七世は、まず第一にこの「自治」の制圧に着手し、領内《ペィル》を中心としてイングランドの統治の実権を掌握していたアングロ・アイリッシュ系の副王キルデア伯(Earl of Kildare, G. Fitzgerald, *d.* 1513)をしりぞけてイングランド出身の忠誠なポイニングズ(Sir E. Poynings, 1459–1529)を総督に任命し、一四九四年には、アイァランド議会においていわゆるポイニングズ法(Poynings' Law)を制定させた。英・愛両国が合邦する直前の一七八三年まで有効であったこの法律は、"An Act that no Parliament be holden in this Land until the Acts be certified into England"という原名からも知られるように、アイァランド議会を完全にイングランド国王および枢密院に従属させ、その自主性を全部的にうばうものであった(2)。つづいてヘンリ八世(在位一五〇九―四七年)は、一五三四年に、アングロ・アイリッシュの最大の勢力であったジェラルディーン家の支柱をなすキルデア家を、奸計と武力とによって滅亡させ、その土地を没収したのである。ポイニングズ法の制定につづくキルデア家の没落は、アイァランドにおける「自治」を壊滅させたのであって、一五三四年はこの意味におけるアイァランド史の転機だといえよう。[3] しかも、まさにこの年のイングランドでは、「教皇なきカソリシズム」の確立の重要な基礎になった「国王至上法」(Act of Supremacy)が公布されたのである。

ところで、以上の新事態を基礎としてうちたてられたヘンリ八世の政策は、(1)イングランド本国と同一方向における宗教改革の実施、(2)イングランド出身の統治者(総督、等々)による直接統治の実現、(3)イングランド国王を総領主とする土地制度の確立、(4)イングランド流の風習・言語・文化の導入、の四点を骨子とし、これらをつうじてアイァランドを「第二のイングランド」にすることであった。[4] そしてこの目的は、武力にうったえることなく、国王自身がいうように、「ものやわらかな説得」(amiable persuasions)によって、いいかえれば、法律上の狡知や懐柔によって、達成されることになったのである。[5] 過去約三世紀半にわたっておこなわれてきた武力征服にくらべれば、いちじるしい変化だといわなければならない。[6]

アイァランドにおける宗教改革は、イングランドにおけるそれとほとんど同時に開始された。ところが、前項に述べたように正常な社会発展が阻止され、またルネッサンスの影響をわずかしかうけなかったこの島国には、統一的な国民意識の形成とか、カソリシズムに対する知的批判とかというような、総じてこの改革を必要にする社会的基盤がほとんどまったく欠如していた。[7] したがって、この島国は改革に対して「無準備」であり、それは「外来の運動」でしかなく、ヘンリ八世は、すくなくとも当初はそれに成功したとさえ思われたのである。[8] しかしながら、一五四一年、ヘンリ八世がアイァランド議会から「アイァランド国王」の称号をあたえられ、[9] カソリックの教義や儀式が国王の至上権によって制約されはじめるや否や、改革は広範なアイァランド人の憤激のまとになった。[10] というのは、前項で述べたように、たとえ名目的にもせよ、アイァランドはイングランド国王（ヘンリ二世）がローマ教皇（アドリアン四世）から「授与」された国であり、たとえウィンザ条約によって前者の宗主権が確立されたにしても、それは後者に対する前者の忠誠を前提としてのみ容認されるべきものなのであって、ローマから分離した前者の宗主権は、ここではもはや無意味なものでしかなかったからである。そこで、宗教改革を基調としつつ、「懐柔による征服」の根幹をなすべき土地政策が実施されることになるのである。

一般に「還付と再授与」（Surrender and Regrant）の名でよばれているこの土地政策は、ヘンリ八世を始点とし、初期ステュアート王朝のはじめまでほぼ一貫して採用されたのであるが、それがもっとも明確な形をとったのは、イリザベス女王（在位一五五八―一六〇三年）の治世においてである。[11] そしてその骨子は、アイァランドの王・族長または氏族民を「説得」し、かれらの土地をイングランドの王室にいったん「還付」させ、そのうえで、男子限嗣相続制にしたがい、⑴この土地を、あげて王または族長に「再授与」し、かれをその全域についての唯一の土地保有者にする反面、氏族民をその借地人にするか、または、⑵その土地を、王・族長をはじめとする氏族民の権利に比例させながら、かれらのおのおのに「再授与」し、かれらのすべてを土地保有者にするかのいずれかにすることにあったのである。[12] この政策は、「開明的」[13]であり、「革命的」[14]でさえあるといえよう。というのは、ヘンリ二世以来のアイァランドにおける土地制度の混乱の根本的な原因は、土地の法律上の所有（ウィンザ条約にもとづくイングランド王室による所有）と、その現実の占有（全島のすくなくとも八分の五の地域に存続していたゲール社会に固有な慣習にもとづく氏族による共有）との完全な分離にあったのであるが、[15] この政策が実施されれば、アイァランド人は、英法の保護のもとにおかれ、アングロ・アイリッシュと完全に平等になるばかりではなく、他のいかなる臣民ともまったく同様に、「自分自身の国で土地を保有できる」ことになるからである。(16) しかしながら、アイァランド人から見れば、この政策はゲールの社会の存立の基礎的な条件の破壊を意味するものであった。そればかりではなく、イングランド国王に対する封建的臣従義務は、とりわけ宗教改革後の事態のもとではとうてい考えられないことであった。したがって、「ものやわらかな説得」にもかかわらず、この政策もまた圧倒的な抵抗をうけ、反乱や氏族内の私闘を誘発し、総じて失敗におわったのである。(17)

土地政策のこのような破綻は、宗教改革の進展につれていっそう悪化された。というのは、それにともない、島内ではアイァランド人とアングロ・アイリッシュとの宗教上の結合がしだいに政治的な性質をおびる危険が生じると同時に、対外的には、アイァランド人がローマ教皇やヨーロッパきっての旧教国スペインの援助にすがるという、イングランドにとっては容易ならぬ事態が生じたからである。(18) そこで、土地＝宗教問題の改善に寄与しつつ、イングランドにとっての「鎧《よろい》のほころび」(19)をつくろい、この島国を「反徒や大陸の敵の陰謀の策源地」(20)たらしめぬための新政策が要請された。それが新教徒の植民(plantation)なのであって、「還付と再授与」に平行しつつ実施されたのである。

新教徒植民の必要性は、すでにエドワード六世(在位一五四七―五三年)の時代からみとめられていたのであるが、それがはじめておこなわれたのは旧教徒の女王メアリ(在位一五五三―五八年)の治下であり、またそれがいっそう活潑になったのはイリザベス女王の治世においてである。(21) この先駆的な近代植民が、一般的にはイングランド本国における原始的蓄積の進行にともなう過剰人口の放出、蓄積された商業資本の土地への投資および海外市場の獲得などの要請とむすびついていたことは疑いないが、(22) アイァランドのばあい、これに宗教上・政治上および軍事上の目的が加えられていたこともまた明らかである。(23) ところで、この植民は、王室からアイァランドの土地を授与された植民請負人(undertaker)によっておこなわれたのであって、その進行にともない、本国における中央集権化に照応しつつ植民地もまた郡県化され、旧教とともにゲールの社会を特徴づけていたいっさいの慣習や制度の根絶が企図されたのである。(24) ところで、植民請負人たち――かれらの多くは土地投資に熱意をもつ投機家(adventurers)であった――は、土地をもとめてこの島国へ群がって渡航した。そしてこのことは当然にも土着民の憎悪を刺激し、けっきょく植民は、植民請負人と土着民との「土地獲得闘争」になったのであるが、前者の個人的な資力で戦争を遂行することはとうてい不可能であった。そのうえ、社会状態がきわめて不安定な当時のアイァランドへ入植を希望する者も、けっして多くはなかった。このようにして、植民事業もまた総じて成功せず、かえって新たな反乱をひきおこしたのである。(25)

以上、アングロ・アイリッシュの「自治」の破壊にはじまり、「ものやわらかな説得」によって押し進められたテューダー王朝の収奪政策は、宗教＝土地政策から植民政策へと発展する過程に、かえっていっそう大規模な反乱と社会的混乱とをひきおこしたのであって、イリザベス女王の治世の後半におけるアイァランドは、文字どおり「謀反の島」と化したのである。そしてこの時期における最大級の反乱は、いずれもスペインの干渉のもとに戦われたところの、マンスタ地方におけるアングロ・アイリッシュ系の貴族デズモンド(Earl of Desmond)の反乱(一五六九―七三年、七九―八三年)と、アルスタ地方におけるゲールの貴族オニール(Earls of O'Neill)の反乱(一五九四―一六〇三年)であった。これらの反乱の徹底的な鎮圧、とりわけアルマダの撃滅につづくイリザベス女王の死の直後におけるオニールの反乱の全滅的な鎮圧は、この島国の広大な地域を荒廃させたが、同時にそれは、テューダー王朝によるアイァランドの武力征服の完結を意味したのである。(26)

テューダー王朝による収奪の総結果を要約するものとして、初期ステュアート王朝の開幕当時におけるこの島国の全住民を見わたすと、それは人種的宗教的相違や対立する利害関係によって、つぎの三群に大別できるであろう[27]。その第一群は、土着のアイァランド人であって、かれらはアルスタおよびコンノート両地方を中心としつつ全島に居住しており、つぎに述べる第二群の住民とともに、なお全島の大部分の土地を保有していた[28]。そして、「還付と再授与」が実施された諸地域では、かれらの圧倒的多数は「小自由保有農の大群となってこの国をこじきのように貧困化させ[29]」、さらに転落して、いっそうみじめな借地人になりつつあった[30]。その反面、この政策が実施されなかったはるかに広い地域では、ジェイムズ一世治下のアイァランド法務長官デイヴィーズ (Sir J. Davies, 1569–1626) が述べているように、ゲールの社会に固有な最適者相続制《タニストリ》や男子均分相続土地保有制《アイリッシュ・ギャーヴルカインド》などの慣習にもとづく土地の共有制がおこなわれ、ブリホン法が実施されていたのである[31]。そして、かれらは政治的独立こそ失ってはいたけれども、その宗教的信条においてはぬきがたい旧教徒であった。しかもカソリシズムは、十六世紀後半以降のアイァランドではすでに「反逆と同義語[32]」にさえなっていたのである。つぎに、第二群の住民は、旧イングランド人 (old English) であって、かれらは本来的にはアングロ・アイリッシュなのであるが、テューダー王朝後半以降の新入植者と区別してこのようによばれていた[33]。かれらは、レンスタおよびマンスタ両地方や主要都市に定住し、その宗教的信条においては主として旧教徒＝国教忌避者 (recusants) で、大陸の反宗教改革勢力と手をにぎっており、この点ではアイァランド人と一致していた[34]。しかし、その政治的立場においては、かれらはこの島国をイングランド王国の一構成要素と考えていたのであって、それというのも、テューダー王朝をつうじてかれらの政治的勢力が弱体化したからである[35]。それにもかかわらず、その経済的立場においては、レンスタおよびマンスタ両地方の比較的ゆたかな六県に最良の土地を保有し、内外の商業に優位を占めるなど、かれらはこの島国の富の大きな部分をなおその手に収めており、土着民の有力者とともにに、この時期の土地所有および商業階級の根幹を形成していたのである。[36] 最後に、第三群の住民は、テューダー王朝の主として後半以降から渡来したところの、「新イングランド人」としての入植者・植民請負人・官僚およびその従者である。かれらはレンスタ地方の領内《ペイル》を中心に定住し、そのなかにはすでにかなりの土地資産を獲得していた者もあった。そして、その宗教的信条においては、かれらは主として新教徒で、アイァランドにおける国教の背骨をなしており、またその政治的立場においては、総じてイングランド国王に忠誠であったのである。[37]

ところで、初期ステュアート王朝治下の約四〇年間、すなわち一六〇三年のジェイムズ一世の即位から一六四一年の大反乱勃発までの約四〇年間は、十七世紀アイァランド経済史における「建設期」[38]であって、その基礎はこの時期におけるイングランドの諸政策[39]によってもたらされた、といわれている。そこで、ここでは、この時期におけるイングランドの収奪を、諸政策の主軸としての植民政策について素描することにしよう。

初期ステュアート王朝の治下でしばしばおこなわれた植民が、テューダー王朝の後半期から開始された新教徒植民の発展として、アイァランドにおける前述の第三群の人々とその利益の拡大を意図していたことは疑いない。[40] いいかえれば、これらの植民は、「唯一の国王、唯一の忠誠および唯一の法〔普通法〕のもとにおけるアイァランドの完全な征服」[41]をその窮極の目的としつつ、なによりもまずこの島国の土地収入をいっそう有効にイングランドの王室へ吸収し、絶対王政の物質的基礎の強化に役だつべきものであったのである。これらの植民のうち、その規模と影響とにおいて最大のものは、ジェイムズ一世の治世の初期にゲールの伝統がもっとも根強く保持され、「最近の〔オニールの〕大反乱の巣窟」[42]と考えられていたアルスタ地方への植民(Plantation of Ulster)であった。そして、その直接の契機は、ほかならぬこの反乱の中心人物オニール(H. O'Neill, 1540?–1616)およびオドンネル(R. O'Donnell, 1575–1608)

をはじめとするアルスタ地方のゲールの貴族たちの国外逃亡(一六〇七年)——アイァランド史上の謎ともいわれている"The Flight of the Earls"——と、同じ地方におこったオドゥアティ(Sir C. O'Dogherty, 1587-1608)の小規模な反乱(一六〇八年)とであった。[43] これらの事件をきっかけにして「徹底した収奪」[44]がはじまり、ほとんどすべての氏族民の無権利状態を基礎としつつ、[45] アルスタ植民がおこなわれたのである。

この植民が実際に開始されたのは一六一〇年十一月からであるが、それにさきだち、アルスタ地方九県中の六県[46]の土地は、くりかえし測量調査され、[47] それにもとづいてくわしい植民計画がたてられた。この測量調査によると、アルスタ地方六県における良地(profitable land)の総面積は五〇三、四五八エィカであったが、[48] 植民計画は、これを三二の「地域」(precinct)に分割し、さらに各地域をそれぞれ一、〇〇〇エィカ、一、五〇〇エィカまたは二、〇〇〇エィカの面積をもつ総数二二一の「地区」(proportion)に細分し、これらの地域または地区を単位として、つぎの三種の人々にこれを分与することにした。すなわち、(1)イングランドおよびスコットランドの植民請負人、(2)同じく従者(servitor——テューダー王朝以来、アイァランドの軍事または民事について、イングランドの王室に奉仕した者)、(3)土着民、の三者がそれである。そして、植民請負人はイングランド人およびスコットランド人だけをその借地人として入植させることができ、従者はこれらのほかに土着民をも借地人として入植させることができたが、土着民は土着の借地人だけしか入植させることができないことになっていた。そのほか、これらの三者の権利義務は、それぞれ法規によってさだめられていたのである。[49]

このような計画のもとに実施された植民においてもっとも顕著な役割を演じたのは、植民請負人としてのロンドンの同業組合(livery company)である。まえに一言したように、商業資本の蓄積にともなう土地投資は、テューダー王朝後半期のアイァランド植民においてもすでに開始されていたのであるが、アルスタ植民のばあいには、それがこの同業組合の手によっていっそう活潑に、しかも組織的におこなわれるようになったのである。すなわち、これらの組合は、北アメリカへの農業植民のために「ヴァージニア会社」(Virginia Company)が設立された翌年（一六〇九年）、五四組合の参加をえて株式組織の「アイァランド協会」(The Irish Society)を設立し、これをつうじてその活動を展開した。(50)この協会がもっとも力をそそいだのは、アルスタ地方のなかでもデリ県への植民であって、そこでは土着民をほとんどまったく一掃するところの、純然たるブリテン人の排他的植民地の創設が企図されたのである。(51)

イングランド本国政府の眼から見れば、アルスタ植民は大成功であった。そこで一六一五年以降、基本的にはこれと同じ意図のもとに、ひきつづきレンスタ地方の諸県を中心とする植民がおこなわれた。(52)このようにして、チャールズ一世の親政が開始される直前までのアイァランドは、収奪と植民にあけくれたといっても過言ではなく、またそれが「平和的」におこなわれたのは、オニールの反乱の鎮圧につづくゲールの貴族の逃亡によって、アイァランド人の抵抗力がいちじるしい打撃をこうむっていたからにほかならない。

以上に述べたような植民の結果として、まず第一に考えられることは、この島国における土着民の保有地の絶対的減少であろう。その面積は正確には明らかでないけれども、全島の四分の一に相当する面積の土地がブリテン人の手に帰することになったといわれている。(53)その反面、息つくまもない収奪と植民にもかかわらず、アイァランド人は、一六四一年の大反乱の勃発直前になお全島の約五五％(54)に相当する面積の土地を保有していたといわれるが、それにしても、おびただしい数にのぼるアイァランド人がみずからの土地を追われたことはまぎれもない事実であって、このことは、当然にも全アイァランド人の深刻な憤激を買ったのである。(55)土地を追われた氏族民は、すでに前王朝の末期に「小自由保有農の大群」へ転落していたものとともにさらに没落し、外来者や同胞の借地人になるか、海外に移住するか、寄食者（cosher）・浮浪者・こじき・盗賊、等々になりさがるかのいずれかするほかなかったのであって、かれらの存在がその後の社会不安の一大原因になったことはいうまでもない。[56]

　第二の結果として、土地制度の変化はどうかといえば、アルスタ植民における植民請負人のばあいに明らかであるように（前出の注(49)参照）、これらの植民がゲール社会のそれとの比較においてはるかに近代化された土地制度を導入し、氏族民の共有地をいわば一挙に近代的な私有地に転化しようとしたこと、しかもこの転化が、前述の「アイァランド協会」の出現そのものが示しているように、前王朝以来蓄積された商業資本の土地投資によって主として推進されたことは明らかであろう。ところが、植民請負人や従者は、当初からブリテン人の新教徒（入植者）の不足になやまされた。[57]けっきょく、かれらは土着民の労働に依存せざるをえなくなり、その結果、一方ではブリテン人による不在地主制がしだいに顕著になると同時に、他方では入植者と土着民との分離政策が事実上放棄され、[58]土地を追われたはずの土着民が植民地にひきいれられ、かれらの定期賃借農や任意解約借地農または日雇農夫になった。[59]このことは土着民が完全に一掃されたはずのデリ県においてさえ事実なのであって、「アイァランド人がアイァランドに植民された」のである。[60]しかも、この事実のいっそう重大な結果は、ゲールの社会に固有な慣習の温存となってあらわれ、この世紀の初頭に禁止されたはずの男子均分相続土地保有制《アイリッシュ・ギャーヴルカインド》は、土着民とともになお存続し、総じてブリホン制度に由来する土地保有関係の固定化は、アルスタ地方を中心にして全島に普及していたのであって、これが後代のいわゆる「アルスタ慣行」の源流になるのである。[61]土地を追われた土着民が密集していたコンノート地方では、一六四一年になっても、氏族による土地の共有がなお歴然として存在していた、という。[62]

第三に、これらの植民は、宗教＝政治上の諸問題と関連しつつ、いっそう複雑で深刻な矛盾を生みだした。すでに述べたことからも知られるように、現実の植民事業で主役を演じた植民請負人は、本国においては総じて絶対主義の敵対者になっていた新興市民を主体とするピュリタンであり[63]、かれらの手をつうじて入植した者のなかにはスコットランドの長老派教徒が多数を占めていた[64]。したがって、初期ステュアート絶対主義は、みずからの敵対者をアイァランドに植民すると同時に、土着民との関係においては、徹頭徹尾カソリック的なかれらのなかへ熱烈なピュリタンのいく群かを投入することによって、事態をさらに悪化させたのである[65]。ところで、旧イングランド人はどうかといえば、植民の初期の段階においては、かれらは直接的な打撃をうけなかった。けれども、イングランド本国における国王対議会の軋轢の激化にともない、初期ステュアート絶対主義は、ますますアイァランドからの土地収入の増加を期待するようになり、その結果、かれらもまた、カソリックなるがゆえに収奪の危険にさらされるようになった。そこで、宗教上の共鳴と収奪に対する共通の危険とから、かれらと土着民とは、不安定なものではあったが政治的な同盟をむすぶようになったのである[66]。

このように、ジェイムズ一世の晩年からチャールズ一世の治世の初期にかけてのアイァランド社会はきわめて不安定になった。アイァランド人はもとより、旧イングランド人も入植者も、旧教徒であれ国教徒であれピュリタンであれ、「安全でありえた者はだれ一人としていなかった[67]。」そして、まさにこのような事態のなかで、イングランド本国ではチャールズ一世の親政が開始され、アイァランドではウェントワース (Sir T. Wentworth, Earl of Strafford, 1593–1641) がその総督としてむかえられたのである。

ウェントワースがきわめて有能な総督として活躍したのは一六三二年から四〇年までであるが、以上に述べたところから明らかであるように、この時期のアイァランドにおけるイングランドの絶対主義は、アイァランド人だけではなく、旧イングランド人や新入植者(植民請負人を主体とするブリテン人のピュリタン)をもその敵にしていたといわなければならない。それにもかかわらず、親政を開始したチャールズ一世にとっては、この島国の人的ならびに物的資源を活用することによって、イングランドの議会から独立しうるほどの収入をここからひきだすと同時に、アイァランドの旧教徒にある程度譲歩しつつこれを味方にひきいれ、イングランドの議会と一戦をまじえうるほどの軍隊をここで調達する必要に迫られていたのである。(68) 大監督ロード(W. Laud, 1573-1645)との緊密な連携のもとに、ウェントワースが実施した政策は、まさに国王のこの要請に答えるためのものにほかならない。かれの政策が、基本的には絶対主義イングランドのそれと異るものではなかったけれども、かれみずからもとくに「徹底政策」(Thorough)とよんだのは、その合目的的な「徹底」性のゆえである。(69)

かれは、まずアイァランドの議会および行政機構の改革を断行するとともに、司法機関を主軸とする既存の四機関――イングランドの星法院にかたどった城法院(Court of Castle Chamber)、後見裁判所、高等宗務裁判所および土地権原欠陥調査委員会(Commission for the Defective Titles)の四機関――を、絶対主義的圧制の道具だてとして系統的に再編整備し、それらの機能をいちじるしく強化した。(70) そして、アイァランド人、旧イングランド人およびピュリタンの別なく、宗教的政治的経済的圧迫を加えると同時に、かれらを相互に反目させたのである。(71) すなわちかれは、第一に、アイァランド人に対しては、土地権原欠陥調査委員会を活動させ、英法にてらして土地所有権の態様を調査すると同時に、まだ一度も植民されたことのないコンノート地方への植民を企図した。ゲールの慣習がなお温存されている地域において、近代的な土地所有権の「欠陥」を発見するのが容易であったことはいうまでもない。(72) コンノート地方の植民は、けっきょく実行されなかったけれども、植民の企図そのものは、上記の委員会の活動とともに、土着民をあるいは威嚇し、あるいは懐柔し、罰金その他の土地収入をあげるのに寄与したのである。(73) 第二に、強固な経済力をもっていた旧イングランド人に対しては、ジェイムズ一世時代以来の圧迫政策を押し進めるばかりではなく、(74) かれらの手中に握られていた毛織物の輸出を禁止してその経済力の減殺をはかり、イングランドに対するアイァランドの依存性を強化する反面、新たにリンネル業を奨励し、関税を増徴し、それらの収入を王室へ確保した。(75) 第三に、アルスタ地方を中心とするピュリタンの植民請負人や入植者に対しては、きびしい宗教的迫害を加えると同時に、事実上すでに死文と化してしまったような、ジェイムズ一世時代の植民に関する法規が厳正に実施されているかどうかを吟味し、その不履行に対して罰金等々の刑罰をもってのぞんだ。(76) 第四に、以上すべてをつうじて獲得された王室への収入によって、かれは主として旧教徒からなる軍隊をこの島国で徴募し、訓練した。一六三九年におけるその数は、歩兵二、〇〇〇、騎兵一、〇〇〇であったが、翌年には合計八、〇〇〇に増員される計画であった、という。(77)

「徹底政策」は、いうまでもなくアイァランドの全住民のはげしい憤激を買っていたけれども、その反面、ウェントワースの離間策もまた功を奏していたのであって、イングランドにおける絶対主義の権威がたもたれているかぎり、アイァランドもまたすくなくとも表面的には静穏でありえた。ところが、一六四〇年の八月、スコットランド人の蜂起とともにイングランドにおける国王の権威が急速に失墜しはじめると同時に、アイァランドにおける軍隊の徴募を直接の契機としつつ、ウェントワースが長期議会によって逮捕され、翌年五月に処刑されるや否や、アイァランドにおける憤激はついに爆発し、その年の十月以降における一一年間の大反乱になるのである。

以上を要するに、初期ステュアート王朝の治下約四〇年は、これを表面的に見るかぎり、上述のようにアイァランドにおける経済生活の「建設期」[78]として特徴づけることができよう。しかしながら、以上に素描したかぎりにおいても明らかであるように、この「建設期」こそ、実は過去約五世紀にわたってこの島国に累積された諸矛盾が急速に激化した時期であり、[79]しかもこの諸矛盾の激化こそ、この時期のイングランドの収奪政策によってもたらされ、イングランドにおける絶対主義末期の諸矛盾とからみあいながら、ついに一六四一年十月以降の大反乱においてその頂点に達したといわなければならない。さらにさかのぼって考えれば、アイァランドは、ヘンリ二世の侵略以来、封建イングランドにつづく絶対主義イングランドの収奪という外来の暴力によって、間断なく攪乱された国である。そして、アイァランド人にとっては、宗教的信条にささえられながら、ヘンリ二世の侵略以前のあの古いゲールの伝統へ固執することこそが、イングランドの収奪に対するもっとも有効な抵抗手段になっていたのであって、このことは、十二世紀以降のアイァランド史を強烈に特徴づける事実だといえよう。しかもその結果、この島国の内部における正常な社会発展はつねに阻止されてきたのであって、[80]イングランドと至近の距離にありながら、十七世紀中葉においてもなお氏族制共同社会の諸慣習が広く残存していたという点にあらわれているような、この島国の奇形的な後進性もまた、イングランドの収奪に由来するものにほかならないのである。

そうとすれば、一六四一年十月以降の大反乱と共和国時代におけるクロムウェルの収奪＝植民とは、この島国にどのような問題を提起し、またどのような変化をもたらしたのであろうか。これがつぎの問題でなければならない。

(1) Green, *Irish nationality*, p. 108.
(2) Curtis & McDowell, *Historical documents*., p. 83. Curtis, *History*., pp. 151–52.
(3) Beckett, *Short history*., pp. 38–39.
(4) Curtis, *op. cit*., p. 170.

（5） Dunlop, *Ireland under the Commonwealth.*, Vol. I, p. xxv. Butler, *Gleanings.*, pp. 208–09.

（6） この変化の原因としては、財政上の理由があげられるのがふつうであるが、それとならんで、ヘンリ八世自身がケルト人の血統をひいていたということも指摘されている。Curtis, *op. cit.*, p. 167. Beckett, *op. cit.*, p. 46. Butler, *op. cit.*, p. 209.

（7） Beckett, *op. cit.*, p. 49. Bonn, *Englische Kolonisation.*, I. Bd., S. 190. Maxwell, *Stranger in Ireland.*, p. 14.

（8） Beckett, *op. cit.*, pp. 49–50.

（9） この時期以降十七世紀中葉まで、アイァランド総督の地位はイングランド出身の貴族によって占められることになり、こうしてイングランドの直接統治がはじまったのである。Curtis, *op. cit.*, p. 167.

（10） Beckett, *op. cit.*, pp. 50–51.

（11） *Ibid.*, p. 47. Curtis, *op. cit.*, p. 161. Black, *Reign of Elizabeth.*, p. 472. Butler, *op. cit.*, pp. 208–09, 218. O'Brien, *Economic history.*, p. 16.

（12） Butler, *op. cit.*, pp. 208–09, 218–19. O'Brien, *op. cit.*, p. 16. 土地を「再授与」された王や族長の有力者には、貴族の称号があたえられ、かれらの子弟はイングランドの宮廷で教育され、イングランド流の風習・言語・文化の導入がはかられた。Beckett, *op. cit.*, p. 46. Curtis, *op. cit.*, p. 172.

（13） Beckett, *op. cit.*, p. 48.

（14） Butler, *op. cit.*, p. 209. Butler, *Confiscation.*, pp. 7–10.

（15） Butler, *Gleanings.*, p. 197.

（16） *Ibid.*, p. 209.

（17） Curtis, *op. cit.*, pp. 178–79. Beckett, *op. cit.*, p. 48. 「還付と再授与」は、個々の氏族の実情に応じてさまざまに実施されたが、上記の(1)の方式が採用されたばあいには、族長の封建領主化は氏族民の反抗にあい、多くの族長は土地制度を変更しえず、その結果、かれらは王室に対する反逆者として処刑された。また、(2)の方式が採用されたばあいには、事実上、族長や少数の有力な氏族民だけが土地を保有するという結果になった。けっきょく、いずれのばあいにも、反乱や氏族内の私闘が誘発された。当時のアイァランドにおける「あらゆる首長(Lord)は、イングランド人であれ、アングロ・アイリッシュであれ、アイァランド人であれ、(a)イングランド型の、地代に飢えた地主になるか、それとも、(b)大逆のかどで土地を没収されたり、「反徒」として絞首刑や流刑に処せられたり、あるいは刺客の手にゆだねられたりするか、その二者択一を迫られていた」といっても過言ではなかろう。Butler, *Gleanings.*, pp. 220–21, 225. Jackson, *Ireland.*, p. 29. O'Brien, *op. cit.*, pp. 17, 20.

(18) Beckett, *op. cit.*, pp. 53–54. Curtis, *op. cit.*, p. 184. Bonn, *op. cit.*, S. 192.

(19) Dunlop, *op. cit.*, p. xxi.

(20) Beckett, *op. cit.*, p. 54.

(21) *Ibid.*, p. 59. Curtis, *op. cit.*, p. 174. Bonn, *op. cit.*, S. 271. Scott, *Joint-stock companies.*, Vol. II, p. 338. メアリ女王の治下におこなわれた最初の植民は、この島の中心部というべきレンスタ地方の二県——リーシュ(Leix)およびオッファリ(Offaly)——についてであって、それと同時に、これらの二県は女王とその夫フィリップ二世を記念してそれぞれ「女王県」(Queen's County)および「国王県」(King's County)と改称された。

(22) Beckett, *op. cit.*, p. 59. Bonn, *op. cit.*, S. 271. Maxwell, *op. cit.*, p. 14. Williamson, *British expansion.*, pp. 125–26.

(23) Bonn, *op. cit.*, S. 270. この傾向は十七世紀になってさらに一段と強化された。

(24) Curtis, *op. cit.*, p. 200. Beckett, *op. cit.*, pp. 60–61. Bonn, *op. cit.*, SS. 265–71.

(25) Curtis, *op. cit.*, p. 200. Beckett, *op. cit.*, pp. 60–61. Prendergast, *Cromwellian settlement.*, pp. 38–39. Bonn, *op. cit.*, S. 174. Butler, *Confiscation.*, pp. 29–30. 十六世紀末までにこの島国に定着しえたのは、わずか一三人の植民請負人と二四五世帯のイングランド人にすぎなかったという。とはいえ、この植民をつうじて、とりわけマンスタ地方にイングランド的な要素が導入されたことは疑いない。ローリ(Sir W. Raleigh, 1552?–1618)やスペンサー(E. Spenser, 1552?–99)やボイル(R. Boyle, 1566–1643)がかれらの地歩をきずいたのも、この植民やそれにつづく反乱をつうじてである。Maxwell, *op. cit.*, pp. 14–15, 24–25. Freeman, *Ireland.*, pp. 95–96.

(26) Beckett, *op. cit.*, pp. 67–68. Curtis, *op. cit.*, pp. 219–20. テューダー王朝を通観すると、全アイァランドを三分する地域は、三つの戦争をつうじて征服されたといえよう。すなわち、(1) 領内《ペイル》は、ヘンリ八世によるキルデア家の打倒によって、(2) アングロ・アイリッシュの地域は、デズモンドの反乱の鎮圧によって、(3) ゲールの地域は、オニールの反乱の鎮圧によって、である。Bonn, *op. cit.*, S. 183. テューダー王朝末期におけるこの島国の荒廃がいかにはなはだしかったかについては、O'Brien, *op. cit.*, pp. 2–6; Green, *op. cit.*, pp. 131–34; Jackson, *op. cit.*, pp. 30–31 を参照されたい。

(27) Beckett, *op. cit.*, p. 70. Black, *op. cit.*, pp. 463–64.

(28) O'Brien, *op. cit.*, p. 20. デイヴィーズは、この時期のイングランド国王の権威がおよばない地域を、仮定的にではあるが全島の「三分の二」としている。Davies, *Discovery.*, pp. 6–7.

(29) Butler, *Gleanings.*, p. 219. O'Brien, *op. cit.*, p. 20. これは当時の通念であったという。

(30) O'Brien, *op. cit.*, p. 20.

(31) Davies, *op cit.*, pp. 167–73. O'Brien, *op. cit.*, pp. 20–21.

(32) Beckett, *op. cit.*, p. 58. この地域の土着民の生活は、ノルマン・コンクェスト以前の状態に等しいといってよいほど後進的であったという。Taylor, *Geography.*, p. 43. Maxwell, *op. cit.*, p. 17. 一五九二年に、イリザベス女王の勅許をえてダブリン大学(Trinity College, Dublin)が創設されたが、実質的には、それは新教、とりわけピュリタニズムの立場にたつものであった。Curtis, *op. cit.*, pp. 225–26.

(33) Beckett, *op. cit.*, p. 53.

(34) *Ibid.*, pp. 70, 74. Kearney, *Strafford.*, p. 17.

(35) Kearney, *op. cit.*, pp. 15–17.

(36) *Ibid.*, p. 17. Beckett, *op. cit.*, p. 70.

(37) Beckett, *op. cit.*, p. 70.

(38) O'Brien, *op. cit.*, pp. 6, 8. この著者によれば、これにつづく一六四一—六〇年は「破壊期」、一六六〇—八九年は「再建期」、一六八九—一七〇〇年は「再破壊期」である。

(39) *Ibid.*, p. 8.

(40) Beckett, *op. cit.*, p. 70.

(41) Davies, *op. cit.*, p. 121.

(42) *Ibid.*, p. 280.

(43) 一六〇四年の大赦令(Act of Oblivion)によって、オニールやオドンネルをはじめとする反乱加担者はすべてその罪をゆるされた。そして、一六〇五年のイングランドの裁判所の判決は、ゲールの社会に固有な慣習——最適者相続制《タニストリ》、男子均分相続《アイリッシュ・ギャヴルカインド》土地保有制を主軸とするブリホン制度——を英法にもとるものとして永久に廃止したけれども(O'Brien, *op. cit.*, pp. 21–22)、かれらはアルスタ地方に土地を授与されて英法にもとづく地主になり、前者はティローン伯(Earl of Tyrone)、後者はタイァコンネル伯(Earl of Tyrconnel)として貴族に列せられた。
ところが、一六〇七年、かれら両人は、一〇〇人にちかいゲールの貴族や従者をひきつれて、ひそかにアイァランドから逃亡し、大陸(ローマ)へおもむいた。その理由は語られず、のこされた証拠もないので、この事件は謎といわれているが、一般に推測されているところによれば、新王朝の治下におけるその地位をいさぎよしとせず、しかもそれさえ早晩維持しがたいものになることを予見したのがその原因だといわれている。ティローン伯は、ローマで、「イングランドの牢獄で富むよりも、ここでまずしくしているほうがましだ」(Bagwell, *Ireland.*, Vol. I, p. 41)と語ったという。

オドゥアティの反乱は、アルスタ地方西北部の大半島イニシュオーウェン(Inishowen)一帯のゲールの族長であったオドゥアティが、イングランドの官憲からうけた侮辱に抗して一六〇八年にひきおこした反乱で、ただちに鎮定され、オドゥアティは殺された。この反乱は、初期ステュアート王朝の治世四〇年間におけるおそらくは唯一の反乱であろう。

以上の二つの事件(とりわけ前者)の結果、伝説的には紀元前十四世紀以来存続してきたというゲールの貴族政治(Milesian aristocracy)はその悲劇的な幕をとじると同時に、アルスタ植民への道が切りひらかれたのであるから、アイァランド史におよぼしたその影響は、真に致命的だといわなければならない。Curtis, *op. cit.*, pp. 226–28. Butler, *Confiscation.*, p. 38.

(44) Butler, *Confiscation.*, p. 38.

(45) *Ibid.*, p. 42. オドゥアティはもちろん、海外に逃亡した大貴族たちは、大逆罪を犯したものと認定され、かれらの土地はすべて没収された。そればかりではなく、一六〇四年の大赦令はまったく無視され、イリザベス女王の治下における反乱加担者の土地もすべて没収され、ゲールの慣習にもとづく土地保有は、すべて無断占有であり、したがって無効とされた。このように徹底した収奪において最大の役割を果したのはデイヴィーズであり、かれの「理論」であった。*Ibid.*, pp. 41–42. Butler, *Gleanings.*, p. 243. Bonn, *op. cit.*, SS. 314–16. O'Brien, *op. cit.*, pp. 21–22.

(46) ドニゴール、ティローン、デリ、アーマー、キャヴァン、ファーメナ(Donegal, Tyrone, Derry, Armagh, Cavan, Fermanagh)の六県。他の三県のうち、エントリム、ダウン(Antrim, Down)の二県はジェイムズ一世の即位直後にスコットランド出身の寵臣や投機家に授与されていたし、また他の一県モナハン(Monaghan)はイリザベス女王の治世のおわりごろ(一五九一年)にアイァランドの族長に「再授与」されていたので、いずれもアルスタ植民からは除外された。Curtis, *op. cit.*, pp. 209, 230–31.

(47) Bagwell, *op. cit.*, pp. 74–75, 84–86.

(48) Bonn, *op. cit.*, S. 324.

(49) これらの三種の人々のうち、もっとも有力で、圧倒的な面積の土地を分与された植民請負人の権利義務を例にとれば、たとえば一、〇〇〇エィカの地区を割当てられたばあい、かれらは、三〇〇エィカの直轄地を保有し、そこに荘園を創設し、荘園裁判所を開設し、サーキッジ(socage)を設定する等々の権利をえた。その反面、かれらは、右の一、〇〇〇エィカにつき、年額五ポンド六シリング八ペンス——従者のばあいも同額(ただし、土着民を借地人にするばあいは年額八ポンド)であるが、土着民のばあいは年額一〇ポンド一三シリング四ペンス——を地代(head-rent)として王室に納入するほか、むこう三年間に、残余の七〇〇エィカの土地にそれぞれ一二〇エィカずつを保有する永代借地農(fee-farmer)を二家族と、それぞれ一〇〇エィカを保有する定期賃借農(lease holder)を三家族入植させ、さらに残余の一六〇エィカには、四家族以上の農夫・工匠または日雇農夫(husbandman, artificer or cottager)を入植させる義務を負った。そればかりではなく、かれらは、国王至上権に対する宣誓の義務はもちろん、塁壁をめぐらした石造の家を建て、つねに武器を整備する義務をも負ったのである。Curtis & McDowell, *op. cit.*, pp. 128

-33. Bonn, *op. cit.*, SS. 323-33. Curtis, *op. cit.*, pp. 228-29.

(50) Scott, *op. cit.*, pp. 338-43. この協会のくわしい名称は "The Society of the Governor and Assistants of London, of the New Plantation in Ulster within the Realm of Ireland" である。

(51) Butler, *Confiscation.*, pp. 46-47. Bonn, *op. cit.*, SS. 328-30. デリがロンドン市を記念してロンドンデリ(Londonderry)と改称されたのも、この時期におけるこの協会の活動をとおしてである。

(52) Bagwell, *op. cit.*, pp. 152-67. Bonn, *op. cit.*, SS. 353-57. Butler, *Confiscation.*, pp. 55-96. O'Brien, *op. cit.*, pp. 23-25. 土着民や旧イングランド人のとりあつかいかたは、これらの植民のおのおのによって区々であった。

(53) Bonn, *op. cit.*, S. 374.

(54) O'Brien, *op. cit.*, p. 26. ペティは、『アイァランドの政治的解剖』のなかで、この比率を六九%としているが(H・一三五、邦三三一―三四)、これはいわば耕作適地だけについて計算されたものである。一六八九年に出版された匿名の一著作も、これとほぼ同じ比率(六七%)を示しているが、これはペティの計算を基礎としたものであろう。*The state of the papist and protestant proprieties.*, pp. 8-9. 以上の比率は、いずれも「アイァランド人」すなわち「旧教徒」として計算されたものである。なお、本章第六節の第一表とその説明を参照。

(55) Dunlop, *op. cit.*, p. lxxiv.

(56) O'Brien, *op. cit.*, pp. 25-26. *Advertisements.*, p. 44. Beckett, *op. cit.*, p. 72. Bonn, *op. cit.*, SS. 350-53, 389.

(57) Beckett, *op. cit.*, pp. 71-72. Jackson, *op. cit.*, p. 34.

(58) 入植者と土着民との分離に関する法規は、はやくも一六一二年に死文になってしまった。Curtis, *op. cit.*, pp. 231-32.

(59) Bagwell, *op. cit.*, p. 87. Butler, *Confiscation.*, p. 47. O'Brien, *op. cit.*, pp. 26-27. Curtis, *op. cit.*, p. 233.

(60) Butler, *Confiscation.*, p. 47. O'Brien, *op. cit.*, p. 27.

(61) *Advertisements.*, pp. 18-19. Bagwell, *op. cit.*, p. 163. O'Brien, *op. cit.*, pp. 28-29. Bonn, *op. cit.*, S. 387.

(62) Butler, *Gleanings.*, p. 230. O'Brien, *op. cit.*, p. 28.

(63) Davies, *Early Stuarts.*, pp. 107-08.

(64) Curtis, *op. cit.*, pp. 230-31, 232. Beckett, *op. cit.*, p. 79.

(65) Dunlop, *op. cit.*, p. lxxiv.

(66) *Ibid.*, p. lxxvii. Beckett, *op. cit.*, pp. 74-75.

(67) Beckett, *op. cit.*, p. 75.

(68) *Ibid.*, p. 77. Curtis, *op. cit.*, p. 239. Jackson, *op. cit.*, pp. 36–37.
(69) Beckett, *op. cit.*, p. 77.
(70) *Ibid.*, p. 78. Curtis, *op. cit.*, pp. 239–40. Kearney, *op. cit.*, Chapt. VIII.
(71) Dunlop, *op. cit.*, p. cvii.
(72) 「違反者」からは容赦なく罰金が徴収され、これを摘発するために法的詭弁を弄することを拒否する裁判官は政府から脅迫された。Butler, *Confiscation.*, pp. 104–05.
(73) *Ibid.*, pp. 97–107. Kearney, *op. cit.*, pp. 81–84, Chapt. IX. Bonn, *op. cit.*, SS. 360–63.
(74) Kearney, *op. cit.*, pp. 17–20.
(75) *Ibid.*, p. 137. O'Brien, *op. cit.*, pp. 68–80. かれによるリンネル業の奨励は、実は、リンネル組合の独占権の販売収入の獲得を目的とするものにすぎなかったといわれている。Jackson, *op. cit.*, p. 38.
(76) Kearney, *op. cit.*, pp. 116–17, 218, 220. Curtis, *op. cit.*, pp. 240–41. ウェントワースは、アイァランド人よりもピュリタンのほうが王室にとっての強敵だと考えていたのである。Curtis, *op. cit.*, p. 239.
(77) Kearney, *op. cit.*, pp. 187–88.
(78) 前出の注(38)参照。この特徴づけは、表面的に見るかぎり、社会生活の全面についても妥当するであろう。一六四〇年四月、ウェントワースがアイァランドを去るとき、かれはアイァランド人が「最大限に満足している」ことを確言したという。Beckett, *op. cit.*, p. 78.
(79) プレンダガスト(J. P. Prendergast, 1808–93)は、この四〇年間を、アイァランド人にとっての「最大の不幸」と「絶望的な平和」の時期として特徴づけている。Prendergast, *op. cit.*, pp. 49–50.
(80) 矢内原忠雄『アイルランド問題の沿革』二四九―五〇ページ。

第二節　大反乱（一六四一—五二年）

一　アルスタ暴動と「募金法」（一六四二年）

アイァランドの大反乱は、一六四一年十月にアルスタ地方でおこったアイァランド人の反英暴動をその直接の契機としている。その年の五月におこなわれたウェントワース（ストラッフォド伯）の処刑は、この島国における複雑な対立関係をいわばその本来の姿においてあらわなものにした、といえよう。そして、この対立関係の主軸をなすものが、土地＝宗教をめぐっての旧教アイァランドと新教《ピュリタン》イングランドとのそれだということは、アルスタ暴動の中心的な志向がこの地方における主としてジェイムズ一世時代以降のブリテン人の植民地の奪還にあったという事実によって端的に示されている、といってさしつかえない。いいかえれば、前節で素描したかぎりにおいても明らかであるように、初期ステュアート王朝の登場以来、アイァランド問題の解決策として終始一貫して採用されてきた収奪と植民は、表面的には「平和的」におこなわれはしたけれども、実は、民族的にも宗教的にも政治経済的にも不倶戴天の敵対関係が、旧教アイァランド対新教《ピュリタン》イングランドを主軸としつつ創出されていたのであって、この両者は早晩衝突すべき運命におかれていた、といわなければならない[1]。つまり、この衝突は、絶対主義イングランドの収奪政策の「論理的な帰結」にほかならず[2]、アルスタ暴動がイングランド本国における市民革命の進展とからみあって全島的な空前の大反乱に拡大したのもそのためなのである。

ところで、アルスタ暴動そのものの本来的な企図は、地方的なものではなく、全島的なものであった。すなわち、この暴動は、とりわけステュアート王朝の登場以来、不当な収奪の犠牲になっていたアイァランド人の族長たちが、氏族民をひきい、また海外（主としてスペインおよびオーストリア）にいる同胞や、ローマ教皇ならびにフランスの宰相リシュリューと呼応しつつ企図したところの、収奪地（植民地）奪還のための全島的な暴動であった。(3) つまり、かれらは、一方ではウェントワースの処刑にともなうイングランドの絶対主義的支配の弱体化を機とし、他方では長期議会における市民階級の勢力の優位から当然予想されるいっそう苛酷な収奪に対抗するために(4)これを企図したのであるが、十月二十三日という約束された全島的な蜂起の日の直前にそれが裏切られた結果、アルスタ暴動という地方的なものになったのである。(5)

このように、アルスタ暴動は、地方的なものではあったけれども、この地方の全域におよび、一時的にもせよ、ブリテン人の植民地を消滅させた。そしてこの過程に、数千のブリテン人が戦闘や飢餓その他のためにたおれたのである。(6) ところが、この事件は、アイァランド人によるイングランド人新教徒の「大虐殺」として、いちじるしく誇張されながらイングランド本国に報道された。たとえば、この当時にはチャールズ一世の側近で、アイァランドの記録長官をしていたテンプル（Sir J. Temple, 1600–77）は、一六四六年に公刊した著書のなかでつぎのように述べている。すなわち、「反乱勃発から一六四三年九月十五日の停戦(7)までの二ヵ年たらずのあいだに、三〇万人以上のブリテン人つまり新教徒がむごたらしくも冷然と殺害されたり、他の方法で一命をうばわれたり、その居住地から放逐されたりした。これは、アイァランドに入植したイングランド人の数を熟知している人のもっとも厳密な推測や計算によるものであって、なおこのほかに、少数の者が戦時の激闘のためにたおれた(8)」と。そして、アイァランド人が「アイァランド在住のブリテン人つまり新教徒をなんらかの方法によって絶滅しようと決意していることは、疑う余地なき真実である」(9)と。このような、いわゆる「アイァランド人による大虐殺」(Irish massacre)がイングランド本国の世論を恐怖させ、憤激させたことはいうまでもない。しかしながら、このように大規模な「虐殺」が実際におこなわれたわけではない(10)。それにもかかわらず、このような風説がまことしやかにイングランドで流布されたのは、とりわけ議会側が、これを口実に、一方ではチャールズ一世と旧教アイァランドとの結合を阻止し、他方ではいっそう大規模な収奪を企図していたからである(11)。いいかえれば、後述するように、クロムウェルは「旧教徒アイァランド人による新教徒イングランド人の大虐殺」に対する復讐として徹底した収奪と植民をおこなうのであるが、「大虐殺がおこなわれたから、〔その後〕アイァランドの土地が収奪されたのだ、というしばしばくりかえされる主張は誤りである。大虐殺というよりもむしろ大虐殺説が事態を悪化させたことは疑いないにしても、土地収奪はすでにずっと以前からの既定の結論」(12)なのであって、このことは前節で素描した収奪史にてらして明らかであるばかりでなく、この後の経過をたどればいっそう明瞭になるであろう。そして、このばあいきわめて重要なことは、この時期以降の収奪が、イングランドの議会(下院)によっておこなわれるようになった、という点である。このような収奪の主体の交替は、一夜にしておこなわれたのではもとよりなく、この交替の過程が市民革命そのものの発展の過程であることはいうまでもない。そして、その具体的な第一歩を示すものこそ、つぎに述べる「アイァランドの売却」(13)(the Sale of Ireland)にほかならないのである。

一六四一年十月二十三日のアルスタ暴動についての報道がはじめてイングランドの長期議会にとどいたのは、約一〇日後の十一月一日である(14)。その翌日、議会派の指導者ピムの示唆にもとづき、アイァランド問題に関する両院の合同委員会が組織されたのであるが、これがこの種の団体としては最初のものであって[15]、「その第一の目的は、ロンドン市に五〇、〇〇〇ポンドの借款を手配する[16]」ことであり、「ロンドンの貨幣とスコットランドの軍隊とをたくみにまぜあわせ、〔アイァランドの〕反徒に強力な第一撃をあたえる[17]」ことであった。そして、この年の十一月二十二日の「大諫奏」につづく翌年一月四日のいわゆる「五人議員の弾劾」を契機に、長期議会内の軋轢がますます激化し、それが武力衝突の寸前に達した二月十一日には、一団のロンドン商人によって、アイァランドの反乱の鎮定策が下院に提出された[18]。すなわち、「もし反徒の土地資産のなかから妥当と考えられるほどの賠償がえられるならば、この反乱を鎮定するための軍隊を徴募する用意がある。そのばあい、もし二五〇万エィカの没収地が抵当にされるならば、一〇〇万ポンドの軍資金の調達は容易であろう」というのがその骨子である[19]。この提案は即刻受理されたばかりではなく、若干おもむきをかえて立法化されたのであって、一六四二年三月十九日づけで制定されたところの、「チャールズ一世治世第一七年法律第三四号[20]」、すなわち、「陛下のアイァランド王国における反徒の迅速かつ有効な鎮圧のための法律」(An Act for the speedy and effectual reducing of the Rebels in his Majesties Kingdom of Ireland, to their due obedience to his Majesty and the Crown of England) というのがこれである[21]。以下、この法律を一般の略称にしたがって「募金法」(一六四二年) (Act of Subscription, 1642) と略記することにする。(この法律は、その制定の主体にかかわらせて、一般に「投機者の法律」(Act of Adventurers) ともよばれている。)

この法律の眼目は、ペティによれば、「1 反乱鎮定後に払いもどすという投機手段 (by way of adventure) にうったえ、そのための資金を前貸しする人を募集すること、2 反乱鎮定のための戦争の処理を議会に委任すること、3 議会の権威によらぬかぎり、いっさいの土地没収をみとめぬこと」(L・一八) にあったという。いいかえれば、イングランドの議会がいっさいの権力を掌握しつつアイァランドの反乱を鎮定し、そのための軍資金の応募者に対しては、反乱鎮定後に、反徒からの没収地をもって返済する、というのである。そして、このばあい、アイァランドの全島について二五〇万エィカの土地没収が予定され、この没収地の一、〇〇〇エィカ当りの評価額は、

アルスタ地方	二〇〇ポンド(一エィカ当り四シリング)
コンノート地方	三〇〇ポンド(一エィカ当り六シリング)
マンスタ地方	四五〇ポンド(一エィカ当り九シリング)
レンスタ地方	六〇〇ポンド(一エィカ当り一二シリング)

とさだめられた。(22) たとえば、「募金法」(一六四二年)にもとづく一〇〇ポンドの応募者は、反乱鎮圧のあかつきには、アルスタ地方でならば五〇〇エィカ、コンノート地方でならば約三三三エィカ、マンスタ地方でならば約二二〇エィカ、レンスタ地方でならば約一六七エィカの土地で、国家からその債務償還をうけるのであって、そのばあいいずれの地方の土地で償還されるかは抽選によることになっていた。さらに、償還された土地は、自由保有と同じ態様において、すなわち、"free and common Soccage" で保有され、一エィカ当りの王室への地代は、右の地方別の順に、それぞれ一ペニ、一ペニ半、二ペンス一ファージングおよび三ペンスとさだめられていたのである。(23) この募金の応募者は投機者(adventurer)と名づけられた。反乱ははじまったばかりで、その見とおしは不明というほかなく、しかもイングランド本国内も物情騒然としていたこの時期に応募するということは、まさに投機であり、ペティがいうように「かけごと」(Game)(H・一五四、邦・七五)にほかならない。(24) そして、個々の応募者の投機によってあつめられた資金の性質は、事実上、"joint-stock" なのであって、(25) その反面、アイァランド全島は、それだけの金額でイングランド

の投機者に「売却」(L・一八)され、前節に述べたようないちじるしく後進的なアイァランドの土地は、全島にわたっていわば一挙にしてその価格をもつことになったのである。

ところで、募金の成績はけっしてよいものではなかった。そこで、これを促進するための法律や律令がつぎつぎに公布され、その結果、応募の締切日が延期されたり、(26) 応募資格が「新教徒であるかぎり」においてオランダ人やアイァランド人にまで拡大されると同時に、土地面積の計量単位がイングランド度量からアイァランド度量へきりかえられたり(それによると、同じ一エィカでも、後者は前者の約一・六倍になる)(27)、団体や組合の応募が奨励されたり、(28) 土地評価額が割引かれたりした。(29) さらに、この目的のための両院の共同宣言も発せられたのであって、そこでは、この反乱の鎮定は、「イエス・クリストの福音を普及し、反クリストの王国を打倒し、ジェズイット教徒や悪意にみちた党派によって偶像化され、新教の大義が失われつつある王国を再興するためのもっとも栄光ある事業」であると同時に、そのための募金に応じることとは、イングランドの貧民にとってすら、きわめて有利な投資だとされている。すなわち、「反徒が鎮定されたあかつきには、貧民はその家族とともにそこへ移住できるし、資本家も、没収地の購入によって、高利その他世界中のあらゆる事業よりも有利にその資産を増殖しうる。……二〇〇ポンドの応募は、二、〇〇〇ポンドの産業投資に匹敵する」等々。けっきょく、「あの国〔アイァランド〕は、わが新教徒国民の多数の高貴な家族によって再植民されるであろう。下院の高貴な人々はすでに多数応募し、ロンドンの最上級の商人や市民もまたその例にならいつつあるが、これによって、あの王国の将来は保証され、その産業交易は急速に発達するであろう」、(30) しかも、アイァランドにおける没収地は、実は予定された二五〇万エィカの八倍もあるように思われる、と。この引用の後半の部分は、すでに後年のクロムウェルによる収奪＝植民を予想しているかのようであるが、(31)「募金法」(一六四二年)にもとづく応募者数は、けっきょくのところ、一、三六〇件、その応募金額は三六万ポンドに達したのである。[32]

プレンダガストの著作には、「募金法」(一六四二年)にもとづく投機者の一覧表がかかげられている。それによると、応募金額は最高一万ポンドから最低一〇ポンドまでであって、[33] クロムウェルは六〇〇ポンドを、ピムも六〇〇ポンドを、ハムプデンは一、〇〇〇ポンドを、クロムウェルの下女は二〇〇ポンドを、それぞれ応募していることが知られる。そして、プレンダガストの一覧表にもとづいて分析したアルハンゲリスキー(С. И. Архангельский)の研究によれば、一、三六〇件の応募者中、職業を明らかにしうる個人八五八人(総数の約六三・八%)およびそのなかのロンドン在住者三七三人の社会的構成は上表のとおりである。[34]

	職業を明らかにしうる者の総数		同左中のロンドン在住者	
貴族および郷紳	203人	23.7%	27人	7.2%
官公吏	52	6.1	8	2.1
将校	6	0.7	0	—
聖職者	17	2.0	1	0.3
銀行家,貿易商および商人	406	47.3	219	58.7
工匠	163	19.0	118	31.6
農民および使用人	11	1.3	0	—
合計	858	100.0	373	100.0

これによってまず第一に注目すべき点は、「銀行家、貿易商および商人」と「工匠」が投機者の過半数(六六・三%)を占めているということであり、ロンドン在住者について見ると、両者は九〇・三%と圧倒的な比重を占めているということである。投機者の過半数は新興市民階級によって占められていた、といってさしつかえない。「貴族および郷紳」もその多くは新興市民と考えられるが、以上の三者が投機者の圧倒的部分をなしていたことはまちがいない。第二に、応募金額から見ると、長期議会の議員(その大多数は下院議員)が総額の二四・一%、ロンドン在住者が四五・六%、地方在住者が三〇・三%となっている。[35] そして、この当時の議員の多くがロンドンとふかい関係をもっていたことは明らかであり、また地方在住者中、南イングランド在住者が

その約八四％(応募金額では約八三％)を占めていたことをも考えあわせると、この時期のアイァランドには、ロンドンを中心とする南イングランドの資本が主として投下されたということが知られる。[36] 第三に、投機者のなかから長期議会の下院議員だけをひろいだして分析したマッコーマック(J. R. MacCormack)の研究によると、その総数は一三五人[37]であるが、そのうち、王党派議員は八・八％にすぎず、九一・二％を占める議会党派議員についての宗派別割合は、独立教会派四一・一％、長老教会派二六・四％、その他三二・五％となっており、補充議員(recruiter)や一六四五年以降に選出された議員をのぞいたところの、「募金法」(一六四二年)の制定当時の議員だけについて見ると、この割合は、独立教会派四七・七％、長老教会派二七・三％、その他二五・〇％となっている。さらに、下院議員の各宗派別総数中に占める投機者の割合はどうかといえば、独立教会派は二六・七％、長老教会派は一六・七％となっているのである。[38]
これを要するに、アイァランドの旧教徒によるブリテンの新教徒の「大虐殺」を口実にこの島国があげて「売却」されようとしたとき、その買手として登場した投機者の主力は、ロンドンを中心とする南イングランドの新興市民階級であった。そして、かれらの宗教的立場はいうまでもなく新教《ピュリタニズム》であり、長期議会の下院においてその政治的表現をみいだしていた独立教会派と長老教会派であって、初期の投機者のなかでは、前者の勢力が優位を占めていた、といえよう。そして、このような特徴は、この時期のイングランド本国における王領地の没収と売却の問題をつうじてあらわれた特徴(第二章第一節参照)と基本的には一致するといわなければならない。

ところで、「募金法」(一六四二年)にもとづいて募金がおこなわれている最中の同年八月以降、イングランド本国の市民革命はついに武力による内乱戦に発展した。そして、これと関連しつつ、アイァランドの大反乱もまた全島に波及し、一六五二年五月にクロムウェルによって鎮圧されるまで、一一年間も断続的に戦われたのである。したがって、右の法律が制定されてから大反乱の鎮圧までの約一〇年間は、投機者にとってははなはだしく失望的な期間であり、かれらのなかには、「投機の権利」(adventure)を当初の応募金額よりもはるかに安い価格で売りわたす者さえあらわれたのである。(39) ペティによれば、一六五二年には「投機の権利」を売買する「公開の自由市場」ができ、そこでは「この権利が一ポンドにつき一〇シリング安値で」(つまり半額で)売られていたという(H・一五三、邦・七四)。しかも、内乱戦がながびいたために、投機者が応募した資金はその本来の目的のために使用されず、「議会によって誤用されてしまった。(40)」そればかりではなく、いっそう重要なことは、この約一一年間における市民革命と大反乱の進展は、「募金法」(一六四二年)によって企図された当初の計画そのものをも、ある程度変化させてしまったという点である。

そこで、アイァランドの大反乱の進展をイングランド本国の市民革命との関連においてごく大づかみにあとづけるということがつぎの問題になるのである。

(1) Dunlop, *Ireland under the Commonwealth.*, Vol. I, pp. cxiii, cxxi.
(2) *Ibid.*, p. lxxxviii. Bonn, *Englische Kolonisation.*, II. Bd., S. 5.
(3) Beckett, *Short history.*, p. 80. Curtis, *History.*, pp. 243–44. 植民地の奪還ばかりではなく、王権の制限・ポイニングズ法の廃止・旧教の自由、等々のような、政治的宗教的諸要求もまたかかげられていたが、最大の要求は植民地の奪還であった。Bonn, *op. cit.*, SS. 1–2.
(4) Dunlop, *op. cit.*, p. cxiii.
(5) Beckett, *op. cit.*, pp. 80–81. Curtis, *op. cit.*, p. 244.
(6) Beckett, *op. cit.*, p. 81. Bonn, *op. cit.*, S. 4.
(7) つぎの項の注(22)参照。
(8) Temple, *Irish rebellion.*, pp. 10–11.
(9) *Ibid.*, p. 147.
(10) Dunlop, *op. cit.*, p. cxvii. Coonan, *Irish Catholic Confederacy.*, pp. 113, 118. 一六四一年の大反乱にともなう「虐殺」について

は、この当時から論争され、ペティも『アイァランドの政治的解剖』のなかで、大反乱の第一年に「虐殺」されたブリテン人の数を吟味し、これを「三七、〇〇〇人」としている(H・一五〇、邦・六九)。プレンダガストは、一六三三年にアルスタ地方に住んでいたブリテン人のうち、一六歳以上六〇歳以下の人口は一三、〇九二人であったから、この地方におけるブリテン人(しかもその多くはスコットランド人)は全人口においても少数だとしている。Prendergast, *Cromwellian settlement.*, pp. 54–55. もっとも「公平」といわれているバグウェル(R. Bagwell)は、「数千人の新教徒が虐殺されたが、それはアルスタ地方だけにかぎられるものではなかった」という(Bagwell, *Ireland.*, Vol. I, p. 334)。またカーティス(E. Curtis)は、「おそらくは約一〇、〇〇〇人の植民者が残酷なしかたで虐殺された」といっている。Curtis, *op. cit.*, p. 244. なお、この問題に関する参考文献については、この注にかかげた諸著作のほか、Bonn, *op. cit.*, SS. 4–5 を参照されたい。

(11) Dunlop, *op. cit.*, pp. cxviii, cxxi.

(12) *Ibid.*, pp. lxxxviii, cxxi–cxxii. この点からひるがえって考えれば、アルスタ暴動は、「基本的人権を擁護するためのアイァランド人の戦い」であったといってもさしつかえない。Coonan, *op. cit.*, p. 113.

(13) Dunlop, *op. cit.*, p. cxxiii.

(14) *Ibid.*, p. cxix.

(15) *Ibid.*, p. cxix. *C.S.P.* (*Adventurers.*), p. vi.

(16) *C.S.P.* (*Adventurers.*), p. vi.

(17) MacCormack, *Irish adventurers.*, p. 24.

(18) *Ibid.*, p. 30.

(19) *Ibid.*, p. 30. *C.S.P.* (*Adventurers.*), pp. vii–viii. Dunlop, *op. cit.*, p. cxxxiii. この提案においては、アイァランド派遣軍の将校の指名権や武器弾薬の徴発権も条件にされているが、それは徴募された軍隊が国王によって利用される危険があったためである。

(20) Scobell, *Acts and ordinances.*, Pt. I, p. 26. この法律は、*C.S.P.* (*Adventurers.*)では、「チャールズ一世治世第一六年法律第三三号」となっている。*Ibid.*, p. ix. 以下にあげる五つの法律や律令についてもこのようなくいちがいがあるが、ここではすべてスカベル(H. Scobell, *d.* 1660)の前掲書にしたがうことにする。

(21) Scobell, *op. cit.*, pp. 26–31. アイァランドの反乱に関する最初の法律は、「チャールズ一世治世第一七年法律第三三号」、すなわち、「アイァランド王国における陛下の窮迫せる臣民の救助のための、迅速な献金および借款のための法律」(An Act for a speedy Contribution and Loan towards the relief of his Majesties distressed Subjects of the Kingdom of Ireland)である。*Ibid.*, pp. 23–26. しかし、この法律は、一六四二年六月一日までしか有効ではなく、試験的な性質のものにすぎなかった。*C.S.P.* (*Adventurers.*), p. vii.

(22) Scobell, *op. cit.*, p. 26. ここで問題になっている二五〇万エィカは、「牧草地(meadow)、耕地(arable)および良質の放牧地(profitable pasture)」だけについての面積であって、「沼沢、森林および不毛の山は、この二五〇万エィカに追加される」ことになっていた。*Ibid.*, p. 26. なお、上記のアイァランドの四地方の平均地価は、一エィカにつき七シリング九ペンスになるが、そのころヴァージニア会社によって評価された北アメリカのヴァージニアの地価が二シリング六ペンスであったのにくらべると、アイァランドの地価は約三倍高いことになる。それは、アイァランドがイングランドからちかいことと、またそこでの土地が部分的には既耕地であること、そのうえ「沼沢、森林および不毛の山」という不良地(unprofitable land)の「特配」(bonus)が予想されていたことによるのであろう。Scott, *Joint-stock companies.*, Vol. II, pp. 343-44.

(23) Scobell, *op. cit.*, pp. 26, 28. ボン(M. J. Bonn)は、このばあいの土地保有の態様、すなわち、"free and common Soccage" を "Freilehen" としている。Bonn, *op. cit.*, S. 7.

(24) 応募資金は、いかなる意味においても政府借款ではなかった。というのは、元金の償還に関しては一言も約束されなかったからである。反乱が鎮定されれば、投機者は安価な土地を獲得しうるであろうが、それが実現しなかったならば、かれらは元も子もなくなさなければならなかったのである。Scott, *op. cit.*, pp. 344-45.

(25) *Ibid.*, p. 344.

(26) 「チャールズ一世治世第一八年法律第三五号」による。Scobell, *op. cit.*, pp. 31-32.

(27) 「チャールズ一世治世第一八年法律第三六号」による。*Ibid.*, pp. 32-34.

(28) 「チャールズ一世治世第一八年法律第三七号」による。*Ibid.*, pp. 34-35.

(29) 「チャールズ一世治世第一八年律令第一三号」による。*Ibid.*, pp. 45-49.

(30) *A declaration of both Houses of Parliament.* (*Arguments to promote the work of subscription.*), pp. 1-3. 巻末の「書目」でも見られるとおり、このパンフレットは「一六四一年」にロンドンで公刊されている。そうとすれば、「募金法」(一六四二年)の制定以前ということになるが、このパンフレットの内容は、右の法律の制定後のものであるように思われる。なお、このパンフレットは、MacCormack, *Irish adventurers.* のなかでも、右の法律の制定後に公刊されたものとしてとりあつかわれている。*Cf. Ibid.*, p. 31.

(31) MacCormack, *op. cit.*, p. 31.

(32) Prendergast, *op. cit.*, pp. 94, 401-48. ペティは、「実際の払込金額は約三〇〇千ポンド」といっている(L・一八)。

(33) 応募件数についても金額についても、若干の共同応募(joint-subscription)をふくむ。

(34) Архангельский, Ирландское земельное законодательство., стр. 31-22.

(35) *Ibid.*, стр. 30-31.

(36) *Ibid.*, стр. 31.

(37) アルハンゲリスキーは「八六人」としているが、このくいちがいは、すぐつぎに述べる「補充議員」や一六四五年以降に選出された議員を加えるかどうかによって生じたものであろう。

(38) MacCormack, *op. cit.*, pp. 39–58.

(39) Scott, *op. cit.*, pp. 345–46.

(40) Prendergast, *op. cit.*, p. 74.

二　大反乱の進展とクロムウェルによるその鎮定

大反乱の全期間をつうずる基本的な対立関係は、すでに一言したように旧教アイァランド対新教《ピュリタン》イングランドであり、またこのことは前述の「募金法」(一六四二年)にもよくあらわれているが、対立する両者のいっそう具体的な内容が、それぞれにきわめて複雑であったことはいうまでもない。すなわち、対立の主要契機を大づかみに列挙してみても、人種的民族的にはアイァランド人、旧イングランド人(アングロ・アイリッシュ)、新イングランド人およびスコットランド人がおり、宗教的には旧教、国教および新教《ピュリタニズム》があり、政治的にはアイァランドの独立派、イングランドの王党派および議会派がある。そして、これらのすべては、この島国の土地を主軸とする経済上の利害関係とふかくむすびつき、また対外的には、イングランドはもとより、とりわけ宗教(政治)関係をつうじて、スペイン、イタリー(ローマ)およびフランスなどの旧教諸国の利害関係と密接に連繋していたのである。このように錯雑した関係が、前節で素描したような過去五世紀にわたるイングランドの収奪によってもたらされた諸矛盾のあらわれであることは疑いない。そしてこれを整理するばあい、その指標としては、宗教的なもの(1)、人種的民族的宗教的なもの(2)、政治的宗教的なもの(3)、人種的民族的なもの(4)、等々、さまざまに考えられるが、ここでは、一六四一年十月のアルスタ暴動にはじまるこの時期の対立関係を、上記の基本的な関係にむすびつけて整理し、大反乱の進展を概観することにしよう。

この時期のアイァランドには、それぞれに独自の軍隊を擁する五つの党派が別個に存在し、たがいにしのぎをけずっていた。すなわち、アイァランド人旧教徒、旧イングランド人旧教徒、イングランド人国教徒、イングランド人新《ピュ》教徒《リタン》およびスコットランド人新教徒(長老教会派)の五つの党派がこれであって(5)、前二者が「反徒」を形成し、後三者がそれと対立していたのである。

まず反徒について見れば、アイァランド人旧教徒の党派は、アルスタ暴動の主体をなすところの、アルスタ地方を中心とする純粋のアイァランド人、いわゆる“Ulster Irish”の党派である。かれらが熱烈な旧教徒であることはいうまでもないが、ジェイムズ一世時代のアルスタ植民によって土地を収奪されたのはかれらであり、かれらはいわば素手で反乱をひきおこし、戦争に参加したのである。かれらにとっては、イングランドの王室に対する忠誠などは無縁のことがらであると同時に、もしイングランドの権力が国王から議会にうつれば、議会は国外においては王室と同様またはそれ以上の収奪をするであろうことを十分承知していた。したがって、かれらの要求は、土地を中心とするゲールの伝統の回復と、ローマ旧教の自由と、アイァランドの独立以外にはなく、イングランドの国王と議会の双方に対して徹底的に抗戦しようとしていたのである(6)。そして、かれらの軍隊を指揮したのは、一六〇七年に国外(ローマ)へ逃亡したあのオニール(ティローン伯)の甥のオニール(O. R. O'Neill, 1590?-1649)であった。かれは、三〇年ものあいだスペインの軍隊で訓練をうけていたのであるが、一六四二年七月に、ローマ教皇の教書と、「スペインの鋼鉄でつくられた」武器や弾薬をたずさえ、かれと同様にスペインで訓練をうけた多数の老練なアイァランド人部隊をひきつれてこの島国に帰来したのである(7)。ところが、同じ反徒でも、旧イングランド人旧教徒のばあいは事情を異にしていた。前節で述べたように、かれらは主としてレンスタ地方をその地盤とするアングロ・アイリッシュであり、とりわけ初期ステュアート王朝末期の「徹底政策」によって打撃はうけたけれども、なお大きな土地資産を擁し、イングランド国王の一身に対しては伝統的に忠誠であった。アルスタ暴動が全島的な反乱に拡大したのは、かれらがこの暴動に合流したからであるが、かれらがそれをあえてしたのは、宗教上の立場の一致と、イングランドの議会(ピュリタン)に対する共通の利害からである。すぐあとで述べるように、この合流は一六四二年十月における「キルケニ・カソリック連盟」(Catholic Confederacy of Kilkenny)の結成に発展するのであるが、アングロ・アイリッシュにとっては、要するに既得権の確保が中心問題なのであって、そのためにかれらはいつでも国王と講和する用意をもっていたのである。(8) そして、かれらの軍隊を指揮したのは、オニールと同様にスペインで訓練をうけたプレストン(T. Preston, 1585–1655)であった。かれは、オニールとほとんど同じ時期に、フランスの宰相リシュリューから提供された軍資金をたずさえ、フランスで軍務に服していたアイァランド兵をひきつれて帰還したのである。(9)

つぎに、ブリテン人の側はどうかといえば、イングランド人国教徒の党派はレンスタ地方の領内《ペイル》を中心とする王党派であって、この地方とコンノート地方の国教徒地主の大部分がこれに属し、ピュリタンが国王にとって危険な存在だということを熟知していた。(10) かれらの軍隊の指揮者は、アングロ・アイリッシュの出身ではあったがきわめて忠誠な王党派のオーモンド侯(Marquis of Ormond, J. Butler, 1610–88)であった。かれは「クロムウェル以上にイングランドの利益を念頭においていた」(11) といわれているが、それが王室の利益であったことはいうまでもない。イングランド人新教徒《ピュリタン》の党派は、テューダー王朝後半以降の入植者や官僚によって主として構成され、マンスタ地方を主たる地盤とするものであった。かれらのあいだでは、ピュリタンが優勢ではあったけれども、かれらにとっては、宗教的政治的な動機よりも、むしろ経済的な動機が重要なのであって、反乱が鎮圧され、自分たちの土地資産が増加しさえすれば、国王と議会のいずれが勝利してもさしつかえなかった。(12) かれらの軍隊の有力な指揮者の一人が、アイァランド人で変節つねなきインチクィン伯(Earl of Inchiquin, M. O'Brien, 1614-74)であったということは、いかにも象徴的だといわなければならない。最後に、スコットランド人長老教会派教徒の党派は、ジェイムズ一世時代に、前節(13)で述べたアルスタ六県以外の二県(すなわちエントリムおよびダウン)に入植したスコットランド人の党派である。かれらは、すでにかなりの植民地を建設しており、イングランドの議会に信頼し、マンスタ地方におけるイングランド人新教徒と提携しつつ、スコットランドから新たに派遣された軍隊によってまもられていた。そして、これらの三つの党派が反乱勃発の当初にいちおうの結合をたもちえたのは、反徒に対する共通の恐怖と、反乱鎮定後の土地資産の増大に対するそれぞれの期待とからにすぎなかったのである。(14)

以上のように、アイァランド人側もブリテン人側も、それぞれに固有の異質的な要素をふくみ、内部的に対立していたのであって、独自の力で戦いぬくことのできる党派は一つもなく、オニールにひきいられるアルスタ・アイリッシュの党派をのぞけば、その意志をもつ党派さえなかった。そして、これらの党派のいりみだれた対立抗争や離合集散の過程が、とりもなおさず、クロムウェルの渡来までの時期における大反乱の過程なのであるが、その間、すべての党派の注意は、当然にもイングランド本国における政治情勢の進展にそそがれたのである。ところが、一六四二年八月以降、イングランドの市民革命はついに内乱戦に転化した。そして、議会軍の優勢が伝えられるにつれて、アイァランドにおける絶対主義イングランドの権威もますます失墜し、アルスタ暴動以来の無政府状態はいっそうふかめられたのである。(15) そこで、アイァランド人側の二つの党派は、前述した共通の宗教的立場と、イングランドの議会(ピュリタン)に対する共通の恐怖から、すでに一言した政治同盟をむすんだのであって、一六四二年十月にレンスタ地方のキルケニにおいて結成された「キルケニ・カソリック連盟」というのがそれである。この政治同盟がみずから「連盟」と称したのは、本来のアイァランド人とアングロ・アイリッシュとが宗教(ローマ旧教)を共通のきずなとして団結したからにほかならない。[16] そしてこの連盟は、各地方および各県から参集した約二五〇人の僧俗の代表者と軍の指導者とからなる総会(General Assembly)を開催し、「神と、王および祖国のためのアイァランドの統一」(Pro Deo, Pro Rege, et Patria, Hibernia Unanimis)をモットーとしつつ、信教(ローマ旧教)の自由、イングランド王室への忠誠、連盟員の生命・自由・財産の保証、立法の自由、産業の自由、等々を主内容とする憲法を制定し、上下両院と、最高評議会(Suprime Council)、地方評議会(Provincial Council)等々の諸機関を設置し、アイァランドの独立を宣言したのである。[17] 植民地の回復や、あらゆる政府機関からの新教徒《ピュリタン》の排除が要求されたことはいうまでもなかろう。[18] この憲法は、最高評議会の一員であったダーシー(P. Darcy, 1598-1668)の構想を基礎としているが、世界史上最初の近代的な成文憲法といわれている。[19]

ところが、すでに述べたように、この連盟は、アイァランド人とアングロ・アイリッシュという二つの異なる人種によって構成され、両者は宗教的立場や新教徒《ピュリタン》に対する恐怖においては共通していたけれども、イングランドの王室に対する忠誠という点においては立場を異にしており、またそれぞれの社会的基盤をつきつめていえば、前者のそれが主として貧農層であるのに対し、後者のそれは主として地主層であった。[20] いいかえれば、キルケニ連盟にとっての致命的な弱点は、国民的な統一が脆弱だという点なのであって、[21] この連盟の憲法も、連盟内の両党派の諸要素のいわば混合物にほかならなかったといえよう。その反面、チャールズ一世は、イングランド本国における内乱戦において、王党軍の敗色が濃くなればなるほど、アイァランドにおける王党派のオーモンドを媒介としつつ、この連盟のなかのアングロ・アイリッシュの党派に依存し、これとの停戦や講和を企図したのであるが[22]、このことはますます議会側を硬化させる結果になった。そのうえ、一六四五年十一月に、イタリーのフェルモ(Fermo)の大司教リヌッツィーニ(G. B. Rinuccini, 1592-1653)が、ローマ教皇の特使として、その密命とフランスの宰相マザランからの軍資金とをたずさえてキルケニに到着し、この連盟を教皇の支配下におこうとするにおよんで、アイァランドを迅速に再征服しようという議会側の決意はいっそう強固なものになったのである[23]。それにもかかわらず、イングランド本国における内乱戦は、議会側がこの再征服のための決定的な一歩をふみだすことをさまたげたのであって、アイァランドにおけるいわゆる「三王国の戦い」は、依然として五つの党派の錯雑する利害にみちびかれて断続的に戦われ、一六四六年六月には、オニールのひきいるアイァランド軍はアルスタ地方のベンバーブ(Benburb)においてブリテン軍に痛撃を加えさえした。しかしながら、イングランド本国における市民革命が勝利し、一六四九年一月にチャールズ一世が処刑され、共和国が樹立されると同時に、この事件を契機として、アイァランドの諸党派はもとより、西ヨーロッパ諸国がチャールズ一世に同情をよせたまさにそのとき、クロムウェルによるアイァランドの征服が開始されたのである[24]。

前述したように(第二章第一節)、イングランドにおける第一次内乱の終結(一六四六年五月)から第二次内乱を経て共和国が樹立されるまでの時期は、とりわけ王領地の没収およびその売却と、内国消費税の実施とをつうじて、イングランドにおける階級分化がいちじるしく激化し、またこれに照応しつつ、長期議会における主導勢力が分裂した時期である。そして、共和国の樹立とともにアイァランドの反乱鎮定にのりだしたのは、この共和国において革命の主導権を掌握したブルジョアジーと新興の土地貴族(宗教上の立場からいえば独立教会派と長老教会派)であり、上述の

「募金法」(一六四二年)にもとづく投機者の主要部分をなす階層であって、その指導者クロムウェルにひきいられてアイァランドに遠征した軍隊は、この時期の階級分化によって没落し、市民革命の最左翼を形成していたレヴェラーズおよびディガーズを根幹として編制された新型軍(the New Model)であった。(25) いいかえれば、市民革命の勝利とともに権力の座につき、保守的になったイングランドのブルジョアジーおよび新興の土地貴族は、アイァランドの反乱を鎮定することによって、一方においてはこの島国における反徒と旧教勢力と王党派とを打倒してみずからの勝利をいっそう強固にし、大規模な収奪を可能にすると同時に、他方においては本国における革命の左翼分子の注意を国外にそらし、革命のこれ以上の前進を阻止しようとしたのである。(26)

新型軍のアイァランド派遣は、第一次内乱にともなう軍の解隊や革命的分子の排除の問題と関連しつつ、一六四七年の春から長期議会内の保守的な長老教会派によって企てられていた。(27) ところが、解隊された新型軍の兵士をあらためてアイァランド派遣軍に再編制するということは、個々の兵士にとっては義勇兵から傭兵にきりかえられ、命令のままに殺人をあえてすることであり、しかもかれらにとっては旧教徒アイァランド人もまた自分たちの友であり、アイァランド人の自由に対する要求は、自分たちのそれと同じく正当なものであった。(28) そこで、アイァランド遠征に対する強い反対運動がレヴェラーズのあいだにおこった。かれらは、「いかなる権利にもとづいてわれわれはアイァランド人の土地をうばい、かれらの宗教を抑圧するのか」という根本的な問題を提起し、「自分ばかりではなく、あらゆる者の正当な自由のために努力する人こそ真の愛国者」なのであるから、まず「われわれの正当な要求がいれられ、イングランドの臣民の正義と自由が擁護され、維持される」まで、アイァランド遠征を強硬に拒否しようと主張したのである。(29) ところが、この主張に対して支配者たちがくりかえした回答は、「インディアンにもまして獣的な」旧教徒アイァランド人によるイングランド人の虐殺は処罰されるべきであり、もしいまのうちに征服しておかなければ、アイァランドはローマ教皇の軍隊の拠点になるであろう、ということであった。(30) そして、とりわけ一六四九年の四、五月に、アイァランド遠征を拒否するレヴェラーズやディガーズに対して猛烈な弾圧が加えられる反面、(31) 兵士たちにとっては死活問題になっていたところの、遅滞しつづけた給与がアイァランドの土地で支払われることが約束された。すなわち、基本的にはイングランドでおこなわれたのと同じであるが(第二章第一節参照)、反乱鎮圧のあかつきには、将校および兵士の未払給与は反徒からの没収地をもって支払われ、まずしい兵士でも、それによってアイァランドに土地資産を獲得し、ヨウマンたることができる、ということが約束されたのである。(32) この点についてはたちいって後述するが(本章第三節)、これによって明らかなことは、アイァランドの土地が、「募金法」(一六四二年)にもとづくイングランドの投機者ばかりではなく、その将校および兵士に対してもまた一種の担保にされるようになった、という事実である。そして、レヴェラーズやディガーズに対して以上のような弾圧と懐柔をおこなってはじめて、クロムウェルはセント・ジョージ海峡をわたることができたのである。

イングランド共和国によるアイァランドの反乱鎮定＝再征服戦は、一六四九年八月におけるクロムウェルのダブリン上陸から、一六五二年五月におけるコンノート地方のゴールウェイ(Galway)の陥落まで、約三ヵ年を要したのであるが、一六五〇年五月に、クロムウェルが後事をその女婿のアイァトン将軍(H. Ireton, 1611–51)に託してこの島国を去るとき、すでにその大勢はきまっていたのである。クロムウェルは、その遠征の目的を、とりわけアルスタ暴動のさいにローマ旧教徒がイングランドの新教徒を「虐殺」したことに対する復讐だといったけれども、神の名において戦われたこの再征服戦が、実はアイァランドにおける王党派と旧教徒の拠点を打倒すると同時に、イングランド本国における民主主義革命の前進を阻止し、この島国を共和国の植民地とするために徹底して収奪することを意図していたということは明白である(33)。その意味において、この戦争は最初から反動的な性質をおびていたのであって(34)、これをつうじて旧教アイァランド対新教《ピュリタン》イングランドという基本的な対立関係もまた、明瞭になったといわなければならない(35)。そしてこのことは、大反乱の鎮定につづいておこなわれたところの、後述する収奪＝植民をつうじてさらにいっそう明瞭になるのである。

クロムウェルの残酷きわまる再征服戦そのものの経過については省略し、ここでは大反乱の鎮定直後におけるアイァランドの荒廃がいかにはなはだしかったかということを同時代者の眼をとおして見ておくことにしよう。すなわち、一六七五年に出版された匿名の著作はつぎのように述べている。「一六五二年および一六五三年におけるこの国の大部分の地方をつうずる荒廃はおそるべきものである。旅行者は(イングランドの守備隊がいる近所を別にすれば)、一〇マイルも、ときとしては二〇ないし三〇マイルものあいだ、否この王国のほとんど全域にわたって、人間にも鳥にも獣にもであわなかった。空とぶ猛鳥も野をかける猛獣も、死滅したか、それともこの荒廃しきった国をあとにしたかしたのである。そして、食糧難のために、いく千人ものアイァランド人が日に日に餓死に瀕し、絶体絶命のあげく、かれらは「イングランドの守備隊の」軍馬を常食にしたりしていたが、それは死をもって報いられるだけであった。それどころか、飢饉がますます猛威をふるったので、アイァランド人は、軍馬はおろか、墓場から死体を掘りだしてたべ、その露命をつなぐありさまであった(36)」と。さらに、一六五二年とその翌年には、飢饉に加えて悪疫がこの島国をひとなめにした(37)。けっきょく、一一年にわたる大反乱の結果、「アイァランドはその人民の六分の五を失った(38)」という。そして、経済的見地から見ただけでも、この人口の大激減とそれによる耕作の停滞が最大の損失であったのである(39)。

つぎに述べるクロムウェルの収奪＝植民は、このようにして文字どおりの廃墟と化したアイァランドにおいておこなわれたのである。

(1) *Cf.* Bonn, *Englische Kolonisation.*, II. Bd., SS. 10–12.
(2) *Cf.* Butler, *Confiscation.*, pp. 117–20.
(3) *Cf.* Jackson, *Ireland.*, p. 46.
(4) *Cf.* Beckett, *Short history.*, pp. 82–83.
(5) Butler, *op. cit.*, p. 117.
(6) Beckett, *op. cit.*, p. 83. Butler, *op. cit.*, p. 117. Jackson, *op. cit.*, p. 45. Coonan, *Irish Catholic Confederacy.*, p. 3.
(7) Coonan, *op. cit.*, pp. 132–33.
(8) Beckett, *op. cit.*, pp. 81, 82–83. Butler, *op. cit.*, p. 119.
(9) Coonan, *op. cit.*, p. 133.
(10) Beckett, *op. cit.*, p. 83. Butler, *op. cit.*, p. 117.
(11) Coonan, *op. cit.*, p. 15.
(12) Beckett, *op. cit.*, p. 83.
(13) 前節の第二項の注(46)参照。
(14) Beckett, *op. cit.*, pp. 82, 83. Butler, *op. cit.*, pp. 118–19.
(15) Coonan, *op. cit.*, p. 138.
(16) *Ibid.*, p. 140. 前節の第一項で述べたように、一三六六年の「キルケニ条例」は、アイァランド人を徹頭徹尾敵視しつつ、これとアングロ・アイリッシュとを截然と区別し、後者をイングランドの側にひきよせるための法律であった。約三世紀ののち、両者はその同じキルケニで団結したわけであって、連盟の最初の総会が開催された十月二十四日には、キルケニにあるカソリックの大会堂の鐘が「新時代の到来を告げながらなりひびいた」という。*Ibid.*, p. 142.
(17) *Ibid.*, pp. 14, 143–45, 150. Curtis, *History.*, pp. 245–46.
(18) Coonan, *op. cit.*, pp. 138, 143. 要するに、この連盟の全体としての基調はカソリシズムであり、この憲法の諸規定が擁護しているのもカソリック教徒の利益であって、その共同の敵は新教徒《ピュリタン》であった。*Ibid.*, pp. 143, 151.

(19) *Ibid.*, p. 151. ダーシーの構想は、かれがこの当時執筆した "Model of Civil Government" と題する草稿に記されているという。*Ibid.*, pp. 14, 140.

(20) Jackson, *op. cit.*, pp. 46-47.

(21) Jackson, *op. cit.*, pp. 45-46. 連盟の上記の総会で語られたことばが、ラテン語・ゲール語・フランス語・カスチール語(スペイン語)・ドイツ語その他のヨーロッパ各国語と、きわめて多彩であったという事実も、これを裏書きするものであろう。*Cf.* Coonan, *op. cit.*, p. 142.

(22) 最初の停戦協定は、一六四三年九月十五日に成立し、その後も停戦や講和がくりかえし試みられたが、そのたびにくつがえされた。このような事態をアイァランド側から見れば、それは、この連盟内における両派の勢力関係が五分五分で、極言すれば、全体としての連盟は、戦うことも和することもできなかったことに起因する、といえよう。Butler, *op. cit.*, p. 120.

(23) Coonan, *op. cit.*, pp. 203, 205. Curtis, *op. cit.*, pp. 247-48.

(24) 英・愛両国の歴史にとってきわめて重要な、この数ヵ月間の推移をつぎに要約しておこう。

一六四九年一月三十日のチャールズ一世の処刑は、この年の一月十七日に、オーモンドを媒介として、イングランドの王党派とアィアランドのカソリック連盟とのあいだに講和が成立し、英・愛両国の王党派と旧教徒が大同団結し、議会側がそれによって脅威をうけた二週間後である。そしてこの処刑をアイァランド側から見れば、明らかに「この講和に対するクロムウェルと軍隊の回答」を意味するものであった。Coonan, *op. cit.*, p. 290. ところが、イングランド国王の処刑は、全ヨーロッパに深刻な衝撃をあたえ、とりわけフランスでは新教徒が処刑に反対する声明書を用意し、オランダのカルヴィニストはイングランドと断交し、スコットランドでは皇太子が国王チャールズ二世と宣言された。アイァランドがうけた衝撃はさらにいっそう深刻であって、そこでは英・蘇・愛の三国民と新教徒・国教徒・旧教徒の三教徒との大多数が武器を手にして国王側にたち、教皇の特使リヌッツィーニは一六四九年二月にアイァランドを去ったのである。Butler, *op. cit.*, pp. 120-21. Coonan, *op. cit.*, p. 290.

一六四九年の四月から五月にかけて、アルスタ地方を中心とするアイァランド人の党派とイングランドの議会軍とのあいだに――オーモンドのことばを借りれば「アイァランドの反徒とイングランドの反徒」とのあいだに――講和交渉がすすめられたのは、まさにこのような事態を背景としている。そしてこの時期は、本文で述べるように、イングランドではレヴェラーズに対する弾圧がもっとも激化した時期なのであるが、この講和交渉は、オニールとアルスタ地方における議会軍のモンク将軍(G. Monk, 1608-70)とのあいだですすめられ、その結果、三ヵ月間の休戦が成立した。ところが、その後まもなく、イングランドの議会は「ローマ教皇党の反徒」との休戦を「全然無効」と決議し、その反面、オニールは、王党派から誘惑されて逆にオーモンドと手を握ったのである。クロムウェルのアイァランド遠征が開始されたのはその直後のことであった。Coonan, *op. cit.*, pp. 290-93. Ashley, *Cromwell's generals*, pp. 200-01. ジャクスン(T. A. Jackson)は、イングランドでレヴェラーズが弾圧に屈し、アイァランドでオニールがオーモンドの誘惑におちいったまさにその瞬間に、英・愛両国における革命は流産し、王政復古の到来は単なる時間の問題になった、といっている。Jackson, *op. cit.*, p. 51.

ペティは、晩年に書いた断片のなかで、この時期の英・愛両国の情勢をつぎのように分析している。「イングランドでは、人民の大部分は議会に味方し、アイァランドでも、そこにいたイングランド人の大部分はそうであった。ところが、アイァランドにいた旧教徒のなかでは、国王に味方する者は少数であって、大半は自分自身のためばかりをはかり、一六四八年の講和〔上記の一六四九年一月十七日に成立した講和のこと〕によって獲得したものをさがしもとめていた。しかも、この後者の大部分はローマ教皇とイングランドからの独立とに味方し、僧職者によって支配されていたのである」と(L・一二四)。この分析は、ひじょうに簡潔であるが、錯雑した情勢を正しく解明しているといえよう。

(25) Косминский, Буржуазная революция, I, стр. 342. Brailsford, *Levellers.*, pp. 143, 168, 496–97.
(26) Косминский, *op. cit.*, стр. 344–45.
(27) Brailsford, *op. cit.*, p. 143.
(28) *Ibid.*, p. 498.
(29) *Ibid.*, pp. 16, 182, 501–02. Косминский, *op. cit.*, стр. 342–43.
(30) Brailsford, *op. cit.*, pp. 502–03.
(31) Косминский, *op. cit.*, стр. 343. Hill, *English revolution.*, 3rd ed., pp. 52–53. 邦訳書　七八ページ。
(32) Firth, *Cromwell's army.*, pp. 203–05.
(33) Косминский, *op. cit.*, стр. 344–45. Curtis, *op. cit.*, p. 250.
(34) Косминский, *op. cit.*, стр. 345.
(35) 一六四七年にオーモンドがいみじくもいったように、この関係は「アイァランドの反徒対イングランドの反徒」の対立である。Curtis, *op. cit.*, p. 249. ただ、一六四九年のこの時期には、「イングランドの反徒」のあいだの分裂がいっそうはなはだしくなっていたこと、そしてそのことが遠征を可能にしたことはいうまでもなかろう。
(36) *Present state of Ireland.*, p. 70.
(37) O'Brien, *Economic history.*, p. 108.
(38) Prendergast, *Cromwellian settlement.*, p. 307.
(39) O'Brien, *op. cit.*, p. 101.

第三節　イングランド共和国によるアイァランドの収奪＝植民計画

『アイァランドの政治的解剖』のなかで、ペティは大反乱の原因をつぎのように述べている。すなわち、それは、「一年当り約一一〇千ポンドに値いする教会収入を回復したいという天主教徒(Romists)や、全イングランド人の土地資産を獲得したいというアイァランド民衆や、全島に対する帝王の権力(Empire)を獲得したいというアイァランドの一〇ないし一二人の貴顕たち(Grandees)やの欲求であった」(H・一五四、邦・七五)と。これを前節で述べたところと考えあわせると、この観察は、たとえ一面的だというそしりをまぬかれぬにしても、複雑きわまるこの大事件の実体をきわめて即物的に鋭く直視しているという点において卓抜だといえよう。そしてペティは、これと同じ箇所で、イングランド人によるこの大反乱の鎮定を、すでに一言したように「かけごと」だとし、これに勝利したイングランド人は「賭博者の権利をもっている」といっている。この見解もまた、前節で述べた「募金法」(一六四二年)の経緯を考えただけでも、きわめて適切だといわなければならない。そして、大反乱の鎮定につづいておこなわれたところの、イングランド共和国によるアイァランドの収奪＝植民——いわゆる“Cromwellian Settlement”——こそ、まさにこの「賭博者の権利」を無慈悲に行使しようとするものにほかならなかったのである。

ところで、クロムウェルの収奪＝植民の研究に半生をささげたプレンダガストは、その古典的な主著の序文でつぎのように述べている。すなわち、「十七世紀アイァランド史上きわめて重要な“Settlement”ということばは、あらゆる財産のなかで渇望のまとになっている土地を、〔しかもこの〕土地の均衡を、最強者の意志のままに決着させること以外のなにものをも意味しないのであって、それというのも、理性ではなくて強力が法律の源泉であったからである」[1]と。そしてかれは、これにつづいて、“Cromwellian Settlement”ということばは、一六五二年のアイァランド征服後、イングランド共和国が「この国の人民の土地および住居を処置したその顚末」という意味に解せられるべきものとし、さらに、その目的は、アイァランド人の「宗教を抑圧する」というよりも、むしろアイァランド人そのものを「絶滅」し〔「絶滅をもって全アイァランド人を威嚇し」というほうがいっそう適切であろう〕、アイァランド人の土地を収奪して、この土地を、「かれらに対するもっとも強烈な宗教的・国民的憎悪に燃えて洪水のように押しよせるイングランドの新入植者にひきわたすことにあった」[2]といっている。このような目的は、前節で述べたクロムウェルの意図を部分的抽象的に要約したものと考えてさしつかえない。これをよりいっそう具体的にいえば、(1)「近代史にその類例を見ないほど徹底した収奪」[3]と、(2)アイァランド人の、没収地からの強制移住(transplantation)と、(3)没収地のイングランド人新教徒への分配によるその植民とに分けて考えることができる。そしてこの三者は、とりもなおさず、共和国の収奪＝植民計画の根幹をなすものにほかならないのであって、そのおのおのは、「募金法」(一六四二年)をはじめとする共和国の「強力」をその「源泉」とする諸法令にもとづいて実施され、それをつうじてはじめて、この時期のアイァランドにおける「土地の均衡」は、「賭博者の権利」をもつ「最強者の意志のままに決定」されることになったのである。右の三者を根幹とする共和国の収奪＝植民が、過去五世紀にわたっての、とりわけテューダー王朝以来の収奪と植民の苦い経験に学んだものであるということは、以下の叙述を上述の諸節と考えあわせればいっそう明瞭になるであろうが、ここでは、右の三者のおのおのについて考察しながら、プレンダガストのいう「顚末」を述べることにしよう。

クロムウェルの収奪＝植民の第一歩としての徹底した土地収奪は、大反乱がまだ最終的には鎮定されない一六五二年八月十二日(4)にイングランドの議会を通過した「アイァランドにおける土地資産処分法」(5)(An Act for the Settling of Ireland)——以下「処分法」(一六五二年)と略記——を根拠としておこなわれた。前文と一〇ヵ条からなるこの法律は、アイァランド人・イングランド人およびスコットランド人の別なく、大反乱当時のアイァランドの全住民を一〇種類に区分し、この反乱に加担したその程度に応じてかれらを格づけし、そのおのおのを死刑・国外追放・土地資産の全部または一部没収等々の刑罰に処したり、あるいはその罪をゆるしたりしている。すなわち、はじめの五ヵ条は、死刑と土地資産の全部的没収を規定しているが、これに該当する者は、(1) 大反乱の積極的な企画者、その勃発後における参加者または支援者、(2) ローマ教皇からの命令のもとにこの反乱を支援したジェズイット教徒、(3) 指導的な王党員およびキルケニ連盟員合計一〇四名、(4) 一六四一年十月一日以降、非武装のイングランド人を殺害した者、(5) 本法の公布後二八日以内に降伏しない者、がそれである。その反面、以上の五ヵ条に該当しない者のうち、(6) 上級の将校および官吏、(7) 本法の公布後二八日以内に降服する者、(8) 大反乱の期間中、イングランド共和国に対する「恒常的信実」(constant good affection)を立証しえた旧教徒は、国外追放・土地資産の三分の二、三分の一または五分の一没収(6)の刑を課せられたのであるが、唯一の例外として、(9) 一片の土地も、一〇ポンド以上の動産も保有しない者は、本法の公布後二八日以内に降服するかぎり、刑罰を免除された。そして最後に、(10) 反徒からの土地資産の没収は、一六三九年三月以降に設定されたあらゆる復帰権および抵当権にもおよぼされる旨が規定され、また、この条項の最後の但書きには、イングランド共和国政府は、いかなるアイァランド住民に対しても、その強制移住についての権限を留保しているのである。[7]

この法律の前文は、イングランドの議会の意図はアイァランドの全人民の根絶ではなく、「農夫・耕夫・労働者・工匠その他の下層民」は、本法に抵触せぬかぎりその罪を免除されるといっているが、右の第九条の規定をも考えあわせると、この法律がその主たる鋒先をアイァランドの上層階級にむけ、下層民に対しては比較的寛大であったことがうかがわれる。[8] それにもかかわらず、この法律がアイァランドの全住民を一人のこらず死刑に処する可能性を留保していたこともまた明白なのであって、極言すれば、第一条を厳格に適用するだけでもこのことは可能であったにちがいない。というのは、この第一条をいっそうくわしくいえば、そこでは反乱・殺人・虐殺を企図し、協議し、促進し、あるいはこれに助言し、参加したすべての者ばかりではなく、武器・馬匹・銀器・貨幣・糧食その他を提供することによって、右の反乱等々を教唆し、援助し、促進したすべての者は死刑に処せられ、その土地資産は全部没収されるべしと規定されているのであるが、[9] この文言の解釈いかんによっては、[10] 大反乱当時のアイァランド人を（乳幼児は別として）一人のこらず処刑することも不可能ではなかったからである。[11] ペティの人口推計を基礎にしたガードナー（S. R. Gardiner, 1829–1902）の推定によれば、第一条および第四条だけでも、約一〇万人のアイァランド住民に死刑の宣告をくだすことができたはずだという。[12] これを要するに、「処分法」（一六五二年）の基本的な意図は、アイァランドの全住民を数多くの集団に区分し、死刑の恐怖をもってかれらを威嚇する反面、かれらをたがいに反目させることによって、共和国の支配に対するかれらの抵抗を弱体化させ、旧教の制圧と土地資産の収奪とを容易にしようとするものにほかならなかった、といえよう。[13] いいかえれば、アイァランドの全住民は、かつては武器を手にしてイングランドに反抗したとみなしてさしつかえないのであるから、全住民は有罪であり、したがってかれらの土地資産は没収されるのが当然なのであって、共和国政府としては、かれらの有罪を立証する必要はなく、かれらこそ自分自身の無罪を立証すればそれでよい、[14]という考えかたがこの法律の根底によこたわっていたのである。この法律が、本章の第一節で述べたキルケニ条例よりも苛酷で無慈悲なものであるとか、[15]「あらゆる立法府によって制定されたいかなる法律よりも異常で」[16]、「文明の名において冷静に制定されたものとしては前代未聞の残酷さ」[17]を示すものであるとかとされ、さらに、「イギリス植民地立法の典型」[18]として評価されているのも、以上の諸特徴によるものにほかならないのである。

ところで、「処分法」（一六五二年）によって、実際に死刑に処せられた者がひじょうに少数であったにしても、[19]これによって国外に追放された者はかなりの多数にのぼったのであって、ペティの推計によれば、「三四、〇〇〇人の兵士と、すくなくとも六、〇〇〇人以上の少年・婦女および僧職者がスペイン、フランダーズ、フランスへ流刑に処せられた」（H・一五一、邦・六九）という。これらの人々は、あるいは大陸諸国において軍務に服したり、あるいはバーベイドウズ（Barbadoes）、ジャメイカ（Jamaica）等々の新植民地における労働力になったのであるが、「処分法」（一六五二年）によって土地資産の全部を没収された者はきわめて多数にのぼったし、またその一部を没収された者も、残余の土地資産を共和国政府が指定する場所で享受することになっていたのであるから、[20]これらの人々をもふくめれば、父祖伝来の居住地を追いたてられるアイァランド住民は尨大な数にのぼることになった。その反面、イングランド人とアイァランド人の雑居が、イングランドにとってどれほど好ましくない結果を生むかということは、上述した過去五世紀の収奪史にてらして明白であり、アングロ・アイリッシュの存在一つをとってみても歴然たる事実であった。そこで、「イングランド人および新教徒が植民されるアイァランドのあらゆる地方の安全を確保し」、「処分法」（一六五二年）にもとづいて「恩恵をほどこされた」アイァランド人にそのところをえさせるために、[21]この法律にもとづくアイァランド人の強制移住に関する「訓令」[22](Instructions)が一六五三年七月二日づけで発せられ、この年の九月十二日までに全島に伝達されたのである。[23] それによれば、「処分法」(一六五二年)による死刑または国外追放をまぬかれた「あらゆる者は、一六五四年五月一日までに、コンノート地方および〔マンスタ地方の〕クレア(Clare)県に移住すべく」、この期日以降、レンスタ、アルスタおよびクレア県をのぞくマンスタの三地方にとどまる者は、「スパイつまり敵人とみなして死刑に処す」[24]というのである。つきつめていえば、この強制移住により、シャノン川(the Shannon)の西側に全アイァランド人を封じこんでしまい、他の三地方をイングランド人新教徒による植民のために開放しようというのであって、中世以来の領内《ペイル》[25]を最大限に拡大し、シャノン川を境界線にしてアイァランドを二分し、「二つのアイァランド」をつくることが企図されたのである。[26] コンノート地方とクレア県が強制移住地としてえらばれた最大の理由は、これらの地域が、西側は大西洋に面し、東側はアイァランドきっての大河シャノンや、湖沼・森林・山塊などによって他の三地方から隔離されている結果、それ以外の諸地方との交通を有効に遮断されうる位置にあったからであって、全島の約二五%の面積を占めるこれらの地域への強制移住は、アイァランド人にとっては事実上の「投獄」を意味したといえよう。[27] クロムウェルによるアイァランド征服の残酷さは、「地獄へか、それともコンノートへか」(To Hell or to Connacht)ということばによって集約的に表現されることがしばしばあるが、それはこの強制移住に由来しているのである。[28]

ところで、強制移住の現実の推移については第六節で述べることとして、クロムウェルの収奪＝植民の中心課題としてのイングランド人新教徒の植民は、以上に述べた「処分法」(一六五二年)と、それにもとづくアイァランド人のこの強制移住とを前提としながら計画されたものである。そして、この計画もまた法律によって規定された。すなわち、上述の強制移住の「訓令」につづいて一六五三年九月二十六日に制定されたところの、「アイァランドにおける土地償還法」[29](An Act for the speedy and effectual Satisfaction of the Adventurers for Lands in Ireland, and of the Arrears due to the Soldiery there, and of other Public Debts, and for the Encouragement of Protestants to plant and inhabit Ireland)――以下「償還法」(一六五三年)と略記――がそれである。この長文の原名をひとくちにいえば、この法律は、アイァランドの大反乱を鎮定するために共和国政府が負っていた種々の貨幣債務を、反徒から没収した土地をもって償還すると同時に、イングランドの新教徒のこの国への植民を奨励するために制定されたものである、といえよう。そしてこのばあい、共和国政府に対する債権者は、大別してつぎの三種に分けられる。すなわち、この法律名そのものに見られるとおり、(1)「募金法」(一六四二年)にもとづく募金に応じた投機者と、(2)大反乱の鎮定に従軍し、未払給与の支払をうけるべき将校兵士と、(3)軍需品その他を前貸したご用商人との三者[30]がそれであって、総数三二、〇〇〇人以上[31]といわれたこれらの人々は、それぞれの債権額に応じて没収地による償還をうけ、コンノート地方とクレア県とをのぞくこの島国に植民者として定住するように計画されたのである。

「償還法」(一六五三年)[32]は、まずはじめに、以上のような植民計画の実施に当る共和国の政府機関を規定し、つぎに、右の三種類に大別される債権者のおのおのに割当てられるべき土地と、共和国政府によって留保されるべき土地(ならびに都市および海港)とを各地方および各県について指定し、[33]さらに、各地方における没収地の評価額を示している。すなわち、一、〇〇〇エィカにつき、レンスタ地方は六〇〇ポンド、マンスタ地方は四五〇ポンド、アルスタ地方は二〇〇ポンドというのがそれであって、これは「募金法」(一六四二年)が規定した「投機者のばあいと同一額である。[34]」これにつづいて、この法律は、没収地の割当方法(原則として抽選)や、割当地の過不足のばあいの調整手続をくわしく規定し、また、不具の兵士や寡婦について配慮し、植民の奨励その他の理由から、免税措置・学校や会堂の設立・公道の建設等々を規定している。さらに、この法律は、「いっそう迅速かつ有効な」植民を期するために、没収地について「概括測量」(Grosse Survey)がおこなわれるべきことを規定し[35]、また、没収地の割当をうけて入植した者の土地保有関係を、「募金法」(一六四二年)のばあいと同様に、自由保有と同じ態様において、すなわち"in free and common socage"として保有すべしとし[36]、そして最後に、一六五三年七月二日づけの上述の「訓令」と同一趣旨においてアイァランド人の強制移住を規定しているのである。以上に述べたかぎりにおいても明らかであるように、「償還法」(一六五三年)は、「募金法」(一六四二年)以来、長期議会を中心として実施されてきた収奪政策を、その後の事態の変化をとり入れながら集大成し、植民計画として包括的に規定しなおしたものといえよう[37]。この法律によって、アイァランドのすくなくとも四分の三の地域における土地は、あらゆる封建的義務から解放され、完全な所有権をもつブルジョア的自由資産として[38]、上記の三種類のイングランド人新教徒の手にひきわたされ、かれらの手によって植民されることになったのである。

そしてこのばあいとくに注意すべきことは、共和国政府が負う貨幣債務の償還手段が「反徒の土地」だけではなかった、という点であろう。このことは、共和国政府から発給された「給与債務証書」[39](いわゆる"Cromwellian Debenture")にもよくあらわれているのであって、それをつぎにかかげておこう[40]。ここに明記されているように、共和国政府の貨幣債務の償還手段は、「反徒の土地」だけではなく、「家屋・享有財産および世襲財産」のすべてであり、しかも「反徒」ばかりではなく「その他」の者の保有する資産もまた、そのなかにふくまれていたのである。そしてこのことは、「償還法」(一六五三年)に規定された測量調査についての一六五三年九月二十七日づけの「訓令」にもよくあ

アイァランドにおける軍人の未払給与および未払政府債務の算定の
ために任命された政府委員の名において

亡夫トマス・ハント大尉の管財人たるエスター・ハント夫人との和議および合意にもとづき、故人がチッドリ・クート大佐の指揮下の連隊における騎兵中隊づき大尉として、一六四六年十二月末日から一六四九年六月五日まで、アイァランドにおいてはたした軍務に対する故人のいっさいの未払給与に関し、同夫人自身のため、また遺児ヘンリ、トマス、ベンジャミン、アン、ヘスターおよびサラー・ハントの用に供するため、本証書を発給する。

七一四ポンド一七シリング六ペンス

共和国が右エスター・ハントおよび故人の遺児たち、その遺言執行人、管財人または財産譲受人に支払うべき至当残額は、七一四ポンド一七シリング六ペンスとする。すなわち、右エスター・ハントおよび故人の遺児たち、その遺言執行人、管財人または財産譲受人は、イングランド共和国の処置にしたがい、アイァランドにおける反徒の土地、家屋、享有財産および世襲財産をもって、あるいは同国におけるその他の土地、家屋、享有財産および世襲財産をもって、右の額を償還されるべきものとする。

一六五八年五月二十六日　ダブリンにおいて署名押印

エドワード・ロバーツ㊞
ロバート・ジョウジズ㊞
ロバート・ジェフリーズ㊞

審査のうえ登簿する
登記総監　トマス・ハーバート

らわれているのであって、そこでは、「牧草地、耕地および良質な放牧地、ならびに森林、沼沢および不毛な山々」をはじめ、「大荘園、郡、城、荘園、家屋、土地、享有財産、地代、年金、復帰権、残留権、占有権その他あらゆる世襲財産」ならびに「森林、建造物、採石場、鉱山」(41)がその調査項目として規定されているのである。このように見てくると、右の償還手段としては、土地を中心とするアイァランドの全国富が充当されることになっていた、といってもさしつかえなかろう。しかも「給与債務証書」に生き生きと示されているように、アイァランドの土地資産を主とする国富は、共和国政府の貨幣債務と交換されるべきものとして等置されているのであるから、この債務を償還するためには、土地資産を主とする国富の調査とその貨幣評価はぜひとも解決すべき課題であった。そればかりではなく、この償還は主として不動産でおこなわれ、直接の債権者ばかりではなく、「その遺言執行人」等々に対してもおこなわれるのであるから、地籍の確定はもとより、一般に不動産についての登記制度の確立もまた、その解決を必須とする問題になっていたのである。これらの問題は、いずれもクロムウェルの収奪＝植民計画の実施にともなって必然的に提起されていた問題なのであるが、基本的にはこれと同じ問題がこの時期のイングランドにおいて提起されていたことについては、すでに第二章第一節で述べたとおりである。

これを要するに、この当時の王党派の領袖の一人で、王政復古後に宰相となったクラレンドン伯(Earl of Clarendon, E. Hyde, 1609–74)がいみじくもいっているように、共和国時代の「アイァランドは、とりもなおさず、それによっていっさいの債務が弁済され、いっさいの奉仕がむくいられ、いっさいの恩恵がほどこされる大資本(great Capital)であった。」(42)そして、以上に述べたような内容をもつクロムウェルの収奪＝植民計画は、つまるところ「アイァランドにおけるブルジョア的秩序の確立」(43)をめざすところの、この「大資本」の再分配計画だといえよう。上節で述べたようなゲールの慣習がなお執拗に温存されていたこの島国にとっては、この計画は文字どおり革命的なものといわなければならない。ところで、この計画のもっとも重要な最終段階としての土地分配＝植民をおこなうために、共和国政府が解決すべき第一の課題は、種々の政府債務の総額を確定することであった。(44)そしてその額は、「償還法」(一六五三年)が制定されるころには、大づかみな数字ではあったけれども、すでにいちおう確定していたのである。(45)ところが、いっそう困難な問題がこれにつづいていた。すなわち、その一つは、債務償還に充当されるべきアイァランドの土地その他の資産の計測および評価であり、もう一つは、債務償還の実施、すなわち没収した土地資産の分配による新植民地アイァランドの実現であった。(46)そして、共和国時代のアイァランドにおけるペティの主要な活動は、これらの二つの事業を主宰すること、クラレンドン流にいいかえれば、アイァランドという「大資本」の計測・評価および分配にほかならないのであって、これらの活動によって、かれは市民革命時代の英・愛両国をつうじての中心的な問題にとり組むことになるのである。

そこで、「測量家ペティ」がここに登場する順序になり、またかれと不可分の関連をもつグラントが問題になってくるのである。

(1)　Prendergast, *Cromwellian settlement*., p. xiii.

(2)　*Ibid*., p. xiv.

(3)　Butler, *Confiscation*., p. 115.

(4)　前節で述べたように、大反乱は一六五二年五月に鎮定されたけれども、アイァランド人による小規模の地方的抵抗はなおその後もつづけられたのであって、大反乱の鎮定が公的に確認されたのは、後述する一六五三年九月二十六日づけの法律——「償還法」(一六五三年)——においてである。

(5)　Scobell, *Acts and ordinances*., Pt. II, pp. 197-200.　この法律は、アイァランドの全住民をかれらの「罪状」に応じて一〇種類に格づけているので、「格づけ法」(Act of Qualifications)ともよばれている。Dunlop, *Ireland under the Commonwealth.*, Vol. I, p. 269. *C.S.P.* (*Adventurers.*), p. xxvi.

(6) このばあい、たとえば土地資産の三分の二を没収された者は、残余の三分の一を、共和国政府が指定する場所において享受すべしとされ、従来の土地にとどまることは原則として不可能にされたのであって、後述(第六節第一項)する強制移住は、これと必然的に結びつく問題であった。

(7) Scobell, *op. cit.*, pp. 197–200. *C.S.P.*(*Adventurers.*), pp. xvii–xix. Bonn, *Englische Kolonisation.*, II. Bd., SS. 29–33. Butler, *op. cit.*, pp. 122–29. Gardiner, *Commonwealth and Protectorate.*, Vol. IV, pp. 82–85. 一六五二年十月、この法律にもとづいてアイァランド住民を裁判するために、高等法院(High Court of Justice)が設置された。

(8) 貧民を保護するという点に着眼しつつ、この法律にあらわれたイングランドの議会の「慈悲ぶかい意図」は、歴史家たちからしばしば賞讃されているという。Gardiner, *op. cit.*, p. 85. 後述する植民の見地から考えても、貧民の労働力を確保しておくということは、共和国にとって「得策」であったにちがいない。

(9) Scobell, *op. cit.*, p. 197.

(10) *Cf.* Bonn, *op. cit.*, SS. 29–30. Butler, *op. cit.*, p. 125.

(11) Dunlop, *op. cit.*, p. cxxxiii. 逆にいえば、大反乱勃発以来の一一年をへだてた一六五二年に、この法律を厳密に実施することは事実上不可能なことであった。*C.S.P.*(*Adventurers.*), p. xx.

(12) Gardiner, *op. cit.*, pp. 82–83.

(13) *Cf.* Dunlop, *op. cit.*, p. cxxxiii. Косминский, Буржуазная революция., I, стр. 431. ペティは、『アイァランドの政治的解剖』のなかで、アイァランド人旧教徒地主のうち、上記の「恒常的信実」を立証しえた者はわずかに二六人、その保有地は四万アイリッシュ・エィカにすぎないといっているが(H・一三六、邦・三四)、この一事から考えても、この時期の土地収奪がいかにはなはだしかったかがうかがえるであろう。この点については第六節で再言するが、その反面、この法律によって実際に死刑に処せられた者の数がひじょうにすくなかったという事実は、上記の基本的性格を裏書きするものにほかならない。*Cf.* Butler, *op. cit.*, pp. 124, 126–27. Косминский, *op. cit.*, стр. 431.

(14) Butler, *op. cit.*, p. 136.

(15) D'Alton, *History.*, Vol. IV, p. 344.

(16) このことは、本法の第三条だけを考えても明らかであろう。すなわち、そこには一〇四人の指導的な王党員(このなかには上述のオーモンド総督もふくまれている)およびキルケニ連盟員が(アイァランド人であれば新旧両教徒の別なく、また、旧教徒であればアイァランド人・イングランド人の別なく、さらに、スコットランド人長老派教徒までも、一人一人の名を明記されたうえで死刑の宣告をうけているのであって、クロムウェルに対する悪評は、一つにはこの第三条に起因しているという。*Cf.* Scobell, *op. cit.*, p. 198. Butler, *op. cit.*, p. 124. なお、バトラー(W. F. T. Butler)は上記の箇所で「一〇五人」といい、ガードナーは「一〇六人」といっているが、いずれも「一〇四人」の誤りであろう。

(17) Gardiner, *op. cit.*, p. 82.

(18) Косминский, *op. cit.*, стр. 431.

(19) 前出の注(13)参照。

(20) 前出の注(6)参照。

(21) Dunlop, *op. cit.*, Vol. II, p. 355.

(22) *Ibid.*, pp. 355–59.

(23) Bagwell, *Ireland.*, Vol. II, p. 324.

(24) Dunlop, *op. cit.*, Vol. II, pp. 355–59. 強制移住させられた者は、「いかなる口実をもってしても、シャノン川をこえて[その東側に]帰ってきてはならない」とされた。*Ibid.*, p. 415.

(25) 本章第一節参照。

(26) Butler, *op. cit.*, p. 134.

(27) Butler, *op. cit.*, pp. 134-35. Prendergast, *op. cit.*, p. 101. コンノート地方とクレア県とが荒蕪地であるから、という理由もあげられている。*Cf.* Архангельский, Ирландское земельное законодательство, стр. 20–21. 本章第五節第二項にかかげられている土地の良否別面積割合(三一一ページ)から考えても(もっとも、これは没収地のみについてのものであるが)、このことはうかがえよう。そして、本章第六節第一項の第四表(三二九ページ)をみると、このことはいっそう明白になる。とはいえ、上述した「募金法」(一六四二年)による土地評価額を見ると、一単位面積当りのそれは、アルスタ地方が最低で、コンノート地方は第三位である。Butler, *op. cit.*, p. 135. しかし、この評価額が実地調査以前のものであることは、注意すべき点であろう。

(23) Coonan, *Irish Catholic Confederacy.*, p. 321.

(29) Scobell, *op. cit.*, pp. 240-50. Petty, *Down Survey.*, pp. 353-68.

(30) Scobell, *op. cit.*, p. 240. Petty, *op. cit.*, p. 353.

(31) Petty, *op. cit.*, p. 338. プレンダガストによれば、兵士だけでも三五、〇〇〇人に達した。Prendergast, *op. cit.*, p. 187. この数は、「将校をのぞいて三四、一一八名」ともいわれている。Gardiner, *op. cit.*, p. 104.

(32)　「償還法」(一六五三年)は、「処分法」(一六五二年)とはことなり、いくつかの条文に分れていない。

(33)　この当時のイングランド共和国によるアイァランドの統治は、一人の総督——同時に軍司令官でもあったフリートウッド将軍と、三人のアイァランド委員(Three Commissioners of the Parliament of England for the Affairs of Ireland)——いずれも弑逆議員であったラッドロウ(E. Ludlow, 1617?-92)、コービット(M. Corbett, *d.* 1662)およびジョーンズ(J. Jones, *d.* 1660)——との四人の将軍によって構成される評議会(Council Board)を最高機関として執行されていた。そして、植民計画もまた、この三人の委員の指揮のもとに実施されたのである。三種類の債権者に割当てられた没収地の県別については、本章第六節第一項の第二表(三三三ページ)を参照されたい。

(34)　Scobell, *op. cit.*, p. 241.　Petty, *op. cit.*, p. 354.

(35)　Scobell, *op. cit.*, p. 244.　Petty, *op. cit.*, p. 359.

(36)　Scobell, *op. cit.*, p. 247.　Petty, *op. cit.*, p. 364.

(37)　*Cf.* Bagwell, *op. cit.*, p. 324.

(38)　Косминский, *op, cit.*, стр. 433.

(39)　第二章第一節および第三章第二節参照。イングランドのばあいには、債務償還が貨幣でおこなわれ、土地はそのための担保にすぎなかったのであるが、アイァランドのばあいには償還手段は土地を主とする資産とされていたのであって、これがいちじるしい相違点であった。Firth, *Cromwell's army.*, p. 204.

(40)　Prendergast, *op. cit.*, Frontispiece, p. 196.　プレンダガストは、この一枚の証書をさがしだすのに二〇年もかかったという。太字体で組まれている部分は、原本では活字で印刷されている部分であって、その他は手書きされている部分である。この証書の背後にある社会的事情については、文言それ自体が語っているので、ここにくりかえすまでもなかろう。ただ一言つけ加えるならば、文言中にある「一六四九年六月五日」という日づけは、クロムウェルのひきいるアイァランド派遣軍がイングランドを進発した日を示している。*C.S.P.* (*Adventurers.*), p. xxiii.　したがって、ここで問題になっているトマス・ハント大尉は、それ以前にアイァランドで活動したイングランドの将校ということになる。未払給与の償還をうけるべき将校や兵士は、この日を一つの境界として部類分けされていたのであって、前節で述べたように、兵士たちはこのような証書とひきかえに土地を割当てられ、ヨウマンになることを約束されていたのである。

(41)　Scobell, *op. cit.*, p. 253.　Petty, *op. cit.*, p. 373.

(42)　Clarendon, *Life.*, Pt. II, p. 63.

(43)　Hill & Dell, *Good old cause.*, p. 429.

(44)　Bonn, *op. cit.*, S. 74.

(45) *Ibid.*, SS. 75–77. Prendergast, *op. cit.*, pp. 94–95. Gardiner, *op. cit.*, p. 105.
(46) Bonn, *op. cit.*, S. 74.

第四節　ペティとグラント

一　測量家ペティ

ペティがはじめてアイァランドの土をふんだのは一六五二年九月十日であった。[1] 当時かれはまだ二九歳の青年であったが、イングランド共和国によるアイァランド派遣軍の軍医監[2](Physician-General)として、レンスタ地方のウォーターフォド(Waterford)に上陸したのである。それは、「処分法」(一六五二年)が制定されてからちょうど一ヵ月後のことであり、アイァランド人の抗戦はまだ完全には終息しておらず、この島国が「荒廃して砂漠のような」[3]状態におかれ、クロムウェルの収奪=植民計画がその形をととのえつつまさに実施されようとしていたときであった、といえよう。

ところで、ペティのこれまでの人生行路から考えると、この時期におけるかれのアイァランド渡航は、一見いかにも唐突に思われるであろう。というのは、第二章第四節で述べたように、第一次内乱が終結した一六四六年に大陸遊学をおわってイングランドに帰国してからのかれの社会的進出ぶりには、まことにめざましいものがあったからである。すなわち、かれは、自然研究者として、また機械器具の発明家として、さらには特異な『教育論』(一六四八年)の著者として名声を高めたばかりではなく、オックスフォド大学から医学博士の学位を授与され(一六四九年三月)、つづいてそこでの解剖学の正教授になり（一六五一年三月）、しかもその反面、ベイコンの学徒たちによってつくられていた「不可視の学院」において活動し、グレシャム・カレッジの音楽教授にもむかえられる等々、改組後のオックスフォド大学を中心とするかれの社会的地位は前途洋々たるものであって、軍医監としてわざわざ廃墟と化したアイァランドへでかけて行く必要はないように思われるからである。

かれは、自分がアイァランドに渡航する理由についてあまり多くを語っていない。けれども、かれのつぎの立言は注目すべきであろう。すなわち、「ペティ博士は、戦争がおわりにちかづき、アイァランドを規制して再植民（regulate and replant）し、戦前のように繁栄した状態にするための多大の努力が払われていた一六五二年に、そこへ行くように勧告された。そして、そこでは右の諸目的に寄与すべきもろもろの構想が要望されており、しかも同博士はこれらの構想に関連してすでに多少とも世間に名声を博していた(4)」と。この時期に「アイァランドを規制し再植民する」ということがクロムウェルの収奪＝植民計画を意味するものであることはいうまでもなかろう(5)。この「目的に寄与すべきもろもろの構想」についてペティが「すでに多少とも世間に名声を博していた」というその「名声」とは、おそらくは、実質的には社会改革論でもあった『教育論』の著者としてのそれか、機械器具の発明家としてのそれか、あるいは解剖学者ないしは医者としてのそれか(6)、のいずれかであろう(7)。しかもかれは、アイァトン将軍なきあとのアイァランド総督としてこの島国の「統治計画をたて」るかたわら、「独創的で有用な学芸の愛好者」でもあったラムバート将軍（Major-General J. Lambert, 1619-83）からも「好遇され」ていたのである(8)。ところが、ラムバート将軍のアイァランド総督就任は、クロムウェルとの対立関係から実現せず、「そのかわりにフリートウッド将軍が任命された(9)」とはいえ、ペティは、「アイァランドに関する右の構想を堅持しつつ、またそれがフリートウッド総督からもみとめられたので、軍医であると同時に同将軍およびその家族の侍医という資格において」この島国へ渡航した、といっているのである。ペティの渡航には、グラントやワイルド(第二章第四節参照)の熱心な「勧告」もまたあずかって力があったといわれているが、[11] 以上を考えあわせると、かれがイングランドにいたときから、すでにアイァランドの新事態に注目していたこと、そしてその渡航の窮極の目的がクロムウェルの収奪＝植民計画への直接の参加にあったことはほとんど疑いないのであって、軍医監としての地位は、たとえ渡航のための便宜手段とまではいえないにしても、むしろ従たる目的であったといわなければならない。[12]

そうとすれば、なぜペティはオックスフォド大学を中心として将来を約束された地位をなげうって、クロムウェルの収奪＝植民計画への直接の参加というきわめて冒険的なコースをあえてえらんだのであろうか。その答えは、かれがこの計画のもっとも重要な基礎をなすべき土地測量という、これまでかつて手がけたこともない大事業を担当するときの諸理由そのもののなかに求められるべきであるが、このばあい、かれが少年時代から、とりわけ市民革命の勝利のあとを追いながら、着々として社会的地歩をふみ固め、致富への道を躍進しようとしてきたこと、しかもこのような人生行路は、かれの学問的成長の過程と表裏一体をなしてきたこと、この二点を想起しておくべきであろう。[13]

この諸理由についてはすぐあとで述べることとして、ペティが軍医監としてもきわめて有能であったことについて一言しておかなければならない。前述のように(本章第二節)、かれが渡航した年からその翌年にかけてのアイァランドにおける悪疫の流行は、きわめてはげしいものであって、その前年にアイァトン将軍が死んだのもこのためであるが、将兵を悪疫からまもるための特別の病院も建設された、という。[14] ところで、ペティは、渡航後「二ヵ月とはたたぬうちに」軍隊の医療行政がみだれており、当時の薬剤監(Apothecary-General)が怠慢であることを発見した。そして、冗費を切りつめるばかりではなく、「軍隊・病院・守備隊・総司令部、等々に円滑に薬剤を供給し、それ以前にはとうてい信じられなかったような」状態にまでこれを改善したのである。(15) その反面、かれがすでに「ロンドン理学協会」で知りあっていた年若いボイルとの交友をふかめたのもこの時期のことであって、このばあいにもハートリップが両者のあいだに介在していた。(16) ボイルは、その父のリチャード・ボイル（本章第一節参照）がイリザベス女王の時代に獲得したコーク（Cork）県の広大な土地資産の現状を視察するために、一六五二年にペティと前後してアイァランドに渡航し、その後約二ヵ年間をここですごしたのである。(17) ところが、ボイルの心情においてはまったく「野蛮な」この島国は、かれにとってはたえがたいものであり、かれは「囚人」のようなわびしい生活を余儀なくされたのであるが、そこでの最大のよろこびは、「ハートリップの天才的な友人であるペティ博士」との交友であって、かれはペティから血液の循環その他の生理学や解剖学に関する最新の知識を教えられた。(18) そして、かれが終生安んじて研究に没頭しうるほどの莫大な土地資産をこの島国において確保しえたのは、クロムウェルの収奪＝植民によってなのであるが、それと同時に、かれが「ロマンティックなディレッタンティズムを放棄して、本格的な化学者になる」決意を固めたのも、この時期におけるペティの影響によるものだといわれているのである。(19)

ところで、この時期のアイァランドにおける最大問題がクロムウェルの収奪＝植民計画の実施であったことはいうまでもない。そして、ペティが軍医監として活動しているあいだに、この計画の実施の基礎事業としての、土地資産の測量調査が開始された。すなわち、すでに一言した「概括測量」が、「償還法」（一六五三年）の制定にさきだつ一六五三年八月に、(20) 測量監ワーズリ（Surveyor-General B. Worsley）の指揮のもとに発足したのである。ペティは、この測量を注意ぶかく観察していたのであるが、やがてその実施方法の誤りを痛烈に批判し、一六五四年九月に、みずからの指揮のもとにアイァランドの「幾何学的な」測量をおこなうことを当局に提案した。(21) その結果、ワーズリの測量は中止され、(22) ペティの提案が当局によって採用されることになった。そして、その翌年の二月からペティの主宰のもとに新しい土地測量が開始されることになるのである。(23)

ペティの測量はもとより、これに先行するもろもろの測量調査については次節で述べることにして、ここではかれがアイァランドのほとんど全域についての土地測量という、これまでのかれの職業とは一見いかにも縁の遠い大事業を担当するばあいのかれの諸理由について考えておきたい。というのは、これらの理由は、測量家としてのペティその人や、ひいては自然科学的研究から社会科学的研究へのかれの関心の転回を理解するためにきわめて重要だと考えられるからである。

これらの理由は、ペティが共和国時代の末期に書いた回想録のなかに、番号をつけて五つあげられているので、(24) その主要部分をつぎに訳出しておこう。すなわち、「1. わたしは(わたしの側からいえば事実そのとおりになったのであるが)、この全事業は約一ヵ年間にすんでしまうであろうから、けっきょくのところ、わたしが自然的諸知識を射ようとしている弓の弦をはずしておくことにはなっても、弓そのものを折ってしまうようなことにはなるまい、と思った。2. わたしは、地球をその最大の緯線において四周ちかくもするほどのながさの地表を測鎖と磁針とによって計測し、これを記録にとどめ、しかも(あらゆる人類にとって有用な)こういう仕事を、アイァランドをはじめて全面的に征服して空前の勝利をおさめた軍隊のためにするということは、従来わたしがこれだけの時間になしえた他のどのような成果にも劣らぬ名誉であると思った。それればかりではなく、この仕事をおこなうことによって、七年以上もかかるといわれていたこの事業が(ひじょうに好つごうなことには)、一年でかたづけうるということを高貴な人々に得心させ、そのうえ、この当時ワーズリ氏がおこなっていたところの、不条理で無意味な測量方法のために、この堂々たる軍隊が裏切られずにすむというのであれば、なおさら名誉であると思った。３．わたしは、協定にもとづく正規の報酬のほかに、不滅の感謝をうけるだろうと思ったが、あまりにも大きな功績は、しばしば至当な報酬以上のねたみを買うということを考慮しなかった。４．わたしは、新たな困難にいどむことによって、みずからの力量や知識を伸張し、それをつうじて、わたしの力量や知識が、(鞍型にはめられた革のように)形をととのえられるばかりではなく、大いに発展させられもするはずだ、と思った。５．わたしは、この事業をつうじて、わたしの職業(trade)である実験を、人体(bodies)から人心(minds)へ、前者の運動(motions)から後者の発現様式(manners)へと拡大し、そうすることによって、醗酵(fermentations)はもちろん激情(passions)をも理解し、その結果、医学研究の中断が全然なかったかのように、創意に富む友人たちの愉快な伴侶としてとどまりたい、と思った」と。

以上の諸理由を理解するばあい、ペティがこれを書いたのが土地測量や没収地分配という前後数年間をついやした大事業をおわったあとであること、すなわち、後述するように(本章第六節)、かれはこれらの事業にまつわる不正行為のかどで議会に召喚され、いっさいの公職を失うのであるが、その失意のなかでみずからの行動の正当性を弁明するためにこれを書いたのだということを考慮にいれておかなければならない(そうしないと、とりわけ第三の理由の後半などは理解できないであろう)。こういう点を考慮しながら右の諸理由を読むと、ペティは大別して二つの動機からこの大事業を担当する決意を固めた、といえよう。すなわち、その一つは、社会的名声や致富の実現といういわば世俗的な動機(第二および第三の理由)であり、もう一つは、いわば学問的な動機(第一、第四および第五の理由)である。そして、このばあいきわめて重要なことは、かれが一方では自然研究の継続と自然研究者としてのみずからの地位の存続とを強く念願しつつも[25]（第一および第五の理由）、他方では「新たな困難にいどむことによって」、みずからの「力量や知識」が「鞍型にはめられた革のように形をととのえて発展」することを期待していたということであろう（第四の理由）。ところで、このばあい、かれはベイコンの学徒としての自分が「職業」とする実験的方法を、「人体」や、その「運動」や、あるいはその生理作用としての「醗酵」[26]という総じて自然科学的問題領域における研究から、「人心」や、その「発現様式」や、その「激情」の研究へ意識的に「拡大」するといっているのであるが、この「拡大」された研究領域とはどのような領域なのであろうか。それは、後節で述べるように（本章第六節）、とりわけ没収地の分配をめぐって激化したところの、イングランド共和国の支配者の内部的な対立関係――『租税貢納論』第五章の土地測量論の表現をかりれば、「激情にかられたり、飲酒したりしながらおこなう取引」（H・四九、邦・八七）や、『アイァランドの政治的解剖』第九章の土地評価論の表現をかりれば、分配の「当事者たちが忠励・交友・雄弁および激情によって、たがいに相手を説伏したり、圧倒したりすること」（H・一七九、邦・一三一）――にほかならない。したがって、より一般的にいえば、それは社会的な人間関係であり、社会科学的問題領域を意味する、といえよう[27]。くりかえしていえば、かれは土地測量という「新たな困難」にいどみ、この「鞍型」をつうじて、自然研究者としてのみずからの「職業」である実験的方法を社会科学的問題領域へ、それと意識しつつ意欲的に「拡大」し、その諸知識を体系的に「発展させ」ようとしていた、といわなければならないのである。

ところで、土地測量もまた、ペティにとってはかつて手がけたこともない仕事であり、文字どおり「新たな困難」として意識されたにちがいない。けれども、この後者についていえば、かれが優秀な土地測量家となるための基礎的な教養を身につけていたことは疑いないのであって、それは第一章および第二章ですでに観察したかぎりにおいても立証しうるであろう。すなわち、かれは少年時代から実用幾何学・羅針盤術・地理学・天文学・製図術を修得していたし、青年時代には数学・解剖学・物理学・力学・機械工学・光学、等々をも修得しており、さらにマニュファクチュア一般や農業における生産技術者としても頭角をあらわしていたのであって、これらはすべて土地の測量調査をおこなうための基礎的な知識にほかならないのである。しかもこのばあい注目すべきことは、これらの諸知識は、イングランドの毛織物マニュファクチュアのいわば申し子として生れたかれが、オランダやフランスの進歩的な学問的雰囲気や、内乱時代のイングランドにおける実験科学のめざましい興隆のなかで鍛練されたものだという点であろう。以上に述べたかぎりにおいても、この時期のペティは、原理的な教養を十分身につけた"mathematical practitioner"であり、この意味における測量家であった、といえよう。

ところが、測量家ペティは、以上にとどまるものではなかった。というのは、この時期のペティは、すでに自然研究者としての域をこえて、『教育論』(一六四八年)を公刊し、また未完成ではあったが『産業交易誌』(一六四七年?)という特異な成果をあげていたからである。これらの成果は、すでにかれがオランダに遊学したとき、そこでの社会を"Frugality—Parsimony—Industry"という観点からとらえようとしたとき以来、とりわけベイコンやピュリタニズムの労働思想の圧倒的な影響のもとにおこなわれた社会観察の所産にほかならない。そしてかれは、『教育論』においては、国民の皆労による皆学を基礎とするところの、科学研究の組織化＝生産技術の進歩＝発明・発見の盛大化、つきつめていえば、マニュファクチュアの発達＝分化にもとづく社会的生産力の増進によってもたらされる全国民の富裕化と、前資本主義的諸制約からの人間解放を主張していた。また、『産業交易誌』においては、一方ではすぐれて生産技術的な観点にたちながら、社会的分業の発達と社会的生産力の増進の交互作用において産業交易(trade)の進歩＝社会の発展を考え、「金・銀・宝石の余剰利得」を「永久的で普遍的な富」と規定しつつも、この「余剰利得」の源泉を生産過程に求め、その増進のための生産技術の改善を主張し、他方では貨幣を「諸物品の共通の尺度」として、また「労働」を「人間の単純な運動」と規定していたのである。このばあいの「人間の運動」としての労働の概念は、かれが土地測量事業を担当する前述の第五の理由のなかで述べていた「人体の運動」という考えかたとまったく同様の解剖学＝生理学的な概念だといえよう。しかし、『産業交易誌』においては、「人間の単純な運動」としてのこの労働は、「諸物品の〔生産の〕ための運動」であり、しかも「成人男子一人の日々の労働」によって、諸物品の「共通価格」が規定されるのとならんで、これらの物品の剰余によって、「富んでいる」という状態(rich)が説明されていた。それればかりではなく、『産業交易誌』の全体をつうじてみとめられるその他のいちじるしい特徴として、かれが規定する諸概念が数多くの量的な規定をもち、また、かれの論述そのものが社会経済現象の数量化を媒介として展開され、さらに、デカルトやホッブズに負うであろう現象の数量化にもとづく推理がすでにこの当時にはじめられていたということも、ここで指摘しておかなければならない。これを要するに、この時期のペティは、その社会経済思想においても、当時としてはいちじるしく進歩した健全なものをもっていた、といってさしつかえなかろう。とはいえ、かれの本領は、自然研究者＝解剖学者＝生産技術者であり、その社会経済思想は、明らかに産業資本の立場にたつものではあったが、それはその発達に寄与すべき生産技術者としての観点によってつらぬかれていたのであって、このことは、すぐれて生理学的解剖学的であると同時に生産技術的な、「労働」の概念規定に集約的にあらわれているといわなければならないのである。(28)

以上のように見てくると、この時期のペティが土地測量事業を担当するようになったのは、けっして不自然ではない、といえよう。それは、すくなくともかれの自覚においては、「自然的諸知識」を「実験」によっていっそう発展させる「新たな困難」として積極的にとり組まれたものであり、しかもこの意欲は、上記の諸理由の第二および第三が示しているように、ひとことでいえば致富への躍進の期待によってささえられていたのであって、このことは、これまでのかれの人生行路から考えても明白である。ところで、後年の主著『アイァランドの政治的解剖』の序文において、かれはこの島国を一個の「政治的動物」(Political Animal)になぞらえているが(H・一二九、邦・二三)、これは、おそらくはここにはじめて渡航してきた当時からのかれの実感であったにちがいないし、またこのような考えかたの根底に、自然体と政治体との類比という、ベイコンの学徒としてのかれの基本的な方法論的意図があったことも疑いないのであって、このことは、かれの上記の諸理由の第五においてとりわけ鮮明にみとめられる。つきつめた形においてさきばしっていうならば、この類比にもとづいて自然体の研究方法を政治体のそれに適用したそのきわに生みだされたものこそ、王政復古後におけるかれの経済学的統計学的諸成果なのである。そうとすれば、ここでの問題は、かれがこのような類比にみちびかれながら、みずからの「職業」としての「実験」を自然体の研究から政治体のそれへ「拡大」した具体的な過程そのもの、いいかえれば、かれが主宰したところの、土地測量をはじめとするクロムウェルの収奪＝植民の諸事業の具体的な内容そのものの考察ということになるであろう。

この問題にたちいるまえに、個人的にはもとより、学問的にもペティと不可分の関連をもっていたグラントのこの時期の活動について述べておかなければならない。

(1) Petty's *Will*, p. iv.

(2) *Ibid.*, pp. iv-v. Fitzmaurice, *Life*, p. 21.

(3) Dunlop, *Ireland under the Commonwealth.*, Vol. II, p. 477.

(4) Petty, *Down Survey.*, p. 1. この書物のなかで、ペティは自分のことをつねに第三人称で表現している。

(5) Strauss, *Petty.*, p. 54.

(6) 「名声」といえば、ただちに想起されるのはアン・グリーンという少女を蘇生させた事件(第二章第四節参照)であろう。

(7) あるいはこれらのすべてと考えるほうがいっそう適切であるかも知れない。

(8) Petty, *Down Survey.*, p. 1.

(9) *Ibid.*, p. 1.

(10) *Ibid.*, p. 1.

(11) Aubrey, *Lives.*, p. 238. ペティがクロムウェルをはじめとする共和国政府の主脳者たちから好意をもたれていたことについては、第二章第四節および Fitzmaurice, *op. cit.*, pp. 17–18 を参照。

(12) もっとも、軍医として渡航するにしても、ペティのばあいには好つごうな人間関係があった。というのは、「不可視の学院」以来のかれの親しい友人で、クロムウェルの侍医であると同時にそのアイァランド派遣軍の軍医監(Physician-in-Chief)として従軍していたゴダド博士(第二章第四節参照)が一六五一年にイングランドに帰還し、オックスフォド大学のマートン・カレッジ(Merton College)の学長に就任したので、ペティの軍医監就任は、いわばゴダド博士の後任を意味していたからである。Strauss, *op. cit.*, pp. 54–55. ゴダド博士の学長就任が一六五一年十二月九日で、ペティの軍医監任命が同月末であるという事実は、このような事情を裏書きするものであろう。Fitzmaurice, *op. cit.*, p. 21. Hartley, *Royal Society.*, p. 71. なお、ゴダドが、「募金法」(一六四二年)にもとづく投機者の一人であったことも、注目すべき点であろう。C.S.P. (*Adventurers.*), pp. 95, 344. もっとも、ゴダド博士の名はプレンダガストの投機者の一覧表のなかには見当らないが、これはかれの応募の時期がおそかったことによるものであろう。

(13) この点については、第一章および第二章、とくに後者の第四節を参照。

(14) Strauss, *op. cit.*, p. 55. 後年、ペティは、悪疫の予防法についての一文を草したのであるが(L・一六)、それにはここでの経験も寄与していたのであろう。

(15) Petty, *Down Survey.*, pp. 1–2.

(16) More, *Boyle.*, p. 76.

(17) *Ibid.*, p. 67.

(18) *Ibid.*, p. 76.

（19） *Ibid.*, pp. 77–78.
（20） Hardinge, *Surveys.*, p. 9. Bonn, *Englische Kolonisation.*, II. Bd., S. 77.
（21） Petty, *Down Survey.*, pp. 3–10.
（22） Hardinge, *Surveys.*, p. 12.
（23） Petty, *Down Survey.*, pp. 32–33, 46.
（24） Petty, *Reflections.*, pp. 3–7.
（25） このことは、かれがアイァランド渡航にさいして、ブレイズノーズ・カレッジの副学長としての地位を一六五九年八月まで、またグレシャム・カレッジの教授の地位を一六六〇年三月まで、それぞれ温存しておいたことにもあらわれている。*Cf.* Hull, *Introduction.*, p. xv. もっとも、同時にこのことは、アイァランドにおける諸事業の失敗のばあいを警戒してのかれの配慮でもあったのであろう。*Cf.* Goblet, *Géographie politique de l'Irlande.*, Vol. I, p. 205.
（26） ペティは、この「醗酵」という概念を、おそらくはかれのオランダ遊学中に、人体における食物の消化作用を醗酵の過程としてはじめて解明したシルヴィウスに負っていたのであろう。第二章第二節参照。
（27） *Cf.* Strauss, *op. cit.*, pp. 110–11.
（28） 以上の諸点については、とくに第二章の第三節および第五節を参照されたい。

二　グラントにおける死亡表研究

内乱時代のグラントについては、すでに述べたように、かれが議会軍の一翼を形成していたロンドンの訓練部隊(民兵隊)に参加して「偉功をたてた」こと、また、かれとペティとの交友がこの時期にはじまったこと、さらに、かれが「統計の収集や吟味」についてペティを援助したこと、等々というわずかの事実が漠然と知られているにすぎないが[1]、このことは共和国時代のかれの経歴についてもあてはまる。すなわち、この時代のグラントについては、ロンドンの富裕な商人になっていたこと、また、ロンドン市の要職を歴任したのち、参事会員の一人として押しも押されもしないほどの重きをなし、偉大な調停者としてだれからも親しまれていたこと、(2)さらに芸術の趣味にもとぼしくなく、その収集家としても知られていたこと、等々が伝えられているにすぎないのである。(3)いずれにせよ、この時期のグラントが革命に勝利した市民階級の代表的人物の一人であったことはまちがいないのであるが、本書の主題にとってとりわけ重要なことは、ロンドン死亡表(London Bills of Mortality)に関するかれの研究がおそくともこの時期に開始されたと考えられるという点である。そのわけは、この研究の成果が『死亡表に関する自然的および政治的諸観察』(以下『諸観察』と略記する)として公刊されたのは、いうまでもなく王政復古後の一六六二年であるが、それは、かれ自身が「ながいあいだの真剣な精査」(H・三九八、邦・二四二)の結果だといっていることからもうかがわれるように、一年や二年の研究の成果だとはとうてい考えられないからである。そして、ペティの『租税貢納論』と同年に出版された『諸観察』は、オーブリがグラントは「そのヒントをかれの親友のサー・ウィリアム・ペティからえた」(4)といっていることからも知られるように、両者の協働の所産であるばかりでなく、次章で述べるように、内容的にも『租税貢納論』と密接に関連しあっているのである。そこで、グラントの研究資料としてのロンドン死亡表そのものの由来や、その内容や、グラントの研究方法などについて、ここにかいつまんで述べておくことにしよう。

グラントは、『諸観察』の第一章で、ロンドン死亡表の起源を一五九二年としているが(H・三三五、邦・六七―六八)、その真実の起源はさらに遠いものであるらしい。(5)すなわち、ハルによれば、それはすくなくとも一五一七年、(6)すなわちヘンリ八世の治世の初期にまでさかのぼりうる、という。そして、死亡週表の最古のものは、一五三二年十一月十六日から同月の二十三日までの一週間についてのものであって、これは悪疫の流行時に、枢密院がロンドン市長に報告を求めたことに由来するものといわれている。(7)その後、一五三五年、一五六三―六六年、一五七四年、一五七八―

八三年、一五九二―九五年、一五九七―一六〇〇年というように、悪疫が流行するたびに死亡週表が作成されたのであるが、(8)一六〇三年、すなわち初期ステュアート王朝の治世が開幕した年からの「悪疫の流行はひじょうに頑強であったので、この年から死亡週表が系統的に作成(9)」されるようになると同時に、それは「継続的な」ものになったのである(H・三三五、邦・六七)。

ところで、テューダー王朝の治世の比較的初期にロンドンで死亡表が作成されるようになったのは、「有名な臆病者のヘンリ八世が悪疫に直面した結果であることは疑いない(10)」といわれているが、いずれにせよ、それが「悪疫の流行に起因している」(H・三三五、邦・六八)ことはたしかであり、「ロンドンにおける悪疫の存在に対する警告というのがその本質的な起源であった。……初期の死亡表には、悪疫による死亡総数とその他の死亡総数とが示されていたのであって、その他の諸疾病による死亡統計がかかげられるようになったのは、やっとあとになってからのことなのである。(11)」すなわち、死亡(埋葬)数のみならず出生(洗礼)数もかかげられるようになったのは一五七八年からのことであるが、(12)悪疫以外の死因が報告されるようになったのは、一六〇四年からのことであり、一六〇七年十一月五―十二日の死亡表には、二一の死因とそのおのおのによる死亡数がはじめてかかげられた(H・三四二、邦・八六)。その後、死因はしだいにくわしくなり、(13)またロンドン市の成長にともなって、死亡表に包括される教区数もまたしだいに増大したのである。(14)このように見てくると、ロンドン死亡表がしだいにその形式をととのえたのは、初期ステュアート王朝の治世においてである、といってさしつかえなかろう。そして、グラントが研究したのも、主として一六〇三年以降の死亡表についてなのであるが、その内容はどのようなものであったのであろうか。いうまでもなく、それは、さしあたっては死亡表そのものの作成手続によって規定されるものといわなければならない。

グラントによれば、その手続はつぎのとおりである。すなわち、「だれかが死ぬと、打鐘すなわち鐘をならすか、あるいは寺男への墓穴の予約がくるかのいずれかによって、右の寺男と連絡のある検死人(Searchers)にそれと知らされる。すると、検死人(これらの人々はその職務に対して宣誓した老婦人であるが)は、死体がよこたわっている場所にでかけて行き、それを見たり、その他の調べをしたりして、どのような疾病または事故によってその死体が死んだのかを吟味する。そのうえで、彼女たちは教区書記(Parish Clerks)に報告するのであるが、教区書記は、毎週火曜日の夜に、その週中に生じたすべての埋葬および洗礼の記録を会館(Hall)の書記に報告する。水曜日には、総括的な記録が作成され、印刷に付されるのであって、木曜日には公刊され、年四シリングを支払う各家庭に配布されるのである」(H・三四六、邦・九七―九八)と。死亡表の作成手続が以上のとおりだとすれば、研究資料としての死亡表の信頼性は、このかぎりではなによりもまず第一に、検死人そのものの信頼性いかんによって規定される、といっても過言ではなかろう。ところが、当時の実情においては、それはまったく不確実というほかなかったのである。当時の検死人は、一教区当り二、三人の割合で教区から任命される婦人(通例は老婦人)であったが、彼女たちは、救貧法の対象になるかならぬかのすれすれの状態にある貧困な人々であって、教区としては、彼女たちにごくわずかの報酬を支払うことによって支出を節約すると同時に、救貧法による負担をも軽減しようとしていたのである。[17] グラントもいっているように、彼女たちは「おそらくは無知で不注意な」(H・三四七、邦・一〇二)人々であり、「ぞっとするような役がら」やその他の環境は、彼女たちを「習慣的に不誠実な」人間にしていた。[18] 彼女たちは、その職務を執行するさい、グラントもいっているように医師の意見を徴したり(H・三四九、邦・一〇五)、死者の縁者にたずねたりしたけれども、多くのばあい、自分のいいかげんな観察にもとづく一人判断で死因を判定したり、これを分類したりした。[19] それに、悪疫の流行時には、それによる死亡を秘匿しようという欲求が世人のあいだにいちじるしく高まるのがつねであって、[20]グラントがいうように、「老婦人の検死人たちは、酒《エイル》の一ぱいも飲まされれば目がかすみ、四ペンス銀貨一個[21]をうけるところを二個もつかまされようものなら」(H・三五六、邦・一二六)、わけなく買収されてしまった。[22]したがって、死亡表にかかげられる死因別死亡数のうちで、もっとも確実なのは、「刑死および拷問死」(executed and pressed to death)であり、「溺死」(drowned)、「射殺」(shot)などがこれにつぎ、その他の疾病による死亡数は、きわめて不確実というほかはなかったのである。[23]

死亡表の信頼性をそこなったもう一つ別の大きな原因は、宗教上の紛争であって、そのために、ローマ旧教徒、およびクェイカー教徒・再洗礼派教徒ならびにユダヤ人その他の国教反対者たちは、死亡を教会に通知してもその確認を拒否され、したがってまた、グラントがいう「打鐘」はこのばあいにはなく、その結果、かれらの死は死亡表にあらわれてこなかったのである。[24]宗教上の対立が政治闘争の中心的な争点の一つになっていた初期ステュアート王朝の時代には、これはとりわけけみのがしえない点であろう。しかもこのことは、死亡(埋葬)数ばかりではなく、グラントもはっきりみとめているように(H・三六二、邦・一四〇―四二)、出生(洗礼)数についてもあてはまることであった。これを要するに、当時の死亡表は、以上のような社会的諸制約のために、人口動態に関する研究資料としてはきわめて不備なものであり、せいぜいのところ大づかみな目じるしを示すものでしかなかったのである。[25]

そうとすれば、グラントはどのような動機からロンドン死亡表の研究を思いたったのであろうか。それは必ずしも明らかではない。しかしながら、かれ自身が書いているところから判断すると、その事情はつぎのとおりである。すなわち、死亡表が当時の死亡表の継続的購読者たちによって、いわばお茶のみ話のたねにされるか、せいぜいのところ、悪疫の流行時に「富者が転地の必要の有無を判断し、商人が各自の商売における取引の見込を推測する」ための材料にするという程度の利用しかなされていないのを見て遺憾に思ったこと、そして、「わが市の賢者たちがこういう記録をとって配布するという称賛すべき慣行を企図したについては、これ以外の、もっと偉大な用途があったにちがいない、否すくなくともなにか別の用途があるはずだと考えた」こと、そこで、「手にしうるかぎりの数多くの死亡総括表〔年表〕をながめたところ、これはやりがいがありそうだと感じた」こと(H・三三三、邦・六四)、というのがその主たるものだといってさしつかえない。したがって、かれの諸観察＝研究は、かれがなんの先入主もなしに、いわば「偶然におこなったものであり(特定の意図のもとにそうしたものではない)」(H・三三二、邦・二九)のである。そうとすれば、かれの研究の動機は、つまるところ好奇心から、ということになるであろう。ところが、この好奇心こそ、グラントの『諸観察』もまたその一つに数えられるところの、王政復古時代のイングランドにおけるかがやかしい学問的諸成果を生みだした原動力の一つにほかならない[26]。いいかえれば、ヨーロッパ各国にさきがけて歴史的発展をとげつつあったイングランドにおいては、市民革命の勝利をつうじて創出された資本主義的社会関係は、市民階級の好奇心をそそるにたりるものであったし、また、新たに政治権力の座についた市民階級にとっては、生産力の上昇と表裏すべき労働力の再編成をはじめ、社会生活の全面についての科学的知識の必要は真に喫緊の問題になっていたのである。グラントの研究動機も、客観的には、実はこの生産力の上昇にともなう人口の都市集中や、労働力の再編成の問題、その解決のための人口静態および動態の把握の必要という社会的要請によって裏づけられていた、と考えてさしつかえなかろう。

　このような動機から研究に着手したとき、グラントは、まず第一に、「できるかぎり全部の死亡表をさがしだそうと、教区書記の会館にあるものにまで手をのばし、(27) この種の材料の入手につとめた」(H・三三三、邦・六四)。そして第二に、かれは、「すべての埋葬および洗礼について、またすべての疾病および事故(Deseases and Casualties)について、年次別・季節別・教区別あるいは市のその他の区域別の比較をいっそう容易にするために、これらの材料を全部ひとまとめに見られるようにしようと思い、これらを若干の表(Tables)(その写しが本書に挿入されている)の形にあらためた」(H・三三三―三四、邦・六四)。さらに第三に、かれは、それまでにかれが「少数の分散した死亡表についていだいていた思いつきや、意見や、臆測やを吟味しはじめたばかりでなく、自分がつくった諸表《テイブルズ》から理由と動機とをみいだしたとき、新たなるもの」、すなわち、「若干の真理とまだ一般には信じられていない見解と」(H・三三四、邦・六四―六五)を発見したのである。研究資料の網羅的な収集、その整理(製表)、その結果を基礎とする推理と既存の諸見解の検討、そして新たなる真理の導出＝発見、という以上に述べたような順序は、まさに実証的帰納的な科学的研究手続の大道を示すものにほかならない。しかもグラントは、研究資料としての、上述のような内容をもつ死亡表の信頼性について、一方では、死因の識別は医者でさえ困難で、「常識的なもの」(matter of sense)でしかないのであるから、「検死人の報告で十分だ」と考えながらも(H・三四八、邦・一〇二)、他方では、比類ないほどの忍耐づよさと慎重さとをもってこれに検討を加えたのであって、このことは『諸観察』のいたるところにおいてみとめられるのである。(28)

ところで、以上のように合理的な手続をふみながら研究をすすめるばあい、グラントはどのような方法を用いたのであろうか。それは、かれの自覚によれば「商店算術という数学」(Mathematicks of my Shop-Arithmetick)(H・三二三、邦・三二)であって、これが主軸をなす方法であったといってさしつかえない。すでに述べたように(第一章第四節)、十七世紀イングランドにおける数学の発達は、とりわけ海外貿易の発展にともなってもたらされたところの、「三の法則・連鎖法」すなわち比例を中心とする商業算術の発達を基盤としつつ、「貿易業者・商人・海員・大工・土地測量家」(29)等々をその担い手として推進されたものである。少年時代からペティが数学においてきわめて有能であったことはすでに述べたし、またかれが「土地測量家」としていかにこれを活用したかは次節の第二項にゆずるが、生れながらの商人であったグラントにとっての数学＝「商店算術」＝商業算術は、学問的関心の対象というよりも、むしろ日常業務の遂行のために不可欠な技術であった、といえよう。そして、死亡表そのものは、社会(人口)現象の数量的表示にほかならないのであるから、それにもとづいて演算をおこなうのにふさわしい研究対象であり、しかもその不備や、総じて統計資料の不足という制約は、商業算術のなかでも比例計算を主軸とする推算の方法を広範に採用させ、諸現象の数量的観察および比較ばかりでなく、ひいてはそれらの数量的関連の把握をも促進させたのであって、この点もまた『諸観察』のいたるところにおいてみとめられるであろう。ところで、このような自然科学的＝数学的方法がベイコンの自然哲学を基調とする科学思想によってささえられていたということは、グラント自身が、みずからの研究を、ベイコンが『ノヴム・オルガヌム』とならんで大著『大復興』(*Instauratio Magna*)の一部をなすべきものと考えていた『生死論』(*The History of Life and Death*)になぞらえつつ、「自然誌」(Natural History)とみなしていたことに端的にあらわれている、といえよう(H・三三二、邦・二九)。そしてこういう思想は、社会における自然法則の存在への信頼や、自然体と政治体の類比という形においても、『諸観察』のあちこちにその表現をみいだしているのである(たとえば、H・三七四、邦・一七六―七七、H・三三〇―三一、邦・二四―二五)。それればかりではない。グラントは、「産業交易においては普遍的尺度〔としての貨幣〕が必要だということを知っている」(H・三二四、邦・三三)ほどの商人であると同時に、「土地が富の母であり胎であるように、人手はその父である」(H・三七七、邦・一八四)という、当時のピュリタニズムとふかくむすびついた労働思想をもいだいていたのである。

以上のように見て、この時期のグラントとペティをくらべると、たとえその視野のひろさや洞察のふかさにおいて前者は後者に劣るとはいえ、その研究方法やそれをささえている諸思想において、両者は共通する多くのものをもっていた、といえよう。ロンドン死亡表の研究結果としてグラントが発見した「新たなもの」、すなわち「若干の真理と、まだ一般には信じられていない見解」、つまり『諸観察』そのものの特徴的な内容については次章で述べることにしよう。ここでの当面の問題は、グラントが共和国時代のロンドンでこの研究に従事しているあいだに、ペティがアイァランドにおいておこなった上述の諸事業の具体的な内容でなければならない。そして、すでに述べたように、グラントはペティのアイァランド渡航の「勧告」者の一人であったが、この時期にはじまるペティとアイァランドとの利害関係の深化につれて、グラントは、この時期以降、ロンドンにおけるペティの代理人としての役割をはたすようになるのである(30)。

(1)　グラントが訓練部隊の大尉であったことは事実であるが、それがいつのことであったかということでさえ、実は明らかではない。久留間教授が述べているように、『死亡表に関する自然的および政治的諸観察』のとびらにその著者グラントが「大尉」として明記されているのは、一六六五年の第三版からのことであって、一六六二年の初版も同年の第二版も、「ロンドン市民ジョン・グラント著」とあるだけである。ところで、一六七六年の第五版(グラントの死後、ペティのあっせんによって公刊された最初の版)から付録のなかにはじめて加えられた「若干の追加的諸観察」(Some further Observations)には「少佐ジョン・グラント」とあるから、かれは、一六六五年から死ぬ一六七四年までのあいだに少佐に昇進したのであろう。しかしながら、一六六六年のロンドンの大火のころ、グラントはローマ旧教に改宗し、その後すべての公職を辞したといわれているから、もしそのとおりとすれば、その後「少佐」に昇進したのはおかしい、ということになる。なお、これらの点については、グラントのこの著作の邦訳につけられた久留間教授の「解題」を参照されたい。

(2)　Hull, *Introduction.*, p. xxxviii.

(3)　Aubrey, *Lives.*, pp. 114-15.　Hull, *Introduction.*, pp. xxxiv-xxxv.

（4）Aubrey, *op. cit.*, p. 115.

（5）一六五八年以前のロンドン死亡表は、一六六六年の大火で全焼してしまったので、その起源にはいっそう多くの疑問がのこされている。Hull, *op. cit.*, p. lxxx.

（6）*Ibid.*, p. lxxxi.　メイトランド（W. Maitland, 1693?–1757）は、ロンドン死亡表の起源を一五六二年としている。Maitland, *History of London.*, p. 533.

（7）Hull, *op. cit.* p. lxxxi.　Bell, *Great plague.*, p. 5.

（8）Hull, *op. cit.*, p. lxxxi.

（9）Bell, *op. cit.*, p. 5.　死亡表が印刷されるようになったのもこの年からであり、また一ヵ年をつうじての総括表（general or yearly bill）が公表されるようになったのも、おそらくはこの年からのことである。Hull, *op. cit.*, pp. lxxxiii, lxxxvii.

（10）Hull, *op. cit.*, p. lxxxi.

（11）Bell, *op. cit.*, p. 20.

（12）Hull, *op. cit.*, p. lxxxvii.

（13）『諸観察』の初版には、一六二九―五九年（ただし、一六三七―四六年は欠如）について、八一の死因がかかげられている。

（14）Hull, *op. cit.*, pp. lxxxiv–lxxxvii.

（15）この宣誓は、熟練のかぎりをつくして「誠実に、ありのままに、しかも公平に」死因を報告する、という趣旨のものであった。Bell, *op. cit.*, p. 18.

（16）死亡表は、一枚刷りの紙で、一ペニを支払えばだれでも手にいれることができた、という。*Ibid.*, p. 58.

（17）*Ibid.*, p. 17.

（18）*Ibid.*, p. 17.

（19）*Ibid.*, p. 18.

（20）*Ibid.*, p. 20.

（21）一六五三年八月二十四日に制定された法律第六号「結婚・出生および埋葬の登記に関する法律」（An Act touching Marriages, and the Registring thereof ; and also touching Births and Burials）は、出生および死亡についての教区の登記には、「一件につき四ペンスをこえざる」（four pence and no more）手数料が徴収されるべきものと規定している。Scobell, *Acts and ordinances.*, Pt. II, p. 237.　ハルは、『諸観察』のこの箇所についての注のなかで、この手数料は、ロンドンでは教区書記が検死人をつうじて徴収していたのであろう、といっている。

(22) Bell, *op. cit.*, p. 19. 一六六五年の大悪疫当時のロンドン市長は、検死人の無知のために悪疫による死亡に誤報が多く、その結果、死亡表が歪曲されることについて、くりかえし苦情を述べている。*Ibid.*, pp. 76, 131.

(23) *Ibid.*, p. 17. この点については、当時の医学の水準も考えあわされなければならないことはいうまでもない。

(24) *Ibid.*, p. 18. Hull, *op. cit.*, p. xc. かれらは、自分自身の手で死者を埋葬したのである。

(25) Bell, *op. cit.*, p. 17. このような状態は、基本的には一八三六年における登記法の制定までつづいた、といってさしつかえない。*Ibid.*, p. 18.

(26) オッグ(D. Ogg)は、この「好奇心」(curiosity)のほかに、原動力として「反抗心」(revolt)と「良識」(good sense)とをあげている。そして、当代の「好奇心」を例証する者としてペティとイーヴリンとペピーズを、また「反抗心」を例証する者としてバンヤン(J. Bunyan, 1628–88)とホッブズを、さらに「良識」を例証する者としてロック(J. Locke, 1632–1704)とハリファックス侯(Marquis of Halifax, G. Savil, 1633–95)とをそれぞれあげている。Ogg, *Reign of Charles II.*, Vol. II, pp. 733–52.

(27) メイトランドは、その『ロンドン史』のなかで、自分が利用した教区書記組合の登記簿は、一六六四年以降の分であるといい、つぎのように記している。すなわち、これ以前の部分は、「失われている。組合の意見によると、この部分は、グラント氏の『自然的および政治的諸観察』の執筆を可能ならしめるために同氏に貸しだされたのであるが、ある事故のために返却されずじまいになってしまった」と。Maitland, *op. cit.*, p. 535. この「ある事故」がどのような事故であるかは不明である。

(28) 死因としての諸疾病の検討については、とくに第二章および第三章を参照。Greenwood, *Medical statistics.*, pp. 28–30.

(29) Taylor, *Mathematical practitioners.*, p. 4.

(30) Fitzmaurice, *Life.*, p. 233. Strauss, *Petty.*, p. 159.

第五節　没収地の測量調査

一　ペティに先行するもろもろの測量調査

ペティが主宰した土地測量の内容を明らかにするためには、それに直接先行する測量調査について素描しておくことが必要であるが、ここでは、その背景をなすものとしての、アイァランドに関する土地測量＝製図術(cartography)や地誌的研究(chorography)の発達について、素描的に述べることからはじめたい、と思う。

アイァランドは、プトレマイオス(Ptolemaios Klaudios, *fl.* 127-57)の昔から、数多くの地図のうえにその姿をあらわしていたけれども、(1) テューダー王朝の後半にいたるまでのイングランドにとっては、至近の距離にありながら、遠い北アメリカの新植民地ヴァージニアと同じ程度の野蛮な異国としてしか考えられていなかった、という。(2) ところが、この時期をさかいに、アイァランドに対するイングランドの知的関心はにわかに高まったのであって、このことは、この島国についての地誌的記述や地図類が、一五七〇年代以降、突如として「前代未聞」といわれるほどの数にのぼっている、という事実からも知られる。(3) そしてこの事実が、上述したような(本章第一節)、この時期以降のアイァランドにおける植民―反乱―土地収奪―植民にともなって急速にもたらされたものであることは疑いないのであって、(4) 一方では反乱鎮定のための軍事行動の必要からうながされる軍用地図の作製への要請と、他方では植民のための地誌的知識ならびに精密な地図(estate map)の作製への要請との双方がむすびついてこの事実を生みだしたのである。(5)

ところで、これらの地誌的記述や地図類がイングランド人の業績であることはいうまでもないが、この時期のイングランドにおける土地測量＝製図術の状態はどうかといえば、それはヘンリ八世の治下における宗教改革を直接の契機としつつ、すでに急速な発達をとげつつあった。(6) というのは、この改革にともなう修道院の解散は、土地所有の大規模な変革をもたらし、新興の土地所有者を生みだしていたのであるが、かれらはみずからの私有財産権(土地所有権)の限界を画定するため、所有地の精密な測量とそれにもとづく地図《エステイト・マップ》を必要としたからである。(7) 土地測量が一個の職業として独立するのもこの過程においてであって、[8] イリザベス女王の即位後一〇年とはたたぬうちに、絶対主義国家の側からの統治上の要請にもささえられながら、[9] 測量や、海図および地図の作製やについての幾何学的諸方法はいちおう確立し、また測量器具について見ても、羅針儀や測鎖のほかに、素朴な経緯儀や平板(plane-table)がこの時期から使用されるようになったのである。[10] 中世以降、海図や航路図(portlano)を主軸として発達したところの、いわば外側からの地図と、内陸の実測にもとづく地域図を主軸として発達したところの、いわば内側からの地図との総合が開始されるのは、すくなくともイングランドに関するかぎり、イリザベス女王の治下における絶対主義の最盛期と考えてさしつかえなかろう。[11] いずれにせよ、大規模な反乱が相ついだのと表裏しつつ、本格的な植民が開始された十六世紀後半以降のアイァランドは、「イングランドの測量家や製図家たちにとっての演習地」[12] にほかならなかったのである。

初期ステュアート王朝の治世四〇年間は、すでに述べたように(本章第一節)、反乱というほどの反乱もない「平和な」時代であったが、同時にそれは、アルスタ植民をはじめとするいっそう大規模な植民にあけくれた時代であった。この時代のイングランドにおける測量＝製図術の状態はどうかといえば、ギルバート(W. Gilbert, 1540–1603)の磁気学に関する決定的な大著[13]『磁石について』(*De Magnete*, etc. London, 1600)の公刊とほぼ同じころ、ゴドウィン(J. Godwyn, *fl.* 1597–1600)によって地平角測度器(circumferentor)が発明され、それにつづいて、スピード(J. Speed, 1552?–1629)の不朽の業績『大ブリテン全図』(*The Theatre of the Empire of Great Britain*. London, 1610–11)の公刊があり、さらに一六一六年には、「幾何学的測量の実際をはじめて全面的にとりあつかった論著」といわれているラスボーン(A. Rathborne, 1572–1618)の『測量者』(*The Surveyor*, etc. London, 1616)が公刊され、測量＝製図術の発達が促進された。[14] ところが、このような状態を基礎としつつ、新植民地アイァランドはくりかえし測量されたにもかかわらず、[15] この時代のアイァランド植民、とりわけアルスタ植民の失敗の一因が不正確な測量に帰せられていることからも知られるように、測量術そのものの技術的水準は、けっして高いものではなかった。[16] 土地の測量といえば、現代では実測にもとづく地図の作製と不可分にむすびつく概念であるが、この当時は必ずしもそうではなく、同時に土地面積の推定的な記述、地価の評価、土地に関する裁判の判決、等々、総じて土地に関する調査一般をも意味していたのであって、この事実もまた、測量術の技術的水準の低さを側面的に示すものといえよう。[17] その反面において、植民にあけくれたこの時代は、前時代にもましてアイァランドに関する諸知識が要求された時代であって、この要請にうながされながら、アイァランドは地誌的研究の対象となり、十七世紀イングランドにおける地理学の発達史上いわゆる「地誌の段階(一六〇〇―四〇年)」がもたらされるのである。[18] すでにしばしば引用したアイァランド法務長官デイヴィーズの著作(一六一二年)も、この時期における地誌的研究の成果の一つとみなしてさしつかえないのであるが、[19] 一六四一年の大反乱勃発までに公刊されたこの種の成果はかなりの数にのぼっている。[20] とはいえ、これらの地誌の記述家たちは、総じてアイァランドには親しみのうすい「異国人」というべき人々なのであって、かれらの観察や記述の方法は、表面的で雑然としており、在来の諸成果をぬきんでるほどのものはあらわれなかったのである。[21]

市民革命の時代をむかえて、地誌的研究も土地測量＝製図術も、ともに画期的な進歩をとげるのであるが、以上に述べたところとの関連において、つぎの二点はとりわけ注意すべきであろう。すなわち、その第一は、一般的な問題であるが、土地測量＝製図術の発達が社会経済現象の数量的(統計的)観察方法のそれと密接にむすびついていた、という点である。というわけは、土地測量＝製図も統計的観察も、測定および計算を基礎とする諸現象の数量的な表示という点において、方法的にきわめて緊密な親近性をもっているからであって、上述のような経過をたどって発達した十六世紀後半以降の地図《エステイト・マップ》が、しばしばその一隅に当該地域の保有者別土地面積、家畜頭数、等々を数量的に示した一覧表をかかげているのは、両者の親近性を具体的にあらわすものにほかならない。(22) ジェイムズ一世治下の測量家で、土地の価値やその生産性の測定に重点をおいていた人(23)として注目すべきフォーキンガム（W. Folkingham, *fl.* 1609–10）が、自著『測量法大要』(*Feudigraphia. The Synopsis or Epitome of Surveying Methodized*, etc. London, 1610) の冒頭で、「天秤は公平な裁判官である」(*Bilanx est arbiter aequus*) という標語をかかげながら、「もし読者諸君が数・重量・尺度 (Number, Weight, Measure) を放棄してしまうならば、諸君は正義を追放し、昔ながらの、あのいまわしくも救いがたい混乱を地獄からよびよせて再現することになる(24)」といっているのも、両者の関連を集約的に強調するものといえよう。そして、ここで強調されている「数・重量・尺度」による観察が、グラントやペティにとってもまた中心的な方法の一つであるということは、きわめて興味ふかいのである。それはともかくとして、注意すべき第二の点は、特殊的な問題であるが、テューダー王朝後半以降のアイァランドにおける土地測量が、いずれも地形測量 (topographical survey) であると同時に地籍測量 (cadastral survey) でもあるという性質を多かれすくなかれもつようになった、ということである。いいかえれば、これらの測量がいずれも収奪地の分与＝植民のための基礎調査としておこなわれたものであることは上述のとおりであるが、新植民地は貨幣地代その他の形態におけるもろもろの収入を生むべきものであるから、これらの測量は、土地の面積や形状ばかりではなく、その種類、価値、等々、総じてその良否 (profitable or unprofitable) をも調査測定しつつ、近代的土地所有権の限界を画定しなければならないのである。上述したアルスタ植民の失敗の一因としての不正確な土地測量は、実はこの二重の性質をもつ測量の困難性に胚胎していたといってさしつかえない。(25) フォーキンガムの上述の著作が「アイァランドまたはヴァージニアの植民地におけるすべての植民請負人のために」(26) と銘うって出版されたのも、この困難性の克服という社会的な要請に答えようとしてのことであろう。そして、この困難性の克服ということこそ、共和国時代のアイァランドの全島的な規模において、ペティが当面した最大問題の一つにほかならない。この点については、次項および第六節の第二項でたちいって考察することにしよう。

ところで、「土地資産の没収時代」ともいわれる市民革命時代のイングランドにおいて、土地測量＝製図術が長足の進歩をとげたことは、すでに第二章第一節でも述べたとおりである。そして、大反乱と空前の大収奪がおこなわれたこの時代のアイァランドに関しては、地誌的研究においても土地測量＝製図術においても、とりわけ画期的な発展がみとめられるのであって、一六四〇—七二年がボート (G. Boate, 1604-50) とペティとによって代表される一時期として画定されているのもそのためである。(27) ペティについては次項以下でとりあつかうことにして、ここでは、「処分法」(一六五二年) の制定と同年に、したがってまたペティのアイァランド渡航と同年に出版されたボートの『アイァランドの自然誌』(*Irelands Naturall History*, etc. London, 1652) と、ペティの土地測量に直接先行するもろもろの測量調査とについて、かいつまんで述べておくことにしよう。

アイァランドに関する地誌的研究は、従来はもっぱらイングランド人によってなされてきたといっても過言ではないが、ボートは、植民事業においてはイングランド人の大先輩にあたるオランダ人であった。(28) この点からしてすでに特異的であるが、さらにかれが、ベイコンの学徒＝「真の実験的自然哲学」の信奉者で、(29) しかも「募金法」(一六四二年) にもとづく投機者の一人であったという点も、(30) 従来の地誌的研究者からかれを区別するいちじるしい特徴といわなければならない。ところで、この著作の冒頭には、クロムウェル、フリートウッド両将軍にあてたハートリップの献辞(31)と、ハートリップにあてた著者の兄(アーノルド)の手紙とがそえられているが、それらによると、かれはこの著作を、アイァランドの植物・動物および人民のおのおのに関する著作を加えた四部作の第一部として考えていたことが知られる。(32)そして、二四章の本論からなるこの著作の内容は、長文の書名(33)からも推測できるが、そこには、まずアイァランドの位置・形状・面積・地域区分(第一章)からはじめて、海岸・港湾(第二―六章)、泉・河川・湖沼(第七―九章)、土地(第一〇―一三章)、沼沢・森林(第一四―一五章)、鉱砿山(第一六―二〇章)、気象(第二一―二二章)、疾病(第二三―二四章)という順序で、この島国の自然的諸条件や諸特徴が網羅的に記述されている。そればかりではなく、土地に関してはその施肥＝改良の方法、また鉄・鉛(鉱産物)についてはその精錬の方法、等々、というように、生産技術についての観察や記述もおこなわれている。(34)しかも、以上すべての記述は、あくまでも直接の観察を基調としつつ、きわめて客観的になされており、また上記の章別にも見られるように、系統的に排列されているのである。(35)このような特徴は、いずれもこの著作の科学性を保証するものなのであって、この著作が、「アイァランドにおける国土の科学的記述の最初の試みを示す近代的な業績(36)」として、また、地誌的研究の域をこえるところの、「アイァランドのみならず、ブリテンその他のヨーロッパの地理学というそう広範な分野への分岐点を示すもの(37)」として、高く評価されているのもこのためである。

この時代のアイァランドにおける土地測量＝製図術の画期的発展は、いうまでもなくクロムウェルの収奪＝植民にむすびついてもたらされたものである。そして、この関連において実施された土地の測量調査は、小規模のものをも考慮にいれれば、すでに一六五二年五月から各地でつぎつぎにおこなわれていたのであるが、(38)全島的な規模のものは、上述の「償還法」(一六五三年)にもとづく「概括測量」が最初であり、後述する二つの測量がこれにつづくのである。これらの測量調査は、収奪地の分配＝植民のための基礎調査という意味において、テューダー王朝後半以降のアイァランドでおこなわれた諸測量調査とその性質を同じくしており、したがってまた、本来、地形測量であると同時に地籍測量であった。しかしながら、この時代の測量調査は、その規模が全島的であること、またその調査主体が絶対主義国家ではなくて共和国であることの二点において、従来のものとはいちじるしくそのおもむきを異にしている。そのうえ、この時代における収奪地の分配＝植民が共和国政府の貨幣債務の償還としておこなわれたこと、またこのばあいの債権者が総じて市民階級に属し、きわめて多数にのぼり、個々の債権額が大小雑多であったこと、しかも収奪地の分配＝植民の結果として設定されるべき土地保有関係がいっそう近代的な性質をもつものであったこと、等々は、そのための基礎調査としておこなわれるべき測量に対する新しい条件をなすものにほかならなかったのである。

「概括測量」は、本章の第三、四節で一言したように、「償還法」(一六五三年)にもとづき、一六五三年八月に、測量監ワーズリを主宰者として発足した測量である。この測量の直接の目的は、とりあえずコンノート地方をのぞく三地方二七県中の一〇県[39]の没収地について、本章の第四節で述べた諸項目に関する調査をおこない、各県の土地を投機者および兵士の双方へできるだけ公平に折半しつつ分配するための基礎資料を提供することであった。そしてそのばあい、測量の結果として地図が作製され、また測量費としては、土地の良否(profitable or unprofitable)にかかわりなく、一、〇〇〇エィカ当り四〇シリングが支払われることになっていたのである[40]。ところが、この測量は、厳粛な宣誓にもとづいておこなわれたものではあったが、(1)土地面積は推定的に計測されたにすぎず、(2)土地の良否は全然区別されず、(3)個々の土地の従来の保有者はもちろん、その土地が没収地であるか否かさえ区別されず、(4)ただ一〇県の全内容を概括しただけの調査でしかなかったのである。[41] ペティがワーズリの主宰するこの測量を批判したのもまさにこれらの点についてなのであって、かれがもっとも強調したのは、(1) この測量が一定地域の周界だけを計測してその面積を推定するにとどまり、しかもその結果の検証が全然なされていないこと、(2) 測量の技術者についても、その組織についても、器具についても、現実の調査要綱についても、きわめて不備な点が多いこと、(3) 測量費の支払方法がずさんであるため、いたずらに経費だおれになっていること、等々の点であった。[42] ひとことでいえば、ペティはワーズリの測量が「もっとも不十分かつ不条理になされている」[43] というのであって、この対案として、一六五四年九月、かれは一三ヵ月以内にコンノート地方をのぞく三地方の一〇県を没収地を中心としつつ「幾何学的に」実測し、その結果を地図の形にしあげるということを当局に提案した。[44] その結果、ワーズリの「概括測量」は、一六五四年の秋に突如として中止されることになったのである。[45]

測量監ワーズリは、ペティが口をきわめて非難するほど無能な測量家ではなかったように思われる。[46] 十九世紀における陸地測量の権威者の一人であったラーカム (Sir T. A. Larcom, 1801-79) の評価によれば、ワーズリが作製した調査要綱は、後述するペティのそれを「しのぐほどのものではないにしても、秩序だったものであり、簡潔で、しかもゆきとどいたもの」であって、それは「この測量監がおよそ測量とはいかにあるべきかを十分に理解していたことを示すにたりる」ほどのものである、という。[47] しかしながら、測量の完結があまりにもいそがれたために、現実におこなわれた「概括測量」そのものは、ワーズリの意図にも反するような成果しかあげられなかったのである。[48] とはいえ、「概括測量」が、たとえばある郡 (barony) を測量するばあい、その「全郡の周界 (surround or perimeter) だけを計測し」[49]、それによってその郡の面積を推定していたこと、またそのさい、上記のように土地の良否も、没収・非没収も全然区別しなかったこと、すくなくともこの二点は疑いない。したがって、この測量は、その名のように概括的な、しかも推定的なものでしかなく、これによって生ずる測量結果の不正確性こそ、この測量の致命的な欠陥であったといわなければならない。(50)

ところで、アイァランドにおけるイングランド軍の解隊は、大反乱の鎮定直後の一六五三年から部分的におこなわれていたのであるが、(51)一六五五年九月からその翌年の十一月にかけて最大規模の解隊がおこなわれることになっていた。(52)その反面、一六五四年のアイァランドにおけるイングランド共和国の総支出は約六三万ポンド(このうち軍隊の給与のための支出は約五二万ポンド)以上に達したのであるが、総収入はわずか二〇万ポンドにもみたないありさまであって、本国政府からの援助(一六四九―五六年の七ヵ年平均で年額約二二万ポンド)をふくめても、この島国における財政はいちじるしい赤字状態であった。(53)したがって、おそらくは三万人をこえるほどの数にのぼる将校・兵士を擁する軍の解隊を断行し、(54)軍事費の軽減をはかるということは、財政の破綻、ひいては共和国の危機をのりこえるための急務であったのである。ところで、軍を解隊するためには、収奪地をその手段とするところの、将校・兵士への債務償還つまり土地分配を実施しなければならない。しかも、そのための基礎調査としての「概括測量」は、上述のような結果におわったのである。そこで、共和国政府は、事態がこのように急迫していたにもかかわらず、あらためて二つの測量を実施することを決意したのであって、その一つは、審問にもとづく土地台帳(いわゆる“terriers”)の作製を主目的とする調査であり、もう一つは、実測にもとづく地図の作製を主目的とする測量(mapped admeasurement)である。(55)ペティが主宰したのはこの後者なのであるが、それについては次節にゆずり、ここでは前者について簡単に述べておくことにしよう。

審問にもとづいて土地台帳を作製することを主目的とする調査は、一六五四年六月に開始され、おそらくは一六五六年末に終了したのであるが、(56) それはこの当時から「市民測量」(Civil Survey) と名づけられていた。というわけは、「概括測量」が軍当局の手によっておこなわれたのに対し、これが民政当局 (civil authorities) の手によって、(57) しかもアイァランド人の協力のもとにおこなわれたからでもあるが、いっそう本質的には、この調査がアイァランドの「臣民つまり市民の財産に関する諸事実」についてのものであり、またその目的のために設置された「民事法廷において、宣誓のうえ申したてられた」ことを基礎としていたからである。(58) ところで、この法廷 (Courts of Survey) は、いうまでもなくイングランド共和国の命令 (Commission) によって、各地に設置されたのであるが、そのばあい、「市民の財産に関する諸事実」を発見したり確認したりするために、アイァランド人のなかの「もっとも有能で古い家がらの者」によって陪審員が構成された。(59) そして、大づかみにいえば、マンスタ地方の一県と、コンノート地方の四県とをのぞく他の三地方の二七県の没収地・非没収地の双方について、郡を地域単位としつつ、境界、土地の良否とそのおのおのの種別および推定面積、大反乱勃発当時におけるその保有者・保有関係・継承関係・評価額、地代ならびに十分の一税額、郡内の地勢・森林・河川および建造物の状態、等々が調査され、(61) 記録された。(62) このばあい、調査原本については、複本のほかに摘要書 (abstracts) もまた作製されたのであって、これらの摘要書は、この調査といわば平行して実測にあたっていたペティの手もとへつぎつぎに送付されたのである。(63)

以上のようにみてくると、「市民測量」は、「征服者が被征服者の助力のもとにおこなった」という意味においても、またそれが全アイァランドの土地資産の棚卸し調査 (stock-taking) であったという意味においても、ドゥームズデイ (Domesday) の大調査に似ており、クロムウェルの収奪＝植民にとっては不可欠の準備作業であったといわなければならない。(64) そして、この調査によって作製される土地台帳こそ、まさに市民革命時代のイングランド本国においてもまた要請されていたものであって（第二章第一節参照）、アイァランドにおいては、征服者の権力と全人民の無権利状態とを基礎にしてはじめて、その作製が可能になったのである。とはいえ、この収奪＝植民を実施するためには、すくなくとももう一つの準備作業もまた不可欠であった。いうまでもなく、それは土地の「推定面積」ではなくて、実測によって土地面積を確定する作業にほかならない。そこで、ペティの土地測量がつぎの問題になるのである。(65)

（1）アイァランドに関する地図の発達は、古代から近世初期にいたるまで、ヨーロッパ諸国に関するそれと歩調をあわせている、と考えてさしつかえなかろう。すなわち、その時代区分は、(1)古代プトレマイオスの時代、(2)中世における世界地図（Mappae Mundi）の時代、(3)十四―十六世紀における海図の時代、(4)十六世紀における手書図および印刷図の時代、(5)十六―十七世紀における製図術の革新からペティまでの時代（一五七〇―一六八〇年）、がそれである（Andrews, *Map of Ireland*.; Goblet, *Géographie politique de l'Irlande*.; Tooley, *Maps*.; Lynam, *British maps*.; Bagrow, *Geschichte*. などにおける時代区分を参照）。アイァランドは、これらのすべての時代の地図や海図にその姿をあらわしている。そして、地図作製者の関心が一般に実測にもとづく内陸地図の作製にむかいはじめたのが十六世紀以降であって、メルカトール（**Mercator, G. or** Kremer, 1512–94）と不可分にむすびつくオルテリウス（A. Ortelius, 1527–98）の不朽の業績『世界地図』（*Theatrum Orbis Terrarum*）の公刊された一五七〇年が、製図術における中世と近代をわかつ分水嶺といわれているのはきわめて興味ぶかい。Andrews, *op. cit*., pp. 8–9, 19–23. というのは、この時期こそ、後述するように、アイァランドについての地理学的な関心がいちじるしく昂揚しはじめた時期であるからである。なお、十七世紀だけについての時期区分に関しては、後出の注(27)を参照。

（2）Dunlop, *Maps of Ireland*., p. 309. Taylor, *Geography*., p. 42.

（3）Taylor, *op. cit*., p. 42. Emery, *Irish geography*., p. 263.

（4）Taylor, *op. cit*., pp. 42–43. Tooley, *op. cit*., p. 92. Taylor, *Mathematical practitioners*., pp. 31–32.

（5）Tooley, *op. cit*., p. 92. Taylor, *Geography*., pp. 42–43. Goblet, *op. cit*., Vol. I, p. 134. Taylor, *Mathematical practitioners*., pp. 31–32.「ヘンリ八世からウィリアム三世までのアイァランドの地図は、主として征服と収奪の必要から生れた」といわれているのもこのためである。Andrews, *Ireland in maps*., p. 11.

（6）この一般的背景については、第一章第四節および第二章第一節で述べた。

（7）Lynam, *op. cit.*, p. 14. Clark, *Age of Newton.*, pp. 125–26. この時代における農村経済の発展もまた土地測量術の進歩をうながしたという。Madge, *Domesday.*, p. 156.

（8）Lynam, *op. cit.*, p. 14.

（9）軍事上および民政上の目的から地図の価値を高く評価した最初の近代的政治家は、イングランドではイリザベス女王の治下における宰相で、新型官僚を代表していたセシル(W. Cecil, 1520–98)であろう、といわれている。Taylor, *Mathematical practitioners.*, p. 177. かれは「イングランドの番犬」として、とくに自分自身の用に供するためにも、アイァランドの地図をつくらせた、という。*Ibid.*, p. 31. Lynam, *op. cit.*, p. 16. Clark, *op. cit.*, p. 126.

（10）Lynam, *op. cit.*, p. 18. Taylor, *Geography.*, p. 75. Taylor, *Mathematical practitioners.*, pp. 31, 58.

（11）*Cf.* Andrews, *Map of Ireland.*, pp. 8–9, 19–23.

（12）Taylor, *Mathematical practitioners.*, p. 31.

（13）*Ibid.*, p. 49.

（14）*Ibid.*, pp. 51, 59, 191, 194, 343.

（15）Bagwell, *Ireland.*, Vol. I, pp. 74–75, 84–86. Bonn, *Englische Kolonisation.*, I. Bd., SS. 316–18, 355, 363. Kearney, *Strafford.*, p. 98. O'Sullivan, *Strafford inquisition.*, pp. vi–viii.

（16）*Advertisements.*, pp. 14–15. Beckett, *Short history.*, pp. 59–60. Curtis, *History.*, p. 228. Bonn, *op. cit.*, SS. 317–18. ペティが『アイァランドの政治的解剖』のなかでも述べているように、ウェントワース(ストラッフォド伯)がアイァランド総督であった時代に(本章第一節参照)、コンノート地方への植民のための基礎調査として、この地方が「測鎖や器具によって」(H・一七七、邦・一一八)実測され、それにもとづいた地図が作製されたことは事実であって、ペティもまたそれを利用したらしい。Petty, *Down Survey.*, pp. vii–viii, 327, 346. しかし、これらの地図は一七一一年の火災でほとんど全部焼けてしまったので、その全体としての内容は明らかではない。*Ibid.*, pp. 325–27.

（17）Earl of Kerry, *Lansdowne maps.*, p. 385. O'Sullivan, *op. cit.*, p. v. Andrews, *Map of Ireland.*, p. 29.

（18）Emery, *op. cit.*, pp. 263–64. Goblet, *op. cit.*, pp. 133–41.

（19）Emery, *op. cit.*, pp. 263–64. デイヴィーズのこの著作は、つぎのような記述ではじまっている。すなわち、「わたしは、(陛下の治世第一年にはじまる)アイァランド在勤中、雑多な旅行や巡回裁判をしながらあの王国のすべての地方をおとずれた。そのさい、わたしは、快適な気温や、肥沃な地味や、たのしくも至便な居住地や、世界の西方の全地域との貿易のために開放された安全で広大な海港や、多数の航行可能な河川の長大な入江や、数多くの大湖や、内陸の清澄な池や、(ヨーロッパのいかなる地方にも比類のないような)豊富な魚類や、あらゆる種類の野鳥や、そして最後に、自然からすばらしい能力をさずかっている人民の身心やを観察した」と。Davies, *Discovery*., pp. 1–2.

(20) Emery, *op. cit*., pp. 263–64.

(21) *Ibid*., p. 264. ゴブレ(Y. M. Goblet)は、「十六世紀「イリザベス女王時代のたいへんな植民地熱をもってしても、カムブレンシス(Cambrensis, Giraldus de Barri, 1146?–1220?)のあの古い『トポグラフィー』(*Topographie*)にかわるべきアイァランドの記述的地理学は生れなかった」といっているが(Goblet, *op. cit*., p. 140)、このことは、初期ステュアート王朝の四〇年間についてもあてはまるであろう。

(22) Clark, *op. cit*., p. 126.

(23) Taylor, *Mathematical practitioners*., p. 340.

(24) Folkingham, *Feudigraphia*., The Epistle to the Reader. フォーキンガムの経歴について筆者はほとんど知らない。かれのこの著作は、共和国時代の測量家たちに重要視されたものの一つだという。Madge, *op. cit*., pp. 156, 301.

(25) 前出の注(16)の諸文献参照。この困難性が、本章第一節で述べたようなゲールの氏族制共同社会の慣習が根強く温存されていたアイァランド社会の諸事情——土地保有関係の不明確性、土地面積の計測単位の不統一性、等々——にも起因していたであろうことはいうまでもなかろう。*Cf*. *Advertisements*., pp. 20–21. Bonn, *op. cit*., SS. 317–18.

(26) Folkingham, *op. cit*., Title page.

(27) すでに引用したエメリ(F. V. Emery)は、十七世紀アイァランドに関する地理学の発展をつぎの三期に分けている。すなわち、(1)「伝統的な、型にはまった地誌的研究の時期(一六〇〇—四〇年)」、(2)「内乱とクロムウェルの収奪＝植民とによって変化が生じ、精密な測量調査が数多くおこなわれ、とりわけボートやペティの研究成果がでた時期(一六四〇—七二年)」、(3)「これらの新研究の影響が、ピット(M. Pitt, *fl*. 1654–96)の『イングランド地図』(*The English Atlas*. 5 vols. London, 1680–82)やモリニュークス兄弟(W. Molyneux, 1656–98 ; Sir T. Molyneux, 1661–1733)の自然誌研究によってその頂点に達した時期(十七世紀第四・四半期)」がそれである。このばあい、エメリが、第二期のおわりを一六七二年としているのは、ペティの『アイァランドの政治的解剖』がこの年にその執筆を完了したと考えてのことである。Emery, *op. cit*., pp. 263, 268.

(28) ボートは、オランダに生れ、ライデン大学で医学を研究し、一六二八年にそこで医学博士の学位をえた。その後、かれはロンドンに来住し、国王の侍医になったこともあるが、一六四一年に、兄のアーノルド(Arnold, 1600?–53?)とともにアリストテレスの哲学を批判した著作を公刊した。アイァランドの反乱が勃発すると、「募金法」(一六四二年)にもとづく投機者の一人になり、一六四六年には、ロンドン医科大学から開業医の免許をうけ、さらに一六四九年には、クロムウェルのアイァランド遠征と前後して、医者としてアイァランドに渡航したがまもなく死んだ。かれの『アイァランドの自然誌』は、一六四五年に執筆されたものである。かれの兄アーノルドも、ライデン大学出身の医学博士であるが、一六三六年ごろ、アッシャー(J. Ussher, 1581-1656)――かれは本章第一節で述べたダブリン大学創立当初の卒業生で、この当時には、カルヴァン派の偉大な神学者となり、アイァランドの主座大司教であった――からまねかれてダブリンに定住するようになり、大反乱勃発当時はイングランド軍の軍医監であった。アーノルドは、その後パリに移住し、そこで死んだらしい。かれの弟の『アイァランドの自然誌』の草稿は、その死後、ハートリップの手にわたり、かれの承諾のもとにハートリップによって出版されたものである。*Dictionary of National Biography* (A. & G. Boate).

(29) Emery, *op. cit.*, pp. 264-65. Taylor, *Geography.*, p. 86.

(30) Prendergast, *Cromwellian settlement.*, pp. 399, 431, 447. この著作の窮極の目的は、そのタイトル・ページに記されているように、アイァランドの「航海業、農業およびその他の有利な技術や職業の進歩に貢献すること」であり、またハートリップは、「アイァランドの共同の福利、とりわけそこでの投機者や入植者の利益のためにこの書物を出版」したのであるが、このことは、投機者の一人としての、生前のボート自身にとっても、重大な関心事であったにちがいない。*Cf.* Goblet, *op. cit.*, p. 148.

(31) ハートリップは、この献辞のなかで、アイァランドはイングランドの投機者ばかりではなく、ボヘミアやオランダの新教徒によっても再植民されるべきであり、またそこでの産業の開発は農業から着手されなければならない、といっている。Boate, *Irelands naturall history.*, pp. 4, 6-7.

(32) *Ibid.*, pp. 9-10.

(33) 本書巻末の「書目」参照。

(34) Boate, *op. cit.*, Chapts. XI, XVII.

(35) Emery, *op. cit.*, pp. 264, 265-66. Goblet, *op. cit.*, p. 150. 前出の注(28)からも知られるように、ボートがこの著作を書いたのは、かれがまだアイァランドの土をふんだこともないときであった。かれはアイァランドに関するいっさいの知識を、「八年間もあの島で生活していた」兄(アーノルド)から主としてえたのであって、かれの兄はかれの原稿を通読したばかりではなく、手を加えもしたのであるから、この著作は、実質的にはボート兄弟の共著というべきであろう。Boate, *op. cit.*, p. 11.

(36) Goblet, *op. cit.*, p. 153.

(37) Emery, *op. cit.*, p. 264. そして、この著作の背後には、オランダによるブラジル(Brazil)の植民地経営についての知識の集積があるのであって(*Ibid.*, p. 265)、「地域地理学(Regional Geography)の成果としても、きわめて例外的な価値をもつもの」である。Taylor, *Geography.*, p. 132.

(38) これらの小規模の測量は、大反乱の鎮定に特別の功績があった者へ土地を授与するためにおこなわれたものであって、ハーディング(W. H.

Hardinge)は、この種の測量はすくなくとも五つおこなわれた、といっている。Hardinge, *Surveys.*, p. 5.

(39)　この一〇県はすでに「償還法」(一六五三年)のなかで規定されていた。

(40)　Hardinge, *op. cit.*, pp. 11-12.　Dunlop, *Ireland under the Commonwealth.*, Vol. II, pp. 404-06.

(41)　Dunlop, *Ireland under the Commonwealth.*, Vol. II, p. 510.　(この四点は、一六五五年五月二十一日づけのアイァランド総督および評議会の書翰に引用されている覚書の要約である。)　ハーディングは、「概括測量」の結果として若干の地図が作製されたといっているが (Hardinge, *op. cit.*, pp. 11-12)、最近の研究はこの説を「立証しがたい」としている。*Cf.* Simington, ***Books of survey and distribution.***, Vol. I, p. xi, n. 29.

(42)　Petty, *Down Survey.*, pp. 8-9, 313.　Petty, *Reflections.*, pp. 4-5.

(43)　Petty's *Will.*, p. v.

(44)　Petty, *Down Survey.*, pp. 3-10, 313-14.　このような大事業をわずか一三ヵ月でしあげるというペティの提案は、かれの敵対者たちを「面喰わせる」のに十分であった。*Ibid.*, p. 314.

(45)　Hardinge, *op. cit.*, p. 12.

(46)　ペティにいわせれば、ワーズリは、ありとあらゆるもうけ仕事に手をだす「無知で強欲な人物」であり、ワーズリにいわせれば、ペティは、「測量術の実際を知らぬ山師」であった。Gardiner, *Commonwealth and Protectrate.*, Vol. IV, p. 107.　Petty, *Reflections.*, pp. 106-07. ワーズリの経歴についてはあまり知られていない。かれはウェントワース(ストラッフォド伯)がアイァランド総督であった時代に、その軍隊の外科医または薬剤官をしていたことがある、という。Bagwell, *op. cit.*, p. 334.　かれは、ペティのアイァランド渡航とほとんど同じ時期に、ふたたびこの島国にきて測量監に任命されたのであるが、両者がそれ以前イングランドにおいてたがいに知りあっていたことはほとんど確実だといわれている。すなわち、かれらはともにハートリップやボイルの友であり、ペティは「新哲学者たち」によってつくられていた「不可視の学院」(第二章第四節参照)におけるワーズリを高く評価していたし、またワーズリが測量監に任命されるまで、両者のあいだは円満であったともいわれている。Strauss, *Petty.*, pp. 57, 72.　このように見てくると、そして本章の第三節で述べたように、土地の測量＝分配がクロムウェルの収奪＝植民における中心的な課題であったことをも考えあわせると、この時期以降共和国時代のおわりまでつづけられた両者の争いは、「測量監というクロムウェルのアイァランド統治における決定的な地位の一つ」をめぐっての争いだといわなければならない。*Ibid.*, p. 57.　そして、この時代のアイァランドにおける支配者の派閥から見れば、ワーズリは軍部を中心とする「過激派」(extreme wing)に属していた反面、ペティはクロムウェル父子の庇護のもとにたち、ヘンリ・クロムウェル(Henry Cromwell, 1628-74)がアイァランド総督になったのちには、その秘書であると同時にアイァランド評議会の事務官として、この総督の恩寵をこうむったのである。*Ibid.*, p. 68.　Hull, *Introduction.*, p. xvi.

Fitzmaurice, *Life.*, p. 81.　したがって、両者の争いは、クロムウェル対フリートウッドの対立によって特徴づけられる支配者の内部における利害関係の対立に根ざしているのであって、この点については、本章の第六節でまたふれることにしよう。

(47)　Petty, *Down Survey.*, pp. 320–21.「概括測量」の結果は、ごくわずかの記録(Specimen Sheet)が現存するにすぎない。Petty, *Down Survey.*, p. 395. Hardinge, *op. cit.*, pp. 39–41. これ以外の記録は全部失われたといわれているのであって(Petty, *Down Survey.*, p. 313)、このこともまた、この測量の評価を困難にしている一因である。

(48)　Petty, *Down Survey.*, p. 313.　このことが、すぐあとで述べる共和国政府の財政難＝軍の解隊の必要という急迫した事態に起因していたことはいうまでもない。

(49)　*Ibid.*, pp. xiii, 313.

(50)　この不正確性に対して、とりわけ兵士の側からごうごうたる不満の声があげられた。そして、このことがこの測量の中止の直接の原因になったのである。Hardinge, *op. cit.*, p. 12.

(51)　Gardiner, *op. cit.*, p. 104.

(52)　Petty, *Down Survey.*, p. 174.　Prendergast, *op. cit.*, p. 215.

(53)　Hardinge, *op. cit.*, p. 7.

(54)　本章第三節注(31)参照。

(55)　Dunlop, *Ireland under the Commonwealth.*, Vol. II, pp. 418–19.　Hardinge, *op. cit.*, p. 20.　Simington, *Civil Survey.*, Vol. I, pp. viii–ix.　Simms, *Civil Survey.*, p. 255.

(56)　Simington, *Civil Survey.*, Vol. I, pp. viii–ix.

(57)　これが従来の通説であったといってさしつかえない。*Cf.* Hardinge, *op. cit.*, p. 13.　Fitzmaurice, *op. cit.*, p. 37.

(58)　Simington, *Civil Survey.*, Vol. I, p. iii.

(59)　*Ibid.*, p. iv.　これらの陪審員は、たいていのばあい、土地保有者の縁者であった。

(60)　マンスタ地方の一県とコンノート地方の四県とについては、ウェントワース(ストラッフォド伯)によっておこなわれた測量調査の結果が援用された。*Ibid.*, p. iii.　なお、この点については次項の注(33)を、また「市民測量」における調査地域の細部については *Ibid.*, pp. iii–iv を、それぞれ参照されたい。

(61)　*Ibid.*, pp. iv–v.　Hardinge, *op. cit.*, pp. 14–15.

(62)　現存する記録は、三〇年(一九三一—六一年)の年月をかけ、シミントン博士(Dr. R. C. Simington)の手によって編集され、一〇巻本の大冊として公刊されている。そのくわしい書名は、本書の巻末の「書目」について見られたい。
(63) Simington, *Civil Survey*., Vol. I, p. ix. Petty, *Down Survey*., p. 38.
(64) Simms, *op. cit*., p. 255. Hardinge, *op. cit*., p. 20. この測量調査の結果としての諸記録は、十七世紀(とりわけ大反乱直前の時期——つまりゲールの諸慣習が温存されてきたいわば最終期)におけるアイァランドの土地制度その他の広範な研究領域に対する貴重な資料たるを失わない。Simms, *op. cit*., pp. 259–63.
(65) 「市民測量」においても、土地の良否を合理的に判定し区別するという問題は解決されなかった。この点については、この測量そのものの意義とともに次節でとりあつかうことにしよう。

二　「ダウン・サーヴェイ」(Down Survey)

ペティが測量監ワーズリの主宰する「概括測量」を批判し、没収地の実測による地図の作製を主目的とする測量を一三ヵ月で完了するという提案をしたことは、前節で述べたとおりである。そして、両者を中心にはげしい論争が戦わされたのち、ペティは、一六五四年十二月十一日づけで、みずからの主宰する測量の実施についての当局の認可を獲得し、測量監ワーズリとのあいだの契約書に署名したのである。[1] かれの測量は、この当時から「ダウン・サーヴェイ」と名づけられていた。そのわけは、かれの測量が実測した結果を地図の形に書き記す——“lay down”または“set down”する——ことを特徴としていたからにほかならない。[2] このことは、現在から考えれば当然至極というほかはないのであって、あえて「特徴」というべきほどのものではもとよりないが、前項で述べたかぎりでの測量＝製図術の発達史からみてもうかがわれるように、当時としてはまったく画期的な進歩にちがいなかったのである。ところで、ペティが没収地をその最小の地域単位についてまで実測し、これをわずか一三ヵ月間で完了するという提案をしたとき、かれの論敵は、「そういうことをすれば二〇年もかかるであろうし、それだけ植民はおくらされるにちがいない」(3)といって反対した、という。それにもかかわらず、一六五五年二月一日に着手された「ダウン・サーヴェイ」は、当初の契約どおり翌年の三月に完了した。(4)このおどろくべき速度と後述する正確性とは、ペティの測量のいちじるしい特質なのであるが、実測が開始される以前におけるもろもろの準備作業——測量用の器具類の作製、測量隊の編制とその隊員の訓練、等々——を見ると、これらの特質は当初からすでに約束されていた、ということが知られるのである。

ペティは、ダブリンに測量隊の本部をおいて準備にとりかかったのであるが、まず測量用の器具類——測鎖・磁針・三脚・視準器・分度器・図紙・木箱類、等々——の作製方針からしてきわめて特徴的である。すなわち、かれは、針金製造人に命じて測鎖だけをつくるのに専念させ、時計師には磁針やその尖軸だけを、指物師には木箱類や三脚の頭部の木製の部分だけを、パイプ製造人には三脚の脚部だけを、鋳物師には真鍮《しんちゅう》製品だけを、それぞれつくるのに専念させた。そして、「いっそう多才多能な者には」、磁針の磁化や、視準器および指針面の調節や、器具の組みたてやを命じ、縮尺や分度器や指針面は、ロンドンのもっとも有能な工匠に発注し、その他、各種の用途に応じ、同型同質で、乾湿の影響をうけることのもっともすくない図紙類や、野帳(field-book)や、外業(field work)に不可欠な携帯用の机やテントにいたるまで、細心に配慮しつつ準備をととのえたのである。(5)つぎに、測量隊の編制やその隊員の訓練はどうかといえば、かれは「約一、〇〇〇人の人手を統括しつつ」この大事業をなしとげたのであるが、この人手の圧倒的な部分は土地測量にはまったく素人の兵士であった。(6)そして、なぜかれがこのような兵士を使用して実測にあたらせたかといえば、かれらの「大多数の者は、もろもろの職業を身につけており、当面の目的には十分な程度に読み書きができる」ばかりではなく、困苦欠乏にたえながら労働することもできるからにほかならない。(7)このばあい、仕事の分担と隊員の訓練とが問題であることはいうまでもなかろう。そしてかれの仕事ぶりの特徴もまたこの点に存するのであって、それをひとことでいえば、全事業の細分化による個々の作業の単純化である。すなわち、かれは「測量という全技術を数個の部分に分割したのであって、1外業、2測点の展開(protracting)、3計算(casting)、4座標値の換算(reducing)、5整飾(ornaments of maps)、6清絵(writing fair books)、7点検(examination)」がそれであり、なおそのうえ、実測をいっそう「迅速かつ確実に押し進めるために」、かれは「それぞれの適性や資格に応じて専門家を雇いいれた」(8)のである。ところで、上記の2以下は内業(office work)であろうが、かれが外業にあたらせようとしたのは主として兵士であった。そのばあい、かれは、「たとえ兵士たちは俊敏でないにしても、注意ぶかく沈着でありさえすれば」十分役にたつ、と考えたのであって、器具類が製造されているあいだに、かれは、外業についてもまたこれをいくつかの作業に分割しつつ、兵士たちを訓練したのである。(9)

以上のような準備作業をつうじてみとめられるもっとも大きな特徴は、ペティが、事実上、分業の原理を最大限に活用しているという事実であって、測量用の器具類の作製について、また測量隊の編制やその隊員の訓練について、このことはくりかえして述べるまでもなく明白である。ところで、ラーカムは、ペティは自分が主宰する土地測量の実施にあたって、「分業の大原理を発見した」(10)といっている。しかしながら、この原理が、すでに市民革命＝内乱時代におけるかれの『教育論』(一六四八年)や『産業交易誌』(一六四七年?)のなかに展開されていることはすでに述べたとおりである(第二章第五節、本章第四節)。しかも、内乱時代のペティは、いわばマニュファクチュアの申し子としてのかれに生得な、機械工学的な関心を、ベイコンの学徒としての自然研究をつうじて、幅広い科学者としてのそれにまで高めた生産技術者＝数学者＝解剖学者であった。かれが測量用の器具類の作製に分業の原理を応用したり、またかれが実測や製図の作業を——土地測量の実際家としての経験は皆無に等しかったにもかかわらず——きわめて系統的に分割しえたのは、かれが測量＝製図術の基礎をなすもろもろの知識を豊富に身につけた“mathematical practitioners”の一人であったからであって、このような自然研究者としての「実験という職業を拡大した」分野こそ、この土地測量や土地分配にほかならないのである(本章第四節参照)。したがって、「分業の大原理」は、ここではじめて「発見」されたものではなくて、この「実験を拡大する」過程において、かれが内乱時代までに獲得していた諸知識を総動員しつつ、はじめて実地に応用されたものだといわなければならない。そしてこの応用は、いずれも前項で述べたテューダー王朝後半以降の測量＝製図術の「前例を打破する」[11]ものなのであるが、同時にそれは、かれがきわめて有能な組織者であることを示し[12]、ひいてはかれがおさめたかがやかしい成果の有力な原因の一つになるものなのである。

ところで、上記の外業の内容をなす実測についてペティが測量隊員にあたえた調査要綱はかなりくわしい。その要点を摘記すればつぎのとおりである。すなわち、⑴没収地のみを測量すること(没収地と非没収地とがいり組んでいるばあいには、後者をも測量してこれをさしひくこと)、⑵土地の良否(profitable or unprofitable)を区別しつつ測量すること、⑶没収地の有無にかかわらず、各郡の境界は必ず測定すること、⑷王領地・教会所領地は、それぞれ通常の最小地域単位に分割しつつ測量すること、⑸測量した土地については、その性質、すなわちその良否を注意ぶかく記述し、またそのばあい、良地についてはその種別——耕地・牧草地・放牧地の別——を明らかにし、沼地・荒野・岩地・森林地・山地等々の別をも明らかにすること、⑹共有地については、その良否を問わず、共有権者の氏名を明記すること、⑺都市・教会・城・主要家屋・丘陵・土砦の位置を明らかにすること、⑻公道・河川・河港・海港については、それらの幅・水深・滝・島・岩、等々に注意し、顕著な丘陵および山については、それらの高さを測定すること、がそれですんで、さらにすすんで、気象条件の記述までも指示されているのである。[13] ペティは、以上のような要綱にしたがい、一方ではこの島国の最小の地域単位にいたるまで——郡・教区から、"townlands, ploughlands, balliboes, &c." まで——実測し、他方では河川・山・岩頭・湖沼、等々をも実測し、行政上の境界と自然的境界との双方を地図の形にしあげた。そして、とりわけこの後者(上記の調査要綱でいえば(8)にあたる)についての測量は、投機者や兵士に対する債務償還をおこなうという この測量の本来の目的からいえば不必要なのであるが、かれは「将来の要にそなえ」つつ、「国家のために」これをおこなったのである。[14]

実測するばあい、ペティは四〇パーチ(Irish perch)を一インチとする縮尺(すなわち約一万分の一の縮尺)を用いたのであるが、[15] かれの調査要綱がかなりくわしいにもかかわらず、測量の具体的方法がそれとしてほとんどまったく説明されていないのはふしぎである。この点について、ラーカムはつぎのように述べている。すなわち、おそらくペティは、当時一般に用いられていた方法、つまり、磁針と測鎖とを使用して、方位角と距離とを測定しつつ多角形をつくり、既知の縮尺の方眼紙に測点を展開し、その合計から面積を求めていったのであろう、[16] と。そうとすれば、その目的からいえば地形測量であると同時に地籍測量でもあった「ダウン・サーヴェイ」は、その方法に即して見ればいわゆる多角測量(traverse survey)であったといわなければならない。[17] いずれにせよ、測量方法に関するかぎり、かれは新方法を考案したとはいえない。かれの功績は、むしろ自分の既存の知識を総動員しつつ、その周囲にある人的および物的諸要素を最大限に活用したこと、そして、外業および内業の双方をつうじて分業の原理を応用しつつ、約一、〇〇〇人もの多数にのぼる隊員が各分野において同時に活動しうるような一大測量隊を組織編制してこの大事業をなしとげたことにある、といえよう。[18] かれの測量は、このような特徴をもっていたからこそ、その本来の目的や当初の契約やの範囲をはるかにこえるほどの大調査になりえたのである。[19]

ところで、すでに一言したように、当初の契約どおり、ペティは一六五六年三月に測量を完了した。そしてこのばあいの測量地域は、「償還法」(一六五三年)のなかに規定されているところの、兵士たちに割当てられるべき一〇県の没収地の半分(いわゆる "army lands")であって、この測量の完了とともに、その結果は当局の吟味に付され、多くの論議のすえ、その年の五月二十日に、ペティの測量は「十分満足すべきものである」という認定をうけたのである。[20] ところが、こういう認定をうけるのと同時に、かれは没収地の分配を主宰する政府委員の一人に任命され、[21] さらにそれにつづいて、一六五六年九月三日には、右の一〇県の他の半分、すなわち投機者たちに割当てられるべき土地(いわゆる "adventurer's lands")をはじめ、他の一三県の没収地をも測量すべしという命令をうけたのであって、かれは、これまでと同じ方式で、これらの土地の測量を一六五八年の秋までに完了した。[22] ゴブレにしたがえば、これらの測量は「ダウン・サーヴェイ」の「第二部」ということになるが、[23] 兵士および投機者に割当てられる土地のほかに、それらに追加された土地や、共和国政府に留保された土地の測量をも加えれば、二部に分れる「ダウン・サーヴェイ」の全調査地域は、アイァランドの行政区画から大づかみに見て全島三二県中の二九県(面積の割合から見れば全島の八三％以上)ということになるであろう。[24] そして、この測量の結果として作製された教区単位の地図は、二、〇〇〇枚をこえた、という。[25]

「ダウン・サーヴェイ」がおどろくべき速度で進行しえたのは、上述のような特徴に起因しているが、それと同時に、ペティがこの測量と平行的におこなわれていた「市民測量」のおかげをこうむっていたこともまた疑いない。[26] 前項で述べたように、「市民測量」の結果から作製される摘要書は、「ダウン・サーヴェイ」を主宰しているペティの手もとにつぎつぎに送付された。ペティは、「市民測量」によってつくられる土地台帳に依拠しつつ、地域別・地目別および筆別に実測し、その面積を確定し、地球上におけるそれぞれの土地の座標を決定していったのであって、かれが作製した地図は、地形図であると同時に、いわば一筆地測量にもとづく地籍図でもあったのである。本章第一節で述べたような、ゲールの土地慣習がなお根づよく温存されていたようなこの島国で、しかも一一年もつづいた大反乱の直後に、各筆の土地についての台帳をつくるということは、まったく容易なことではなかったにちがいない。「市民測量」の進行が遅々としていたのも一つにはこのためなのであるが、この「遅滞」(backwardness)のためにペティがひじょうに「損害」をこうむり、これに対してかれが表明したはなはだしい「不満」(grievance)[27]こそ、実は逆に、「市民測量」に対する「かれの全面的な依存」[28]を示すものといえよう。いいかえれば、ペティは「市民測量の先蹤を追った」[29]のであって、けっきょく、「市民測量」と「ダウン・サーヴェイ」とは、クロムウェルの収奪＝植民のための基礎事業における車の両輪のような役割を果していたといってさしつかえないのである。

ところで、これらの二つの測量に共通する最大の困難の一つは、土地の性質に関する問題、とりわけその良否(profitable or unprofitable)を区別するという問題であった。前項で述べたように、「市民測量」においては、この区別はアイァランドの旧住民によって構成される陪審員が参加する法廷の審問をつうじ、厳粛な宣誓にもとづく供述をつうじて決定された[30]。ところが、その結果を基礎としておこなわれた「ダウン・サーヴェイ」においては、実地を踏査してみると、右の決定がいちじるしく不備であることが明らかになったのである。たとえば、「ダウン・サーヴェイ」の測量隊員の一人であったスミス(L. Smith)は、「市民測量」における土地の良否の判定についてつぎのように述べている。すなわち、この問題についての「市民測量」の結果は推賞されているけれども、それは、「ちょうどある人が同じ一枚の布片を切って二枚にし、双方とも同一であるにもかかわらず、一方を良質、他方を悪質というのと同様に、ばかげている。かれら〔「市民測量」の参加者たち〕は、このように、その質においては同一であるにもかかわらず、自分たちの住居にちかいところにある土地を“profitable”とし、すこし遠方にある土地を“unprofitable”としたにすぎない(31)」と。いいかえれば、「市民測量」における陪審員たちの決定は恣意的なものでしかなかったというのであって、このばあい、そもそも土地の良否とはどのようなことなのであるか、またそれはなにを基準として決定されるべきものであるか、というような、原理的な問題は提起されぬままにおわってしまった。というよりも、事実上提起されていたにもかかわらず、こういう原理的な問題を処理するにしては、当時のアイァランドにおける事態はあまりにも急迫していた、というほうがいっそう適切であるかも知れない。

この困難性は、「ダウン・サーヴェイ」にもそのままもちこされた。この測量において、ペティは「八エィカの“profitable land”ごとに一エィカの“other land”〔つまり“unprofitable land”〕がある」すなわち、両者の比率は平均して七対一であるということを前提にして発足した、という(32)。いいかえれば、没収地の総面積に対する良地のそれの割合は、平均して八七・五%だというのであって、この比率は、おそらくは進行中の「市民測量」の結果から達観的にえられたものなのであろう。しかしながら、実地を踏査しつつ測量してみると、けっしてそういうことにはならなかった。つぎにかかげる表は、「市民測量」および「ダウン・サーヴェイ」の結果についてのハーディングのきわめて周到綿密な研究にもとづいて筆者が計算したものであるが、それによると、四地方三二県（つまり全島）の没収地における良地の割合は七〇・三%となっており、各県におけるその分散は、レンスタ地方ダブリン県の最高九七・四%からコンノート地方メイオウ県の最低二九・八%まで、いちじるしいひろがりを示しているのである。そして、こ

没収地における土地の良否別面積割合(33)

地方別県別	良地《プロフィタブル》	不良地《アンプロフィタブル》
レンスタ地方(Prov. of Leinster)	%	%
カーロウ(Carlow)	90.4	9.6
ダブリン(Dublin)	97.4	2.6
キルデア(Kildare)	95.1	4.9
キルケニ(Kilkenny)	91.6	8.4
キングズ・カウンティ(King's Co.)	70.3	29.7
ロングフォド(Longford)	71.6	28.4
ラウス(Louth)	90.0	10.0
ミーズ(Meath)	92.3	7.7
クイーンズ・カウンティ(Queen's Co.)	84.2	15.8
ウェストミーズ(Westmeath)	77.8	22.2
ウェックスフォド(Wexford)	96.7	3.3
ウィックロウ(Wicklow)	83.8	16.2
小　計	87.2	12.8
マンスタ地方(Prov. of Munster)		
クレア(Clare)	43.9	56.1
コーク(Cork)	90.5	9.5
ケリ(Kerry)	89.8	10.2
リマリック(Limerick)	83.5	16.5
ティペラリ(Tipperary)	75.2	24.8
ウォーターフォド(Waterford)	81.1	18.9
小　計	78.7	21.3
アルスタ地方(Prov. of Ulster)		
エントリム(Antrim)	77.2	22.8
アーマー(Armagh)	86.8	13.2
キャヴァン(Cavan)	76.8	23.2
ドニゴール(Donegal)	84.0	16.0
ダウン(Down)	72.0	28.0
ファーメナ(Fermanagh)	57.5	42.5
ロンドンデリ(Londonderry)	88.8	11.2
モナハン(Monaghan)	83.7	16.3
ティローン(Tyrone)	87.4	12.6
小　計	78.6	21.4
コンノート地方(Prov. of Connacht)		
ゴールウェイ(Galway)	42.8	57.2
リートリム(Leitrim)	67.9	32.1
メイオウ(Mayo)	29.8	70.2
ロスコモン(Roscommon)	52.2	47.8
スライゴウ(Sligo)	62.3	37.7
小　計	42.4	57.6
4地方総計	70.3	29.7

れらの比率は、この測量の結果として明らかにされたものであるが、かりにペティが示した七対一という比率が妥当だとしても、このばあいの問題は、最小地域単位の実測における個々の土地の良否の決定にあるのであるから、たとえ総平均的な比率が明示されたにしても、それだけで問題が処理できないことはいうまでもなかろう。マンスタ地方のケリ県での「ダウン・サーヴェイ」に従事していた上記の測量隊員スミスは、この困難性についてつぎのようにうったえている。すなわち、「われわれがケリ〔県〕でおこなったことは、土地の量については十分に正当性を主張できるけれども、その質については、最善の判断をつくし、最良の情報を獲得してそれにしたがう以外、われわれとしては依拠すべき法則(rule)が全然なかった」(34)と。そして、このばあいの「最良の情報」とは、とりもなおさず、「有力な住民の助言」(35)と考えてさしつか

えない。けっきょく、スミスは、没収地の等級を「良」および「不良」の二種類ではなく、「耕地および良質の放牧地(arable and good pasture)・劣等の放牧地(course pasture)および不良地(unprofitable)の三種類または三部分に区別[36]」しようとしたのである。しかしながら、これによっても問題は解決されなかったのであって、ペティ自身が告白しているように、「良地と不良地とを確実にしかも整然と区別するということは、無限に困難なことであり、実をいえば不可能事なのであって、この点については、法律そのものにも欠陥があった[37]」といわなければならない。このように、「ダウン・サーヴェイ」においてもまた、この問題を解決すべき「一般的法則[38]」はついにみいだされなかったのであるが[39]、このような困難性がテューダー王朝後半以降のアイァランドにおける土地の測量調査につきまとっていたということは、すでに前項で述べたとおりである。そして、上記のスミスがいうように、この困難性は、土地の良否ということと自体の概念規定いかんにかかわる問題であり[40]、またこの規定にしたがったその計測方法いかんにかかわる問題でもある。それはともかくとして、没収地の分配の不可欠の前提をなす「ダウン・サーヴェイ」にとっては、この困難性は致命的であり、その当然の帰結として、没収地の分配事業にも大影響をおよぼすことになるのである。

以上のように、「ダウン・サーヴェイ」は、上述の測量隊員スミスのことばをかりれば、「土地の質」の判定については困難につきあたり、根本的な問題を提起するにとどまったけれども、「土地の量」の計測という点についてはかがやかしい成果を収めた。すなわち、かれが測鎖を用いて計測した距離は、地球を四周ちかくもするほどのながさになり[41]、また教区を単位としつつかれが作製した地図(parish map)は、すでに一言したように二、〇〇〇枚をこえるほどの数にのぼり、さらにこれらを基礎としつつ、郡・県・地方の地図およびアイァランド全図もまた作製され、郡・県・地方の原図は、『アイァランド王国』(*Hibernia Regnum*)その他の地図集としてのこされた反面、王政復古後には、

「アイァランド全図」(A General Mapp of Ireland) もふくめた県・地方の地図が、ペティの手によって銅版印刷に付され、『アイァランド地図』(*Hiberniae Delineatio.* 1683?) として公刊された。(42) そしてこれらの地図は、地球上におけるアイァランドの座標をはじめて確定し、この国は、「実測にもとづく地図が作製されたところの、近代世界における最初の国という栄誉をあたえられた。(43)」しかも、後代における精密な陸地測量の結果との比較において「結論的にいうならば、全体としての「ダウン・サーヴェイ」に示されている土地面積は過小」ではあるけれども、その平均最大誤差は、一〇%ないし一五%程度のものにすぎないのである。(44) 現代の土地測量技術から見れば、これだけの誤差は問題外に大きなものといわなければならないであろう。しかしながら、当時の技術水準においては、この程度の誤差にとどまった「ダウン・サーヴェイ」は、「注目すべき正確さ」(45) をもって実施され、またその結果として作製されたもろもろの地図は、「おどろくべき正確さをもっている」(46) というべきであろう。そして、このような正確さをもっていたからこそ、「ダウン・サーヴェイ」は、一七五五年にいたるまで、いかなるイングランド人によってくわだてられた測量にもたちまさるほどの包括的かつ科学的測量となりえたのであり、(47) またかれの地図は、けっきょく前項で述べたスピードのそれにとってかわり、(48) 十七世紀における製図術の発達史上もっとも重要な成果になりえた、といえよう。(49) それればかりではなく、十九世紀までのアイァランドの地図が、すべて「ダウン・サーヴェイ」にその源を発しているといわれているのもこのためなのであって、(50) このような成果は、上述の地誌的研究における『アイァランドの自然誌』とともに、この時期がアイァランドに関する近代地理学の発達史におけるボート＝ペティの時代として特徴づけられ、(51) そしてペティが人文地理学の先駆者の一人として評価される(52) その根拠の一つになっているのである。

ところで、「ダウン・サーヴェイ」の歴史的意義は、以上に要約したような、地理学史上のそれにとどまるものでない。この測量によってアイァランドがあたえられた上述の「栄誉」は、実はこの島国がイングランド共和国という近代国家によって完全に征服された最初の国だということを意味するものにほかならない。というのは、「市民測量」と「ダウン・サーヴェイ」とが、車の両輪をなしつつこの島国の地籍測量をともかくも完了したものだということはもはや説明を要しないことであるけれども、この時期のイングランドではそれが要請されつつも実施されなかった[53]反面、同じ時期のアイァランドでそれが全島的な規模においていちおう完了しえたのは、征服者の強大な権力を源泉とするイングランド共和国の上述の諸法律と、アイァランド人民の完全な無権利状態とを基礎としてはじめて可能なことであったからである。[54]この意味において、一体としてのこれらの二つの測量は「ドゥームズデイ」(Domesday) の大調査のアイァランドにおける近代版といえよう。[55]そして、このばあい筆者が、これらの二つの測量によってこの島国における地籍測量が「ともかくも」「いちおう完了しえた」というわけは、両者の調査地域が厳密にいえばいずれも全島におよびえなかったというよりも、むしろ両者がともに「土地の質」の判定において上述のように成功せず、原理的な問題をのこしたからにほかならない。[56]しかも、この「土地の質」についての難問題は、没収地分配問題にまで尾をひき、ひいてはクロムウェルの収奪＝植民を大混乱におとしいれ、イングランドにおける市民革命そのものをも挫折させる有力な原因の一つになるのである。そこで、つぎに同じペティが主宰した没収地分配事業を考察し、さらにまたかれが主宰したという人口センサスについて述べ、この時代のかれの諸著作をもふくめて、かれ自身としては「拡大された実験」としてとり組んだ「ダウン・サーヴェイ」の意義を全体として考えるようにしたい。

（1） Petty, *Down Survey*., pp. 23–30, 317. ペティは、測量監にこそなれなかったけれども、この認可を獲得することによって、事実上、クロムウェルのアイァランド統治における決定的な事業を掌握することになったといってさしつかえない。 Strauss, *Petty*., p. 58. そしてこのことは、本章の第四節で述べたかれの致富への躍進の期待を不動のものにしたのである。

(2) Petty, *op. cit.*, p. vii. ハーディングは、この名称は一六五八年にはじまるといっているが(Hardinge, *Surveys.*, p. 21)、一六五四年十月以降この用語がつかわれていたことは明白である。Petty, *op. cit.*, pp. 14, 41. そして、当時の公文書では、はやくも一六五五年七月にこれがペティの測量に固有の名称として使用され、"exact admeasurement" と同義語であったことが知られる。Dunlop, *Ireland under the Commonwealth.*, Vol. II, p. 532. "downe admeasurement" という用語もしばしば見うけられる。Petty, *op. cit.*, pp. 46, 63, 72, 73. ゴブレが指摘しているように、この用語は、はじめは地図をともなうあらゆる測量をあらわす一般的な用語であったのが、その後、ペティの測量にかぎって使用されるようになったのであろう。Goblet, *Géographie politique de l'Irlande.* Vol. I, p. 238. なお、この用語については、つぎの諸文献を参照されたい。Earl of Kerry, *Lansdowne maps.*, p. 385. Lansdowne, *Glanerought.*, p. 4.

(3) Petty, *op. cit.*, p. xiv.

(4) *Ibid.*, pp. 46, 103.

(5) *Ibid.*, pp. xiv–xv. Strauss, *op. cit.*, p. 63.

(6) Petty, *op. cit.*, p. 295. 兵士のほかに、「市民測量」に従事した経験をもつ測量家もまた使用された。O'Domhnaill, *Down Survey.*, pp. 382–83.

(7) Petty, *op. cit.*, pp. xv, 17–18.

(8) *Ibid.*, p. 17.

(9) *Ibid.*, pp. xv–xvi. Fitzmaurice, *Life.*, pp. 49–51.

(10) Petty, *op. cit.*, p. 314.

(11) *Ibid.*, p. 316.

(12) Strauss, *op. cit.*, p. 62.

(13) Petty, *op. cit.*, pp. 46–48, 50. なお、これにつづいて、主として内業についての要綱も示されているが、ここでは省略する。*Cf. Ibid.*, pp. 48–50.

(14) *Ibid.*, pp. xiv, 123.

(15) *Ibid.*, p. xv. 一アイリッシュ・パーチは、イングランドの度量では二一フィートである。したがって、ペティの縮尺は、正確には一〇、〇八〇分の一ということになる。

(16) *Ibid.*, p. 322.

（17） *Ibid.*, p. 346.

（18） *Ibid.*, p. 323, 346. ラーカムは、すぐあとで述べる「ダウン・サーヴェイ」の「第二部」をもふくめて、これほどの大事業をわずかの年月で完了するということは、「現代〔十九世紀中葉〕でもけっして容易な業ではない」といっている。*Ibid.*, p. 346. このばあい、アイァランドの「治安」状態が不良で、ゲリラ部隊を組織したアイァランド人——かれらは "Tory" と名づけられていた——の反抗がなおつづけられ、レンスタ地方のキルデア県(Co. Kildare)では、ペティの測量隊員がかれらの手によって一度に八名も殺害されたというような諸事情も、同時に考慮されるべきであろう。*Ibid.*, p. 125. Prendergast, *Cromwellian settlement.*, p. 206. Bonn, *Englische Kolonisation.*, II. Bd., S. 18.

（19） Petty, *op. cit.*, pp. 123, 323. ガードナーは、測量家としてのワーズリとペティを比較して、前者は「自己の巨大な事業の高所にのぼりえない凡庸な」人物であるのに対し、後者は「新事態の諸要請を見ぬく鋭利な眼をもった異常に有能な組織者」であるといっているが、この評価は、すくなくともペティについては妥当しているといえよう。Gardiner, *Commonwealth and Protectrate.*, Vol. IV, p. 107.

（20） Petty, *op. cit.*, pp. 85–87, 330. この時期までに完了した測量地域は、*Ibid.*, pp. 137–40 にも、県別および郡別に示されているが、Hardinge, *op. cit.*, pp. 45–99 のほうがいっそうくわしい。

（21） この委員としてのペティの活動は、次節でとりあつかうことにする。

（22） Petty, *op. cit.*, pp. 390–92. Hardinge, *op. cit.*, pp. 24–25. Bonn, *op. cit.*, S. 80. Goblet, *op. cit.*, p. 232. このばあい、ペティは測量監ワーズリと協働して測量にあたるようにという命令をうけ、またそれにしたがったが、ワーズリは一六五七年一月にその職をしりぞき、その後任にはグッキン(V. Gookin, 1616?–59)が任命されたので、ペティはその後グッキンと協働した。O'Domhnaill, *op. cit.*, p. 381. たちいっていえば、ペティの測量事業は、一六五九年までつづけられたのである。Hardinge, *op. cit.*, pp. 45, 46, 51, 76, 77.

（23） Goblet, *op. cit.*, p, 232.

（24） けっきょくペティによって実測されなかったのは、コンノート地方のゴールウェイ(Galway)、メイオウ(Mayo)およびロスコモン(Roscommon)の三県であるが、たちいっていえば、ペティが全然実測しなかったのはロスコモン県だけであって、他の二県については部分的には実測したのである。Hardinge, *op. cit.*, pp. 95–99. これらの三県の実測しなかった部分については、ウェントワース(ストラッフォード伯)の時代(一六三七年ごろ)にレイヴン(T. Raven)が測量した結果が援用された。なお、ゴブレの前掲書第一巻の二二四—二五ページには、ペティの測量地域を一目瞭然にするような図がかかげられている。そのばあい、上記のメイオウ県が全部的に測量された部分にいれられ、マンスタ地方のクレア県が測量されない県にいれられているのは、この点についてもっとも権威のあるハーディングの一覧表にてらして不可解である。*Cf.* Hardinge, *op. cit.*, Appendix E.

(25) Goblet, *Topographical index.*, p. v.

(26) このことは、前項の注(62)で述べたように、一九三一年以降、シミントン博士の手によって「市民測量」の膨大な結果表が公刊された結果、いっそう明らかになった。つきつめていえば、「ダウン・サーヴェイ」は、「市民測量」という「地籍調査に基礎をおいた」測量といってさしつかえない。*Cf.* Emery, *Irish geography.*, p. 267.

(27) Petty, *op. cit.*, pp. 120-25.

(28) Simington, *Civil Survey.*, Vol. I, p. ix.

(29) O'Domhnaill, *op. cit.*, p. 382.

(30) 結果表には、それぞれの土地の良否別推定面積、また、ところによっては良地および不良地のおのおのにおける地目別推定面積も表章されている。

(31) Petty, *op. cit.*, p. 100.

(32) *Ibid.*, pp. 81, 329. ラーカムは、ペティのこの「七対一」という比率についてつぎのようにいっている。すなわち、一八四一年のセンサスによれば、「耕地」(arable)対「未墾地」(uncultivated)の比率は、レンスタ地方では約五・五対一、マンスタ地方では二対一、アルスタ地方では二対一であったから、これにくらべると、ペティの比率はいかにも法外なものであるように思われる。しかしながら、「不良地」(unprofitable)と「未墾地」とはもちろん同義語ではなく、「未墾地」の多くは「放牧地」(pasture)としては"profitable"なのである、と。*Ibid.*, p. 329.

(33) この表は、ハーディングが「ダウン・サーヴェイ」の残存する結果表を一覧表の形に整理したもの(Harding, *op. cit.*, pp. 100-03)にもとづいて、筆者が百分比を計算したものである(各地方における県の排列は、ハーディングにしたがってアルファベット順にした)。ハーディングのこの一覧表には、エィカ未満の実数も示されているが、百分比を計算するばあい、筆者はエィカ未満は切りすてた。(ただし、各地方の「小計」については、エィカ未満を切りすてずに合計し、その百分比を計算するばあいにはそれらを切りすてるようにした。)なお、ハーディングのこの一覧表では、コンノート地方のスライゴウ県の合計数に僅少のくいちがいがみとめられる。すなわち、前掲書の一〇三ページにある同県の没収地面積の合計は、「一五九、四一七エィカ八パーチ」であるが、筆者の計算によると、それは「一六〇、〇九七エィカ八パーチ」になる。(このばあいのエィカは、いずれも「アイリッシュ・エィカ」である。一アイリッシュ・エィカをイングランドの法定エィカに換算すると、約一・六二エィカになる。)

「市民測量」がマンスタ地方の一県とコンノート地方の四県とについてはおこなわれなかったということは、前項の注(60)で述べたとおりであって、このばあいの前者はクレア県であり、後者はリートリム県をのぞく他の四県である。「ダウン・サーヴェイ」において依拠された土地台帳も、これらの五県については、「市民測量」のばあいと同様に、ウェントワース(ストラッフォド伯)によっておこなわれた測量調査の結果として作製されたものであった。Hardinge, *op. cit.*, pp. 76–77, 95–99.

(34) Petty, *op. cit.*, p. 97.

(35) *Ibid.*, p. 96.

(36) *Ibid.*, p. 96.

(37) Petty, *Reflections.*, p. 104.

(38) Petty, *Down Survey.*, p. 96.

(39) ラーカムも、「当時の事態のもとで土地の等級を区別するということは、ほとんどまったく不可能であった」といっている。*Ibid.*, p. 330. ラーカムが「当時の事態」というばあい、それは一つには上述のような急迫した事態を意味すると同時に、もう一つの事態をも意味しているといえよう。すなわち、それは測量費に関連してひきおこされる混乱である。たちいっていえば、「ダウン・サーヴェイ」においては、同じ一、〇〇〇エィカの面積の土地を測量するばあいでも、もしその土地が“profitable”であれば七ポンド三シリング四ペンスの測量費が支給されたが、もしそれが“unprofitable”であれば、三ポンドしか支給されなかった。そのために、測量隊員たちは、不良地を良地だと主張することによって、いっそう多額の測量費をえようという誘惑におちいりがちであったのであって、これが一方では測量結果の不正確性——良地への不良地の混入——の原因になり、また他方では測量隊員相互間および測量隊と共和国政府との紛争のたねにもなったのである。*Ibid.*, pp. 70, 78, 80, 329.

(40) *Cf. Ibid.*, pp. 98–99.

(41) Petty, *Reflections.*, p. 3.

(42) 「ダウン・サーヴェイ」に関連するもろもろの地図について簡単に説明しておこう。これらの地図は、三つのグループに分れる手書きの地図と、銅版印刷に付された地図書とからなりたっている。すなわち、第一グループの地図は、この測量の結果として作製された「公式の郡図および教区図」(official barony and parish maps)であるが、それらは本来三一巻からなりたっていた。ところが、一七一一年および一九二二年の二度の災害のため、この大部分は消滅してしまった。しかし、これらのなかの、二一県にふくまれる郡や教区の地図の写しは、一七巻に製本され、北部アイァランドの公記録保管所(Public Record Office)その他に現存し、そのなかには、ペティやペティおよび測量監の証明書がついたものもある。第二グループの地図は、ペティの子孫であるランズダウン侯爵家の所蔵する地図である。ペティは、同一地域について二枚ずつ地図を作製していた。そして、これらはその片方だといわれているものなのであって、一六五七―五九年に測量監のもとへ送付されなかった。この意味において必ずしも「公式」の地図とはいえないが、原図であることに変りはないのであって、アイァランド全図と、二四枚の県図と、一〇三枚の郡図とからなりたっている。第三グループの地図は、『アイァランド王国』(*Hibernia Regnum*)と名づけられるものであって、一七〇七年に、二冊の地図帳の形でダブリンからロンドンへ輸送される途中、フランスの海賊にうばわれ、めぐりめぐって現在はパリの国立図書館の所蔵するところとなっている。そして、この地図は、地方図・県図および二一六枚の郡図からなりたっているが、これらは、上記の第二グループの地図の写しだという説もあるし、そうではなくて、第二グループの地図とともにペティの手もとで原図から作製されたもう一つ別の写しだという説もある。(なお、一九五六年以降、上記の *Hibernia Regnum* その他を基礎とする「ダウン・サーヴェイ」の原図の翻刻が、シミントン博士の指導のもとに実現しつつある。)

銅版で印刷公刊されたものとしては、『アイァランド地図』(*Hiberniae Delineatio*. 1683?)がある。この地図書には刊地も刊年も記されていない。ブリティッシュ・ミューズィアムのカタログは、その刊年を「一六八五年」と推定しているが、一六八三年ごろに公刊されたという推定のほうがいっそう正確であるという。この書物は、おそらくはペティが『アイァランドの政治的解剖』のなかで言及している地図集(H・一七七、邦・一二八—一二九)にちがいない、と一般に推定されている。すなわち、おそらくペティは、一六七一—七二年ごろに、「ダウン・サーヴェイ」の原図(それは上記の *Hibernia Regnum* であろう)をもとにして、銅版をつくらせ、それを一六八三年ごろにこの書物の形で公刊したのであろう。ペティの親友の一人であったダイァリストのイーヴリンは、一六七五年一月二十日の日記に、「サー・ウィリアム・ペティがつくったアイァランドの地図は、従来いかなる国についてつくられたものよりも正確だと信じられている。かれはきっとそれを公刊するといっていたが、アムステルダムでそれを銅版にきざませるには一、〇〇〇ポンドもかかると語っていた」と書いているが(Evelyn, *Diary*., Vol. II, pp. 99-100)、おそらくそれがこの書物なのであろう。いずれにせよ、この書物に収められている地図は、アイァランド全図と、地方図と、県図との合計三七枚である。本書の巻頭にかかげた地図は、筆者所蔵のこの書物の冒頭に収められている「アイァランド全図」(A General Mapp of Ireland)である。

なお、ハル版の『ペティ経済学著作集』の第二巻巻末の書目には、ロンドンで公刊されたペティのもう一つ別の地図集がかかげられている(文献番号三三)。この書物のばあいにも、刊年は不明であるが、そのくわしい書名は右の書目について見られたい。

以上の説明は、主として O'Domhnaill, *op. cit*., pp. 384-87 によっている。いっそうたちいった研究のために筆者が気づいたかぎりで文献をあげれば、右のほかつぎのものがある。Fitzmaurice, *op. cit*., pp. 66-67. Earl of Kerry, *op. cit*., pp. 385-407. Goblet, *Géographie politique de l'Irlande*., Vol. II, Liv. V-VI. Goblet. *Topographical index*.

(43)　Goblet, *Topographical index*., pp. vi-viii.

(44)　Goblet, *Géographie politique de l'Irlande*. Vol. I, p. 337.　そして、土地面積におけるこの「過小」は、実測面積に応じて測量費をうけとったペティの側からすればそれだけの損失であり、クロムウェルの治下において土地の分配にあずかるべきイングランドのもろもろの債権者の側からすればそれだけの利得であったわけである。O'Domhnaill, *op. cit*., pp. 383-84.

(45) Andrews, *Map of Ireland*., p. 29. O'Domhnaill, *op. cit*., p. 384.

(46) Andrews, *Ireland in maps*., p. 10.

(47) Lynam, *British maps*., p. 33.

(48) Andrews, *Ireland in maps*., p. 11.

(49) Tooley, *Maps*., p. 93.

(50) Goblet, *Géographie politique de l'Irlande*., Vol. II, p. 164. ペティの地図は、イングランド本国はもとより、大陸諸国にも広範な影響をおよぼした。すなわち、オランダでは、デ・ヴィットをはじめ多くの人々がこれにならい、またドイツおよびフランスにも、その追従者があらわれたのである。Tooley, *op. cit*., p. 93. そして、ペティまでの時期における製図術の進歩は、必ずしも継続的なものではなかったのに、かれ以後の進歩が継続的なものになったという事実もきわめて興味ふかい。Andrews, *Map of Ireland*., p. 29.

(51) 前項の注(1)および(27)を参照されたい。

(52) Goblet, *Géographie politique de l'Irlande*., Vol. II, p. 359.

(53) 第二章第一節および本節の前項を参照されたい。イングランドにおいても、「土地資産の没収時代」といわれる市民革命時代には、土地測量が盛行した。しかしながら、それらは主として売却処分に付された王領地についてのものであって、アイァランドにおけるこれらの二つの測量のように、全国的な規模において統一的かつ徹底的に調査し、しかもその結果を精密で全国的な地図にしあげるというような大調査はなされなかったのである。*Cf*. Madge, *Domesday*., Pt. III.

(54) 十九世紀中葉においてもなお、アイァランドの半分の面積の土地の所有権についての法律上の証拠としては「ダウン・サーヴェイ」の結果が援用されている、とラーカムはいっているが(Petty, *Down Survey*., p. 347)、この事実は、この測量の正確性を裏書きすると同時に、その徹底性をも示すものといわなければならない。

(55) *Cf*. Simms, *Civil Survey*., p. 255.

(56) この時代のイングランド本国における土地所有の変革に関して提起された原理的な問題については、第二章第一節で述べたが、アイァランドにおいても実はそれと同じ性質の問題が提起されていたのであって、それについては次節でまとめて述べたい。

第六節　没収地の分配

一　アイァランド人の強制移住問題と分配の実施計画

没収地の測量事業を主宰したペティが、その分配事業をも主宰するようになったということは、上述したクロムウェルの収奪＝植民計画の全構想から考えればむしろ当然の論理的帰結だといえよう。(1) そしてこのことは、後述するように、当時の政治的諸情勢から考えても必然性をもつことがらなのであるが、(2) かれが没収地分配委員に任命されたのは、前節の第二項で一言したように一六五六年五月であって、「ダウン・サーヴェイ」の前半が完了し、その結果が当局の認可をうけたのと同時であった。この没収地分配事業は、六人の委員によって構成される委員会の手でおこなわれ、(3) ペティはその一人に任命されたわけであるが、後述するように、けっきょくは、かれ一人が独力でその局にあたったのである。つまりペティは、一六五六年五月以降、「ダウン・サーヴェイ」の後半（ゴブレがいう「第二部」）と没収地分配事業との双方を同時に主宰したわけであって、これらの事業にまつわる紛争をも考慮すれば、かれは一六六〇年の王政復古のそのときまで、アイァランドにおける土地問題の処理に没頭し、前後六年間の全生活をそれにささげたといってさしつかえないのである。

この項では、没収地分配とふかく関連するアイァランド人の強制移住問題と、分配の実施計画とを考察することが課題なのであるが、そのまえに、この時期における土地没収の総括的な規模を概観しておくことにしよう。

「市民測量」および「ダウン・サーヴェイ」の結果についてのハーディングのきわめて周到綿密な研究にもとづいて筆者が計算したところによると、「処分法」(一六五二年)による土地没収の総結果は、ここにかかげる第一表のとおりである。これによると、アイァランドの総面積は二、〇〇〇万エィカであって、その五五%にあたる一、一〇〇万エィカがこの時期に没収されたことが知られる(ここでのエィカは、すべてイングランドの法定エィカであって、以下においても、それと断わらぬかぎりそうである)。「処分法」(一六五二年)によって、アイァランド人旧教徒の土地は全部的に没収されたと考えてさしつかえないのであるから、この一、一〇〇万エィカは、とりもなおさず、一六四一年の大反乱勃発当時、かれらによって保有されていた土地の面積だと考えてよい[5]。その反面、九〇〇万エィカの非没収地は、大反乱勃発以前の保有者の手にとどまった土地であって、これらの者は、大反乱の全期間をつうじてイングランドの議会に対する「恒常的信実」を立証しえた新教徒や、科金を支払ってみずからの土地資産を買いもどした者を主としていたのである[6]。つぎに、もうすこしたちいって、総面積に対する没収地の割合を地方別に観察し、さらにそれを県別に見ると、第二表のとおりである。すなわち、この割合は、コンノート地方が最高で、アルスタ地方が最低を示し、マンスタとレンスタの両地方がその中間にある。そして、県別においても、この傾向は概して平均的にあらわれており、最高率を示す県(ゴールウェイ)はコンノート地方に、また最低率を示す県(ティローン)はアルスタ地方に、それぞれみいだされる。アルスタ地方の諸県とコンノート地方のそれらとが正反対の傾向を示しているのは、初期ステュアート王朝のジェイムズ

(1) 地方別没収・非没収地別面積およびその割合[4]

地方別	没収地(A)	非没収地(B)	合　計(C)	A/C	B/C
	エィカ	エィカ	エィカ	%	%
レンスタ	2,744,441	2,079,866	4,824,308	56.9	43.1
マンスタ	3,912,055	2,003,507	5,915,563	66.1	33.9
アルスタ	1,153,693	4,106,034	5,259,728	21.9	78.1
コンノート	3,198,269	980,708	4,178,977	76.5	23.5
合　計	11,008,458	9,170,115	20,178,576	54.6	45.4

(2) 地方別県別没収・非没収地別面積割合(7)

地方別県別	没収地	非没収地
レンスタ地方	%	%
カーロウ	71.9	29.1
ダブリン	46.5	53.5
キルデア	49.6	50.4
キルケニ	58.0	42.0
キングズ・カウンティ	45.7	54.3
ロングフォド	45.3	54.7
ラウス	65.3	34.7
ミーズ	76.3	23.7
クイーンズ・カウンティ	43.4	56.6
ウェストミーズ	75.4	24.6
ウェックスフォド	59.9	40.1
ウィックロウ	35.1	64.9
小計	56.9	43.1
マンスタ地方		
クレア	79.6	20.4
コーク	65.0	35.0
ケリ	59.4	40.6
リマリック	57.7	42.3
ティペラリ	77.2	22.8
ウォーターフォド	52.2	47.8
小計	66.1	33.9
アルスタ地方		
エントリム	40.8	59.2
アーマー	33.9	66.1
キャヴァン	41.5	58.5
ドニゴール	10.6	89.4
ダウン	26.3	73.7
ファーメナ	15.6	84.4
ロンドンデリ	14.0	86.0
モナハン	37.9	62.1
ティローン	4.4	95.6
小計	21.9	78.1
コンノート地方		
ゴールウェイ	91.5	8.5
リートリム	38.8	61.2
メイオウ	80.4	19.6
ロスコモン	67.8	32.2
スライゴウ	57.7	42.3
小計	76.5	23.5
4地方合計	54.6	45.4

一世治下におけるアルスタ植民以来、この地方がブリテン人新教徒の根づよい地盤になっていた反面、コンノート地方がテューダー王朝以来、いわば手つかずの地方で、しかも各地方で土地を追いたてられたアイァランド人がここに逃げこみ、大反乱以前からすでに後代のいわゆる「密集地域」(Congested District)の様相を呈していた、ということと表裏するものである。極言すれば、アルスタ地方はこの時代までにすでに収奪をおわっており、コンノート地方における収奪はこの時期にはじまったといえよう。(8)

ところで、没収地の分配は、さしあたってはこの一、一〇〇万エィカをイングランド人新教徒のあいだにいかに「正当かつ公平に」(9)分配し、かれらをいかに円滑に入植させるかという問題なのであるが、それを解決するためには、なによりもまず第一に、「処分法」(一六五二年)と「償還法」(一六五三年)とにもとづき、右の一、一〇〇万エィカの一部をさいてこれを替地としてアイァランド人にあたえ、残余の土地からかれらを「清掃」してしまわなければならない。クロムウェルの収奪＝植民計画の一環としてのこの強制移住(transplantation)が、過去五世紀におよぶ収奪史の苦い経験——とりわけ英・愛両国人の雑居の危険性、つまりイングランド人の「堕落」——から学んだ政策であること、またこのばあい、替地としてはシャノン川の西のコンノート地方五県とマンスタ地方のクレア県とが考えられていたこと、さらに、この強制移住は一六五四年五月一日までに完了すべしとされていたこと、これらの点については本章の第三節で述べたとおりである。ところが、その違反に対して死刑をもっておびやかしたにもかかわらず、強制移住はとうてい右の期日までにはおこなわれなかった。それどころか、その後この期日は延期されたにもかかわらず、数十万人ちかいアイァランド人の全面的な強制移住はとうてい実行しえないということが明らかになった。[(10)] というのは、移住手続の煩雑さもさることながら、アイァランド人の抵抗——移住に反対する「請願」——があったからでもあるが、[(11)] いっそう根本的には、イングランドの支配者たちのあいだに、この問題に関する内部的な対立が生じたからであり、しかもこの対立は、イングランド本国における政治情勢の変化と密接にむすびついていたものであったからである。

クロムウェルのアイァランド征服の目的の一つが、本国の市民革命における左翼の勢力を分裂させ、革命そのもののこれ以上の前進を阻止し、新たに権力の座についたブルジョアジーおよび土地貴族(大土地所有者)の保守的な支配を強化することにあったということは、すでに本章の第二節で述べたとおりである。そしてこの傾向は、一六五三年十二月におけるクロムウェルによる護民官政治の確立と前後しつついっそう強化されたのであって、アイァランドにおける没収地分配およびその前提としての強制移住問題の観点から見れば、この傾向は、グッキンをその代弁者とするところの、強制移住反対論の形をとってあらわれたといえよう。[(12)] すなわち、グッキンは、一六五五年一月に、『アイァランドにおける強制移住の大問題を論ず』[(13)] (*The Great Case of Transplantation in Ireland Discussed*, etc. London,

1655)という匿名のパンフレットを公刊し、イングランドの入植者は、アイァランド人の労働力なしにはその土地を耕作しえないのであるから、それに、たとえアイァランド人の領主たちだけを移住させるにしても、ゲール社会の伝統的な慣習上、従属する氏族民がかれらのあとを追って移住するのは必至であるから、全面的な強制移住はおこなわれるべきではない、と主張した。(14) いいかえれば、グッキンは、このような形で、イングランド本国において優勢化しつつあったところの、ブルジョアジーと同盟した土地貴族(大土地所有者)の利益を擁護し、アイァランドにおける大土地所有制の確立をはかったのである。(15) ところが、グッキンの主張は、英・愛両国をつうずる軍部から猛烈な攻撃をうけた。そしてこの攻撃は、まずはじめに、全面的強制移住の実施に関するアイァランド駐屯部隊の将校たちの総督への「請願」(16)(一六五五年三月)となってあらわれ、それにつづいて、ロウレンス大佐(17)(Colonel R. Lawrence, *d.* 1684)が執筆し、これと同じ月に公刊した『アイァランド人の強制移住におけるイングランドの利益』(*The Interest of England in the Irish Transplantation, Stated*: etc. London, 1655)というパンフレット(18)の形においてなされた。これらの「請願」やパンフレットが主張するところをつきつめていえば、アイァランド人の全面的な強制移住こそ、新入植者、つまりイングランド人新教徒を安全にし、かれらにみずからの土地を経営する勇気をあたえ、イングランドからのさらにいっそう多くの入植者を奨励し、イングランドの利益を増大させる、というのである。いいかえれば、すでに述べたように(本章第三節)、クロムウェルの将兵は、アイァランドにおけるヨウマンたることを約束されて遠征してきたのであるが、右の主張は、アイァランド人の自由の完全にちかい圧殺を基礎としつつ、まさにこの独立生産者としてのみずからの利益をもっとも露骨に擁護したものといわなければならないであろう。

これを要するに、グッキンの主張によって代弁される「大土地収奪者」、すなわち投機者や軍の上層部がもっとも安価な労働力としてのアイァランド人の強制移住に反対したのに対し、「小土地収奪者」、すなわち下級将校や兵士は、大量の労働力を必要とせず、したがって全面的な強制移住を要求したのであって、それというのも、この後者は、自力かまたは「イングランドの同胞」の労働力でまにあわせることができたからであり、「かれらにとっては、アイァランド人は復讐をさえくわだてる競争相手にほかならなかったのである。[19]」以上の対立は、護民官クロムウェル対総督フリートウッドの対立[20]という形において明瞭にあらわれたのであるが、けっきょくは前者の勝利に帰し、アイァランド人の全面的な強制移住は実施されなかった。そして、一六五五年九月におけるフリートウッドの退陣と、それにかわってのヘンリ・クロムウェル (Henry Cromwell, 1628-74) の登場（一六五七年の総督就任）とは、イングランド共和国のアイァランド政策における転機を画し[21]、その後における共和国政府の政策は、アイァランドの貧農大衆がシャノン川をこえてその西へ移住することを防止するようにさえなったのである。[22]とはいえ、アイァランド人の移住が全然なされなかったのではもとよりない。すなわち、アイァランド人旧教徒の土地保有者と、現実に武器を手にして大反乱に参加したアイァランド人とは移住させられることになったのであって、この後者の判定はきわめて困難であったが、けっきょく、土地保有者約二、〇〇〇人、その他を加えて約五〇、〇〇〇人のアイァランド人旧教徒が強制移住させられた、と推定されているのである。[23]

ところで、この強制移住問題に対するペティの立場はどうであったかといえば、かれはグッキンの支持者であった。それればかりではなく、グッキンの上記のパンフレットは、両者の共同執筆にかかるものだとさえいわれている。[24]そうとすれば、この時期のペティは、ブルジョアジーと同盟して政治権力の座についたイングランドの大土地所有者の立場にたっていた、といえよう。そして、この点からふりかえってみるならば、一六五六年五月に、かれが没収地分配

(3) 没収地分配の実施計画およびその面積の百分比[27]

		良地《プロフィタブル》面積 %	総面積 %
投機者へ	キングズ・カウンティ，ミーズ，クイーンズ・カウンティ，ウェストミーズ，リマリック，ティペラリ，ウォーターフォド，エントリム，アーマー，ダウンの10県における没収地の2分の1，およびラウス1県	17.8	15.6
将校・兵士へ	投機者と同じ10県における没収地の他の2分の1，およびキルケニ，ウェックスフォド，ケリ，キャヴァン，ファーメナ，ロンドンデリ，モナハン，ティローン，スライゴウの9県，さらに，1649年以前の将兵には，ロングフォド，ウィックロウ，ドニゴール，リートリムの4県	44.9	38.4
政府の留保分	カーロウ，ダブリン，キルデア，コークの4県	19.7	15.1
アイァランド人へ	クレア，ゴールウェイ，メイオウ，ロスコモンの4県	17.6	30.9
合計(32県)		100.0	100.0

委員になり、さらにその七月に、グッキンや、将校ではあったが「護民官派のお気にいり[25](*persona grata*)」でもあったサイムナー大佐と三人で、この事業の執行委員に任命されたのは、けっして偶然ではなかったといわなければならない[26]。そこで、以上のような事態を基礎としてたてられた没収地分配の実施計画がつぎの問題になるのである。

アイァランドの総面積二、〇〇〇万エィカのうちの一、一〇〇万エィカがイングランド共和国によって没収されたということは、すでに述べたとおりである。ここでの問題は、この一、一〇〇万エィカの分配なのであるが、その圧倒的部分についての分配をうけるべきものが投機者と将校・兵士とであることは、もはや説明を要しないであろう。さらに、みずからのための土地の留保分を必要とするイングランド共和国政府と、強制移住の結果として替地をあたえられるべきアイァランド人とがこれに加わることはいうまでもない。そして、以上の四種類の集団へ割当てられるべき土地は、「償還法」(一六五三年)によっていちおう県別に規定されていたのであるが(本章第三節)、基本的にはこれにもとづきながら、その後における変更と、「市民測量」および「ダウン・サーヴェイ」の測量調査の結果とをとりいれながら、全島三二県における没収地の割当を示せば第三表のとおりである。この表は、以上の意味において、没収地分配の実施計画にほかならないのである。

キングズ・カウンティ以下、コンノート地方をのぞく三地方の一〇県における没収地が、投機者と将校・兵士との双方のあいだに等分して分配されるということは、「償還法」（一六五三年）において規定されていたことであった。そのうえ、これらの没収地でなお不十分なばあいにそなえて、ラウス県が投機者への「追加的担保」にあてられることになっていた。(28) 将校・兵士への割当地としては、投機者のばあいの一〇県の他の二分の一のほかに、キルケニ以下の九県が投機者のばあいと同様の「追加的担保」にあてられることとなった。ところが、同じ「将校・兵士」といっても、そのなかには、一六四九年のクロムウェルの遠征以前から、アイァランドまたはイングランドで戦っていた議会軍の将兵がいたのであって、かれらもまた、未払給与を支払われるべき者であった。そこで、かれらには、ロングフォド以下の四県が割当てられることになったのである。(29) このように、投機者と将校・兵士とに没収地を割当てたほか、共和国政府は、みずからのためにカーロウ以下の四県を留保し、これらを投機者および将校・兵士以外の債権者、すなわち、大反乱鎮定のために軍資金や軍需品を政府に前貸したご用商人や、政府要人や、その寵臣たちに割当てた。(30) 注目すべきことは、クロムウェルとその一族もここで土地を割当てられ、七〇人の弑逆議員もここに土地を割当てられたことである。(31) しかも、リフィ川（the Liffey）とバロウ川（the Barrow）にかこまれて最良の土地をふくんでいるレンスタ地方の五県——ダブリン、キルデア、ウィックロウ、カーロウ、ウェックスフォドの五県——は、イングランド共和国のいわば直轄地として、中世以来の領内《ペイル》（本章第一節第一項参照）の近代版の実現が企図されたのである。(32) その反面、アイァランド人はどうかといえば、はじめはコンノート地方の五県とマンスタ地方のクレア県とが強制移住の替地として割当てられることになっていたのであるが、この実施計画においては、前者の地方のリートリムおよびスライゴウの二県が将校・兵士のための割当地としてとりあげられたばかりではなく、メイオウ県も、その一部(三分の二)がかれらのためにとりあげられたのである。(33)

以上のほか、政府の留保分のなかには、不具者になった将兵や、かれらの寡婦たちのために割当てられた土地も若干ふくまれているが、このような実施計画を総括すると、投機者、将校・兵士および共和国政府の三者――いわゆる"Cromwellians"――が没収地総面積の七〇％弱を割当てられ、アイァランド人には、かりにメイオウ県の全部を割当てられたとしても、その三〇％弱の替地が割当てられたにすぎないことが知られる。そして、没収地における良《プロフィタブル》地の面積だけについてこれを見るならば、前者が八〇％以上、後者が二〇％以下ということになるが、さらに、

(4) 割当地における土地の良否別面積割合(34)

	良《プロフィタブル》地	不良《アンプロフィタブル》地
	%	%
投機者への割当地	80.7	19.3
将校・兵士への割当地	82.0	18.0
政府の留保分としての割当地	91.5	8.5
以上三者の割当地の合計	83.8	16.2
アイァランド人への割当地	40.0	60.0
割当地(没収地)の総計	70.3	29.7

これらの四種の集団のそれぞれの割当地における土地の良否別割合を見ると、第四表のように、右の関係はいっそう明瞭になるのである。すなわち、イングランド人新教徒がその総計において八四％弱の良《プロフィタブル》地をふくむ没収地を割当てられたのに対し、アイァランド人旧教徒に割当てられた替地は、わずか四〇％の良《プロフィタブル》地しかふくんでいない。本章の第五節第二項にかかげた表(一一五ページ)と、前掲の第三表とを考えあわせると、かれらに割当てられた四県の条件は、全島三二県のなかでもよりによって劣悪だ、ということが知られるであろう。(35) 第四表に示される四〇％というのは、いわばその平均値なのであって、クロムウェルの収奪の意図がいかに苛酷なものであったかということを示すものにほかならない。それにひきかえ、イングランド人新教徒に割当てられた土地の条件は良好であって、表示のように、良《プロフィタブル》地の割合は総じて八三％をこえており、政府要人や弑逆議員たちへの割当

分をふくむ「政府の留保分」におけるそれは、九〇％をこえるほどの絶好地であったのである。

ところで、以上に述べたのは没収地分配の実施計画であり、そこでの土地の良否別割合は、前節で述べたような欠陥をもつ「市民測量」および「ダウン・サーヴェイ」の結果から計算されたものであった。そこで、この実施計画にもとづいた現実の分配過程と、その過程に提起された諸問題とがつぎの課題になってくるのである。

（1） Bonn, *Englische Kolonisation.*, II. Bd., S. 83.

（2） ワーズリの後任として一六五七年一月に測量監に任命されたグッキンは、その前年にペティと同時に没収地分配委員に任命されていたのであるが、後述するように、このような推移もまたペティのばあいと同じ必然性をもつことがらなのである。前節第二項の注(22)およびつぎの注（3）を参照。

（3） Petty, *Down Survey.*, p. 86. そしてこの年の七月に、六人の委員のなかから、ペティ、グッキンおよびサイムナー大佐(Colonel M. Symner)の三人が没収地分配の執行委員に任命された。*Ibid.*, p. 185. Fitzmaurice, *Life.*, p. 57.

（4） Hardinge, *Surveys.*, p. 104. Bonn, *op. cit.*, SS. 39–40. Butler, *Confiscation.*, p. 157. ハーディングは一エィカ未満の面積まで示しているが、ここではそれらをすべて切りすてた。合計数があわないばあいがあるのはそのためである。なお、合計(C)は、水面を除外した面積である。

（5） 本章第一節第二項の注(54)参照。そこに引用されているオブライエン(G. O'Brien)も、ハーディングを根拠にしているのである。

（6） この前者の新教徒のなかには、十八世紀以降におけるランズダウン侯爵家の先祖になったケリ卿(William Fitzmaurice, 20th Lord of Kerry, 1633–97)もふくまれている。Butler, *op. cit.*, p. 161.

（7） 第一表とまったく同一の Hardinge, *op. cit.*, p. 104 にもとづいて筆者が計算したものである。前出の注（4）参照。なお、各地方および各県の原名については一一五ページの表を参照。ここでの地方および県の排列順序は右の表にしたがっている。

（8） 現在、連合王国の一部になっている北部アイァランドは、アルスタ地方の六県、すなわち、エントリム、アーマー、ダウン、ファーメナ、ロンドンデリおよびティローンの六県によって構成されているが、これらの六県における没収地の割合は、第二表に見られるように総じて低率である。この事実は、これらの六県における植民の歴史が古くまた根づよい、ということを示すものといえよう。

（9） Petty, *op. cit.*, p. 86.

（10） Butler, *op. cit.*, p. 144.

(11) 強制移住のくわしい経緯や、その手続や、これに反対するアイァランド人の抵抗やについては、Prendergast, *Cromwellian settlement.*, Chapt. IV; Архангельский, Ирландское земельное законодательство., стр. 17-25 を参照されたい。

(12) グッキンは、ジェイムズ一世の治世の初期にイングランドからアイァランドに移ってそこに定住したサー・ヴィンセント・グッキン(Sir Vincent Gookin, 1590?-1638)の長子で、下院議員であった。フィッツモーリスは、グッキンは枢密顧問官でもあったといっているが(Fitzmaurice, *op. cit.*, p. 31)、この点は明らかではない。いずれにせよ、かれの父が有名なアイァランド人ぎらいであったのに反し、かれが、イングランド人新教徒によるアイァランド植民に賛成しつつ、この島国の民衆を愛していたことは明らかである。かれが没収地の分配委員に任命され、またその後ワーズリのあとをついで測量監に任命されたことは、前出の注(2)および前節第二項の注(22)で述べたとおりである。*Dictionary of National Biography* (V. Gookin).

(13) このパンフレットの摘要は、Prendergast, *op. cit.*, pp. 135-40 に収められている。

(14) グッキンの強制移住反対論は、これだけが唯一の論拠ではないけれども、これが中心的なものであることは疑いない。*Cf.* Butler, *op. cit.*, p. 145. Fitzmaurice, *op. cit.*, p. 33. Prendergast, *op. cit.*, pp. 137-39. Архангельский, *op. cit.*, стр. 27-28. Косминский, Буржуазная революция., I, стр. 435.

(15) Hill, *English revolution.*, 3rd ed., pp. 52-54. 邦訳書　七八―八一ページ。Архангельский, *op. cit.*, стр. 28. Косминский, *op. cit.*, стр. 434.

(16) Prendergast, *op. cit.*, pp. 142-43. Gardiner, *Commonwealth and Protectorate.*, Vol. IV, pp. 100, 103.

(17) ロウレンス大佐は、一六四五年まで、イングランド本国における新型軍の将校として活動し、その後騎兵総監になった熱烈な新教徒であった。かれは、一六四九年に、クロムウェルとともにアイァランドに遠征し、反乱鎮定後は強制移住問題を処理する委員の一人として活動し、さらに没収地の測量にも参加した。*Dictionary of National Biography* (R. Lawrence).

(18) このパンフレットの主旨は、Prendergast, *op. cit.*, pp. 143-45 に要約されている。

(19) Косминский, *op. cit.*, стр. 437.

(20) 総督フリートウッド将軍は、グッキンのパンフレットを「言語道断の書物」といい、またグッキン自身は、その反対者たちから「堕落したイングランド人」――十四世紀以来、アングロ・アイリッシュに対してイングランド人があびせたさげすみの呼名(本章第一節第一項参照)――として非難されたという。Gardiner, *op. cit.*, pp. 100, 103. Prendergast, *op. cit.*, pp. 142-43. *Dictionary of National Biography*(V. Gookin). しかしながら、かつては自分自身やアイァランド人の自由を擁護しつつ遠征に反対したイングランドの将兵(レヴェラーズ)が、小資産の獲得を目前にして、アイァランド人の自由の完全にちかい圧殺を意味する全面的な強制移住を主張したことこそ、「言語道断」といわれるべきであろう。*Cf.* Косминский, *op. cit.*, стр. 436-37.

(21) Gardiner, *op. cit.*, p. 118.

(22) Butler, *op. cit.*, pp. 146-47. この防止の理由は、かれらが「悲惨な目にあう」といけないから、ということであったという。

(23) Butler, *op. cit.*, pp. 145-54. Bonn, *op. cit.*, S. 65. ボン自身、この五〇、〇〇〇人という数字はきわめて臆測的だとしている。

(24) Fitzmaurice, *op. cit.*, pp. 31-32. ペティ自筆の著作目録(L・一五八)には、一六五四年のところに、『コンノートへの強制移住に対する反論』(*A Discourse against the Transplantation into Connaght*)を執筆したと記されているが(後出一五七ページ参照)、これは失われてしまったらしい。しかし、フィッツモーリスも指摘しているように、グッキンの右のパンフレットは、後年におけるペティの主著『アイァランドの政治的解剖』を思わせるような、自然体と政治体を類比した論議や、またこの主著の第四章(「最近の反乱とその諸結果について」)に似たような記述をふくんでいる。Fitzmaurice, *op. cit.*, p. 32. したがって、この特徴はきわめて重要である。この点については、後出第七節で再言することにしよう。

(25) Fitzmaurice, *op. cit.*, p. 57. 前出の注(2)参照。

(26) この点からさらにふりかえって見るならば、前節の第一項で述べたペティとワーズリの対立――とくにその注(46)参照――の意味も、いっそう明瞭になるであろう。というのは、すでに述べたように、測量監ワーズリは、軍部を中心とする「過激派」――護民官政治に反対した共和派――に属し、強制移住問題におけるロウレンス大佐と同じ系列にたっていたからである。一六五七年一月におけるワーズリの退陣とグッキンの測量監就任――前節第二項の注(22)参照――の意味も、この点からふりかえって考えればいっそう明瞭になるであろう。いいかえれば、ペティとワーズリの対立は、けっきょくグッキンとロウレンス大佐の対立、したがってまた護民官クロムウェルと総督フリートウッドの対立に帰着するといえよう。フィッツモーリスは、強制移住問題においてグッキンの主張が支配的になり、ペティ、グッキンおよびサイムナー大佐の三人が没収地分配の執行委員に任命されたという事実を指摘し、これは軍部のなかで有力であった「狂信派」(fanatical section)に対する「民政派」(civilian party)の勝利だといっているが(Fitzmaurice, *op. cit.*, p. 57)、この「民政派」が、クロムウェルの護民官就任を契機としていっそう顕在化したところの、ブルジョアジーと同盟した土地貴族(大土地所有者)の勢力であることは明白であろう。

(27) この表における県別は、Prendergast, *op. cit.*, Illustrations のなかの、巻末の地図――「償還法」(一六五三年)の規定を基礎として作製された土地の割当図――にもとづいている。そして、各県の排列順序は、本項の第二表のそれにしたがっているが、各県の地方別の所在も右の第二表によって見られたい。この表における土地面積の百分比は、右の第二表のばあいと同じく、Hardinge, *op. cit.*, pp. 100-103 に示されている実面積を基礎としている。そしてこれを算出するばあい、「投機者」と「将校・兵士」とは、表記の一〇県については、没収地を二等分して割当てられていたので、この一〇県については没収地面積の合計を機械的に二等分し、その結果に、両者のおのおのに割当てられた他の県の分を加え、そのうえで百分比を算出した。

この表には、なお多くの注をつけなければならないが、そうするとひじょうに煩雑になるので、つぎの二点にとどめておこう。(1) この県別は、各県の没収地の面積の「主要部分」がこれらの四種類の集団のいずれかに割当てられたことを示すものであって、その「全部」がそうされたのではない。たとえば、「アイァランド人」へ割当てられた四県の周辺(海岸をもふくむ)には、「将校・兵士」が四マイルの幅で帯状に入植することになっていたし、また、メイオウ県はその三分の二がアイァランド人からとりあげられたのであるが、このようなもろもろの事情はここでは無視されている、等々。したがって、こういう事情をも考慮すれば、表示された百分比は当然訂正を要する。(2)「一六四九年以前の将兵」については、本文の説明のほかに、本章第三節の注(40)をも参照されたい。

(28) Prendergast, *op. cit.*, p. 242.

(29) Petty, *op. cit.*, p. 86. Prendergast, *op. cit.*, p. 193.

(30) Prendergast, *op. cit.*, pp. 93-94.

(31) Clarendon, *Life.*, pp. 62-63. Butler, *op. cit.*, p. 161.

(32) Prendergast, *op. cit.*, pp. 246 47. なお、プレンダガストの前掲の土地割当図参照。

(33) *Ibid.*, pp. 163, 188-89.

(34) この表における計算の基礎は、前表のそれとまったく同様である。

(35) ここまで考えてくると、アイァランド人の強制移住地としてなぜこれらの地域がえらばれたかという理由も(本章第三節参照)、すくなくとも結果的には明らかになってくる。すなわち、それは地理的な諸条件ばかりではなく、経済的な諸条件にもよるものであったのである。

二　分配の実施と提起された諸問題——人口センサス

没収地分配事業について「あますところなく記述しようとすれば、それだけでも一つの論著を必要とするであろう(1)」とペティはいっている。「ダウン・サーヴェイ」の前半につづいてその後半を主宰しながら、同時にそれと平行してこの事業をも主宰するということは、この当時のかれの自覚においては「骨折り損のくたびれもうけ(2)」でしかなかった。そして、ラーカムがいうように、この分配事業は、「さまざまで不確定な価値をもつ土地に対して、さまざまで不確定な権利を主張するところの、三二、〇〇〇人もの将校・兵士・従者・投機者・入植者、つまりあらゆる種類・階級の債権者を、アイァランドの三分の二の地表に散在する各筆の土地に位置づける」ということにほかならないのであるが、こういう事業がいかに「混乱に満ち、不確定きわまりないものであるかは、想像を絶する」ものであったにちがいない。[3] しかしながら、この事業を遂行することなしにクロムウェルの収奪＝植民を完結させることができないこともまた、いうまでもないのである。

ここでは、まずはじめに、前項で述べた没収地分配の実施計画にもとづく現実の分配結果を概観し、つぎに、この事業によって提起された諸問題について考察することにしよう。

くりかえし述べたように、没収地の面積はアイァランドの総面積の五五％にあたる一、一〇〇万エィカである。そして、バトラーの研究[4]によれば、このうちの五〇万エィカは王党のアイァランド人新教徒（たとえばオーモンド等々）の土地であるから、[5] 厳密にいえば、それをさしひいた一、〇五〇万エィカが分配の対象になったのである。ところが、このうちの三〇〇万エィカは不良地《アンプロフィタブル》であったから、これをさしひくと七五〇万エィカの良地《プロフィタブル》がのこることとなる。

ところで、分配の実施計画によれば（前項第三表）、この島国のかつての主人公であったアイァランド人旧教徒への割当地は、最大限にみつもっても、没収地総面積の三一％弱、その良地《プロフィタブル》面積の一八％弱（実面積では一三六万エィカ）であった。ところが、コンノート地方のメイオウ県の三分の二がイングランドの将校・兵士への分配のためにとりあげられたりなどした結果、[6] 替地としてかれらに現実にあたえられた良地《プロフィタブル》は、コンノート地方の三県とマンスタ地方のクレア県とにおける一一〇万エィカにすぎないものになった。そして、これに隣接する不良地《アンプロフィタブル》をふくめても、アイァランド人旧教徒の土地は、この島国の総面積の一三分の一未満[7](七・七%弱)になってしまったのである。前項で述べたように、一六四一年以前の大反乱勃発当時におけるこの割合は五五%であって、それは、その時期からさかのぼって過去約五世紀にわたるイングランドの間断なき収奪の総決算だといってさしつかえない。それが一挙に七・七%弱に激減したということは、クロムウェルの収奪がいかに徹底したものであったかを物語るものにほかならない。クラレンドン伯がいっているように、「〔クロムウェルとその党派は〕権力以外にはいかなる権利もないのに」この大収奪をあえてしたのである。[8]そして、シャノン川の西側にあるこれらの諸地域に定住したアイァランド人旧教徒を個々的に見れば、一人あたり一一、五七四エィカから、わずか二エィカにいたるまで、割当てられた土地の大きさは区々であり、そこでの土地保有の態様も、永代無条件相続(fee simple)であったり、定期賃借(lease hold)であったり、あるいは単に任意解約借地農(tenant at will)として定住したり、さまざまであった、という。[9]いずれにせよまちがいないことは、クロムウェルの収奪(とりわけ強制移住)の結果、右の四県をのぞく他の二八県におけるすべての旧教徒領主――アイァランド人であれ、旧イングランド人であれ、あるいは新イングランド人であれ、すべての旧教徒領主――が「完全に一掃された」ということであり、その反面、強制移住の結果、「アイァランドの住民大衆は、軽侮されながらも不可欠の人種として、征服者たちのためにその土地に残留した[10]」ということである。

アイァランド人とは表裏して、勝利した「博徒の権利」をもつイングランド人新教徒(いわゆる「クロムウェリアンズ」)は、きわめて大きな分けまえにあずかった。すなわち、かれらは、分配の対象となった上述の七五〇万エィカにおよぶ没収地(良　地《プロフィタブル》)から、替地としてアイァランド人にあたえられた一一〇万エィカをさしひき、そののこりの約六五〇万エィカ(計算上は六四〇万エィカ)を獲得したのである。分配の実施計画にくらべれば、いうまでもなくアイァランド人の分が減少しただけかれらの分が増加したのであるが、これらの土地は、将校・兵士が総面積の五六％、投機者および政府が同じく二二％ずつという割合で、(11)三者のあいだに分配されることになっていた。そしてこのばあい、本章の第三節で述べたように、将校・兵士およびその他の債権者は、「募金法」(一六四二年)および「償還法」(一六五三年)によって規定されていた没収地の地方別評価額にしたがい、また原則的には抽選によって、各人の債権額に見あうだけの面積の土地の償還(分配)をうけ、純然たるブルジョア的な自由資産としてこれを所有することになっていたのである。

ところが、以上のような分配計画を実行する段階において、大きな混乱が生じた。そしてこの混乱は、将校・兵士への土地分配のばあいに、とりわけ典型的な形であらわれたのである。

ひとくちに将校・兵士といっても、その内容がきわめて複雑なものであったということは、前項の第三表に関連する説明や、その簡単な注(27)からもうかがわれるであろう。そして、かりにこれらの点に目をつむるにしても、かれらの数がきわめて多かったこと、また、かれら各個人の債権額(つまり未払給与額)が大小さまざまであったこと、さらに、前節第一項で述べたように、一六五三年以降、つまり「総括測量」さえまだ開始されるかされないかのその時期から、すでにアイァランド派遣軍の解隊が開始され、したがって土地分配もまたいそがれ、部分的には実行されてもいたこと、等々の諸事情は、事態をさらに複雑なものにしていた。かてて加えて、「総括測量」の進行につれ、一つにはこの測量自体の欠陥から、アイァランドにおける絶対的な土地不足が予測される反面、一六五五年九月から大規模な軍の解隊がつぎつぎにおこなわれることになり(前節第一項参照)、またそのとおり実施された。すでに述べたように、「総括測量」が当局から中止を命ぜられ、それにかわって、「市民測量」と「ダウン・サーヴェイ」とが実施されるようになったのもこのような事態においてなのであるが、一六五五年以降の大規模な解隊こそ、後述する没収地の地方別評価額その他の問題とともに、土地分配の実施における混乱の直接的な原因なのであって、これがアイァランド人の強制移住問題をめぐって表面化した上述の基本的な対立(前項参照)に拍車を加える結果になったのである。

共和国政府に対して将校・兵士がその償還を要求しうる債権額は、いうまでもなく、かれら各人の未払給与の金額であり、それは本章第三節で述べた「給与債務証書」(Debenture)に記載され、かれら各人は解隊にさいしてこの証書をうけとったのである。ところが、将校・兵士の大多数は、いうまでもなく下級の者であった。したがって、土地測量が急速に進捗し、またその結果、手ぎわよく土地分配がおこなわれ、かれらが円滑に定住できるならばともかく、そうでないかぎり、当然のことながらかれらはまもなく生活に窮してしまうべき者であった。そして現実の事態は不幸にもまさにこのとおりになったのであって、「ダウン・サーヴェイ」のおどろくべき進行速度よりも、(12)かれらの生活が困窮するその速度のほうがいっそう迅速であったのである。そこで、かれらは、「償還法」(一六五三年)によって禁止されていたにもかかわらず、みずからの「給与債務証書」を売却して換金するようになった。その結果、この証書は、投機者のばあいの「投機の権利」とまったく同様に(本章第二節第一項参照)、一種の有価証券として転々流通し、ペティによれば(『アイァランドの政治的解剖』)、「一六五三年、給与債務証書は自由かつ公然と、一ポンドにつき四シリングないし五シリングで売られた」(13)(H・一五三、邦・七二)。その反面、投機者や上級将校は、これらの証書を文字どおり二束三文で買いあさり、みずからは大土地所有者になったのである。(14)このばあい、ペティはどうかといえば、かれもまた下級将兵の給与債務証書を捨値で買いあさった一人であった。そしてこのことは、かれが共和国時代の末期に不正行為をおこなったかどで議会に召喚される有力な原因の一つになるのである。この点については後述することにするが、これを要するに、「下級将兵による給与債務証書の売却をつうじて、没収地分配事業がいちじるしい混乱におちいったことは明白」である。それればかりではない。イングランドの兵士を根幹としつつ、アイァランドに新教徒のヨウマンリを創設しようというクロムウェルの収奪＝植民のそもそもの意図もまた、これによって根本的に動揺し、植民計画そのものもまたくつがえされたのであって、この変化がアイァランド人の強制移住問題におけるイングランドの大土地所有者の上述した勝利とむすびついたものであることはいうまでもなかろう。(15)けっきょく、投機者による「投機の権利」の売買と、投機者・将校および兵士による「給与債務証書」の売買とをつうじて、アイァランドにはイングランド人新教徒による大土地所有が確立され、強制移住をまぬかれてシャノン川以東に残留したアイァランド人大衆は、かれらのためのみじめな借地人に転落してしまうことになった。そして、一、三六〇人を数えた投機者のうち、アイァランドに定住するようになった者はわずか六人にすぎなかった、という。(16)もっとも、投機者は、「償還法」（一六五三年）によって、必ずしもアイァランドにおける定住を義務づけられてはいなかったのであるが、いずれにせよ、すでに中世以来くりかえし問題にされ、(17)また十八世紀以降のアイァランドを特徴づけるところの、不在領主制または不在地主制の基礎が抜くべからざるものとして確立されたのはこの時期においてであった。

ところで、「投機の権利」や「給与債務証書」の売買とともに、没収地分配事業を混乱におとしいれたもう一つの原因は、すでに一言したように、没収地の地方別評価額の問題である。本章の第二節第一項および第三節で述べたように、これらの評価額は、「募金法」（一六四二年）および「償還法」（一六五三年）によってすでに規定されていた。いわゆる「法定評価額」(act rates) というのがそれであって、くりかえしていえば、没収地一、〇〇〇エィカ当り、レンスタ地方は六〇〇ポンド（一エィカ当り一二シリング）、マンスタ地方は四五〇ポンド（同九シリング）、アルスタ地方は二〇〇ポンド（同四シリング）、コンノート地方は三〇〇ポンド（同六シリング）となっていたのである。ところが、このような大づかみな評価で現実の土地分配が処理できるものではない。というのは、かりにこのような評価が妥当なものであったとしても、各地方を全部的に分配される者はだれ一人としてなく、各債権者の割当地の面積は、各地方における没収地の総面積にくらべればはるかに小さかったからである。そのうえ、各債権者がどの地方の、どの県の、どの郡の、どういう土地を割当てられるかということは、抽選によって決定することになっていたのであるから、同一金額の債権に対して、ある者が比較的肥沃な土地を割当てられる反面、他の者は比較的やせた土地を割当てられるかも知れない、という危険がつねにつきまとっていたのである。[20]『アイァランドの政治的解剖』のなかでペティがいっているように、このような事態のもとでくじをひくということは、兵士たちにとっては「絶望的な危険をおかしてさいころを投じる」（H・一七八、邦・一二九）ことにほかならない。しかも、上述したように、「総括測量」の進行につれて、絶対的な土地不足が予測されさえしたのである。

このような事態に当面して、共和国政府は、評価額の改訂、すなわち没収地の再評価を決意した。いいかえれば、法定評価額のひきあげが決意されたのであって、このばあい「土壌の性質」、つまり地味を考慮しつつ、各県の土地を個別的に評価しなおし、それによって新評価額を決定するということになったのである。[21]これは、一六五三年十一月のことであって、[22]「市民測量」や「ダウン・サーヴェイ」がおこなわれたのは、実はこの再評価のための基礎資料を整備するためでもあったのである。ところが、相ついで実施された軍の解隊は、とうていこれらの測量の完了をまつほどのよゆうをあたえなかった。そこで、軍（すなわち将校や兵士たち）は、これらの測量の結果をまつことなく、独自の再評価を開始したのであって、それがおこなわれた各県の再評価額を法定評価額と対照しつつ、レンスタ地方一一

(1) レンスタ地方における没収地 1,000エィカ当りの再評価額(23)

県別	法定評価額	再評価額
	ポンド	ポンド
カーロウ	600	1,100
ダブリン	600	1,500
キルデア	600	1,300
キルケニ	600	1,100
キングズ・カウンティ	600	600
ロングフォド	600	600
ミーズ	600	1,300
クイーンズ・カウンティ	600	900
ウェストミーズ	600	900
ウェックスフォド	600	900
ウィックロウ	600	600

県について一覧すれば上表のとおりである。再評価は、マンスタおよびアルスタ両地方のほとんどすべての県についてもおこなわれたのであるが(24)、この表で見られるように、法定評価額が各県一律であることはいうまでもない(25)。そして、再評価額が法定評価額に一致しているばあいはごくまれなのであって(26)、他はいずれも前者が後者をはるかにこえているのである。けっきょく共和国政府としては、再評価によってそれだけ利得した、といってさしつかえないであろう。

この最後の点はともかくとして、現実に分配がおこなわれるためには、各県を単位とする再評価だけではとうてい不十分だということは明白である。いいかえれば、もっと小単位の地域の土地についても再評価がおこなわれなければならない。そして、郡を単位とする再評価もまた実際におこなわれたのであるが、それは県単位の再評価がおこなわれたほど広範囲な地域にわたるものではなかった(27)。しかも、現実の分配はさらに小地域の土地についておこなわれるのであるから、郡単位の再評価でさえ不十分であった。では、そのばあいどのようなことがおこなわれたかといえば、軍隊の編制序列にしたがって、各部隊の将校がその隊ごとの割当地を再評価し、それにもとづいて各個人に土地を分配したのである(28)。そしてこのばあい、発言権のほとんどない兵士たちは(29)、ともすれば将校たちによってあざむかれがちであったのである(30)。これを要するに、没収地の再評価、したがってまたその現実の分配は、『アイァランドの政治的解剖』のなかでペティが適切にいっているように、この問題について「利害関係をもつ当事者が、かれらの忠励、交友、雄弁および激情によって、たがいに相手を説伏したり圧倒したりするような方法で」おこなわれたのであって、それは「取引」にほかならず、「真実の基礎を自然のなかにもっていなかった」(H・一七八—七九、邦・一三〇—三二)といわなければならない。[31] したがって、この面から見ても、イングランドの兵士を根幹としつつ、アイァランドに新教徒のヨウマンリを創設しようというクロムウェルの収奪＝植民のそもそもの計画は、失敗してしまったのである。[32]

ところで、将校・兵士によっておこなわれた没収地の再評価について、もうすこしたちいって考えてみることにしよう。このばあい、再評価が当時の用語で「均等化」(equalization)といわれていたことは注意すべきである。[33]『アイァランドの政治的解剖』の第九章で、この時期のアイァランドにおける土地の評価を述べながら、ペティもしばしば「均等化」ということばを用いているが、これが分配される土地面積の機械的平等化を意味するものでないことはいうまでもない。そうではなくて、これは、土地をその実質的な価値に即して評価しなおすことであり、[34] さしあたっての問題としては、上述したように、それぞれの土地の「土壌の性質」、つまり地味に即して評価しなおし、没収地分配における実質的な不平等を是正するということにほかならない。このようにしてはじめて、もし前掲の表における再評価額が妥当であるならば、たとえばダブリン県における一、〇〇〇エィカの土地は、ウィックロウ県における二、五〇〇エィカのそれと「均等化」されるのである。将校・兵士が現実にどのような方法を用いてこのような「均等化」をおこなったか、それは明らかではないが、法定評価額を県単位や郡単位に「均等化」するばあいには、おそらくは「市民測量」や「ダウン・サーヴェイ」の結果を考慮したであろうし、これらの測量がまだおこなわれていない諸地域については、「総括測量」の結果を考慮したり、住民の意見を徴したり、その他さまざまの情報を基礎にしたりして、いわば達観的に「均等化」したのであろう。そして、分配の最終段階においては、上述のような「取引」によって現実の分配がおこなわれたにちがいないのである。

ペティがいうように、このような「取引」が「真実の基礎を自然のなかにもたず」、いいかえれば、客観的に妥当な基準を欠如したものだということは指摘するまでもなかろう。そうとすれば、このようなばあいに客観的な妥当性を保証しうるような「均等化」の基準はどのようにしてみいだされるべきなのであろうか。ここでの「均等化」が、「土壌の性質」、つまり地味に即するという点を考慮するばあい、「市民測量」および「ダウン・サーヴェイ」の双方をつうじての困難が「土地の質」、すなわちその良否(profitable or unprofitable)の判定にあった、ということが想起される(前節第二項参照)。そこで述べたように、この判定は、当時のペティにとっては「無限に困難なことであり、実をいえば不可能事」であったのであるが、しかもこの困難は、テューダー王朝の後半以降、イングランド人新教徒によるアイァランド植民が開始されてからこのかた、つねに植民につきまとってきた問題なのである(本章第一節および前節第一項参照)。ところで、ある土地が良地《プロフィタブル》であるということは、さしあたっては「耕作して経済的にひきあう」ということにほかならないが、たとえ「耕作しても経済的にひきあわぬ」ような岩地でも、都市の近郊にあるばあい、等々、その位置いかんによっては「経済的にひきあう」であろう。したがって、土地の良否という問題をつきつめていえば、そのなんらかの形態の利用における収益性の問題に帰着し、それに貨幣的表現をあたえるものこそ、けっきょくは地価にほかならないのであって、没収地分配における「均等化」の問題も、実はこの地価の合理的な算定の困難性にあったといわなければならない。そしてこの算定が、貨幣地代および一般的利子率の成立を前提としてはじめて可能であることはいうまでもないのである。

ところが、本章の第一節で述べたように、アイァランドは、一六四一年の大反乱勃発当時においてもなおゲールの氏族制共同社会の伝統が温存されていたような国であった。テューダー王朝後半以降におけるイングランド人新教徒による植民、すなわちアイァランドの土地への投資は、必然的にこの島国における地価の問題を日程にのぼしはしたけれども、「土地はまれにしか売買の対象とはならず、一般には祖先からの遺産として譲渡されていた(35)」ような状態であった。そして、ペティが『アイァランドの政治的解剖』や『政治算術』のなかで述べているように、当時のこの島国においては、「諸物品の商売、つまり交換がほとんどまったくおこなわれず、人民は、きわめて単純に、いわば自然の産物によって生活し」(H・一九四、邦・一六三)、また「貧民は、貨幣に不足しているというよりも、むしろ貨幣を必要とはしていなかった」(H・二七三、邦・七四)。しかも、没収地の「均等化」は、十余年にわたる大反乱につづく大収奪の直後におこなわれたのであるから、それは、ペティが『租税貢納論』のなかでいっているように、「アイァランドが一片の白紙のような時期」、つまりそこでは「人がまだ全然土地を所有しさえもしていない」(H・九・三九、邦・三三・七〇)ような時期におこなわれたことなのである。このように見てくると、没収地の「均等化」における困難性は、きわめて後進的なアイァランドの全島にわたって、土地の良否に貨幣的な表現をあたえ、地価を算定すること、いっそう根本的には、全島的な規模において貨幣地代を創設するという問題にあったといわなければならない。そして、基本的にはこれと同じ問題が、この時代のイングランド本国における王領地の没収・売却にともなう金納地租の創設の問題をつうじて提起されていたことについては、第二章第一節で述べたとおりである。

ところで、この当時のペティは「均等化」の問題をどのように処理しようとしたのであろうか。前項で述べたように、かれが没収地の分配委員の一人に任命されたのは、一六五五年五月であり、グッキンおよびサイムナーと三人でその執行にあたるようになったのは、この年の七月からであって、もうそのころには、将校・兵士による「均等化」がすでに進行し、「不完全で不規則的な(36)」分配がおこなわれていた。ところが、その後まもなく、グッキンはイングランド本国へ去り、サイムナーもまた、後難をおそれて、執行委員としての第一線から手をひいてしまった。[37] そこでペティは、「この膨大で複雑きわまる事業をいわば独力で処理しなければならないことになった」[38] のである。かれは、「四〇人の書記や計算手を指揮しながら」[39]「山なすばかりの算術の計算」[40] に従事したのであるが、公平な土地分配という観点にたって問題を処理しようとしたとき、かれは結論的にはつぎのように考えた。すなわち、一六五三年以降、解隊された兵士たちは、法定評価額よりも高い評価額で土地をうけとったのであるから、法定評価額によって分配されるべき土地の面積と、再評価にもとづいて現実にかれらが分配をうけた土地の面積との比率が、全島的な総計において算出されなければならない。そして、この比率が、たとえば八分の五とか、三分の二とかになるとすれば、これにてらして、各個人の現実の分配における過不足を是正すべきであって、これをしないでおいて、再評価の結果、評価額が二倍にひきあげられた土地の分配をうけた者は二分の一の土地しか獲得できなかったとか、法定評価額と再評価額とが一致している土地の分配をうけた者は損をせずに土地を獲得したとか、などと考えるべきではない、と。[41] このばあい、ペティが将兵の「全部隊を一人として考える」[42] といっていることにもあらわれているように、画一的な土地分配がおこなわれたということを仮定することによって、かれが実質的には没収地の総体における評価額の算術平均値を基準にしていたことは明白である。そして、このかぎりにおいては、地代や地価についての経済学的な考え方はみとめられないけれども、このようなすぐれて数学的な考えかたこそ、後年におけるかれの経済理論の形成にとって大きな役割をはたすものなのである。

この点についてはは次章で述べるが、この当時のペティの上記の考えをそのまま実施することもまた、きわめて困難であった。というのは、この問題を解決するための請求裁判所(Court of Claims)が設置され、あらためて「給与債務証書」が発給されたけれども、すでにおこなわれた「均等化」に関連する諸記録はなく、それを再吟味することは不可能にちかかったからである。[43] けっきょく、ペティは、「ダウン・サーヴェイ」における土地の良否の判定のばあいと同様に、この問題についてもまた、問題を原理的には解決できず、時流に押しながされてしまったといわなければならない。それどころか、むしろかれは時流にのったというべきであろう。というのは、すでに一言したように、かれは兵士たちから「給与債務証書」を捨値で買いあつめ、それによってケリ県その他の地域に広大な土地を獲得し、一躍して大土地所有者になったからである。そしてこのことは、かれがクロムウェルの一族から愛され、とりわけアイァランド総督ヘンリ・クロムウェルの秘書として活動し、さらに一六五九年一—四月には、かれらの庇護のもとに、ウェスト・ルー(West Looe)選出の下院議員にもなったという諸事実と表裏するものであろう。[44] ところが、これらの「給与債務証書」の買いあつめや、総じて土地測量や土地分配をめぐって不正行為をはたらいたというかどで、かれは一六五九年の三月にイングランドの議会(護民官の第三議会)に召喚された。[45] そしてこのばあい、かれを議会に告発したのは、かつての測量監ワーズリの友人であるばかりではなく、そのワーズリや、アイァランド人の全面的な強制移住を強硬に主張したロウレンス大佐と同様、軍の共和派に属する再洗礼派教徒のなかでももっとも高名なサンキー(Sir H. Sankey)であった。[46] しかもこの時期は、護民官クロムウェルの死(一六五八年九月)につづく時期であり、イングランド本国においては、ブルジョアジーと同盟をむすんだ大土地所有者階級が、旧秩序を代表する残存勢力との妥協のもとに、チャールズ二世を国王としてむかえようと準備していたのである。[47] 一六五九年四月二十一日、ペティは召喚に応じて下院で審問に答え、みずからの立場を弁明した。しかしながら、その翌日に議会が解散されたため、かれとサンキーとの係争は、いずれとも決着を見ぬままにおわったのである。[48]

ペティがアイァランドの人口センサスを主宰したといわれているのは、おそらくはこのころのことであろう。このセンサスの結果表は、手稿本の形で、ペティの子孫のランズダウン家に保存されていた。ところが、十九世紀の中葉になってから、ハーディングがこれを発見し、それについての研究結果を一八六四年に発表したため、それ以来、この人口センサスは、「アイァランドのセンサス（一六五九年）」として世に知られるようになった。(49) さらに、現世紀になってから、コーク大学歴史学の講師ペンダー氏（Mr. S. Pender）がこの手稿本を全部的に編集し、印刷して一九三九年に公刊したので、この人口センサスそのものの全貌がはじめて明らかにされたのであって、*A census of Ireland, circa 1659, with supplementary material from the Poll Money Ordinances* (1660–1661). Dublin, 1939 という一、〇〇〇ページちかい大冊がこれである。ところで、この人口センサスは、ペティが土地測量隊員を使用しつつ一六五九年ごろにおこなったものと推測されているのであるが、(50) その確証はつかまれてはいない。とはいえ、当時としてはペティ以外にこのようなセンサスを主宰しうる立場にたっていた人はいなかったのであるから、(51) おそらくこの推測は妥当なものであろう。(52) それにしても、このセンサスについては、その結果表だけしかのこされておらず、その目的や、調査方法やが——おそらくはこの時期におこなわれた人頭税の徴収と密接に関連しているのであろうが——明記された形でのこされていないのは遺憾である。そのうえ、この結果表には、アイァランド全島の三二県のうち、ウィックロウ、キャヴァン、ティロー ン、ゴールウェイおよびメイオウの五県が欠如し、ミーズ、コークの両県については、いくつかの郡（前者については九郡、後者については四郡）が欠如しているのである。(53)

このように、このセンサスは、すくなくとも結果的には不備な点が多いけれども、現存する結果表そのものは、すぐれた特徴をもっているのであって、ハーディングにしたがってそれを要約すればつぎのとおりである。すなわち、このセンサスの結果表は、アイァランドの県・郡・教区・字《あざ》(townland)について、また、都市・教区・街について、地理学的に排列されており、単に人口数を記録するにとどまらず、字《あざ》や街の主要な所有者または著名な所有者の氏名を、英語とスペイン語との合成語である“Tituladoes”――「称号をもつ人」(a man of title)の意[54]――という欄をもうけて記録しており、そのうえ、字《あざ》や街の人口数は、人種別に、すなわちイングランド人(およびスコットランド人)、アイァランド人別に記録され、さらに、郡や都市によっては、主要なアイァランド人の氏姓の名やその数もまた記録されているのである[55]。現存するかぎりの結果表を地方別に要約すれば第二表のとおりである。ハーディングの数字はなおすくなすぎるけれども、地方別人口の相対的な割合はおそらくはこの程度であったろう、といわれている[57]。いずれにせよ、この人口センサスがイングランド共和国という近代国家をその調査主体としておこなわれたものであるということはまちがいない[58]。そして、上記の諸特徴は、明らかにこのセンサスが共和国による新植民地アイァランドの統治のための基礎資料をえることを目的としておこなわれたものであることを示している。しかも、このセンサスの調査方法は明記された形ではのこってはいないけれども、結果表から判断すれば、ハーディングがいうように、それが直接にアイァランドの住民を一人一人数えあげたものであることはたしかである[59]。したがってこのセンサスは、この島国だけについていえば、一八二一年以前における、またヨーロッパおよびアメリカについていえば十八世紀末以前における最初のセンサスであり、またこの意味において、近代センサスの先駆をなすもの

(2) 1659年人口センサスの要約[56]

地方別	アイァランド人(A)	イングランド人およびスコットランド人(B)	合計		A対B
			人	人	
レンスタ	106,928人	21,900人	128,828	(155,534)	(5.5対1)
マンスタ	117,812	13,866	131,668	(153,282)	(10.0対1)
アルスタ	44,809	26,081	70,890	(103,923)	(1.5対1)
コンノート	21,989	2,006	23,995	(87,352)	(10.0対1)
合計	291,538	63,853	355,381	(500,091)	(5.0対1)

というべきであろう。[60]

ところで、一六五九年五月に、軍を中心とする共和派によって残余議会が復活されたとき、ペティは、土地測量や土地分配について不正行為をはたらいたというかどで、またしても議会に告発された。そして、かれを告発したのは前回と同じくサンキーであったが、このばあいには、ペティに対する審問はおこなわれなかった。[61] しかし、この時期は、軍を中心とする急進的な共和派がとりわけ勢力をふるった一時期であって、護民官リチャード・クロムウェル(Richard Cromwell, 1626–1712)の退陣とともに、クロムウェル一族の庇護のもとにあったペティもまた、いっさいの公職を失った。[62] かれ自身としては、アイァランドにおけるさまざまの「取引」について、やましいことはなに一つなかった。にもかかわらず、議会において弁明する機会は失われ、しかも公職を追放されてしまったのである。そこで、かれは、いっさいの事情を明らかにして世論の審判をあおごうと決心し、次節にかかげるような諸著作を執筆した。[63] そして、このような状態のもとに、いわば失意の人として、かれは王政復古をロンドンでむかえたのである。

(1) Petty, *Down Survey.*, p. 184. ここでペティは、「この論著もやがては公刊されるであろう」といっているが、すでにしばしば引用し、現にここでも引用している『ダウン・サーヴェイ沿革』(*The History of the Down Survey*, etc. London, 1851)がすくなくともこの「論著」の一部であることはまちがいないであろう。なお、この点については次節を参照されたい。
(2) *Ibid.*, p. 184.
(3) *Ibid.*, p. 338.
(4) Butler, *Confiscation.*, pp. 161–63.
(5) バトラーは、この五〇万エィカの土地の処置について、ここではとりたてて述べていない。
(6) 前項の注(27)参照。Prendergast, *Cromwellian settlement.*, pp. 163, 188–89.
(7) Butler, *op. cit.*, p. 236.
(8) Clarendon, *Life.*, Pt. II, pp. 62–63.

(9) Butler, *op. cit.*, p. 153.
(10) *Ibid.*, p. 159.
(11) これらの比率は、前項第三表のそれと同一の資料にもとづいて算出されたものである。
(12) 「ダウン・サーヴェイ」がおどろくべき速度で進行しえたのは、一つには一刻もはやく土地を獲得したいというこれらの下級将兵の熱意によってである。Strauss, *Petty*., p. 70. ペティがこの測量に一、〇〇〇人ちかい兵士を使用したのも、一つにはこの熱意を利用しようとしたためでもあったのであろう。
(13) この結果、アイァランドの地価のみつもり額は、全島的には一六四一年の大反乱勃発当時の八分の一に減少してしまった、という（H・一五三、邦・七一）。
(14) Prendergast, *op. cit.*, pp. 221-26. Архангельский, Ирландское земельное законодательство., стр. 42.
(15) Prendergast, *op. cit.*, p. 235. 下級将兵による「給与債務証書」の売却が、この時期のイングランドにおいてもおこなわれ、それがこの時期における階級分化を促進させたという点については、第二章第一節を参照されたい。イングランドにおいては、この証書の売却によって、「一ポンドにつき七シリング六ペンスでもらえればまだ運のよいほうであった。多くの者は、はるかそれ以下で――一シリング六ペンスか、二シリングしかもらえなかった」のである。Hill, *English revolution*., 3rd ed. p. 56. 邦訳書　八三ページ。
(16) Butler, *op. cit.*, p. 163.
(17) 本章第一節第一項の注(11)および第二項参照。
(18) 「償還法」（一六五三年）においては、コンノート地方の評価額が規定されていないが、これは、この地方が強制移住者のための替地として予定されていたためである。
(19) たとえば、軍隊のばあいには、一方では、没収地が地図のうえで東西および南北にひかれた直線によってかこまれる方形に区画され、それぞれの方形の区画に番号がつけられた。そして、他方では、まず連隊を単位として地方別のくじ(provincial lot or grand lot)がひかれ、つづいて大隊・中隊……各個人というふうに、順次に県・郡、等々のくじがひかれ、各個人の割当地（定住地）が決定されることになっていたのである。これらのくじは、ろう(wax)またはにかわ(glue)で封緘した同型の紙でつくられ、箱のなかに収められ、この箱からひきだされたのであって、そのために、この抽選は "boxing" と名づけられていた、という。Prendergast, *op. cit.*, pp. 206-12.
(20) *Ibid.*, p. 213.
(21) Gardiner, *Commonwealth and Protectorate*., Vol. IV, pp. 105-06.
(22) *Ibid.*, p. 105.

(23) Prendergast, *op. cit.*, p. 213. レンスタ地方一二県のうち、ここにはラウス県がないが、それはこの県の大部分が投機者に割当てられたためである(前項第三表参照)。なお、この表における各県の排列順序は、前項第二表のそれにしたがっている。

(24) *Ibid.*, p. 214. これらの両地方をつうじて再評価がおこなわれなかったのは、マンスタ地方のクレア県だけである。クレア県とコンノート地方の五県とが再評価の対象にならなかったのは、これらの地域が強制移住者のための替地として予定されていたためである。

(25) マンスタ地方では全県一律に一、〇〇〇エィカ当り四五〇ポンド、アルスタ地方では同じく一律に二〇〇ポンドであった。

(26) 再評価がおこなわれた三地方二五県をつうじて、両者が一致しているのは上掲表に見られる三県だけである。

(27) Prendergast, *op. cit.*, pp. 214–20.

(28) *Ibid.*, pp. 220–21.

(29) *Ibid.*, p. 187. 解隊後においてもなお、兵士たちは将校の支配下におかれていたのである。*Ibid.*, p. 234.

(30) *Ibid.*, pp. 234–35.

(31) 将校たちによっておこなわれたこれらの「取引」の具体的な事例については、*Ibid.*, pp. 235–38 を参照されたい。

(32) *Ibid.*, p. 235.

(33) *Ibid.*, pp. 212–15.

(34) *Ibid.*, p. 213.

(35) Архангельский, *op. cit.*, стр. 34. 氏族制共同社会の伝統が根づよく温存されていたために、一定地域(たとえば郡)の大部分が同一の姓を名のる氏族によって共同的に保有され、その結果、この地域を個々の旧保有者別に切りはなして処理することはきわめて困難であった。「市民測量」や「ダウン・サーヴェイ」の困難性は、こういう点にもあったわけである。ところが、クロムウェルの収奪＝植民は、このようなゲールの土地制度を容赦なく破壊し、いたるところの没収地を東西および南北にひかれた直線によってかこまれる方形に区画し、抽選によってこれを分配し、これらの土地を一挙にしてブルジョア的資産に転化したのである。*Ibid.*, стр. 34. なお、前出の注(19)を参照されたい。

(36) Petty, *op. cit.*, pp. 336–37.

(37) *Ibid.*, p. 208.

(38) Petty, *Reflections.*, p. 116.

(39) Petty, *Down Survey.*, p. 208.

(40) Petty, *Reflections.*, p. 121.

(41) Petty, *Down Survey.*, pp. 184, 336.

（42） *Ibid.*, p. 184.

（43） *Ibid.*, pp. 336–37.

（44） Hull, *Introduction.*, p. xix. Lansdowne, *Petty Papers.*, Vol. I, p. xli.

（45） Petty, *Down Survey.*, pp. 289–91.

（46） Strauss, *op. cit.*, p. 86. Bagwell, *Ireland.*, Vol. II, p. 334. Hull, *op. cit.*, p. xix. Davies, *Restoration.*, p. 240. このように見てくると、「ダウン・サーヴェイ」におけるペティとワーズリの対立は、アイァランド人の強制移住問題においてはペティ（およびグッキン）とロウレンス大佐の対立となり、さらに没収地分配問題においてはペティとサンキーの対立となっていることが知られる。これらの対立をつうじて一貫しているのは、ペティがつねに新興の大土地所有者の立場にたっていたという点である。しかも、没収地分配事業をつうじて、かれ自身もまた、このような大土地所有者の一人になったのである。

サンキーは、“Sanchey”または“Zankey”と表現されているばあいがあるし、またかれの名“Hierome”は“Jerome”と表現されているばあいもある。かれは、ケンブリッジ大学で教育をうけたが、いたって粗野な人物であった。大反乱勃発後、かれはアイァランドにおける歴戦の勇士として大佐になり、総督からサーの称号をさずけられたが、宗教的信条においては、長老教会派から独立教会派へ、さらには再洗礼派へと転々とした。かれをもっとも高名にしたのは、一六五九―一六〇年に復活した残余議会と軍とのあいだの論戦においてであるように思われる。かれの経歴についてはつぎの文献を参照されたい。Fitzmaurice, *Life.*, pp. 70–72. Hull, *op. cit.*, p. xix. Bagwell, *op. cit.*, pp. 356–57. Goblet, *Géographie politique de l'Irlande.*, Vol. I, pp. 211–12.

（47） Hill, *op. cit.*, pp. 55–57. 邦訳書　八二―八四ページ。要するに、ワーズリ、ロウレンスおよびサンキーとペティとの論争をつうじてあらわれているイングランド共和国の支配者の内部における対立は、「征服者たちがその掠奪物の分けまえについていがみあっている光景を図示するもの」にほかならない。Prendergast, *op. cit.*, pp. 237–38.

（48） Fitzmaurice, *op. cit.*, p. 86.

（49） Hardinge, *Observations.*, Dublin, 1864 がこれである。そのくわしい表題は、巻末の「書目」について見られたい。

（50） Pender, *Census.*, p. i.

（51） *Ibid.*, pp. i–ii.

（52） 一六五九年といえば、ペティにとってはとりわけ多事多端な年であって、このような時期に本来的な意味におけるセンサスを主宰するということは不可能というほかはなかろう。このセンサスは、ランズダウンが推定しているように、一六五五―五九年のあいだにおこなわれた土地測量や土地分配に付随する事業としてなされ、一六五九年にその結果がとりまとめられたものなのであろう。*Cf. Ibid.*, p. ii.

(53) Hardinge, *op. cit.*, p. 320.

(54) *Ibid.*, pp. 319-20. Pender, *op. cit.*, p. v.

(55) Hardinge, *op. cit.*, p. 320.

(56) この表は、Pender, *op. cit.*, pp. xiii-xvii にかかげられている県・郡・都市別人口を筆者が地方別に集計したものであって、そのさい、原数字が不備と考えられるばあいには、ごくわずかながらそれらを修正した。括弧内の数字は、ハーディングがこのセンサスの欠如部分をおぎなった全島的な推計人口であって、「A対B」の比率もハーディングが算出した比率である。*Cf. Ibid.*, p. ix. Davies, *op. cit.*, p. 235. なお、ペンダー氏は、この比率は、全島的には五対一ではなくて七対一とすべきであろう、といっている。

(57) Davies, *op. cit.*, p. 235. もしこのセンサスが上述したように、人頭税の徴収と関連するものであるならば、おのずから一定の年齢以下の人口は調査客体から脱落するはずであるから、人口がすくなく表章されるのは当然であろう。いずれにせよ、マンスタおよびコンノートの両地方における「A対B」の比率が同一であることは、この時期の強制移住が大規模のものではなかったということを示しているといえよう。

(58) Bonn, *Englische Kolonisation*, II. Bd., S. 120.

(59) Hardinge, *op. cit.*, p. 327.

(60) *Cf. Ibid.*, p. 327. 近代的な人口センサスが具備すべき最低限度の条件としては、調査主体が近代国家で、一定の時期に、いっせいに、その国の全域について、同一の調査目的・方法で、全人口を調査し、定期的にこれをくりかえす、ということであろう。このいずれについても、ペティのセンサスは不備である。それは、すくなくとも、限定された意味においてしか近代センサスとはいえないことは明らかである。

(61) Hull, *op. cit.*, p. xx.

(62) Fitzmaurice, *op. cit.*, p. 88.

(63) Hull, *op. cit.* pp. xx-xxi.

第七節　諸著作

ここでとりあげるペティの諸著作は、時期的には市民革命＝共和国時代のもの、すなわち、第二章第五節第一項で

とりあつかった諸著作につづくものであって、それらを執筆の年代順にリストの形で示せばつぎの一二編となるであろう。(1)

(1) ***De Plantis*. **Notae in Hippocratem*. **Scholaris scholifuga, Poema latina*. (Ireland, 1653)

*(2) A discourse against the Transplantation into Connaught. (Ireland, 1654)

*(3) A treatise of Irregular Dialls. [Ireland? 1654?]

*(4) The Grand Survey of Ireland. ([Ireland?] 1655)

*(5) Severall reports about settling the Adventurers and Soldiers. (Ireland? 1656)

*(6) Bookes, as Clerk of the Councill. ([Ireland?] 1657)

*(7) Letters &c between the Protector and the Ch. Govr. of Ireland. ([Ireland?] 1658)

*(8) The History of the Survey and first distribution of Landes in Ireland. ([Ireland?] 1659)

(9) *The history of the survey of Ireland, commonly called the Down Survey by Doctor William Petty, A. D. 1655–6*. [Ireland, 1659?] *Edited by T. A. Larcom*. Dublin, 1851. (H. 31)

*(10) Booke against Sankey; And W. P. his owne Apology. ([Ireland?] 1659)

(11) *A brief of proceedings between S^r^. Hierom Sankey and D^r^. William Petty. With the state of the controversie between them tendered to all indifferent persons*. [Ireland, 1659?] London, 1659. (H. 4)

(12) *Reflections upon some persons and things in Ireland, by letters to and from Dr Petty: with Sir Hierome Sankey's speech in parliament*. [Ireland, 1659?] London, 1660. (II. 5a.)

これらの著作のなかには、すでに失われたと推測されるものが多く、一般に読むことができるのは、(9)(11)(12)の三つにすぎず、このうちで筆者が手にしえたのは、すでにしばしば引用した(9)と(12)だけである。ところで、ランズダウンによれば、(1)のなかで現存する手稿には、アイァランドにおける土地測量に従事するために、ペティが医学の研究を断念したときの感懐が述べられている、という(L・一五八)。そうとすれば、それは基本的には本章第四節第一項で述べたところの、かれが「ダウン・サーヴェイ」をひきうけたその理由と同じものであろう。すなわち、つきつめた形でくりかえしていえば、かれは、一方においては自然研究の継続をねがいながらも、他方においてはみずからの「職業」としての実験的方法を自然科学的な問題領域から社会科学的なそれへ「拡大」し、そうすることによってみずからの知識を発展させようとしたのであって、この後者の問題領域こそ、具体的には「ダウン・サーヴェイ」や没収地分配事業にほかならないのである。

つぎに、このリストの(2)以下の諸著作は、推測的な判断をまじえて大別すると、つぎの四部類にすることができるであろう。すなわち、

(一)　アイァランド人の強制移住問題に関するもの――(2)
(二)　「ダウン・サーヴェイ」に関するもの――(3)(4)(8)(9)
(三)　没収地分配に関するもの――(5)(10)(11)(12)
(四)　行政的諸活動に関するもの――(6)(7)

がこれである(3)は、おそらくは「ダウン・サーヴェイ」において使用された羅針儀に関連するものであろう)。このばあい、(二)と(三)が截然と区別しえないものであることはいうまでもないが、(二)の(4)と(8)が(9)の『ダウン・サーヴェイ沿革』のなかに吸収され、また、(三)の(5)(10)(11)が(12)の『アイァランド回想録』のなかに吸収されるべきものであることは、おそらくそう断定しても大きなまちがいではなかろう。そして、(四)がアイァランド評議会の書記としての、また、

総督ヘンリ・クロムウェルの秘書としての、ペティの諸活動に関連するものであろうことはほとんど疑いない。このように見てくると、この時期におけるかれの諸著作は、ほとんど例外なしにアイァランドにおける土地測量、土地分配ならびにこれらの事業に関連する諸活動とむすびついて執筆されたものというべきであろう。

ところで、これらの著作のなかの(2)は、前節の第一項ですでに一言したように、かれが全面的な強制移住に反対するグッキンに同調しつつ、グッキンとの共同執筆のもとに匿名のパンフレットを公刊したところに執筆したものであろう。そして、かれ自身の筆になるこの(2)は失われたと推測されるのであるが、グッキンとの共同執筆になる匿名のパンフレットにおいてみとめられる二つの特徴は見のがすことができない。すなわちそれは、すでにフィッツモーリスによって指摘されているものなのであるが、(2) ペティの筆になると判断される部分のうち、このパンフレットの冒頭の部分に、国家と人体とのあいだの医学的な巧妙な類比がおこなわれていること、またこのパンフレットのあとのほうに、後年の主著『アイァランドの政治的解剖』の第四章(「最近の反乱とその諸結果について」)に似た性質の記述をふくんでいること、この二点である。というのは、この後者の特徴は、上記の主著が共和国時代におけるかれのアイァランドでの実践を基礎とするものであることを明らかにすることにほかならないからであり、また前者の特徴は、それが自然体と政治体との類比というベイコンの学徒としてのかれの基本的な方法の一つを示すものであるからである。いいかえれば、本章第四節第一項で述べたように、かれは「拡大された実験」として「ダウン・サーヴェイ」その他の諸事業をひきうけたのであるが、それを実施する過程において、この類比がつねにかれの念頭におかれていたばかりではなく、それがいっそう明瞭な形をとるようになったというべきであろう。(3)

共和国時代の末期に、ペティが議会に告発されたこと、そして議会をつうじての論戦は、議会そのものが解散されたり、審問がおこなわれなかったりしたため、事実上、ほとんどなされなかったこと、さらに、弁明の機会を失ったペティは、土地測量や土地分配の経緯を明らかにして世論に問うべく著作したこと、これらの点については前節のおわりに述べたとおりである。そして上掲のリストの(9)の『ダウン・サーヴェイ沿革』と(12)の『アイァランド回想録』とは（おそらくは(11)をもふくめて）、とりもなおさずこれらの著作なのである。したがって、これらの著作は、すくなくともその執筆の動機においては、著者がみずからの立場を擁護したり、弁明したりするために生みだされたものである。[4] 前者は主として「ダウン・サーヴェイ」に関連するものであり、後者は主として没収地分配事業に関連するものであるが、執筆の動機が内容そのものを制約している傾向があることは否定できない。[5] しかしながら、とりわけ前者、すなわち『ダウン・サーヴェイ沿革』は、この測量や土地分配に関する当時の諸記録、すなわち、アイァランド評議会の令書、派遣軍の総会の決議および訓令、訴訟記録、合意書、契約書、請願書、調査要綱、各種報告書、等々を、きわめて豊富に、しかも完全な形で収めているから、ペティの著作というよりは、むしろかれが編集した記録集というべきものであって、それだけに資料的価値は大である。[6] ペティ研究者のベヴァン (W. L. Bevan) は、この書物を「おそろしくたいくつで読みにくい著作」だといい、この当時のペティの伝記資料としてこの書物を利用するばあい、自分はこれをたえず利用して研究したプレンダガストのたすけをかりたといっているが、[7] ペティの諸著作のなかでおそらくは最大のものに属するこの書物は、かれの伝記資料の域をはるかにこえて、測量＝製図術の歴史についてはもとより、クロムウェルの収奪＝植民に関してもきわめて貴重な歴史的資料であり、さらにこの収奪＝植民との関連においてかれの経済学の生成を考察しようとするばあいにも、これらにくらべてまさるとも劣らぬほどの重要性をもつ資料集だといわなければならないのである。

*　　*　　*

市民革命時代におけるアイァランド史の終幕としてのクロムウェルの収奪＝植民は、すくなくとも大反乱の鎮定という面においては、明らかにイングランド共和国の大勝利におわった。けれども、十七世紀アイァランド史の研究においてもっとも「公平な」史家といわれているバグウェルもみとめているように、それは植民計画としては完全に失敗した。(8) そしてこの失敗の原因の一つは、アイァランド人の強制移住問題においてきわめて明瞭にあらわれているように、イングランド共和国内部における対立―ブルジョアジーとむすんだ大土地所有者の勝利であり、これと密接に関連するもう一つの原因は、アイァランドにおけるヨウマンたることを約束されてこの島国に遠征した兵士たち（主としてレヴェラーズ）の多くの者が、けっきょくのところ窮乏化されることによって没収地の分配にあずからず、したがってここに定住しえなかったからである。(9) その結果、アイァランドには、イングランドのブルジョアジーや地主階級を中心とする大土地所有制が確立され、「なりあがりの土地貴族」(10) もまた簇生した反面、イングランド本国における市民革命は、この過程において本来的な進路から逸脱し、この革命そのものも挫折してしまった。クロムウェル治下のイングランド共和国はアイァランドで坐礁した、(11) とマルクスがいっているのはこの意味においてなのであって、クロムウェルの収奪＝植民は、「イギリス帝国主義の最初の大勝利であると同時に、イギリス民主主義の最初の大敗北」(12) にほかならなかったのである。そのうえ、なるほど一六六〇年代のいわゆる“Restoration Settlement”は、クロムウェル時代の収奪結果をいくぶんかは緩和したけれども、名誉革命と前後しておこなわれたいわゆる“Revolution Settlement”は、クロムウェル時代の収奪結果をさらに拡大したばかりか、それを永久化してしまった。それればかりではない。市民革命後におけるイングランド重商主義政策の主柱としての航海条例（一六五一年以降）と、いわばその

アイァランドの総面積に対するアイァランド人旧教徒の保有地面積の割合[13]

ヘンリ八世の即位当時	(1509年)	66.7％
大反乱の勃発直前	(1641年)	50.0以上
クロムウェルの収奪＝植民時代	(1650年代)	7.7未満
王政復古以後	(1660年代)	14.3(ないし12.5)
ウィリアム三世による征服以後	(1690年代)	5.0

付則としての家畜法(一六六六年)とは、リマリック条約(一六九一年)後における刑罰諸法規とともに、アイァランドの産業およびアイァランド人旧教徒の全生活を抑圧し、十八世紀以降、3P (Peat, Potato, Poverty) によって象徴される近代植民地アイァランドの窮乏と、イギリスに対するその従属的地位を運命づけたのであって、クロムウェルの収奪＝植民は、まさにその基礎をきずいたものなのである。

十八世紀以降におけるアイァランド人の独立運動、総じて英・愛両国の関係はともかくとして、十七世紀末までの約二世紀におけるアイァランド人旧教徒の保有地面積の割合を示す上表は、以上の歴史的推移をヘンリ八世の時代にまでさかのぼって集約的に示すものといえよう。ヘンリ八世の即位当時にこの割合が六七％弱であったということは、いうまでもなく、ヘンリ二世以来約三世紀半におよんだ封建イングランドの侵略によって、すでに約三三％が収奪されていたことを示すものである。絶対主義イングランドの終末からさかのぼって約五世紀にわたったイングランドのアイァランド侵略は、手をかえしなをかえての土地収奪に集中したといってよい。そしてヘンリ八世以降は、これに宗教的迫害が加わり、一方では新教徒の植民が開始されると同時に、他方ではこの島国は国際的な争いの場になった。さらに、この侵略と収奪とに対するアイァランド人の執拗きわまる反抗は、その結果として、旧教とゲールの氏族制度共同社会の伝統とを根づよく温存させ、この島国は奇形的な社会発展をよぎなくされたのである。ところが、とりわけ宗教上の大義を前面に押しだしながらおこなわれたクロムウェルの収奪＝植民は、ゲールの伝統的な慣習、とりわけその土地制度を根底からくつがえし、社会発展の諸段階をいわば一挙にのりこえて、この島国の圧倒的部分における土地を純然たるブルジョア資産に転化してしまったのである。クロムウェルの収奪＝植民が開始された年、すなわちそれが「処分法」(一六五二年)につづく「償還法」(一六五三年)の制定とともに発足した一六五三年が、ゲール的なアイァランドと「こんにちのそれ」とを区分する分水嶺といわれているのもこのためである。(14) そして、この年がアイァランド史の転回点ともいわれているのは、これらの法律を根幹としながら、イングランドによる「原始的蓄積が〔この島国に〕奔流し」、ゲールの土地制度の近代化を基礎として、社会経済生活が全面的に変化しはじめたからである。(15)

ペティが主宰した土地測量や土地分配は、以上のような歴史的意義をもつクロムウェルの収奪＝植民のためのもっとも基礎的な事業であった。つきつめた形でいえば、これらの事業は、アイァランドの全島的な規模における近代的土地所有を文字どおり創設するためのものであった。かれは、ベイコンにみちびかれながら、みずからの「職業としての実験を拡大」しようとして意欲的にこれらの事業を担当主宰したのであるが、クロムウェルの収奪＝植民そのものもまた、いわば一つの社会的実験にほかならなかったといえよう。そして、けっきょくかれの「実験」は、「土地の量」に関するかぎり、イングランドにおける測量＝製図術の発達史上に「ペティの時代」を現出するほど画期的な成果を収めた。その反面、「土地の質」に関しては、それはテューダー王朝後半以降もちこされてきた難問題を解決しえず、クロムウェルの収奪＝植民そのものを混乱におとしいれる一因にもなったのである。そして、この難問題こそ、全島的な規模における金納地代の創設の問題であり、また地価の合理的な算定方法の問題なのであって、これらの問題は、地籍の確定の問題とともに、実はペティが担当主宰した諸事業をつうじて、はじめて全島的な規模において提起された問題なのである。近代的土地所有の創設にともなうこれらの根本問題がこの時代のイングランド本国においてもまた提起されていたことは、第二章第一節で述べたとおりである。したがって、これらの問題は、市民革命時代における英・愛両国をつうじての中心問題であったといってさしつかえない。共和国時代のペティは、このような問題ととり組み、原理的にはそれらを解くことができなかった。とはいえ、人口センサスをも考えあわせれば、この時代のかれが、アイァランド全島についての「土地と人手」、クラレンドン流にいえばアイァランドという「大資本」の内容を、すくなくとも数量的には知悉することができたこと、また、『アイァランドの政治的解剖』で述べているように、総督の秘書として「国家の陰謀に精通する」(H・一二九、邦・二二)ようになったことは、疑う余地のないことであろう。そして、この時代には、かれの友人グラントは、ロンドンの死亡表を研究しつつ、押しも押されもしない富裕な商人になったのであるが、ペティもまた、この時代の末期における一時的な蹉跌はあったけれども、「ダウン・サーヴェイ」の報酬や「給与債務証書」による土地の獲得やをつうじて、「なりあがりの土地貴族」の一人になり、大土地所有者として致富への道を躍進したのである。

（1）　(イ)　このリストにかかげられている文献のうち、(11)と(12)は執筆当時に出版されたものであり、(1)―(8)および(10)は一六七一年十月六日づけのペティ自筆の『著作リスト』(L・一五八、本書一六ページ注(13)参照)によっている。(9)は十九世紀中葉になってはじめて公刊されたものであって、この書名は、ハル版の第二巻巻末にあるペティの公刊著作のリストのそれと若干ちがうが、ここでは筆者の手もとにある原本の書名にしたがった。

(ロ)　＊印の文献は現存しないと推測されているもの。＊＊印の文献はランズダウンがペティの未公刊手稿本中にその存在をみとめているもの。

(ハ)　円括弧内の地名と年次はペティ自身が記入した執筆地とその年次。角括弧内は筆者による推定。

(ニ)　末尾の括弧内の「H」はハル版の略記号で、そのつぎの数字はハル版の第二巻巻末にあるペティの公刊著作のリストの文献番号。

(ホ)　なお、このリストは、本書一六〇―一六一ページのリストにつづくべきものである。

（2）　Fitzmaurice, *Life.*, p. 32

（3）　自然体と政治体の類比がペティだけにかぎられた方法ではないということは、断わるまでもなかろう。問題は、この方法が適用された研究領域や、研究対象や、さらにはその適用のしかたにある。

（4）　前者は、四折判、本文三〇七ページの大著であり、これにラーカムの綿密なノートと索引とがつけられ、巻頭には、ペティの筆になるという「ダウン・サーヴェイ」の簡潔な記録(A Briefe Accompt *of the most materiall Passages relating to the Survey managed by* Doctor Petty *in Ireland, anno 1655 and 1656*)が収められ、巻末には、「償還法」(一六五三年)とそれに関連するもろもろの訓令が翻刻されている。後者は(筆者が手にしているのは一七九〇年に公刊された第二版であるが)、初版は、八折判、一八五ページであるという。一六五九年は、ペティにとってはとりわけ多事多端な年であった。このような事態のもとでこれらの著作を執筆しえたということは、まったく驚嘆に値いするといわなければならない。*Cf.* Strauss, *Petty.*, p. 90.

（5）　*Ibid.*, p. 175.　Hardinge, *Surveys.*, p. 21.

（6）　ハーディングの考証によると、ペティがこの書物でひきあいにだしている諸事実は、きわめて正確であるという。Hardinge, *op. cit.*, p. 21.

（7）　Bevan, *Petty.*, p. 25.　ここでベヴァンが言及しているプレンダガストは、すでにしばしば引用した Prendergast, *Cromwellian settlement.* のことである。みずからの立場を弁明したり擁護したりするばあい、ペティがその当時の諸記録、つまり客観化された諸事実をひきあいにだしているということは、科学者としてのかれの態度をよくあらわしているといえよう。ストラウス氏(Mr. E. Strauss)は、このような態度はかれのこの著作を一貫する方法だといっているが(Strauss, *op. cit.*, p. 175)、このことは、基本的にはかれの『アイァランド回想録』についてもいえよう。この『回想録』は、ペティと「M・H」という人物とのあいだの往復書簡という形をとっているが、ラーカムがいうように、明らかにペティが一人で書きあげたものである。Petty, *Down Survey.*, p. viii.　そして、「ダウン・サーヴェイ」と土地分配とが一体をなしていたように、この測量の『沿革』と『回想録』もまた一体をなすべき著作なのである。

なお、この時期におけるペティの業績としては、かれが作製した地図類もあげなければならないが、それらについては、すでに第五節第二項で述べたので、ここでは省略する。

（8）　Bagwell, *Ireland.*, Vol. II, p. 337.　Prendergast, *Cromwellian settlement.*, p. 235.

（9）　アイァランドに定住した兵士たちの多くの者は、法律によって禁止されていたにもかかわらず、アイァランド人と結婚した。そしてその四〇年後には、かれらの子どもたちは英語では話ができなくなってしまい、また宗教的には、かれらは旧教に改宗するようになった、という。Prendergast, *op. cit.*, pp. 231-34.　Butler, *Confiscation.*, p. 163.

（10）　MacLysaght, *Irish life.*, pp. 111-12, 122-24.

（11）　Marx, *An Kugelmann.*, S. 89.　邦訳書　五二五ページ。

(12) Hill, *English revolution.*, p. 53. 邦訳書　七八ページ。これをいいかえれば、クロムウェルのアイァランド征服は、「本国における民主主義の勝利は必然に海外における帝国主義的侵略にみちびくという、その後のイギリス史の悲劇的な試食」になったのである。Hill & Dell, *Good old cause.*, p. 429.

(13) Butler, *op. cit.*, pp. 233-37. バトラーは、ここでこれらの割合を分数で示しているのであるが、筆者は便宜上それらをパーセントにあらためた。なお、最近の研究によると、バトラーのこれらの割合は、一六四一年が五九％、一六九〇年代（一六八八年）が二二％にそれぞれあらためられるべきものとされている。Simms, *Williamite confiscation.*, p. 195. いずれが正しいにせよ、ここでは、それぞれの年次における割合よりも、各年次における割合の歴史的推移のほうがいっそう重要であろう。

(14) Gleeson, *Ormond.*, p. 91.

(15) *Ibid.*, p. 91. Архангельский, Ирландское земельное законодательство., стр. 43-44.

第四章　グラント＝ペティにおける政治算術＝解剖の成立

共和国時代の末期に、ペティがいっさいの公職から追放されたことについては、前章の第六節で述べたとおりである。ところが、共和国の崩壊につづいて、新旧の土地貴族とブルジョアジーの妥協のうえに、イングランドの王権と議会と国教との三者が復位し、この国にいわゆる王政復古時代が到来したとき、ペティもまた、その社会的地位と土地資産と学問研究との三者を回復し、それらを発展させた。すなわち、共和国時代にクロムウェル一族の庇護のもとにたっていたかれは、この時代になると、国王チャールズ二世からも愛され、ナイトに列せられたばかりではなく、主として新植民地アイァランド関係のさまざまの官職についた。また、共和国時代にかれがアイァランドで獲得した土地は、国王からあらためて授与され、しかもそれはこの時代をつうじてめざましく増大して二七万エィカ（約一〇万町歩）にも達し(1)、そこでの「産業植民地」(Industrial Colony)の建設、すなわち、イングランド人新教徒の手によるこの植民地の資本主義的開発がこの時代におけるかれのもっとも重要な実践的課題の一つになるのである(2)。ところで、このように巨大な致富者としてのかれの学問的活動がかがやかしい成果を生みだしたのもまたこの時代である。それらは、自然・人文・社会に関する学問の全領域におよぶといっても過言ではないのであって、自然および社会の両科学だけについて見ても、前者は、一六六二年の王立協会の創立から一六八四年のダブリン理学協会(Dublin Philosophical Society)の創立にいたるかれの余生の全期間をつうじてのおびただしい業績によって示されている。また、後者は、この時代からとりわけめざましい発展をとげたものなのであって、主著だけについて見ても、王立協会の創立と同年に公刊された『租税貢納論』や一六六五年ごろの『賢者に一言』から、七〇年代の『政治算術』・『アイァランドの政治的解剖』を経て、八〇年代の『貨幣小論』、『ダブリン死亡表に関する諸観察』、数編の『政治算術論』およびその死の八七年に執筆された『アイァランド論』にいたるすくなからざる業績によって代表されている。そして、これらの双方の業績をつうじてのいちじるしい特徴は、それらがかれのおそろしく多面的な学問的関心を示していること、また、それらがいずれもこの時代のイングランドが提起したもろもろの社会的要請に答え、基本的な現実問題を解こうとしたものであること、さらに、双方の諸業績がたがいに密接に関連していること、にあるといえよう。

その反面において、グラントはどうかといえば、かれは押しも押されもしない有力で富裕な商人としてこの時代に発足したのであるが、一六六六年のロンドンの大火のために家産が全焼した結果、再起不能なまでの打撃をうけた(3)。そして、おそらくはこの大事件と前後する時期に、かれはカソリックに改宗し、ペティの文筆活動がその頂点に達していた一六七四年に死んだのである。このように、かれの晩年はさびしくも不遇であった。しかしながら、かれが共和国時代からの研究成果を世に問おうとして、『租税貢納論』と同じ一六六二年に公刊した『死亡表に関する自然的および政治的諸観察』は、かれがまさにこの年に、ペティをその創設者の一人として創立された王立協会に入会する機縁になったばかりではなく、「一書の人」としてのかれの名を不朽にしているのである。

ところで、本章の課題は、序章に述べておいたように、以上に要約したこの時代のグラント＝ペティの諸活動および諸著作をこの時代の英・愛両国の歴史のなかに位置づけ、前章までに考察してきたところとの関連において、両者が市民革命の所産として創始した社会科学の萌芽、すなわち政治算術＝解剖の生成過程を多少とも明らかにし、筆者の中間報告としての本書の暫定的な結論をひきだすことでなければならない。したがって、本章の表題は、当然、「王政復古時代（一六六〇—八七年）」とすべきなのであるが、一つには筆者の準備不足のためと、もう一つには本書のためにあたえられている紙幅がすでにおわりにちかづいていることとのために、見られるような形にそれを変更せざるをえなくなった。いいかえれば、一六六〇—七〇年代にグラント＝ペティによって確立された政治算術＝解剖を、この時代における英・愛両国の歴史からいちおう切りはなし、それ自体の本質的な内容および諸特徴と考えられるものを、共和国時代までの英・愛両国の社会的背景ならびにグラント＝ペティ両者の社会的諸実践との関連において考察することがここでの課題になるのである。そしてこのばあい、筆者は、政治算術＝解剖の本質的な内容および諸特徴を、労働価値理論によって代表される経済理論と、数量的観察・比較・推理によって代表される統計的方法との二つの観点から考察しようとしているのであって、グラント＝ペティ両者の全公刊著作における諸理論や諸方法ならびにそれをささえている諸思想のすべてについて考察することは、たとえそれを念頭におくにしても、ここでそれをおこなうことはとうていできない(4)。したがって、以下に述べることは、政治算術＝解剖の成立への道程のごく大づかみな要約であって、いちおう結論の形をとってはいても、実質的には文字どおり暫定的なものでしかないのである。

（1）　王政復古直後のアイァランドにおけるペティの所有地は五万エィカであったが、この時代におけるかれの所有地の増大はめざましく、その死（一六八七年）にさいしてのこの島国におけるかれの所有地の総面積は、ケリ県を中心とする二七万エィカに達したという。Lansdowne, *Glanerought.*, p. 8. もしこのエィカがイングランドの法定エィカだとすれば、約一〇万余町歩（アイリッシュ・エィカだとすれば約一六万余町歩）ということになる。そしてこの土地資産こそ、十八世紀後半以降、ウィッグ党の名門になったかれの子孫、ランズダウン侯爵家の物質的基礎をなすものなのである。

イギリス市民革命は一つの岐路を意味し、この革命に加担した人々のある者は、一六六〇年の妥協をうけいれて立身出世や致富への道を歩み、他の者は、民主主義のための闘争の道を歩みつづけたのであって、前者を代表する者はペティであり、後者を代表するものはラムボウルド（R.

Rumbold, 1622?-85)である、といわれている。Hill & Dell, *Good old cause.*, pp. 473-74. 内乱時代のペティと王政復古時代のかれとを比較すると、このことはたしかに妥当する。そして、その物質的根拠がアイァランドにおける土地資産の獲得にあることは疑いない。

マルクスは、ペティがクロムウェルの庇護をうけたかと思うとチャールズ二世にとりいったりしている点を指摘して、「まったく無節操」だときびしく批判している。Marx, *Kritik.*, S. 51. 邦訳書 五三ページ。これは、このかぎりでは正しい指摘であるが、それと同時に、いっそう根本的な立場から見れば、内乱時代以降のかれが、一貫して当代における産業資本に対する忠実な擁護者であったという点において、かれはけっして「無節操」ではなく、すくなくとも学問的な立場においては、「原理の人」(Strauss, *Petty.*, Chapt. 11)、というべきであろう。もっとも、内乱時代のかれは自然研究者＝産業技術者であったのであって、かれがいっそう明確に産業資本の擁護者になる契機をつかんだのは、共和国時代のアイァランドにおける諸実践と土地資産の獲得とをつうじてである。いずれにせよ、この問題が、すくなくともペティの学問研究と経世家としての諸実践とを全面的総合的に考察したうえではじめて決着されるべきものであることはいうまでもなかろう。

(2) Hull, *Introduction.*, p. xx. ペティのアイァランド開発計画は、この時代におけるかれの諸著作のいたるところに展開されている。それを要約すれば、徴税請負制度および不在地主制度の廃絶、小土地所有者による農業および牧畜業の経営、農産物の加工その他の諸工鉱業および金融制度の創設、公道の建設、河川の改修、橋梁の建設、ひいては英・愛両国民の人種的混交による両国の合邦の実現、等々である。かれは、アイァランドにおいて広く各種の「製造業の創設を考えた最初の人」であって、このような計画は、明らかに資本主義的開発計画というべきであろう。Smith, *County of Kerry.*, pp. 65-66, 85-86. *Cf.* Косминский, Буржуазная революция., I, стр. 438. Архангельский, Ирландское земельное законодательство., стр. 44. そして、かれ自身も、この当時北アメリカにおける新植民地の経営に着手しつつあったペン(W. Penn, 1644-1718)と知識経験を交換しながら(Penn, *Irish journal.*, pp. 9-10, 22)、みずからの「産業植民地」において製鉄工場、製鉛工場および製材場を建設し、漁場を開設した。そして、この植民地における労働賃銀を支払うために、かれは私鋳貨幣を鋳造し、流通させた。Smith, *op. cit.*, pp. 90-91, 94-95. Lansdowne, *op. cit.*, pp. 12-29 これらの実践がかれの経済理論の発展に寄与したことはいうまでもない。なお、この点についての私見は、拙稿「ペティの『貨幣小論』(一六九五年)」(『経済学の諸問題』――久留間鮫造教授還暦記念論文集 一九五七年)を参照されたい。

(3) ペティはこの親友を打撃から回復させるために、財政的援助をあたえたほか、かれをアイァランドにおけるみずからの「産業植民地」の管理人にしようとした。Fitzmaurice, *Life.*, pp. 233-34.

(4) この点についての私見をおぎなうものとして、拙稿「政治算術の再評価のために」(『経済研究』第一二巻第一号 一九六一年一月)を参照されたい。

第一節　グラントにおける「真の政治学」の建設の提案

政治算術＝解剖がペティによって確立されたのは、すでに一言した一六七〇年代の両著作においてである。そして、その淵源をグラント＝ペティの両者について見れば、本書の第二章第五節で述べたように、市民革命＝内乱時代、すなわち一六四〇年代である。けれども、この近代社会科学の萌芽についての問題を正面きって提起したのは、両者に関するかぎり、グラントの『死亡表に関する自然的および政治的諸観察』(一六六二年)(以下『諸観察』と略記)なのであるから、ここではこの著作についての考察からはじめるのが順序であろう。(1) ところで、ロンドン市の死亡表そのものの来歴およびその内容、グラントの研究動機・研究方法・研究手続、それらをささえていた諸思想およびそれらの社会的背景、これらの点については、すでに前章の第四節で述べたとおりである。ここでの問題は、もっぱらグラントの研究成果、とりわけかれが発見した「新たなるもの」、すなわち「若干の真理と、まだ一般には信じられていない見解」(H・三三四、邦・六五)にある。ところで、それらはつぎの二つの点に分けて考えることができるであろう。

その第一は、社会(人口)現象の生起におけるもろもろの数量的規則性の存在である。そしてその第二は、これらの規則性をもふくめたかれの諸観察が、「その結果において政治的および自然的という双方の性質をもつ」(H・三二二、邦・二九)という事実である。

グラントが発見した数量的規則性のおもなものは、(1)幼年期における高死亡率(『諸観察』第二章)、(2)特定の疾患による死亡数の死亡総数に対する恒常率(同第二章)、(3)季節による死亡率の変化(同第七章)、(4)体性別出生数および体性別総数の比率（同第八章）、⑸年齢階級別死亡率（「死亡生残表」）（同第一一章）、⑹地方との比較における都市（ロンドン）の高死亡率（同第一二章）、等々である。[2] そして、これらの規則性が当時としては空前の発見に属し、また十八世紀以降における統計的法則――いわゆる大数法則――の確立に先鞭をつけたものとして統計学史上きわめて高く評価されているということは、すでに序章で述べたとおりであって、大数法則そのものについてのわれわれの評価はともかくとしても、グラントに対する在来的な評価はただこの一点に集中しているといっても過言ではなかろう。

　ところが、グラントが発見したものはこれだけではない。このような数量的規則性の発見が、自然法思想を基調としつつ、それをいわば自然法則として帰納的実証的に裏づけ、社会現象の生起におけるなんらかの法則の存在の認識への道を切りひらいたという点もまた、たとえそれが自然法則としてではあっても、（否むしろそうであればこそ、）きわめて高く評価されるべきであろう。そしてこの観点から見ると、かれが発見した上記の第二の点は、ますます重要になってくるのである。というわけは、ここでグラントが「自然的」というのは、これらの規則性が「空気・地方・季節・多産性・健康・疾病・長寿・人間の体性および年齢間の比率」に関連するということであり、また「政治的」というのは、それらが「産業および統治」に関連するということなのであるが（H・三二二、邦・二九）、この第二の点をいいかえれば、かれが発見した数量的規則性をもふくめた「自然的諸観察」は「政治的」（社会的）な制約をこうむらざるをえないということになるからである。たとえば、かれは、人間の健康が季節や空気に依存すると同時に、この空気の汚濁が大都市においてとくにはなはだしく、またそれが石炭消費の急増（近代産業の興隆）、人口の都市集中、大都市における高死亡率、等々に関連するということを観察した（同第四、六、七、九、一二章）。そのほか、出生数と統治の変革および宗教上の紛争、寿命と職業、餓死と救貧および「富の父」としての労働力の保全の問題との関連をも観察したのである(同第二、三、八章)。ここでグラントが観察した諸問題が、イングランドにおける幼年期の資本主義社会が提起した市民革命期の諸問題であることはいうまでもなかろう。そして、以上の二つの発見をつきつめた形で統一すれば、人口現象における自然法則としての数量的規則性は社会経済的な制約をこうむらざるをえず、したがってまた、これらの規則性は歴史性をもつ、ということになるであろう。いうまでもなく、グラントは、このような点を自覚していたのではない。ただかれは、なんの先入主もなしに、「たまたまおこなった諸観察が、その結果において政治的および自然的という双方の性質をもつ」(H・三二二、邦・二九)ことを知ったのであって、そうであるからこそ、かれはこの特徴をそのまま自著の書名のなかにとりいれたのである。

そうとすれば、グラントがおこなったもろもろの観察は、統計学史家のヨーン(V. John, 1833-1900)がいうように、グラントの自覚においては「二重性格」[3](Doppelnatur)をもっていたといわなければならず、したがってまた、それらは個々的な知識、個別的な科学的認識でしかない、といえよう。ところが、グラントは、『諸観察』の「結論」において、これらの個々的な知識や個別的な科学的認識をいっそう高い次元において体系づけるための提案をしているのであって、そこで提案されている「真の政治学」(true Politicks)[4]の建設こそ、それにほかならないのである(H・三九五—九六、邦・二三七—三九)。すなわち、グラントによれば、われわれが上述のような「自然的および政治的諸観察」をおこなうのは、「真の政治学」の建設に寄与するためであり、この政治学の目的は、「臣民を平和と豊富とにおいて保持する」ことにあるが、その「基礎または根本的要素」(Foundation or Elements)は、一国の「統治されるべき領土内の土地と人手とを、それらのあらゆる内在的および偶然的差異に応じて理解することにある」[5]と。そして、土地については、その「内在的価値」(intrinsick value)と、その「偶然的または外在的価値」(accidental or extrinsick value)

とが知られなければならないし、また「人手」については、死亡表を媒介とする第二次調査としてではなく、第一次調査として、「体性別・身分別・年齢別・宗教別・職業別・階級または等級別、等々の人民数」が知られなければならない、と。さらに、土地の「内在的価値」を知るためには、一国のすべての土地の「幾何学的な」面積、地形、位置および生産性が調査されなければならないし、「偶然的または外在的価値」を知るためには、たとえ「内在的価値」が等しくても、なぜ「購買年数」(years purchase)がちがうのかということ、すなわち、もろもろの土地の地価が調査されなければならない、と。

『諸観察』の内面的な脈絡に即しながら、以上のような提案を約言すれば、グラントが提案している政治学は、一国の「土地および人手」を知悉するための学問であり、かれ自身が『諸観察』でおこなったように、人口をただ単にそれとして切りはなして研究するのではなくて、その社会経済的な各種の態様をも研究すると同時に、さらにそれを当時の社会における最大の富として現象していた土地との関連において研究する学問である、といえよう。そして、グラントは、この著作の本論のなかで、「土地が富の母であり胎であるように、人手はその父である」(H・三七七、邦・一八四)といっているのであるから、この学問は、富の二つの源泉としての「土地と人手」をその基本的概念として構成されるべきものとして提案されている、といってさしつかえなかろう。とはいえ、グラントのばあいには、この点は必ずしも明確ではない。そしてこの不明確さは、かれが提案している二つの土地調査と人口調査とのいっそうたちいった内容とそれらの相互関連が明らかにされず、土地に関する二つの調査と、人口に関する一つの調査とがいわば切りはなされた形で提案されているにすぎない、ということに由来している。けれども、いずれにせよたしかなことは、グラントが「真の政治学」の建設を提案するばあい、たとえ不明確ではあれ、それが実質的には富の二つの源泉としての「土地と人手」を基本概念として構成されるべきものとして志向されていた、という点であり、またそれは提案におわり、けっきょく、ヨーンがいう上述の「二重性格」は、いっそう高い次元において統一されぬままにおわってしまった、という点である。そして、かれがこの政治学を「政策」(Policy)といいかえていることにもあらわれているように、それは科学であると同時に政策でもあったといわなければならないであろう。

それにしても、第三章第四節で述べたような諸思想にささえられながら、また主として商業算術を駆使しながら、グラントが社会現象の生起における数量的規則性を導出すると同時に、この自然法則に対する社会経済的諸制約を洞察し、そのうえで、「真の政治学」の建設に想到したということは、きわめて高く評価されるべきであって、『諸観察』が自然科学的(数学的)方法を社会現象の研究に適用してかちえた最初の成果としての意義もまた、これらの点にみとめられるべきであろう。そして、さきばしっていうならば、この「真の政治学」こそ、実はペティによって創始された政治算術＝解剖の先駆をなすものにほかならないのであるが、それを明らかにするためには、「真の政治学」そのものにおける理論の形成過程にたちいたらざるをえないことになるのであって、これをいっそう具体的な形でいいかえれば、グラントによって提案されているところの、「土地と人手」に関する三つの調査の内容とそれらの相互関連を明らかにすることにほかならない。このばあい、もういちどさきばしっていうならば、この三つの調査は、実は共和国時代のアイァランドにおける「ダウン・サーヴェイ」と没収地分配と人口センサスとの三者に学んだものなのである。このことを念頭におきながら、つぎにグラントによって提案された「真の政治学」、したがってまたペティの政治算術＝解剖の基本理論をなすかれの労働価値理論の成立を考察することにしよう。

（1）　以下の考察の私見をおぎなうものとして、拙稿「J・グラント『諸観察』（一六六二年）の公刊三〇〇年」（『経済研究』第一三巻第三号　一九六二年七月)をあわせて参照されたい。
(2) プトゥーハ(M. B. Птуха)は、グラントが発見した数量的規則性は一五あるとして、それらを列挙している。Птуха, История статистики., стр. 33-34.
(3) John, *Geschichte*., S. 171. 邦訳書 一七九ページ。
(4) 初版および第二版では "true Politiques" となっている。
(5) この引用文は、原典第五版およびそのリプリント版(ハル版)を台本とする邦訳書の訳文とはちがうが、ここでは原典初版本にしたがった。

第二節　ペティにおける労働価値理論の成立

市民革命＝内乱時代のペティが、「労働」を「諸物品のための人間の単純な運動」として、またそれを「人間が自然的に〔すなわち生理的に〕それにたえうる時間」継続されるものとして定義したということについては、第二章の第五節で述べたとおりである。こういう定義をした当時のペティは、二四、五歳の自然研究者＝解剖学者であって、この定義自体がすぐれて生理学的であるのも主としてそのためなのであるが、これと同じ時期におけるかれの「諸物品」「富」「技術」等々についての概念規定をも考えあわせると、青年時代のかれが、自然科学的＝生産技術的な見地にたっていたとはいえ、「富」の源泉をいちおう労働に帰し、断片的にではあったにしても、それとして労働を理論的に把握しようとしていたことが知られるのである。(1) ところが、その後市民革命＝共和国時代をへだてた王政復古時代になると、労働に関するかれのこのような見解は、なおさまざまの欠陥をふくみながらも、経済学上の理論として、本章の冒頭にあげたかれのもろもろの著作のなかに展開されるようになった。そして、まさにこのために、かれが労働価値理論の創始者として評価されていることは周知のとおりなのであって、その最初の業績が王立協会の創立、グラントの『諸観察』の公刊の双方と同年に、匿名で出版された『租税貢納論』(一六六二年)であることもまた、一般的に承認されているとおりである。

ペティの労働価値理論は、かれの諸著作のあちこちに散在しつつ展開されているのであるから、これを問題にするばあいには、どうしてもそれらをひろいあつめ、かれの論旨に内在しつつ再構成し、全体としてとりあつかわなければならない。(2) しかしながら、すでに述べたような理由から、ここでは、『租税貢納論』を中心とし、それもこの書物の第四、五章に焦点をあわせながら、考察をすすめることにしたい、と思う。とはいえ、筆者が読んだかぎりでは、ペティの労働価値理論は、かれのどの公刊著作のどこよりも、この第四、五章においてもっともよくまとまった脈絡ある形で展開されており、しかもこの部分は、かれのこの理論を代表していると考えられるのであるから、問題をこのように限定しても、途方もない見当はずれにはならないであろう。

ところで、市民革命における妥協の所産としての一六六〇年の王政復古は、王権をいっそう民主的な性質においてイングランドの主権にした。そしてこれと表裏しつつ、イングランドの租税制度もまた近代化された。いいかえれば、市民革命時代をつうじてこの国に導入されたもろもろの近代的な租税がその基礎にすえられたのであって、この点については、すでに第二章第一節で述べたとおりである。『租税貢納論』は、この新しい王権の物質的基礎としての租税制度を論じた書物なのであって、一つには国家経費を論じているがゆえに、二つには税源を富の実体にまでふかくたちいって解明しているがゆえに、三つには租税負担の経済的効果ばかりではなく、その社会的効果をも論じているがゆえに、この書物の「科学的財政学の出発への貢献がいかに大きかったか想像するに難くない」といわれている。(3)

ペティが「近世財政学の創設者」(4)と評価されているのも、かれの財政論がこれらの特徴をもっているからにほかならないのであるが、ここでとりあつかう第四、五章というのは、まさにこの税源としての富の実体が集約的に論じられている部分なのである。すなわち、いわば収入総論(第三章)につづくその各論としての収益税論(第四、五章)、すなわち、地租論・家屋賃料税論・地価論・土地測量論、等々のなかの、「余論」としての税源論、すなわち、賃料(地代・利子)論、およびこれをいっそう原理的に掘りさげた価値尺度論・土地＝労働等価論・自然価格論、等々が総じてペティの労働価値理論を代表しているのであって、これをその生成過程との関連において通観すると、みとめられる特徴としては、(1)全体的な性格に関するものと、(2)理論そのものに関するものと、(3)方法に関するものとの三点を、要約的に指摘しうるであろう。

最初の点、すなわち、かれの労働価値理論の全体的な性格に関する特徴からまず考えてみることにしよう。それを一言でいえば、かれの理論的な探究が、現実政治の諸問題に触発され、それらを契機とし、しかもそれらと密着しつつおこなわれている、ということにある。かれの国家観は、ホッブズのつよい影響をうけており、強大な権力をもつ主権者によって統治されるイングランド王国の富強の実現こそ、王政復古後におけるかれのあらゆる経済学的統計学的著作の窮極の目的であったといってさしつかえなかろう。(5)そして、『租税貢納論』第四、五章に展開されるかれの労働価値理論も、もとはといえばこの目的につらなるものなのである。すなわち、かれは、王政復古にともなう税制改革、そこで現実にその創設をせまられていた全国一律の金納地租の問題を契機とし、地租負担の公平を原則としつつ、その実施によってひきおこされるであろう社会的効果に想到したとき、まだいかなる人によっても科学的に解明されず、したがってまた「神秘的な性質」をもつものとして現象していた賃料(地代)の実体、すなわち剰余価値を論じ、さらには価値論を展開し、地価論を述べたのである。そして、そのうえで、かれはふたたび現実問題にひきかえし、いわば行政技術論としての土地測量論を提案していちおう論述の局をむすんでいるのである。ところでこのばあい、問題の全国一律の金納地租が、共和国時代のイングランドにおける月割税の後身であることはいうまでもないが、共和国時代にそれがいかに市民革命の中心的な問題の一つであったかということについては、第二章第一節で述べたとおりであり、またこの問題が、テューダー王朝後半以降の、とりわけ共和国時代のアイァランドにおいて、クロムウェルの収奪＝植民の基礎事業としての「ダウン・サーヴェイ」や没収地分配をつうじ、貨幣地代および地価の問題として、事実上、どのように提起されていたかということについては、第三章の第五節以下で述べたとおりである。このように見てくると、かれが『租税貢納論』のタイトル・ページに、租税に関する諸問題と「アイァランドの現状および諸問題」との関連を明記しているのは、きわめて実質的な意味をもつものといわなければならない。これらの点については、後段で再論するが、これを要するに、英・愛両国を中心とする当面の現実政治の中心問題から原理へ、原理からふたたびその現実問題の解決策へという論述のプロセスは、かれの労働価値理論ばかりではなく、すくなくともかれの主要諸著作の全体をつらずる特徴的性格である。現実問題をその契機として著作するという点は、もとよりペティだけにかぎられた特徴ではなく、とりわけこの時代の重商主義的著述家たちについて例外なく妥当する特徴だといってさしつかえなかろう。そしてこのばあい、問題は、いうまでもなく原理的探求のふかさと、その方法にかかわってくるであろう。そこで、つぎにペティの労働価値理論そのものの特徴を考察することにし、方法についてはは次節で考察することにしよう。

ペティの労働価値理論における価値論は、自然価格論、価値尺度論すなわち土地＝労働等価論によって、またその剰余価値論は、賃料論(地代論および利子論)によって、それぞれ代表させることができる。そしてこの全体をつうじてみとめられる特徴は、かれの理論のたてかたが、原理論のそれとしては、いわば逆立ちしているということである。いいかえれば、かれの労働価値理論は、価値論から剰余価値論へではなくて、剰余価値論から価値論へ、という過程をたどって展開されているのであって、このことが、現実問題から原理へという上述したかれの探究のプロセスに照応していることはいうまでもない。(6) これを具体的にいうならば、全国一律の金納地租が賦課されるばあいを想定しつつ、それによって生ずるであろう社会的負担の不公平に想到したとき、かれは問題を二様にたてるのであって、その一つは、地租の対象、すなわち税源としての賃料(地代)の実体いかんであり、もう一つは、現実問題としての課税標準の設定、すなわち「地代の〔貨幣価値の〕計算方法」いかんであり、いいかえれば土地測量論なのである。

賃料(地代)の本質を解明しようとするばあい、ペティは、まずはじめに、これを“intrinsical”な現物形態において考察し、つぎにこれを貨幣形態において考察しなおすのであるが、この双方からつきつめられた地代は、かれによれば、一定面積の土地から、一定時間中の耕作者または生産者の労働によってえられる生産物の剰余であって、このように考察することが「もろもろの価値を均等化すること(“equalizing”)の基礎」だとかれはいうのである。ところが、貨幣地代は、“extrinsical or accidental”な諸要因にもとづく農産物価格の変動によって変化するものであるから、かれは、これらの変動によって影響されないところの、諸商品の「価値の自然的尺度」を「土地および労働」の両者に求め、しかも土地＝労働のあいだに「自然的等価関係」(natural Par)を発見しようとするのである。諸商品の価値尺度が「土地および労働」であるということは、商品価値の実体がこの両者であるということを意味するが、その反面、土地測量論においては、かれは諸商品の生産に投下され、時間によって計測される人間労働によって「自然価格」を規定しているのであって、このかぎり、かれが規定する「自然価格」は、事実上、人間労働をその実体とする商品価値に等しいのである。ところで、もしわれわれが、地代論において、ペティがいう「生産者」および「耕作者」の社会的立場を不問にし、また、いうところの「剰余」がどのような社会関係によって生みだされ、だれによって取得されるのかとか、さらに、いうところの「人間労働」の社会的性質とか、「価値」と「価格」との区別とかについて、疑問をさしはさまないならば、(7) かれの地代論、したがってまた剰余価値論や、かれの自然価格論、すなわち価値論はいちおう明快だといえよう。そしてかれが労働価値理論の創始者として評価されているのも主としてこれらの点に着眼してのことなのであるが、かれ自身が最大の混乱におちいっているのは、価値尺度論においてであって、それは上述のように、かれが一方においては商品価値の実体を「土地および労働」としながら、他方においてはそれを「労働」のみに帰していることによくあらわれているのである。しかしながら、なるほどペティは、『租税貢納論』においては「土地および労働」のあいだに「自然的等価関係」を発見しえなかったけれども、『アイァランドの政治的解剖』(第九章)においては、かれ自身としてはそれを発見したと考えているのであって、それをつきつめた形でいえば、かれは土地の「価値」を労働に還元し、それによって「土地および労働」のあいだに「等価・均等の関係」(Par and Equation)をみいだしているのである。そしてこのばあい、「人間の日々の食物の数」がこの還元の公分母になっているのであるが、土地と労働とのあいだに“Par”をみいだそうとすること自体、理論的な誤りであることはいうまでもないし、ペティの論証もきわめて無理というほかはない。(8) それにもかかわらず、かれが土地の「価値」までをも労働に還元し、それによって人間労働という社会的に等質な基本的関係から、統一的根源的に問題を解明しようとしていることは疑いない。そしてこの点こそ、地代論・自然価格論・価値尺度論・土地＝労働等価論をつらずるかれの労働価値理論の最大の特徴なのである。土地＝労働等価論における理論上の「誤謬そのものさえが天才的である」といわれているのもそのためであろう。しかも、一六七〇年にかれが政治算術＝解剖を確立したところにおけるかれの自覚においては、この問題、すなわち、「あらゆる物の価値を、〔土地および労働の両者のうちの〕いずれかのもののみによって表現する」ために、両者のあいだに「等価・均等の関係をつくりあげる」ということは、「経済学における最重要問題」(H・一八一、邦・一三三)として意識されるようになるのである。(9)

とはいえ、地代の「神秘的な性質」や、土地＝労働の「等価関係」やを論ずることは、『租税貢納論』の地租論としてはその「余論」にすぎない。「本論」は、上述のように、現実問題としての課税標準の設定、すなわち貨幣地代の計算方法、再言すれば土地測量論でなければならない。ところで、土地測量論は、『租税貢納論』の第五章の後段において、それまでに述べられた収益税に関する全論述をしめくくるという形をとりながら、しかも一個の提案として展開されているのであるが、それ自体は二段に分れ、さらに人口調査論がこれにむすびついて提案されているのである。

ペティによれば、かれが提案する貨幣地代の計算方法、すなわち土地測量方法は、「少数の人たちが無知・軽率・錯誤によって、さもなければ激情にかられたり飲酒したりしたあげく、たがいにおこなう取引によっておこなわれる方法」ではない。けれども、このような方法といえども、「すべての取引の中数的または共通的結果(medium or common result)が求められるならば、」「思いつきの意見(casual opinions)が総合的に(synthetically)計算されたものなのであるから、」「十分目的にかなう」とかれは考えているのである。ところで、こういう考えかたは、ただちに「ダウン・サーヴェイ」や没収地分配事業の現実を想起させざるをえないであろう。というのは、第五節第二項および第七節第二項で述べたように、「ダウン・サーヴェイ」における土地の良否の判定方法も、没収地分配における「均等化」

すなわち再評価の方法も、現実の問題としては、アイァランドの住民および将校・兵士の「思いつきの意見」や「取引」やが「総合」されたものであるからであり、またそのばあい、ペティが全島的な規模における没収地の法定評価額と再評価額とのおのおのの算術平均値を基準に考えたのも、実はそれらを「総合的に計算」した結果にほかならないからである。とはいえ、ペティにとっては、こういう方法はけっして本筋のものではない。ではペティが提案しているのはどのような方法かといえば、その第一段は、土地の「内在的価値」(intrinsick values) の測量調査であり、またその第二段は、土地の「外在的または偶然的価値」(extrinsick or accidentall values) の測量調査であって、さらにこれに加えて、「人民数」の調査が提案されているのである。そして、ペティの自覚におけるこれらの測量調査は、「諸原因を明確に列挙することによって、分析的に数えあげる」という科学的方法を採用するものなのである。

すなわち、第一段の調査の内容は、土地の行政区画および自然的諸特徴にしたがって、その「形状・面積および位置」(Figures, Quantities, and Situations) を測量すること、つまり地形測量をおこなうことと、各種の単位の土地についての、生産物の物量調査を基礎とする生産性の計測およびその相互比較をおこなうこととの二点に要約してさしつかえない。ところで、この二つの測量調査がグラントの『諸観察』の「結論」においてもまた、ほとんどまったく同じ形で提案されていたことは前節で述べたとおりである。それと同時に、ペティの測量論が、「ダウン・サーヴェイ」においてペティが測量隊員にあたえた調査要綱に酷似しているという点も注意すべきであろう(第三章第五節第二項参照)。ただこのばあい、いちじるしく相違する点は、「ダウン・サーヴェイ」の調査要綱においては、「土地の良否」(profitable or unprofitable) の調査が指示されていたのに対して、ここでは土地生産物の物量調査にもとづくその生産性(これは土地の豊度というに等しい)の計測およびその相互比較が提案されている、ということである。ところが、

「ダウン・サーヴェイ」における「土地の良否」の判定がその中心的な困難であったことはすでにたちいって述べたとおりであり、またこの問題がテューダー王朝後半以降のアイァランドにおける測量家たちをなやませた問題であったということも上述したとおりである(第三章第五節第一項参照)。そうとすれば、『租税貢納論』の第五章におけるこの測量論の前段は、ペティが過去約一世紀における諸経験に学びながら、そしてとりわけ「ダウン・サーヴェイ」における中心的な困難に学びながら、みずから創造した調査方法だといわなければならない。しかもこの方法は、ペティが地代論において、地代をまず現物形態において "intrinsically" に考察したのに照応しているのである。

ところで、第一段の調査の結果、各筆の土地の面積・形状・位置が確定し、またその生産物の物量調査によって各筆の土地の良否、すなわちその豊度が計測しえたにしても、金納地租は地代に対して課せられるのであるから、貨幣地代が確定されなければならないことはいうまでもない。そうであるからこそ、ペティの土地測量論はすなわち貨幣地代の計算方法なのであるが、これが第二段の調査なのであって、それは土地生産物の価格調査にほかならない。ところが、土地生産物の価格は、主として「貨幣貯蔵の変動」(change of the store of money)によってたえず変化する。ペティが前述の「自然価格」を規定しているのもこの箇所においてなのであるが、これを規定したうえで、かれは現実問題としての貨幣地代の計算方法にたちかえり、人口調査を提案しながら、"extrinsical or accidental" な諸要因にもとづく地金(貨幣)の量的変化および人口の変化の双方から、過去二〇〇年にわたる人口一人当り貨幣数量の時系的変動を計算し、この量が多ければ多いほど穀価は高く、したがって貨幣地代も高いこと、また、同一時点においては、大都市にちかい土地ほど地代もまた高いこと、等々を結論づけているのである。この第二段の調査が、これほどくわしくはないにしても、グラントの『諸観察』の「結論」で提案されていたことは前節で述べたとおりである。もっとも、そこでは、この第二段の調査は、土地の「購買年数」、すなわち、地価を計算するばあいに貨幣地代を資本還元するための係数を求めるためのものであった。いうまでもなく、地価は一般的利子率によって貨幣地代を資本還元してえられるべきものであるけれども、ペティは利子を地代から派生させているのであるから、一般的利子率を前提とすることはできない。したがって、かれにおける地代は、剰余価値の一般的形態であり、利潤概念が未確立、さらにいえば資本概念が未確立というほかはないのであるが、かれがその地価論において、グラントの業績にみちびかれながら、祖父・父・子三代の共存年数をさだめ、それをこの資本還元のための係数として地価算定の方式をはじめて確立したということは、きわめて大きな功績だといわなければならない。

この最後の点はしばらくおいて、ペティの土地測量論の第二段、すなわち貨幣地代の計算方法をひるがえってみると、それは、かれが上述の地代論において現物地代を貨幣形態においてとらえなおしたあのプロセスとまったく同じであることが知られるであろう。いいかえれば、かれはこの測量論において、土地の生産性の問題を土地生産物の物量調査で解いたのであるが、こんどは、その生産物を価格をもつものとして考察し、すなわちそれに貨幣表現をあたえ、人口との関連におけるいわば貨幣の購買力や、土地そのものの位置をも考慮しつつ、現実の貨幣地代を、したがってまた地価を計算したのである。ところが、土地の良否、すなわちその豊度や、またそのなんらかの形態の利用における収益性に貨幣的表現をあたえ、地価を合理的に算定することこそ、「ダウン・サーヴェイ」につづく没収地分配事業の最大の難問題であったことはすでに述べたとおりであり、またこの問題がテューダー王朝後半以降のアイァランドにおける測量家たちの難問題であったことも上述したとおりである（第三章第五節第一項および第六節第二項参照）。没収地分配のばあいには、この問題は、「均等化」の問題として、あるいは「取引」として、現実的に「解決」されたのであるが、『租税貢納論』においては、すでに述べたような科学的意図と方法のもとに解決されるべきものとして提案されているのであって、ここでもまた、ペティは、テューダー王朝後半以降の約一世紀の諸経験に学びながら、そしてとりわけ没収土地分配事業の諸経験に学びながら、独自の調査方法を創造したといわなければならない。しかもこの方法は、ペティが地代論において、地代を貨幣形態において考察しなおし、このような考察が「価値の均等化の基礎」だとしながら、それが“extrinsical or accidental”な諸要因にもとづいて変動することに考えおよんで価値尺度論つまり土地＝労働等価論を展開したあの論理と一致しているのである。

以上のように考えてくると、行政技術論としてのペティの土地測量論は、やがては実施されるべき全国一律の金納地租の前提条件を明確にしたものであり、その内容に即して見れば、税源としての地代の本質の探究から剰余価値論および価値論におよんだのであるけれども、『租税貢納論』における紙上の論述だけに即して見れば、剰余農産物の価格の変動をつうずる地租の転嫁の問題として提起されたかれの地代論の具体化である、といえよう。(10) しかしながら、これを共和国時代の英・愛両国の社会的背景ならびにそこでのペティの社会的実践に即しつつ、その生成過程において見れば、かれの測量「論」ではなしに、イングランド本国においておこなわれた王領地の売却にともなう測量や、土地評価、とりわけアイァランドにおける没収地分配をもふくめた「ダウン・サーヴェイ」という測量それ自体が、その基礎にあるといわなければならない。いいかえれば、ペティは、十二世紀以降五世紀におよぶ封建イングランドおよび絶対主義イングランドによる収奪にもかかわらず温存されてきたところの、ゲールの伝統が払拭された「白紙」(H・九、邦・三三)のようなアイァランドにおいて、(11) 近代的土地所有を全島的に創設するために、没収地分配をもふくめた「ダウン・サーヴェイ」という測量それ自体を担当主宰したのであるが、その当時としては解決しえなかった原理的な諸問題を解明しつつ、この測量そのものを整理した形にしたのが土地測量論であり、またこの原理的な諸問題の解明こそ、かれの地代論以下に、剰余価値論―価値論の形で展開されている労働価値理論なのである。

そうとすれば、この労働価値理論そのものの中核をなすところの、商品価値の実体としての人間労働の概念は、どのようにして構成されたのであろうか。しばしば指摘されるかれの立言、すなわち、「土地が富の母であるように、労働はその父であり、その能動的要素である」（H・六八、邦・一一九）という立言によって示されているかれの思想は、かれ自身も「われわれの見解」といっているように、グラントにもみとめられることは前節で述べたとおりであるし、市民革命の時代におけるチェインバリンやホッブズはもとより、レヴェラーズについてもそうであるし（第二章第五節参照）、はるかそれ以前からの思想としてもみとめられている。[12] けれども、この時代におけるピュリタニズムの勤労観とむすびついていたこの思想を素朴ながらも理論化したのはペティが最初の人である、といってさしつかえない。そして、ペティ自身におけるこの思想が内乱時代の『教育論』や未完の『産業交易誌』において、生産技術的な観点にひきいられながらきわめて鮮明にあらわれていたことは第二章第五節で述べたとおりであり、また、これとまったく同じ時代に、すぐれて生理学的かつ断片的にではあったにしても、かれが人間の労働を商品生産と関連させながら、「人間の単純な運動」として、しかも「時間」にかかわらしめながら定義づけていたことは、本節の冒頭でくりかえして述べたとおりであって、さらにこの定義においては、諸商品の剰余によって、人間が「富んでいる」という状態（rich）が説明されていたのである（第二章第五節、第三章第四節参照）。ところが、内乱時代につづく共和国時代のアイァランドにおけるペティの全活動は、没収地分配をもふくめた「ダウン・サーヴェイ」に終始したといっても過言ではないが、それは、ベイコンの学徒ペティにとっては「拡大された実験」として、いいかえれば、自然研究の中心的な方法の社会科学的な問題領域における研究への適用として自覚されていた。そして、この活動は、アイァランドという「政治体」の生体解剖にほかならなかったのであるが、同時にそれは、クラレンドンのことばを借りれば、アイァランドという「大資本」の再分配のための基礎調査であったのである。すでに述べたように、この調査は、この「大資本」の数量的観察においてひじょうな成功を収めはしたけれども、その質的な諸問題の解明において失敗したのであって、この失敗の最大の原因こそ、近代的土地所有の創設にともなうところの、全島的規模における地価の設定、いっそう根本的には、全島的な規模における貨幣地代の創設の問題であった。約言すれば、クロムウェルの収奪＝植民、このための土地測量および分配のまえにたちはだかった最大の難問題の一つは、経済学の問題としては、地代および地価の問題にほかならなかったのであって、この問題が実質的にはこの時代のイングランド本国においてもまた市民革命の中心的な問題であったことについては、すでにくりかえし述べたとおりである。人間労働に関するペティのすぐれて生理学的な概念が経済学的な意味内容をもつようになり、かれが租税現象のなかに社会を発見したのは、これらの問題、いいかえれば、英・愛両国における市民革命をつうじ、よりいっそう明確な形をとりつつあったところの、幼年期資本主義社会における基本的な生産関係の創出の問題を解こうとする過程においてである。そしてこの過程は、『アイァランドの政治的解剖』の第九章において、ペティがこの島国における共和国時代までの土地評価の沿革や、評価方法に対するかれの批判との関連において、土地＝労働等価論を展開し、「土地の価値」を労働に還元することが「経済学におけるもっとも重要な問題」(H・一八一、邦・一三三)だといっていることを考えあわせると、如実に理解されるであろう。ベヴァンも指摘しているように(13)、共和国時代のアイァランドにおける社会的諸実践こそ、ペティの観察力や洞察力や推理力をきたえあげたものなのであって、これらの実践をつうじて、かれはいり組んだ諸現象のなかに存在する本質的なものとそうでないものとを容易に識別しうるようになったのである。

ところで、以上の過程をいっそう明瞭にするためには、ペティにおける方法を考察しなければならないし、またこれを考察することは、かれの理論そのもののいっそうたちいった解明にも役だつであろうが、この点は次節にゆずることにして、グラントとの関連について一言しておこう。『諸観察』の「結論」に提案されている「真の政治学」の建設の基礎としての「土地と人手」についての測量調査論と『租税貢納論』におけるペティの土地測量論とがたがいに酷似しているという点については、もはやくりかえして説明する必要はなかろう。(14) そして、グラントがそこで提案している三つの調査が共和国時代のアイァランドにおけるペティの諸実践を整理したものであることもまた、あらためて指摘するまでもなかろう。けれども、両者のいちじるしい相違としてもっとも注目すべき点は、グラントのばあいに提案されている三つの調査がいわば切りはなされていたのに対して、ペティのばあいには貨幣地代の計算方法として、ひいては地代論および自然価格論として、いっそう高い次元において統一されている、ということである。もっとも、ペティのばあいにおいてもなお、労働価値理論は、たとえば一方では、商品価値の実体を労働においてみいだしながら、他方では、土地＝労働等価論という形をとっていることによって典型的に示されているような、さまざまの矛盾や欠陥をふくんでいるのである。それにもかかわらず、グラントにおける「真の政治学」が、不完全ながらもその依拠すべき基本理論をペティによってあたえられたこと、したがってまたこの過程において、グラントが発見した社会現象の生起における自然的量的法則が、社会的質的法則の認識へ飛躍的な発展をとげたことも、疑いないのであって、(15) このことはペティにおける政治算術＝解剖の成立を考察すればいっそう明瞭になるであろう。それが次節の課題になるのである。

(1) 以上の点についても、第二章第五節を参照されたい。

(2) このような観点からの比較的最近の理論的研究の試みとしては、すでに本書の上巻でふれた Meek, *Studies.* があり、またわが国では松田弘三『科学的経済学の成立過程』、渡辺輝雄『創設者の経済学』など、すぐれた業績がある。なお、近代経済学の立場からの最近の研究としては、Kühnis, *Die wert- und preistheoretischen Ideen William Pettys.* Winterthur, 1960 があげられよう。これらの研究は、いずれも王政復古後におけるペティの諸著作についての理論的研究であり、ペティにおける経済理論の生成も、主としてそのかぎりにおいてとりあつかわれているという点においてほぼ共通している。

(3) 大内兵衛「ウィリアム・ペティ『租税及び貢納論』の学説史的意義」四七ページ。戦後のわが国の『租税貢納論』に関する注目すべき研究としては、右のほか、井手文雄『古典派の財政論』、高野利治「サー・ウィリアム・ペティの経済学にかんする一考察――「租税貢納論」を中心として――」などがある。なお、この書物の成立事情・構成・特徴的内容、等々に関する私見については、同書の拙訳の「訳者あとがき」を参照されたい。

(4) 大内兵衛　前掲論文　七三ページ。当時の重商主義的著作家たちにくらべて、ペティが広い視野をもちえたのは、一つにはかれの最初の主著が国家財政(とりわけ租税)を問題にしたからであるが(Johnson, *Predecessors.*, p. 97)、それを可能にした最大の要因が地籍測量としての「ダウン・サーヴェイ」であることは疑いない。

(5) ペティの国家観がホッブズのつよい影響をうけていたにしても、前者が国家主権としての王権を問題にしたのは、財政の面からであり、しかもそのばあいの主権は、市民革命をつうじていっそう民主化された主権＝徴税権であった。そして、国家そのものは、社会的生産力の増進に焦点をあわせながら、経費の諸部門をつうじてさまざまの機能を果すべきものであった。したがって、ペティのばあいには、ホッブズにおける絶対的な主権の抽象的性格にこの革命の諸成果がとりいれられることによって、それがいっそう具体的な内容をもちつつ、近代化へさらに一歩前進したといわなければならない。とはいえ、国家やその主権者は、社会的生産力を増進するために、なお社会生活の全面にわたって干渉し、強大な権力をふるうべきものとペティは考えるのであって、ここにかれの国家観の限界がみいだされるのである。*Cf.* Johnson, *op. cit.*, p. 98.

(6) マルクスが重農主義者たちについて指摘しているこの特徴は、ペティのばあいにも完全に妥当する。*Cf.* Marx, *Kritik.*, S. 55. 邦訳書五八ページ。

(7) 「生産者」についても「耕作者」についても、それが独立生産者であり、自営農民であろうことは推測できても、それ以上のことをペティは規定していない。したがってまた、ペティの剰余価値論における搾取関係も不分明である。かれが規定している人間労働が使用価値を生むかぎりでの、具体的人間労働であること、また、かれにおける価値と価格との混同については、次節でふれるが、以上の諸点については、かれの経済理論を全面的に検討したうえでなければ適切に断定することはできないであろう。

(8) この論証については、渡辺輝雄教授の前掲書第二章第一節に明快な説明がある。
(9) Engels, *Anti-Dühring*.; S. 285. 邦訳書　四〇一ページ。
(10) 高野利治　前掲論文(3)　一五―一七ページ。
(11) 『租税貢納論』の第四章で、ペティは、共和国時代のアイァランドでは「人がまだ全然土地を所有しさえもしていなかった」(H・三九、邦・七〇)といっているが、この「白紙」状態のアイァランドの土地を「純然たるブルジョア的資産」に転化させることが、没収地分配をもふくめた「ダウン・サーヴェイ」の最大の目的であったことはすでに述べたとおりである。
(12) ハルは、この思想は歴史的にはアリストテレスにまでさかのぼりうるとしている(H・三七七―七八)。
(13) Bevan, *Petty*., p. 86.
(14) この点は、『諸観察』の真の著者はグラントかペティかという、いわゆる著作者論争の論点の一つとしてやかましく論じられた問題である。この論争に関する私見については、拙稿「J・グラント『諸観察』の成立、その方法の発展および評価をめぐる歴史的展望――統計学の学問的性格に関する一反省――」(『経済研究』第七巻第二号　一九五六年四月)を参照されたい。
(15) この点は、グラントの『諸観察』とペティの『租税貢納論』とが同じ一六六二年に公刊されたことを考えると、奇異な感じをいだかざるをえないであろう。というのは、前者はこの年の一月末か二月はじめに、また後者は五月に、それぞれ出版されたと推定されているが、そうとすれば、グラントからペティへの学問的発展があまりにも短期間におこなわれたことになるからである。

このばあい、前出の注(14)で述べた著作者論争において、ほとんどすべての論者が一致したのが、『諸観察』の「結論」――およびその「政治的諸観察」の多くの個所――は、実はペティによって執筆されたものだという点であることを想起すべきであろう。そしてもしそうだとすれば、ペティは、アイァランドにおける社会的諸実践をつうじて学びえたことを整理しつつ、いわばデッサンの形で『諸観察』の「結論」を書き、『租税貢納論』においてそれをよりいっそう理論的に展開した、ということになるであろう。またもし、『諸観察』の「結論」がグラントの筆になるものだとしても、かれは、ペティのアイァランド滞在中、ロンドンにおけるその代理人としての役割を果したのであるから、ペティの見解を十分理解していたはずであり、したがってこの「結論」は、かれのものとしてもけっしてふさわしからぬものではなかろう。

筆者は、『諸観察』を、内乱時代以来の、あらゆる意味における両者の協働の所産と考えているが、ここでは、『諸観察』そのものの表題に明記されているところにしたがい、この著作をいちおうグラントに帰しつつ考察をすすめているのである。

第三節　生成過程との関連における政治算術＝解剖の内容と諸特徴

政治算術および政治的解剖は、ペティの自覚においてはともに「永遠の法と真理の標準にしたがう政治的医学」(Political Medicine) として確立された。[1] それは、一六九〇年に公刊された『政治算術』と、その翌年に公刊された『アイァランドの政治的解剖』との両著においてである[2](以下、前者を『算術』、後者を『解剖』とそれぞれ略記する)。ところで、この両著が執筆されたのは、第三次オランダ戦争によってイングランドが空前の危機にみまわれていた一六七〇年代の初期であると推定されており、両著がアイァランドのダブリンにおいて、平行的に執筆されたこともまた疑いない。

ところで、ペティの友人オーブリが書いているところによると、ペティは、王政復古直前のころ、あの有名な「ロウタ・クラブの常連(a Rota man)で、政治〔問題〕を数字に還元しながら、その算術的比例についてジェイムズ・ハリントン氏(Mr. James Harrington)をてこずらせていた」[3] という。そして、それ以前に、ペティが共和国時代のアイァランドにおいて、ベイコンによって提唱された自然科学における実験的方法を社会科学的問題領域へ「拡大」しつつ適用するものとして没収地の測量や分配を担当主宰したこと、またこれらの事業に従事していたころ『解剖』を思わせるような一文を執筆していたということについては、本章の第四節第一項、第六節第一項および第七節その他でくりかえし説明したとおりである。さらに、さかのぼって内乱時代におけるベイコンの学徒ペティが、一方ではヴエサリウスに学んだ解剖学者として人体解剖学の理論と実践に従事しながら、自然研究者＝生産技術者＝社会改革家として活動し、他方ではグラントの援助のもとに、素朴な形においてではあったにしても、社会経済現象の数量的観察をおこなっていたことについても、第二章の第五節その他でくりかえし述べたとおりである。このように見てくると、ペティが『算術』の序文において政治算術を先例のない一個の科学的方法という自覚のもとに規定しながら、これは「わたしがずっと以前から志してきた政治算術の見本」(H・二四四、邦・二四)だといい、また『解剖』の序文においてもこれとほぼ同じ主旨の立言をしているということは(H・一二九、邦・二一―二二)、政治算術および政治的解剖が時間的には三〇年にもわたるかれの学問的および実践的諸活動の総帰結として自覚されていたことを思わせるのである。

そうとすれば、ペティにとって「永遠の法と真理にしたがう政治的医学」でもあった政治算術および政治的解剖は、グラントの「真の政治学」とどう関連し、ペティの諸実践および諸理論とどのようにかかわりあうものであろうか。いいかえれば、それは、それ自体の生成過程との関連において、どのような内容と特徴とをもち、したがってまたどのような意義を主張しうる「政治的医学」なのであろうか(4)。

ペティの遺子シェルバーン男爵(Baron of Shelburne, Ch. Petty, 1673-96)が書いた『算術』の献辞によると、この書物は「わたしの父がイングランドの王位の勢力と威容を示そうとして」執筆したものである、という。また、著者自身が書いた『解剖』の序文によると、この書物の目的は、「帰するところわが国の平和と豊富とに役だつ」ことにある、という。この後者の目的が、第一節で述べたグラントの「真の政治学」のそれとまったく同一であること、また、以上の三者の目的が、いずれも重商主義国家の富強政策とふかくむすびついているということは、あらためてくりかえすまでもないであろうが、目的におけるこの一致は、本節の冒頭で述べたペティの「政治的医学」がグラントにおける「真の政治学」の発展であろうことを予想させるのである。この最後の点はともかくとして、ペティにおける政治算術と政治的解剖とが、ともに「政治的医学」として、しかも同一の目的を追う科学として自覚されていたという事実は、両者を一体として、つまり政治算術＝解剖としてとりあつかうことを妥当ならしめるであろう。というのは、このように把握してはじめて、創始者の見解に内在しながら、重商主義国家の政策的意図とむすびついたこの社会科学、とりわけ経済学の萌芽としての政治算術＝解剖の内容は無理なく理解しうるであろうし、ひいては、「算術」によって代表される自然科学的数量的観察および推理方法と、「解剖」によって代表される経済学的理論的分析とを主軸とするこの萌芽の歴史的意義を明らかにしうるであろうからである。

ところで、「政治的医学」として一体をなす政治算術＝解剖を総体としてとらえたばあい、その研究対象がまず問題になるであろう。『解剖』の序文において明確に規定されているところによると、この対象は「政治体」であるが、それが市民革命後における近代国家であり、幼年期の資本主義社会であることはいうまでもない。ところが、『算術』の第一〇章の後段においては、それがいっそう具体的に、「土地・人民・資財・産業交易、等々」として、スミスにおける「諸国民の富」というほど熟した概念ではもとよりないにしても、つきつめていえばこの社会における富およびその源泉が主たる対象とされていることが知られる。したがって、ここで問題の研究対象は、つまるところ幼年期資本主義社会における富およびその源泉だということになるであろう。そして、この点からふりかえって考えるならば、グラントの『諸観察』における研究対象は、「土地・人民・資財・産業交易、等々」のなかの「人民」だけであった、といってさしつかえなかろう。とはいえ、ペティのばあい、研究対象としての「政治体」は、「自然体」との類比においてはじめて設定されたものである。もっとも、政治体を自然体との類比において考えるということは、ギリシャの昔からのことであり、重商主義文献においては十六世紀前半からみとめられている。しかしながら、ペティのばあいとりわけ注目すべきことは、この類比が『解剖』の序文の冒頭に明記されているように、ベイコンの『学問の進歩』における両者の類比に学びながらおこなわれている、という点である。(5) この事実は、本節の冒頭で述べたところの、ペティにおける政治算術＝解剖の三〇年の発展を想起させると同時に、その研究方法そのものの特徴を規定するものにほかならない。

すなわち、政治算術＝解剖の研究方法の全体的な特徴は、ベイコンの方法、すなわち、経験論に立脚しつつ、帰納・分析・比較・観察・実験をおこない、これらを合理性の条件とする方法に示唆されながら、まず第一に、自然体と政治体、つまり人体と社会とのあいだに類比をおこなう方法である。しかもそのばあい、研究対象としてえらばれるべき自然体については、「ありふれた動物」が推奨されるのと同じように、政治体についても、その構造が単純なものがえらばれるべきであって、かれが『解剖』においてアイァランドという「政治的動物」(Political Animal) をえらんだのも、それが生れてからまだ「やっと二〇歳になったばかり」で、単純な構造をもち、かれ自身がそれを「胎児のころから熟知していた」(H・一二九、邦・二二)からである。ハルも指摘しているように(H・一二九の注)、ペティがここでアイァランドは「二〇歳になったばかり」だといっているのは、前章の第三節以下で述べた「処分法」(一六五二年)の制定、つまりクロムウェルによる大反乱の鎮定と収奪＝植民計画の樹立の年を新アイァランドの誕生の年と考えている(『解剖』が執筆されたのは一六七二年と推定されている)からであるが、市民革命時代におけるアイァランド史のこのようなとらえかたがきわめて適切であるということは、前章で述べたところから見て明白である。王政復古以後、『租税貢納論』から『アイァランド論』にいたるペティの経済学的統計学的諸著作がアイァランドの諸問題といかにふかくむすびついているかということは、それぞれの著作の内容にたちいればいるほど明らかになるであろう。一見アィァランドとはなんの関係ももたないかのように思われる『貨幣小論』（一六九五年）でさえ、そこに展開されている貨幣理論――それは「重商主義的諸見解の最後の痕跡が完全に消えうせている」(6)と評価されたものである――が、ペティのこの島国における諸活動とむすびついている点については、本章の冒頭（三六六ページ）の注（2）に記されている拙稿を参照ねがいたい。

ところで、方法的特徴の第二は、政治体を解剖すること、すなわち分析することであり、それによって「その均整・組織・比例」を明らかにすることにある。これをいいかえれば、幼年期資本主義社会の基本的構造を明らかにすることである。このばあい、政治算術＝解剖が、スコラ的思弁を徹頭徹尾拒否し、「感覚にうったえる議論のみを用い、自然のなかに実見しうる基礎をもつような諸原因のみを考察する」方法を用いる点もまた、ベイコンの強烈な影響を如実に示しているが、政治体を解剖し、幼年期資本主義社会を分析するための基本的経済理論が前節で述べた労働価値理論であることは疑いない。とはいえ、この理論が、『租税貢納論』以降のかれの主要諸著作を一貫しているわけではない。それどころか、『租税貢納論』それ自体のなかにおいてさえ、それが混乱していたことはすでに指摘したとおりである。それればかりではない。かれは、『賢者に一言』のなかでは、たとえば「国民の富」を「過去の労働の成果」（H・一一〇、邦・一七九）としつつ、富の源泉を労働においてみいだしている反面、『算術』においては、たとえば「金・銀および宝石」を「普遍的富」（H・二九五、邦・一一五）としていることに明瞭にあらわれているように、重商主義的立場にもたっているのである。このような矛盾は、しばしば指摘されている。この問題を解明し、ペティにおける労働価値説と重商主義的見解との関連をつきとめるためには、すくなくとも王政復古後におけるかれの全経済理論を総合的に考察することが必要であろうことはいうまでもないが、『租税貢納論』の第四、五章に展開されているかぎりにおいても、ペティの労働価値理論そのものが、「交換価値を、それが諸商品の交換過程で現象するままに、貨幣と解し、そして貨幣そのものは、これを実存する商品すなわち金銀と解した」ことにあらわれているように、重商主義的というよりもむしろそれ以前の「重金主義の観念」(7)とむすびついていたことが知られる。また、前節で述べたように、かれの土地＝労働等価論は、当時としてはきわめてすぐれたものであったけれども、理論的には、「交換価値の源泉としての労働と、使用価値の源泉としての労働(このばあい労働は、自然質料すなわち土地を前提とする)との混同」(8)に由来するものなのである。このような労働価値理論と重商主義思想との関連や、労働の社会的性質の認識における混乱、ひいては交換価値と使用価値、価値と価格の混同やについての理論上の誤謬の原因については、後述する第四の方法的特徴のところでもう一度とりあつかうことにしよう。

政治算術＝解剖の第三の方法的特徴は、生産技術についてのきわめて実際的な知識がつねに論述の基礎をなし、それが重要な方法論的観点をささえている、ということである。前節で述べたかぎりでの労働価値論について見ても、農業生産、鉱業生産および金属精錬に関するかれの知識が広くかつふかいということが知られる。そして、かれが富の実体をその生産過程においてとらえることができたのも、したがってまた、社会的生産力の視点にたちえたのも、一つにはこの方法にもとづいている、といってさしつかえない。また、かれが生産的職業と不生産的職業とを区別して前者を重視し、ひいては国教反対者のなかに社会的生産力の担い手をみいだし、信教の自由を主張しているのも、さらには分業論をきわめていきいきと展開しているのも、一つにはこの方法的観点にたちえたからである。このような生産技術(art)の重視ということも、ペティだけに特有なものではなく、総じてかれに前後する重商主義的著作家たちは、多かれすくなかれこの観点にたっていたといってよい。(9) しかしながら、ペティをこれらの著作家たちと区別する点は、かれが「自然研究を仕事の哲学（philosophy of works）にとっての不可欠の基礎」としたところの、「産業科学の哲学者」(10)でもあったベイコンの直系の弟子であり、この偉大な先覚者の教えにみちびかれながら、みずからそれを実践にうつした人だという点である。内乱時代に、かれが「技術」を「諸物品の生産において、多数の労働や熟練に匹敵するもの」と定義しつつ、一方では機械器具の発明に従事し、他方では上述の観点にたって特異な教育論＝社会改革論を著作したことはすでに述べたとおりである（第二章第五節）。そして、共和国時代のかれがいかにすぐれた技術家であったかということは、没収地の分配をもふくめた「ダウン・サーヴェイ」をふりかえって見れば明白であろう。王政復古後においても、この特質は失われなかったどころかさらにかがやかしいものになったのであって、かれは、「フランシス・ベイコンの最大の記念碑」(11)としての王立協会の創立者の一人になったばかりではなく、この協会を研究の場として、船舶の建造・染色術の改善、等々にめざましく活動し、一六六四年には、この協会を主体とする大規模な農業技術調査委員の一人としてアイァランドの調査を担当したりした。(12) さらに晩年には、ロンドンの王立協会にならって、アイァランドに「ダブリン理学協会」を創立し、みずからその会長になったのである。その反面、かれは終生をつうじて解剖学者でもあったが、(13) 以上のような全過程において、生産技術者＝解剖学者としてのかれが経済学上の根本問題とまっこうからとり組んだのが共和国時代のアイァランドであったことはいうまでもない。そしてこの過程において、ベイコンによって代表されるところの、生産技術を重視する思想が他の諸思想と関連しつつ経済学上の基本理論に結実していったのである。

ところで、政治算術＝解剖の方法の第四の特徴は、社会経済現象の数量化とそれにもとづく推理である。そしてこの方法は、上述した労働価値理論とならぶ最大の特徴といってもさしつかえない。このばあい、ペティが『算術』の序文で、いっさいの論議を「数・重量・尺度を用いて表現する」といっていることはあまりにも有名であり、従来これが政治算術のほとんど唯一の特徴とされ、したがってまたこの観点から、グラントの『諸観察』とならんで、『算術』が近代統計学の源流をなす書物の一つとして評価されてきたこともまた、序章で述べたとおりである。しかしながら、かれが強調している「数・重量・尺度」とは、けっして近代統計学の始源としてだけ評価されるべきものではない(14)。このことは、ペティがいうところの「数・重量・尺度」そのものの意味内容を考察すればおのずから明らかになるであろう。すなわち、ペティがベイコンに依拠しつつ、すぐれて自然科学的な方法を用いるにしても、政治体の研究にこの方法がそのまま適用しえないことは明らかであり、その核心の一つをなす実験的方法においてとりわけそうであることはいうまでもなかろう。そうとすれば、政治算術＝解剖において分析の手がかりとなり、実験にかわりうる方法はなにかが問われるべきであろう。結論的にいえば、それは社会現象の観察・比較・数量的関連の把握、ならびに数にもとづく推理である。そして、この方法が、推理の用具としての数字の使用をつうじて、複雑な諸現象の単純化、ひいては科学的抽象の端緒をひらき、政治算術の理論の形成に寄与したということもまた、正当に評価されるべきであろう。そして政治算術＝解剖の方法における数学主義ともいわれるべきこの側面は、ベイコンというよりも、むしろガリレイやホッブズやデカルトに負うものであろう(15)。

そこで、政治算術＝解剖をいちじるしく特徴づける数量的方法と経済理論との関連が問題になるのであるが、筆者はそれをペティによって使用されているところの、三種類に大別される数字の性質について考えてみたい。すなわち、第一は、社会経済現象を実際に観察し、その結果として経験的にえられた数字であり、第二は、経験的にえられた数字を基礎として、なんらかの方法にもとづき、推計された数字であり、第三は、以上の二種の数字とは別な、理論的な推理の用具として用いられる数字である。

第一の、経験的にとらえられた数字は、第一義的なものと、第二義的なものとに分けることができるが、後者が圧倒的に多く、全部そうだといっても過言ではない。人口現象を観察してその生起における数量的法則性を導出したグラントのかがやかしい業績も、死亡表という第二義的な資料にもとづくものであった。そしてこの部類の数字の不足はペティによる官庁統計調査、とりわけ近代的なセンサスや登記制度の必要性の強調となって、かれの主著の随所にくりかえし主張されているのである。(16) このばあい、共和国時代のアイァランドにおける「ダウン・サーヴェイ」と人口センサスとが、徹頭徹尾、第一義的な統計調査であると同時に土地資産の登記でもあった、ということを想起すべきであろう。そして、前者がなによりも幾何学的計測であったことはいうまでもないが、ペティが政治算術を「幾何学的正義」と同等のものとして考えていることも考えあわせるべきであろう(H・二四〇、邦・二五)。第二の、推計数字は、第一の種類の数字がすくないことと表裏してきわめて多い。このばあい、推計方法が問題で、また興味ふかいが、ここでは、政治算術＝解剖の推計が国富の推計に集中していること、またそのばあい「購買年数」を媒介として地代を資本還元し、地価をもとめるというペティ自身が創始した方式が基本をなし、同様にして賃料から家屋の貨幣価値を、さらには労賃から「人民の価値」までもが推計されていること、しかも地価算定の問題こそ、共和国時代のアイァランドにおける没収地分配事業(それは統計調査でもあった)の最大の難点であったこと、この三点を指摘するにとどめる。(17) 第三の数字は、政治算術＝解剖の方法の基調をなす数学主義そのものに根ざすものであり、『算術』の序文のなかで、「わたし〔ペティ〕がねらいさだめているあの知識〔一般的認識〕へ到達する道を示してくれる仮説」(H・二四五、邦・二五）として役だつべきものであって、これらの数字もまたきわめて多く用いられている。たとえば、上述の価値論において、一オンスの銀とか、一ブッシェルの穀物とかという数字は、いうまでもなく、統計調査の結果として経験的にえられたものではないし、また推計数でもない。それらはただ理論的推理を明晰にするための用具として、あるいはそのための仮説として、用いられているのであって、推理形式からいえば演繹的に用いられているばあいがきわめて多い。そしてこのような数字は、複雑な社会経済現象を単純化するために威力を発揮するのであって、ペティが社会的平均の概念に事実上到達しているのも、この数字の使用をつうじてである。(18) しかも、この社会的平均という概念は、自然価格とか自然的地代とか自然的尺度とかいうばあいの「自然」という概念に密接に関連しているのである。グラントやペティの著作には、ホッブズやロックのばあいのような、自然法そのものについての哲学的基礎づけは見当らない。しかしながら、「自然の法」とか、「自然の動き」とか、「自然の推移」とかという考えかたは、とりわけペティの著作の随所にみとめられる。そして、多くのばあい、自然法は、実定法や重商主義的国家の干渉に対立するものとしてその尊重が強調され、「自然の動き」を観察し、これにしたがうことこそが「政治学や経済学にとっての重要事」（H・六〇、邦・一〇五）だとされているのである。その反面、グラントは自然法をすなわち「神の法」（H・三七四、邦・一七六）と考え、またペティは「天地を創造したばあいに神が用いた方法」として「自然」を定義している（L・四七）。この点だけをとらえれば、政治算術＝解剖における自然法は、世界の創造者としての神の存在を容認しながら、現実世界における自然法則の支配をみとめるというあの理神論につらなっているというべきであろう。ところが、この現実社会を数量的にとらえて観察したり、数にもとづいて推理したりしてゆく過程において、グラントは社会現象の生起における自然的数量的法則を発見し、さらにグラントを発展させたペティは、他の諸思想や諸方法にささえられながら、社会経済現象の基礎にあるものとしての「自然」、「ブルジョア的生産の本性から生ずる諸法則」[19]を発見し、また自然的秩序の見地から重商主義的諸規制を批判したのである。[20]

ところで、上述の社会的平均と関連する重要な概念は、ペティが規定している「価値の均等化」である。前節で指摘したように、かれの地代論において規定されている「価値の均等化」は、現物地代を貨幣形態において考察しなおしたばあい、一ブッシェルの穀物が一オンスの銀と等価であるということにほかならない。いいかえれば、この両者は、ともに一定時間における生産者の労働の剰余、つまるところ同一量の人間の労働に還元しうるがゆえに“equalize”されうるものとなったのであって、この論理は、事実上、かれの自然価格論、すなわち価値論においてもまた、その根底によこたわる論理であると考えてさしつかえないし、土地＝労働等価論におけるあの“Par and Equation”という概念と同様、すぐれて数学的なものといわなければならない。ところが、この「均等化」こそ、共和国時代のアイァランドにおける没収地分配事業の最大の難問題を解こうとしたそのきわにおいて生みだされた概念であるということは、第三章第六節第二項で述べたとおりである。そのばあいの「均等化」とは、各筆の土地をそれぞれの実質的な価値に即して再評価するということであり、将校・兵士がいわば達観的にこれをおこなった反面、「山なす算術の計算に従事」しながら、ペティがこの結果を全島的な規模における土地の評価額の算術平均値の問題として計算したということ、またこの問題が地価や貨幣地代の問題を事実上提起していたということは、そこで述べたとおりである。このばあいの「均等化」と、『租税貢納論』の第四章における「価値の均等化」とを比較すると、社会経済現象の数量化とそれにもとづく推理という自然科学的方法に依拠しつつ、ペティの労働価値理論が生成したそのプロセスがいっそう明瞭になるのである。その反面において、ペティにおける数学主義ともいわれるべきこの特徴的方法[21]は、数量的に観察・表章しうる価格関係によってただちに価値関係をも解明しようとする誤謬を生む原因にもなったのであって、かれの労働価値理論における価値と価格との混同は、その一面においてはこの数量的方法そのものに起因しているのである。いいかえれば、上述した三種類の数字を駆使して論述するばあい、ペティはこれらの数字の性質を混同してしまうばあいが多いのであって、このことは、理論上の混乱に拍車を加える結果にもなり、眼に見え、経験的にとらえうる価格現象の数量化が、眼に見えぬ価値関係をもただちに解明しうるかのように考えるという誤謬におちいる結果にもなったのである。そしてこの点は、かれの労働価値理論と重商主義的見解との結節点の一つだと考えてもさしつかえないであろう。

以上、これを要するに、グラント＝ペティのばあいには、経済学上の明確な概念や理論がまずはじめにあって、それらにもとづいて幼年期の資本主義社会を分析したり、あるいはそれらにみちびかれて統計調査をおこなったりしたのではもとよりなくて、自然科学的諸方法や社会経済諸思想にささえられながら、市民革命をつうじてよりいっそう明確な形をとりつつあったところの、まったく新しい現実社会を観察し、推理してゆくその過程において、経済学上の概念や理論がしだいに形成されたのである。(22) 晩年のペティは、数字を記号にかえることによって推理をいっそう自由に押しすすめようとし、これを「代数の算法」(Algorithme of Algebra)と名づけた(L・八六)。こうなると、そこでランズダウンも指摘しているように、政治算術は政治代数学といってさしつかえないのであるが、それが後代の形式的抽象的な記号論理学を意味しているのではなく、素朴ながらも科学的抽象の役割を果し、政治算術＝解剖の基本理論としての労働価値理論の生成にきわめて重要な寄与をしたことが知られるのである。(23)

政治算術＝解剖は、「一六九一年から一七五二年までの時期」における「比較的重要な経済学者のすべてが、積極的にか消極的にかペティをもとにしている」[24]とさえいわれるこの理論と、上述の諸方法のゆえに、重商主義国家の政策のなかから生みだされた一個の社会科学、とりわけ経済学の萌芽となり、「経済学が独立した科学として分離した最初の形態」[25]となりえたのであって、それがグラントの提案した「真の政治学」の発展であることは、『諸観察』そのものの内面的な論理の脈絡からいっても、また学説史的発展の論理から見ても明らかであろう。[26]そして、この萌芽を生みだした有力な土壌が市民革命時代の英・愛両国をつうじての中心問題、とりわけアイァランドにおけるクロムウェルの収奪＝植民であること、さらにそれをつきつめれば、そこでの没収地分配事業をもふくめた「ダウン・サーヴェイ」[27]であることは、もはやくりかえす必要はなかろう。ハーディングは、「ダウン・サーヴェイ」によって、アイァランドの“Lands”がはじめて図紙のうえに“laid down”されたがゆえに、この測量はこのように名づけられたのであるが、ペティの子孫としての“Lansdowne”侯爵家のこういう家名のオリジンもまた、これによって説明される、といっている。われわれとしては、グラント＝ペティによって創始され、十九世紀以降、経済学・統計学・財政学・人文地理学および計量経済学として確立された社会諸科学の萌芽を未分化の状態において包摂し、とりわけ十八世紀以降におけるイギリス古典派経済学および統計学の源流の一つになった政治算術＝解剖もまた、その唯一のではもとよりないにしても、きわめて有力なオリジンをこれらの事業のなかにもつ、というべきであろう。

（1）　Fitzmaurice, *Life.*, p. 158.　この引用文は、一六七二年十二月十七日づけで、ペティがアングルシ卿(Lord Anglesea, A. Annesley, 1614-86)にあてて書いた手紙の一部分なのであるが、「政治算術」という名称がはじめて用いられたのはこの手紙においてである、といわれている(H・二四〇、邦一六)。このことは、おそらくは「政治的解剖」についてもあてはまるのであろう。

（2）　これらの著作の成立事情・構成および特徴的内容に関する私見については、それぞれの拙訳書の巻末の「解題」を参照されたい。

（3）　Aubrey, *Lives.*, p. 240.　どのような「政治〔問題〕」でペティがハリントンをてこずらせたのかということは、これだけでは明らかではないが「算術的比例」といっているところから察すると、おそらくは代議制に関する問題であったのであろう。王政復古時代以後に執筆したと推定される断片「ホッブズの君主制論について」(*On Hobbes' Theory of Monarchy*)(L・八八)のなかで、ペティはホッブズを批判し、君主制よりも民主制のほうがたちまさっていると述べているが、このばあいの有力な論拠は、一八歳以上の成年男子の人口数を基礎とする代議制であり、そこでも十進法という「算術的比例」が強調されているのである。

(4)　この点に関する私見をおぎなうものとしては、前出の注(2)に記した二つの「解題」と、本章の冒頭の注(4)に記した拙稿「政治算術の再評価のために」を参照されたい。

(5)　このばあい、ペティは、ベイコンは『学問の進歩』のなかで「いくつかの点について賢明な類比をしている」(H・一二九、邦・二一)といっている。ファリントン教授(Prof. B. Farrington)の直接の教示によれば、ペティがここで問題にしている「類比」は、『学問の進歩』の多くの箇所でおこなわれているが、そのなかでもっとも重要なのは、医者と政治家の職能を類比した二つの箇所、すなわち、全集版でいえば、*Works*, Vol. III, pp. 376, 380 である、と。さらに同教授によれば、医学においては解剖学が、また政治学においては政治算術が、それぞれ根本的な重要性をもつことをみとめながら、この両者を類比するということは、ペティ自身の着想であろう、と。ファリントン教授から筆者がこのような教示をうけたのは、一九五七年三月のことであるが、同教授がライミントン(Lymington)の自宅からわざわざサザムトンの大学の図書館まででむかれてベイコンの全集を調べ、手紙に書いて教えてくださったご厚意に対し、筆者はあらためてここに心からお礼を申しあげたいと思う。

(6)　Engels, *Anti-Dühring*, S. 286.　邦訳書　四〇三ページ。

(7)　Marx, *Kritik*, SS. 50–51.　邦訳書　五〇ページ。

(8)　Marx, *Theorien.*, Teil 1, S. 325.　邦訳書　第三分冊　五二六―二七ページ。

(9)　Johnson, *Predecessors.*, Chapt. XIII.

(10)　Farrington, *Bacon.*, p. 109.

(11)　*Ibid.*, p. 18.

(12)　Lennard, *English agriculture under Charles II.*, p. 24.

(13)　ハルは、王政復古後のペティは医学上の実践を放棄したらしいといっているが(Hull, *Introduction.*, p. xxiv)、そうでないということは、かれが一六七六年にダブリンの医科大学でおこなった講義(L・一二九)や、一六八二年にダブリンのトリニティ・カレッジの医学博士モリンズ(A. Molines, *d.* 1690)が、解剖学上の所見をペティに提出していることから知られる。*Cf.* Molines, *An anatomical account of the elephant.*

(14)　「数・重量・尺度」という用語そのものは、おそらくは『旧約外典』の一つである『ソロモンの知恵』の第一〇章第二〇節の章句、すなわち、「されど尺度と数と重量もて神はすべてのものを秩序あらしめたまう」という章句に由来するものであろう。*Cf.* Clark, *Age of Newton.*, pp. 72–73. これとほぼ同趣旨の章句を、ペティは一七六四年に公刊された『二重比論』(第二章第三節第二項参照)のタイトル・ページにもかかげている。『二重比論』のばあいの章句は、理神論的なひびきをもっているが、『算術』の序文のばあいはけっしてそうではない。前章第五節第一項で述べた測量家フォーキンガムが、おそらくは『ソロモンの知恵』に依拠しながら、「数・重量・尺度」ということばを用いていることをここで想起しておくべきであろう。なお、十八世紀ドイツにおいて、ズュースミルヒが、はっきりと理神論的立場にたちながら、「数・重量・尺度」という用語をつかっている点はきわめて興味ふかい(『神の秩序』第二版第一部　六三ページ参照)。

(15)　Strauss, *Petty.*, Chapt. XV. Bevan, *Petty.*, pp. 88–89. そして、ベイコンにおいてもまた、よりいっそう正確な解剖(分析)をおこなうためにも、注意ぶかく工案された実験が推奨されていたのである。Farrington, *op. cit.*, p. 123.

(16)　『未刊論文集』のなかにも、近代センサスや登記制度の必要性はしばしばくりかえされているのであって、前者だけについて見ても、L・五一、五二、五八、五九、七五、等々の諸文献はそれを示すものにほかならない。これらのなかで、「土地と人手について」(*Of Lands & Hands*)(L・五八)は代表的なものであって、ここでペティは、一国の年代記と地図にはじまり、土地面積・地形・気象、法律・政治・軍事、人口とそのあらゆる態様、資産、建築物、労働賃銀、生産物、交通・運輸・通信、貿易、商品価格、賃料、金融、公収入、教育・文化、保健衛生、等々にいたるまで、およそその国の状態を知悉するために必要ないっさいの事項をあますところなく数量的に把握することを提案しているのである。そしてこのばあい、近代センサスの第一声というべきこの調査が「土地と人手」の調査として総括されていることは、もっとも注目すべき点であろう。というのは、この調査は、すでにグラントの『諸観察』の「結論」のなかで、「真の政治学」の建設の基礎として提案されていたものであるからであり、また、ペティにとっても、「土地と人手」は富の両親としての「土地と労働」にほかならず、これらの概念は、同時にかれの経済学の基本理論の骨子をなしていたものであるからである。「土地と労働」が富の源泉だという思想は、当時としてはけっしてグラントやペティに特有なものでなく、重商主義的著作家たちにおいてもまたそうであったということはすでに述べたとおりである(なお、この点については Johnson, *op. cit.*, Chapt. XII を参照)。また、十七、八世紀のドイツ国状学においても、"Land und Leute" は総括的基本概念であった。そして、これらとペティとを区別するものは、後者が「土地と人手」または「土地と労働」を数量的に観察するばあいの指針となる高次の経済理論をもっていた、という点にある。ペティのセンサス論が共和国時代のアイァランドにおける人口センサスに学んだものだということは疑いないが、なおこれらの点についての私見をおぎなうものとしては、拙稿「イギリスにおける近代センサス論の一原型」(『経済研究』第一一巻第二号　一九六〇年四月)および「統計学史研究における五つの時期」(『経済研究』第一二巻第二号　一九六一年四月)を参照されたい。

(17)　これらの推計方法とペティの経済理論との関連についての私見は、拙稿「ペティの国富算定論について」(『経済研究』第三巻第四号　一九五二年一〇月)を参照されたい。ペティの推計方法がかれの経済理論とむすびついていたと同時に、第一章第四節で述べたような、「三の法則・連鎖法」すなわち比例計算を主軸とする当時の商業算術の発展ともむすびついていたことは疑いない。かれが、貨幣の流通速度を計測しえたのも、一つにはそのためであり、また『賢者に一言』や『算術』のなかで、素朴な形においてではあるがイングランド社会における再生産過程を図式的に把握しえたのも、かれの経済理論と数学的方法(演算)の結合の結果である。

(18) *Cf.* Strauss, *op. cit.*, p. 184.　Bevan, *op. cit.*, pp. 88–89.

(19) Marx, *Theorien.*, Teil 1, S. 325.　邦訳書　第三分冊　五二七ページ。

(20) それにもかかわらず、ペティは、自然的秩序を実現するためにも、国家権力の発動をみとめている。この点については、前節の注(5)を参照されたい。

(21) シュムペーターがグラントおよびペティを「計量経済学の先駆者」として評価しているのは、主としてこの特徴的方法に着眼してのことである。この点だけをきりはなして表面的に見ればたしかにそのとおりであろう。Schumpeter, *History.*, Pt. II, Chapt. 4.　邦訳書　第二編第四章。なお、渡辺輝雄教授が、ペティの経済理論をたちいって分析されながら、「政治算術」の一般的特徴のなかで、この特徴的方法にほとんど一言もふれていないのは不可解というほかはない。同教授は、この方法を、おそらくは現代的な「統計的方法」と考え、「経済理論」とは別個のものと考えているのであろう。そうとすれば、両者が未分化の時代についての研究にこのような考えかたでアプローチするのがまったく不適切であることはいうまでもない。渡辺輝雄『創設者の経済学』第一篇第六章参照。

(22) ペティが、『算術』のなかで、内乱時代以来の「余剰利得」の概念を分析し、これを幼年期資本主義社会における拡張再生産を可能ならしめるところの、なんらかの形態における社会的剰余と考え、地代以外にも漠然とではあったが剰余価値をみとめるようになったのも、この過程においてであって、この点についての私見は、拙訳の『算術』の「解題」を参照されたい。渡辺教授は、この「余剰利得」という考えかたは、ペティの「思想の進歩的側面と結合された、むしろ遅れた古い思想を表わすもの」とされているが(前掲書　一二二ページ)、そこではこの「結合」の内容についてはまったく説明されていない。

(23) ハルは、ペティの研究は晩年になればなるほど統計的実証に重点をおくようになった、といっている。Hull, *Petty's place.*, pp. 311–13, 321–22.　わが国でも、この考えかたを支持する研究が現にある。しかし、晩年のペティがこのんでこれを“Ratiocination”とよび、こういう「推論をおこなうことは天使の労働にも似た無上の快楽だ」(C・二九四―九六)といっている「政治代数学」を考えただけでも、ハルの見解が表面的なものでしかないことが知られるであろう。事実、晩年のペティには、後代から見て人口統計の分野に属すべき研究が多いけれども、ペティにおける人口(人民)増加論は、前出の注(22)の「余剰利得」増進論とともに、蓄積論を志向するものにほかならないのである。*Cf.* Strauss, *op. cit.*, p. 201.

(24) Engels, *op. cit.*, S. 290.　邦訳書　四〇七―〇八ページ。

(25) Marx, *Kritik.*, S. 50.　邦訳書　五〇ページ。

(26)　この点からひるがえって考えれば、グラントの「政治的諸観察」やペティの「政治算術＝解剖」の「政治的」(political)という概念は、「社会的」(social)といいかえられるべきものであることが知られる。かれらの「算術」や「解剖」という自然科学的方法は、上述の過程において「社会的」視点にたちえたのである。とりわけ今世紀にはいってからの資本主義諸国の統計学がこの視点を失って、またもとの数学に復帰しつつあることは、前出の注(16)にかかげた拙稿「統計学史研究における五つの時期」を参照されたい。また、第二次大戦後の現代におけるブルジョア経済学者および学史家によるペティの諸理論の歪曲については、Афанасьев, Вильям Петти. の各章を参照されたい。拙稿「アファナシエフ氏のペティ研究」(『経済研究』第一二巻第四号　一九六一年一〇月)は、一つにはその要約である。

(27)　クラークは、土地測量と統計的観察との親近性を立証するものとして、測量家であると同時に統計家でもあったペティとキングをあげている。Clark, *op. cit.*, p. 126.　このかぎりたしかにそのとおりであり、なおこれに重商主義的著作家でもあった測量家ヤラントン(A. Yarranton, 1616–84)をも加えるべきであろう。そして、商品流通に即しつつ価格現象をとらえるという点に着眼すれば、政治算術を定義して、「統治に関する諸事項について数字を用いて推理する術」としたデヴィナントをはじめ、当時の重商主義的著作家のすべては、程度の差はあれ、政治算術家であったといえよう。ヤラントンに関する私見については、拙稿「A. Yarranton と W. Petty」(『経済研究』第一〇巻第四号　一九五九年一〇月)を参照されたい。

なお、ゴブレがペティを「人文地理学の先駆者」と評価したのは(Goblet, *Géographie politique de l'Irlande.*, Vol. II, p. 359)、「ダウン・サーヴェイ」が『解剖』の基礎をなし、そして『解剖』そのものは、『租税貢納論』や『賢者に一言』のような経済学上の著作というよりも、人文地理学上の著作だと考えたからである(*Ibid.*, p. 355–56)。『解剖』が人文地理学の萌芽をふくんでいたことはたしかであろうが、その最大の特徴がこの点にあったと考えるのは、上述したところから考えて明らかに誤りであろう。また、ロッシャーが『算術』を個別統計の、『解剖』を比較統計の、それぞれ模範としていることは、それ自体誤りではないにしても、きわめて皮相的な評価といわなければならない。Roscher, *Geschichte.*, S. 71.　邦訳書　一五二ページ。

補論

一　統計学史研究における五つの時期
——政治算術・国状学の評価を中心にして——

一　まえおき

(1)　課題および「文献リスト」

十七世紀イギリス政治算術(Political Arithmetic)——より適切にいえば政治算術＝解剖——の再評価の問題に接近するために、筆者は『経済研究』の前号で、(1)その再吟味の問題点を整理し、そのかぎりで、それが近代社会科学の貴重な萌芽の一つであったということをいちおう明らかにした。そしてそのばあい、この再評価の問題にいっそう接近するためには、(1)創始期の政治算術それ自体についての細部にわたる吟味と、(2)十八世紀以降における政治算術の発展の追究と、(3)十七—十八世紀ドイツにおける国状学(Staatenkunde)との対比における政治算術の評価についての歴史的検討とが、すくなくとも不可欠であるということを述べた。この小稿の課題は、上記の(3)の歴史的検討を、政治算術および国状学についての学問的反省がはじまった十八世紀末葉から、第二次世界大戦後の現代にいたるまでの期間について、ごく大づかみの鳥瞰的な展望という形でおこなうことにほかならない。

ところで、この展望は、この小稿の末尾にかかげられている諸文献についておこなわれる。それゆえ、まずはじめに、これらの文献の性質や、その選択方法や、その配列順序や、五つの時期区分やについて説明しておかなければならない。そしてこの説明は、この小稿の全体をつうじて追究されるべき課題の意味を、あらかじめいちおう明らかにしておくためにも役だつであろう。

なぜ筆者が十七―十八世紀ドイツ国状学との対比において十七世紀イギリス政治算術を考えなおし、そうすることによって後者の正当な再評価に接近しようとするかといえば、それはこの両者が、従来、十七―十八世紀フランス・ベルギーの確率論ならびに近代諸国家における官庁統計調査とともに、近代統計学のもっとも主要な源泉と考えられ、それとして評価されてきたからである。この展望をおこなうために筆者が諸文献をあさったとき、そこにみいだされたものが統計学史研究文献であったのもけっして偶然ではない。なるほど、イギリス政治算術はイギリス重商主義研究その他において、またドイツ国状学はカメラリスムス研究その他において、それぞれとりあつかわれてはいる。しかしながら、両者を対比しつつ同時にとりあつかっているのは、統計学史研究においてだけである、といってもけっして過言ではなかろう。そしてこのことは、とりもなおさず政治算術・国状学に関する十九世紀中葉以降の研究史的特徴を示唆する事実なのである。

そこで筆者は、(1)上述の意味において性質を同じくする諸文献を(いくつかの例外もあるが、その点については後述する)、(2)主要統計学史研究文献(そのすべては下掲の「文献リスト」に収められている)について、この小稿の課題を考慮しながらできるだけひろく調べあげ、(3)そのなかから筆者が直接利用しうる文献を選びだし、(4)それぞれの文献の執筆者の国籍に関係なく、これらをもっぱら公刊年次順に配列した。このようにして作成されたのが下掲の「文献リスト」である。したがって、このリストが網羅的でないのはもとよりであるし、またこのリストには、筆者の力不足のために、脱漏その他の欠陥もすくなくはなかろう。(2)

ところで、これらの文献を通読したとき、筆者はそこにつぎの二つの事実が存在することを発見した。すなわち、第一の事実は、十八世紀末葉から現代までの二世紀たらずの期間が、これらの文献にあらわれている上述の諸評価にほぼ共通する特徴的傾向にしたがって、五つの時期に大別できる、ということである。そして第二の事実は、これらの評価すなわち統計学史研究が、主としてドイツ社会統計学派(Sozialstatistiker)によって担われてきた、ということである。十九世紀中葉に確立された近代統計学は、その後まもなく、それを一個の独立した実質科学と考えるところの、ドイツを主とする社会統計学派と、この考えを否定し、それを統計的方法と考えるところの、英・米を主とする方法学派(Methodiker)とに分れた。そして統計学史研究は、従来主としてこの前者によって担われてきたのであって、後者のばあいは、それについての関心がかりにあったにしても、事実上、それは自然科学史研究(主として数学史―確率論史研究)に解消されてしまうか、さもなければ、統計解析のさまざまの数理技術的手続き(指数算式・正規分布・モーメント・相関関係・等々)の沿革についての個別的研究のなかに分散されてしまうかのいずれかである、といっても過言ではない。これが第二の事実であって、下掲の「文献リスト」において、ドイツ社会統計学派またはその流れをくむ人々の文献が比較的大きな割合を占めているのもそのためである。

これらの二つの事実がたがいに密接にむすびついていることはいうまでもない。ひらたくいえば、政治算術・国状学をどのように評価し、統計学史をどのようにたてるかということは、実は統計学そのものをどのように性格づけ、その学問的システムをどのように組みたてるかということと表裏する問題であるからであって、このことは、方法論史的に研究するという傾向がいちじるしく強い従来の統計学史研究のばあい、いっそう鮮明にあらわれているのである。またその反面において、従来統計学史研究の主たる担い手であった社会統計学派について見ると、この五つの時期は、いわばその前史をもふくめたこの学派の形成・確立・解体のおのおのの時期とだいたい無理なく照応しているが、このこともまた以上の理由にもとづくものにほかならないのである。

そこで、ドイツ社会統計学派それ自体の形成・確立・解体の過程にそいながら、この五つの時期を特徴づければつぎのとおりになるであろう。（各時期の末尾の円括弧内の年次は、たまたま下掲の「文献リスト」にとりあげられたかぎりでの、諸文献の公刊年次にすぎず、したがって、歴史的にも学説史的にも、それぞれの時期を厳密に区画するものではもとよりない。）

(1)　国状学の対立・混乱・衰退期（一七八五―一八二九年）

(2)　「社会物理学」＝近代統計学の形成期（一八三五―六五年）

(3)　社会統計学の発展・確立期（一八六七―一九一一年）

(4)　社会統計学の解体期(3)（一九二一―四四年）

(5)　第二次世界大戦後（一九四五年以降）

第二次世界大戦後の現代を、ドイツ社会統計学派についてどのように特徴づけるかはきわめて困難な問題であって、この点についてはあとで述べよう。いずれにせよ、以上のように見てくると、政治算術・国状学に対する諸評価をこれらの五つの時期について展望するということの小稿の課題は、とりもなおさず、この評価の問題を中心におきながら、統計学史研究における五つの時期を展望することを意味するといわなければならないのである。

ところで、上記の五つの時期についての展望にはいるまえに、十七世紀イギリス政治算術および十七―十八世紀ドイツ国状学の双方について、それぞれの特徴をごく簡単に要約しておこう。このばあい、それぞれの特徴の全面におよぶことはとうていできない、ということをあらかじめお断りしておかなければならない。

(2) 政治算術・国状学の諸特徴

イギリス政治算術とドイツ国状学とは、十七世紀の六十年代というほとんどまったく同じ時期に、それぞれイギリスとドイツで創始された学問である。しかしながら、政治算術がはやくもこの世紀の七十年代に学問的な形において確立されたのに反し、国状学は、十八世紀の四十年代になってはじめて確立された、と考えるのが妥当であろう。したがって、ここでは、まずはじめに政治算術について述べることにしよう。

J・グラント–W・ペティを創始者とする政治算術が統計学史上とりわけ高く評価されてきたのは、後述するように、それが近代統計学の基軸をなす数量的方法の先駆をなすものと考えられたからである。これを内容的にいえば、(1)グラントが主として人口現象についておこなった数量的研究方法、(2)またその結果としてかれが発見したところの、この現象の生起における量的規則性、(3)さらに、ペティによるこの方法の社会経済現象一般の研究への拡大と、(4)とりわけ国富を中心とする広汎な研究領域における統計的推計方法の活用、(5)これを要するに、F・ベイコンの哲学にしたがい、スコラ的思弁を峻拒して「いわんとするところを Number, Weight, Measure によって表現する」という統計的実証的方法の確立と、この方法に対する政治算術という名称の賦与が、その骨子だと考えてさしつかえない。

これらの点は、たしかに幼年期資本主義社会における偉大なる発見であり、成果であるが、ただこれらの点だけをとらえて、グラントを人口統計の、そしてペティを経済統計の、さらに両者をあわせて統計的実証的方法の創始者であり、確立者であるとして評価するだけでははなはだしく不十分であろう。というのは、たとえばグラントの発見についていえば、⑴かれがこの規則性を発見してその意味を考えたとき、それが「自然的」であると同時に「政治的(社会的)」であるということをも発見したこと、⑵そしてこの意味をよりいっそう明瞭にするためには、人口を単に数量的に研究するばかりではなく、それを富(土地)との関連において、すなわち「土地および人民(労働)」の問題として、研究しなければならないということに考えおよんだこと、これらの点がほとんどまったく見おとされているからである。また、ペティのばあいにしても、⑴このようにしてグラントが考えおよんだその問題を、市民革命をつうじて創出されつつあった資本主義的社会関係のなかで実践的に解き、それによってかれが労働価値理論の端緒をきり開いたこと、⑵しかも、そのばあいの方法は、等しく数量的方法ではあっても、その論理形式から見れば、経験的帰納的であると同時に、抽象的演繹的でもあったこと、⑶さらに、抽象的演繹的でありながら、なおかつそれが形而上学的思弁に堕さなかったということとの根拠は、上記の社会関係の基盤そのもののなかに求められるべきであること、これらの点がほとんどまったく見おとされているからである。これを要するに、創始期のイギリス政治算術が「いわんとするところを Number, Weight, Measure で表現する」というばあい、この“Number, Weight, Measure”のなかには、統計的観察の結果としてえられる数字と、推計数と、経済理論上の推理の用具としての数字との三者が同時にふくまれているのである。[4] そしてこれらの数字を駆使する結果として創造された経済学上の基本理論こそ、グラントが導出した数量的規則性を意味づけ、幼年期資本主義社会を支配する質的法則を規定すべきものにほかならない。政治算術が、十七世紀における自然科学(とりわけ数学)の発達に多くのものを負っているということは疑いない。そしてこの“arithmetic”が、真に“political(social)”な、統一的視点をもつところの“Political Arithmetic”たりえたのは、この経済学上の基本理論をもっていたからである。

以上の諸点は、とりもなおさず政治算術の特徴をなすものである。そして、これらの特徴のゆえに、政治算術は、これを近代統計学の先駆として考えるばあいには、ことばの本来的な意味における社会統計学の先駆とすべきであろう。というのは、政治算術は、そのすぐれて統計的な方法の基礎に、素朴ながらも経済学上の原理論をもち、市民革命の学問的所産としての実をそなえていたからである。

ところで、十七—十八世紀ドイツ国状学はどのような特徴をもっていたのであろうか。

H・コンリングを創始者とし、G・アッヘンワルを確立者とする国状学が、統計学史上イギリス政治算術にくらべていちじるしく低い評価しかうけてこなかったのは、後述するように、それが政治算術とは反対に、数量的方法をその基軸としていないところに特徴がある、と考えられたからである。このかぎりでいえば、なるほどそのとおりであるかも知れない。けれども、国状学もまたこの数量的方法をみとめていたのであって、ここでの問題は、国状学におけるこの方法の位置づけかたにあるといわなければならない。

十七世紀の六十年代に、三十年戦争後のドイツにおける絶対主義的領邦国家の統治者の実務に役だつべき学問としてコンリングが創始した国状学は、ルネッサンス以来の各国における国家記述を体系づけたものであり、このばあいの体系こそ、まさにイギリス政治算術が峻拒したところの、アリストテレス流のそれであった。その約一世紀ののち、アッヘンワルがこの借りものの体系を捨て、コンリング以来の実体を生かしながら、それをいっそうドイツ的な形において、絶対主義国家における統治者の学問として再構成したとき、そこに確立されたのは、「土地および人民」をもっとも重要な総括的基本概念とするところの、「国家顕著事項」の総体としての、「一国または数ヵ国の現状に関する学問」であり、国別記述を主たる方法とする国状学の別名にほかならない“Statistik”であった。そして、コンリングにおいても、アッヘンワルにおいても、国家の現状についての記述は客観的に正確な諸事実にもとづくべきものとされた。しかも、「国家顕著事項」としてのこれらの事実は、それが可能なばあいには数量的に記述されるべきであると同時に、とうてい数量化しえない側面(たとえば「人民」についていえば、その諸性質に関する側面)をも記述されるべきものとされていたのである。

このように、アッヘンワルの統計学(5)は、すくなくとも形式的には、数量的方法をいちおう正当に位置づけてはいる。けれども、アッヘンワル自身は、その統計学上の主著において、数量的方法を実際に適用してその結果を示すことをほとんどまったくしていないから(6)、かれが確立した統計学は、事実上、数量的観察を欠如する結果になった(7)。そればかりではなく、アッヘンワルが記述したところの、「国家顕著事項」についての数量化しえない側面というのは、けっして本質的な社会関係ではなかったのであって、このことは、アッヘンワルがイギリス政治算術における上述の理論的推理をア・プリオリな論証としてしか理解していなかったことによっても裏書きされるのである。すなわち、アッヘンワルは、一七六一年に公刊した政治学上の主著の序文で(8)、政治的命題の論証方法として、(1)「哲学的論証」(philosophischer Beweis)と、(2)「数学的論証」(mathematischer Beweis)と、(3)「経験的＝歴史的論証」(Erfahrungs＝und historischer Beweis)との三者をあげ、前二者をア・プリオリな論証方法とし、第三者をア・ポステリオリなそれとしている。そしてこのばあい、イギリス政治算術をその数理的論理形式に即してとらえ、「数学的論証」として、したがってまたア・プリオリな論証方法としているのである。このような考えかたは、イギリス政治算術の上述の理論的特徴に対するいちじるしく不十分な理解を示すものといえよう。そしてアッヘンワルのいうところのア・ポステリオリな、「経験的＝歴史的論証」とは「実験または試験によって、あるいは観察または知覚によって獲得されるところの、自国または他国の経験にもとづく論証」である。そうとすれば、アッヘンワルの統計学は、方法論的にはまさにこのア・ポステリオリな論証方法によるものといわなければならない。そしてかれがこの論証はア・プリオリな論証を強固化するために役だつべきものだというばあい、すくなくとも形式的には、抽象的演繹的な方法と経験的帰納的なそれとを同時におこなうことによって、両者の関連を正しく規定していたと考えられるのであるが、(9) 政治算術についての上述のような理解からも知られるように、かれの国家記述にはそれを統一する経済学上の理論がほとんどまったくなかった。その結果、かれの統計学は、国家社会についての正確な知識の獲得という貴重な観点をもちながらも、事実上、社会経済現象の平板な記述や、表面的な諸事実の羅列におわらざるをえず、また経済学上の見地についていえば、国状学がそもそもそこから分離してきたところの、カメラリスムスの見地を一歩もこえられなかったのである。(10)

ところで、アッヘンワルにひきかえ、その同時代者のJ・P・ズュースミルヒは統計学史上いちじるしく高く評価されているが、その主たる根拠は、(1)かれの『神の秩序』(一七四一年)が、イギリス政治算術にみちびかれながら、人口現象の生起における数量的規則性をグラントよりもはるかに大規模な資料にもとづいて実証したこと、(2)またそのばあい、かれが確率論的思想によってもささえられていたこと、にある。これらの点に着眼して、かれはイギリス政治算術のドイツへの導入者として、また政治算術を体系化した最初の人として評価されているのである。

数量的方法や確率論的思想に着眼し、それらの点だけをとりだして評価すれば、なるほどそのとおりであるかも知れない。しかしながら、ズュースミルヒを全体としてとらえようとすれば、必ずしもそうとはいえないであろう。というのは、(1)かれはC・ウォルフの啓蒙哲学から影響をうけた人であるが、同時にかれは絶対主義的専制君主であったフリードリッヒ二世の富国強兵政策のなかに神の摂理を見いだした人であり、(2)その研究の動機や目的だけについて見ても、それは現実世界における「神の秩序」の存在についての信仰から発足し、その実証による確認に帰着するというまったく目的論的なものでしかなかったし、(3)人口現象の生起における数量的規則性は、実はこの「神の秩序」の顕現としてしか意味づけられなかったからである。そしてズュースミルヒの主著のなかに散在する経済思想は、すくなくともその主著の初版に関するかぎり、カメラリスムスのそれをぬけでていなかったのであるから、イギリス政治算術の導入者としてのかれは、その数理的形骸だけを、しかも宗教的信条にささえられてとりいれた人だといわなければならない。その反面、ズュースミルヒの『神の秩序』にくらべれば、アッヘンワルの統計学は、なるほど数量的方法・数理技術的手続き・数量的規則性の追究、等々の点でたちおくれてはいた。けれども、アッヘンワルの統計学は、宗教的動機や目的とは無縁であった。それは、上述のような欠陥はもっていたけれども、「経験的＝歴史的論証」方法を意識的にとりいれながら、「土地および人民」を総括的基本概念として体系化され、国家社会の現状についての真実の認識の獲得を意図するものであった。このような、いっそう根本的な特質から考えるならば、アッヘンワルは、ズュースミルヒよりも学問的には進歩していたといわなければならないであろう。

ズュースミルヒを国状学者のなかに加えるということには、おそらくは異論がでるであろう。しかしながら、アッヘンワルが規定したとおりの意味において国状学を考え、その総括的基本概念としての「土地および人民」のなかの、「人民」についての数量的方法による研究者としてズュースミルヒを考えるならば、かれもまたいっそう本来的な意味における国状学者の一人であった、といってさしつかえなかろう。両者がともにイギリス政治算術に対して不十分な理解しかもっていなかったこと、またこれと表裏して、両者の経済思想がともにカメラリスムスのそれをこえられなかったこと、これらの点をも考えあわすならば、ズュースミルヒをこのように位置づけるということは、いちじるしい見当はずれともいえないであろう。いずれにせよ、以上の諸点は、十八世紀中葉に確立されたドイツ国状学の特徴であると同時に、それがフリードリッヒ二世時代におけるドイツ絶対主義の後進性によってこうむらざるをえなかった歴史的制約である、といわなければならない。

以上で、十七世紀イギリス市民革命の学問的所産としての政治算術と、十七―十八世紀ドイツ絶対主義の学問的所産としての国状学の諸特徴をおわり、つぎに、この両者が十八世紀末葉以降現在にいたるまで、統計学史上どのように評価されてきたかということを、上記の五つの時期について展望することにしよう。（この展望のなかで、下掲の「文献リスト」に収められている文献をひきあいにだすばあいには、すべてこのリストについている一貫番号によってそれをあらわすことにする。）

（1）「政治算術の再評価のために」『経済研究』第一二巻第一号　一九六一年一月。

（2）これらの点については、読者諸氏のご教示をえて改善し、いっそう完全なものにちかづけてゆきたい。なお、筆者が直接利用しえた文献は、一橋大学関係の所蔵書をのぞけば、東京大学の所蔵書である。また、仏・伊・露の文献の通読については、同僚津田内匠氏、その他の人々の協力に負うところが多かった。

（3）この時期をこのように特徴づけたのは、つぎの諸論稿の示唆による。大橋隆憲「統計学」、「社会統計学派」『経済学事典』平凡社　一九五四年、大橋隆憲「ドイツ社会統計学派の解体」『教育統計』第六四号、第六五号　一九六〇年四月、同六月。

（4）A・スミスの経済理論をペティのそれと比較すると、その精粗はともかくとして、前者のばあいには理論上の推理の用具としての数字が後者よりもいちじるしくすくないことが知られる。このことは、スミスのばあいには、経済学上の諸概念がペティの時代よりもすくなくとも個々的にはすでに固まりつつあったことを示すものであろう。

（5）これは“Statistik”の訳語であるが、その実体に即して訳すならば、当然「国状学」と訳すべきであろう。このことは、アッヘンワル以降、後述する「展望」のすくなくとも第一期までのドイツの著述家について妥当する事実である。

（6）アッヘンワルがその統計学上の主著においてみずから数量的方法を現実に適用しえなかったのは、主として⑴当時のドイツ社会の後進性のゆえに、社会経済現象の数量化そのものが困難であったこと（この点は、かれの同時代者のズュースミルヒが数量化しえたものが人口現象にかぎられていたことと表裏している）と、⑵絶対主義的領邦国家において、統計的データが国家機密として秘匿されていたこととによるものであって、いずれもかれがこうむらざるをえなかった歴史的制約にほかならない。

（7）アッヘンワルの統計学においては、イギリス政治算術やズュースミルヒの諸成果は人口統計に関する資料としてかかげられているにすぎない。

（8）G. Achenwall, *Die Staatsklugheit nach ihren ersten Grundsätzen entworfen.* 2. Ausg. Göttingen, 1763. Vorrede, §§ 20-24.

（9）アッヘンワルの方法が帰納的であると同時に演繹的でもあったという点をとらえて、アヒレスは、アッヘンワルをロッシャーやヒルデブラントに先行して「歴史的方法をはじめて提唱した人の一人」にかぞえている（もっとも、アッヘンワルは、この方法を提唱しただけで、現実に適用はしなかったのであるが）。G. Achilles, *Die Bedeutung und Stellung von Gottfried Achenwall in der Nationalökonomie und der Statistik.* Göttingen, 1906. SS. 24-25, 73.

（10）以上の諸点については、Achilles, *op. cit.*, SS. 20-35; H. H. Solf, *Gottfried Achenwall. Sein Leben und sein Werk, ein Beitrag zur Göttinger Gelehrtengeschichte.* Forchheim, 1938. SS. 48-54. 浦田昌計「アッヘンワールの政治算術観」『統計学』第二巻第三号　一九五八年一一月を参照。

二　展　望

(1)　第一期　国状学の対立・混乱・衰退期（一七八五—一八二九年）

この時期は、歴史的には、イギリス産業革命・アメリカの独立およびフランス革命を中心としてひきおこされたヨーロッパの大変革の発端の時期である。またこれをドイツについて見れば、絶対主義の極盛期から、ナポレオン戦争によるその崩壊を直接の契機として封建ドイツのブルジョア的諸改革がおこなわれ、ドイツ関税同盟が成立する直前までの時期である、といえよう。そしてドイツ国状学は、この時期をつうじて内部的に対立し、混乱におちいり、衰退するのである。

前述のように、十八世紀中葉、ドイツ国状学がアッヘンワルによって確立された当時、ドイツには、ズュースミルヒを主たる媒介者として、イギリス政治算術もまたドイツ的なしかたですでに導入され、この国土に根をおろしていた。そして、十八世紀後半以降のドイツにおいて、微弱ながらも進行した資本主義的社会関係の成長は、社会経済現象をとりわけ価格関係をつうじて数量的に観察・表章する可能性を増大させた。このような社会的基盤のうえに、国状学の新学派として登場したのがA・F・ビュッシングの「比較統計学」(Vergleichende Statistik)やA・F・W・クローメの「表式統計学」(Tabellenstatistik)[11]であった。これらの統計学は、アッヘンワルの、ことばによる国別記述を数字や図表による記述・表章によって比較可能なものにすることを特徴としており、近代地理学の発達やスミスの思想・学説のドイツへの導入にともない、リューダー(7)がいうように「実業家」(ドイツ社会における市民的諸要素)とむすびつきながら、ますます盛んになったのである。その反面、伝統的な国状学の旧学派はどうかといえば、それは、アッヘンワルにしたがいながら、社会経済現象についての数量的方法をみとめはするが、とうてい数量的にはとらえられない精神的・道徳的・文化的諸要素をいっそう重視したから、数量的に計測しうる物質的諸要素のみを対象とする新学派と対立した。そればかりではなく、旧学派の国状学は、リューダー(7)がいうように「少数の貴族が快適に統治し、統計データが〔国家機密として〕秘匿されているような〔絶対主義的領邦〕国家」における官許の学問であるというその性格から、新学派とイデオローギッシュにも対立した。そして、このような対立のなかから、政治算術ならびに国状学についての評価、したがってまた統計学についての学問的反省が芽ばえたのである。

下掲の「文献リスト」には、この時期の文献が九つある。そのなかで、イギリスの文献(4)をいちおう別にすれば、他はいずれもドイツ(またはオーストリア)のものであるが、このうちで国状学の新学派に属するのはクローメ(1)だけで、他はすべてその旧学派に属する人々である。まずはじめに、新学派の見解を見よう。

統計学の歴史的研究がクローメ(1)にはじまるとはもとより断定できないし、[12] またクローメがこの書物の冒頭に記しているこの学問の歴史――クローメはそれを“Geschichte”とはいわず、“Schicksal”という――が果して統計学史の名に値いするかどうかはまったく疑わしい。けれども、クローメがここで国状学者(表式統計学の創始者)として政治算術にかれなりの評価をくだしていることは事実である。クローメが国状学者として表式統計学を創始したその目的は、(1)ズュースミルヒによって導入された政治算術の方法を国状学にとりいれて両者を結合させること、(2)またそれによって、従来は国家機密として秘匿されていた統計データを明るみにだし、国状学を改善すること、(3)そして、国状学を「あらゆる国民の文化を測定すべき唯一にして真実の尺度」たらしめ、(4)為政者または愛国者の用に供すること、であった。このような観点から表式統計学の“Schicksal”をふりかえったとき、クローメはつぎのように考えたのである。すなわち、この科学の源泉はグラントが創始した政治算術であり、「数学的知識によって武装しながら、これを体系づけたのはW・ペティであって、」ドイツにおけるこの科学のもっとも卓越した著述家はだれかといえば、それは「忘れがたき」ズュースミルヒである、と。そしてこういう見地にたって、クローメは、政治算術家の国別の系譜をたどり、イギリス(一〇人)、ドイツ(七人)、デンマーク(四人)、スウェーデン(四人)、オランダ(四人)、フランス(五人)、合計三四人の政治算術家とその主要著作をかかげ、説明を加えているのであって、このなかの国状学者はA・L・シュロェーツァーただ一人だといっても過言ではなかろう。[13] クローメにとっての統計学史は、つまるところ政治算術史にほかならなかったのである。

ところで、伝統的な国状学の旧学派はどうかといえば、モイゼル(2)以下ここにあげられている人々は、国状学＝統計学そのものの規定については必ずしも一致しないにしても、(14)この学問の歴史の考えかたには、かれらに共通した特徴がみとめられる。すなわち、かれらは、(1)統計学史を古代またはルネッサンス以降の国家記述の歴史として考えていること、(2)この国家記述を科学的に体系づけ、それを大学の教課にした最初の人はコンリングであり、(3)またこれを一個の真に独立した科学として確立させたのはアッヘンワルであるとしていること、という三点がそれである。いいかえれば、旧学派にとっての統計学史は、つまるところ本来的な国状学史にほかならないのであって、かれらの多くは、政治算術・比較統計学または表式統計学に言及してはいるが、そのばあいこれらの諸成果は、統計資料として参考文献のなかに加えられているにすぎないのである。

しかしながら、十八世紀末から十九世紀初頭にかけて、社会経済現象についての数量的研究方法は、ドイツにおいてもますます一般化していった。資本主義的国家体制をととのえつつあった国々ではいっそうこの傾向が顕著であって、アメリカでは一七九〇年に、またイギリスおよびフランスでは一八〇一年に、それぞれ第一回のセンサスがおこなわれた。そしてこの時期には、国状学の旧学派の代表者シュロェーツァー(5)も、「Statistik と専制政治とはもはや両立しえないこと」、また、“Statistik” という「野蛮で、語源がいりまじったことば(vox hybrida)は、……いまやあらゆるヨーロッパ国民のなかに帰化してしまったこと」、をみとめるようになっていた。(15)しかもこのことは、“Statistik” という「ことば」それ自体の問題というよりも、シュロェーツァー自身もまたみとめていたように、社会経済現象についての数量的研究方法の普及とヨーロッパにおけるその一般化とを物語るものというべきであろう。そしてこういう事態は、国状学のなかに概念上の大きな混乱をひきおこさざるをえない結果を生んだのである。

ドイツ国状学がまさにこのような事態におかれていたときにおこったのが、ナポレオン戦争による絶対主義ドイツの滅亡という空前の破局であった。そしてこの事件を直接の契機として、ドイツは、一方ではナポレオンの支配から自己を解放して民族的統一と独立とを獲得すると同時に、他方では絶対主義の支配を打倒して市民社会を実現する、という二重に困難な課題に当面した。しかもこの後者の課題は、ほかならぬ支配者ナポレオンの援助のもとにはじめてある程度解決されたのであって、ドイツ社会における市民階層はことほどさように弱体だったのである。

一八〇六年におこったこののっぴきならない現実をまえにして、国状学の新旧両学派は、ドイツの「国状」や「国力」についての従来の評価がいずれも誤りであったことを知らされた。そればかりではなく、支配者ナポレオンの手によって封建ドイツのブルジョア的改革がおこなわれ、またその過程において、リューダー(7)がいうように「ナポレオンの幇助者〔クローメをはじめとする新学派〕の手によってドイツの統計が最高度に完成され」ようとし、統計数字の洪水がおこりはじめたとき、新旧両学派のあいだには、統計学の学問的性格・研究対象・方法等々をめぐってはげしい論争が戦わされたのである。この論争の内容はリューダーの著作(7・8)に収められており、ここではそれにたちいることを省略するが(16)、この論争によって客観的に提起された問題をつきつめた形でいえば、けっきょく、統計的方法と経済学上の基本的諸理論との関連いかん、ということになるであろう。そしてこのばあい、新学派は、社会経済現象の数量化のみを問題にし、また旧学派は、とうてい数量化しえない社会関係を重視しながらも、これを観念的にのみ主張するという結果におちいった。しかもこのばあい、スミスの学説のドイツへの導入者の一人でもあったリューダーは、この両学派の論争を批判しながら、いっそう高い理論的次元にたってこれを統一的にとらえることができず、統計学そのものを全面的に否定するという悲劇的な結果にみずからをおとしいれてしまったのである(17)。

以上のように、この時期における政治算術・国状学に対する評価は、たがいに対立する新旧両学派によって二様にくだされたのであって、両者はいわばそれぞれの統計学史をたてた、といってよい。そして、ドイツ社会の空前の破局を直接の契機として戦わされた統計学論争は、この対立する二様の評価に統一的な観点をあたえることができなかったのであって、リューダーの悲劇はそのあらわれだといわなければならない。しかし、リューダーの否定にもかかわらず、新学派の統計学そのものはその後事実上ますます盛んになった。その反面、本来の国状学は衰退の一途をたどり、歴史学派経済学や社会統計学のなかに吸収されてゆくのであって、これらの諸点がつぎの時期以降における問題になるのである。

(2) 第二期 「社会物理学」＝近代統計学の形成期(一八三五—六五年)

この時期は、まえの時期に開始されたヨーロッパの大変革が一八三〇年の七月革命を契機としつつ後進各国の市民革命となって発展し、またその結果、いわゆるウィーン体制が崩壊し、各国における絶対主義的専制支配が最後的に打破され、ベルギーその他の数ヵ国が独立と統一にむかう時期、すなわち上記の大変革がいちおう完了する時期である。このような事態の基礎に、イギリス産業革命の進展とその各国への波及、各国における近代資本主義の急速な形成があったこと、またその結果として、イギリスをはじめとする各国における階級対立がいわゆる「社会問題」や「労働問題」となって急速に顕在化し、社会主義思想を生みだしたという事実があったことはいうまでもなかろう。そしてこの時期をドイツについて見れば、この国の産業革命の出発点になったドイツ関税同盟の成立(一八三三年)から、不徹底ながらもいちおう達成された市民革命(一八四八年)をへて、宰相ビスマルクの登場(一八六一年)を見るころ、すなわちドイツ帝国の成立(一八七一年)の直前までの時期だといってさしつかえないのである。

ところで、近代資本主義国家の確立にともない、各国における官庁統計は急速に整備された。[18] そのうえ、上述の「社会問題」の発生は家計調査等のいわゆる労働統計の必要を焦眉の問題とし、この面からも官庁統計の整備を促進した。[19] それればかりではなく、すでにこの時期に開始された周期的恐慌もまた、経済統計の整備の問題を日程にのぼせ、統計解析の技術的手続きの発達をうながしたのである。[20] 一八三〇年代以降、ヨーロッパの統計界には、ウェスターゴード(54)がいう「統計の熱狂時代」が出現したのであって、ペティの子孫のランズダウン侯爵を初代の会長とする「ロンドン統計協会」が創立されたのも(一八三四年)、国際統計会議がはじめて組織されたのも(一八五三年)、このような諸事情にもとづくものであった。そして、この時期以降のヨーロッパ各国における統計学の理論および実践を指導したのは、独立後まもないベルギーの天文学者L・A・J・ケトレーであり、ドイツの統計学もまたケトレーからひじょうに深刻な影響をうけることになるのである。そこで、まずはじめに、ケトレー(10・15)の「社会物理学」

ii 近代統計学の特徴を素描しておくことにしよう。

統計学についてのケトレー(15)の定義はさまざまの形でなされているが、それらを要約すればつぎのようになるであろう。すなわち、統計学は、一定の時期(社会状態がいちじるしく変化しない一定期間)において、ある一国の存立に関係あるあらゆる要素を忠実に数えあげてこれを解剖し、その結果を他の国または他の時期と比較することを目的とする科学である、と。この定義だけから見れば、ケトレーの統計学は、国状学(とりわけビュッシング流の比較統計学)に類するもののようであるが、その方法においてはいちじるしくこれと異なる。すなわち、それは、十七世紀以来の確率論、とりわけラプラースの研究成果を基礎としながら、人間の精神的・肉体的諸能力のすべての部面や、人間の社会生活のあらゆる分野において、系統的な大量観察を組織的におこなおうとするものであった。その結果、かれの統計学は、人間それ自体および人間の社会生活における数量的合法則性――大数法則――の追究を課題とするものになった。そしてこの方法的特徴のゆえに、ケトレーの統計学は、一方においては上述の合法則性の追究という科学性をうちだしながら、他方においては、かれ自身「社会状態がいちじるしく変化しない一定期間」と断っているにもかかわらず、この社会生活における超歴史的な自然法則の追究を課題とするものになったのである。

ケトレーは、その主著(10・15)のなかで、とりたてて政治算術・国状学を評価していないが、かれの統計学は、それが確率論という数学的原理に基礎をおいているという根本的特徴に着眼すれば、ヨーン(34)が指摘しているように、事実上、イギリス政治算術と「原理的に同一」だといえよう。しかしながら、たとえケトレーの「社会物理学」＝近代統計学がイギリス政治算術と数理的方法において同一であるにしても、前者は、社会科学の基礎理論をふまえていないという点において、後者とはまったく性質を異にしていた。そしてこの特質のために、ケトレーの「社会物理学」としての統計学は、上述のように社会解剖学をめざしながらも、イギリス政治算術の意味におけるそれになることができず、十九世紀後半以降の方法学派を基本的に特徴づける「普遍科学」としての統計学の萌芽になるのである。(21)

ところで、この時期におけるドイツの統計学は、上述の統計学論争をひきついで混乱をつづけたが、その反面、すでにホルツゲターン(9)に見られたような、整理と統一再編成への努力もまたつづけられた。ファラティ(12)、クニース(17)、ヨーナク(20)、モール(21)およびワッペウス(22)がそのあらわれであって、クニースを別にすれば、これらの人々に共通する特徴は、伝統的な国状学の立場からする政治算術の摂取、ないしはこの立場からおこなわれる新旧両学派の折衷の試みであった。したがって、かれらの研究成果としての統計学史が、基本的には、第一の時期の旧学派のそれと同じ傾向をもったのも偶然ではない。[22] しかしながら、その反面、ファラティ(12)がイギリス政治算術をケトレーの「抽象的統計学」の先駆として、またヨーナク(20)がケトレーによって確立された「数学派統計学」は政治算術という「その本質上純粋に形式的な科学」に基礎をおくものだとして、さらにワッペウス(22)がグラント＝ペティを人口統計学の先駆者、ズュースミルヒをその確立者として、[23] それぞれ評価しているのは、この時期としてはとくに注目すべきであろう。ところが、このような評価がなされていたとき、ドイツの統計学は、なお統一的な観点にたつことができず、ワーグナー(25)の表現をかりれば、この世紀の初頭の統計学論争のころと同様あるいはそれ以上に混乱していた。しかもその反面において、不徹底ながらも成就された一八四八年の市民革命と、それを基礎とする統一ドイツへの要請とは、上述した官庁統計の発達と表裏すべき統計学上の見解の統一を不可欠なものにしていた。そしてこの市民的というよりもむしろ国家的な要請にこたえるべき統計学上の見解の統一への道をひらいた人こそ、旧歴史学派の創始者の一人でもあったクニース(17)にほかならなかったのである。

クニース(17)がこの書物を書いた意図は、書名からもうかがわれるように、上述の統計学論争以来の混乱の解決に寄与するためであった。このばあい、かれは問題を三つに分けて考察するのであって、⑴新旧両学派の統計学における研究対象・目的・方法についての見解の相違に関する実状の叙述、⑵これに対する批判、⑶以上からひきだされる結論、がそれである。そしてかれは、つきつめていえば、⑴旧学派の統計学は、数字を用いると否とにかかわらず、政治家の実用のための国家の記述、すなわち社会経済現象の正確な記述を主たる目的とするのであるから、歴史学の一部たるべきものであること、⑵新学派の統計学は、社会経済現象を正確な数字を用いて観察し、客観的な知識を提供するばかりではなく、諸現象の生起における合法則性の追究を主たる目的とするのであるから、独立の科学たるべきものであること、(3)そして、現在では、事実上、"Statistik"という学問名称は政治算術の別名としても用いられているのであるから、今後ともこの名称は使用されるべきであって、旧学派の統計学の名称は"Staatenkunde"の昔に帰るべきであること、という三つの結論をひきだしたのである。

クニースのこの結論がケトレーの立場にたつものであることは明らかであり、したがってまた、クニースがイギリス政治算術の理解において、上述したケトレーのばあいと同じ欠陥——イギリス政治算術の理論的側面の無理解——をもっていたことはいうまでもない。そしてこの事実は、ドイツ歴史学派の創始者の一人としてのクニースを特徴づけるものとしてきわめて自然である。というのは、歴史学派は、イギリス政治算術の発展としての古典派経済学の方法を抽象的演繹的方法として否定し、歴史的帰納的方法を主張したからである。そしてこの特徴は、統計学史のうえでは、実はイギリス政治算術の方法をア・プリオリなそれとしてしか理解できず、みずからの国状学においては「経験的＝歴史的」方法を用いたところの、アッヘンワル以来のドイツ的伝統にほかならないのである。けっきょく、クニース(17)の出現によって、ドイツの統計学は、いっそう高い次元において統一されたというよりも、むしろ二分され、旧学派はドイツ歴史学派のなかに吸収されると同時に、新学派はケトレー的方向において社会統計学へ発展する道をひらいたというべきであろう。[24] この意味において、クニースの結論は、政治算術・国状学の両者に対するこの時期の決定的な評価であったといえよう。

この時期のイギリスの文献としては、ロンドン統計協会の機関誌の創刊号に収められている「緒言」(11)、マカロック(14)、ケイ(23)およびトドハンター(24)がある。このうち、統計学史を多少ともとりあつかっているのは「緒言」(11)だけであって、それもイギリスの統計学史にすぎない。そしてその骨子は、イギリスにおける統計学の歴史はまだ若く、J・シンクレア、F・M・イーデンおよびP・カフーンにはじまるが、その源泉は、J・チャイルドやペティにまでさかのぼりうるというのであって、統計学の歴史はもっぱら経済統計の歴史として考えられているのである。(25)マカロック(14)は、解説づきの文献目録であって、その雑然とした分類は、当時のイギリスにおける統計学についての考えかたの不統一を物語るものであるが、この著作がたまたまグラントの主著『死亡表に関する自然的および政治的諸観察』(一六六二年)についての著作者問題をひきおこす契機になったということは記憶すべき事実であろう。すなわち、この論争は、『諸観察』の著者はグラントかペティか、という論争であって、つきつめていえば、統計学の学問的性格・その経済学との関連の問題についての論争にほかならない。そしてマカロック(14)は、まさに近代統計学の確立期にこの問題を提起したといわなければならないのである。(26)

これを要するに、この時期における統計学は、それ自体の性格・対象・目的・方法の規定に大わらわであって、統計学史研究にはいちじるしい特徴はみとめられなかった、といえよう。(27)そしてこの規定がケトレー＝クニースによっておこなわれ、またそれが政治算術・国状学についてのこの時期における決定的な評価であったことはすでに述べたとおりである。

(3)　第三期　社会統計学の発展・確立期(一八六七―一九一一年)

一八七三年の恐慌を契機として帝国主義の時代が開幕する、といわれている。この第三の時期は、ほぼこのころから第一次世界大戦までに相当し、ドイツ史のうえでは、統一ドイツ＝ドイツ帝国の成立からこの大戦による敗北まで、ということになるであろう。

後述するように、この時期のドイツの統計学はワーグナー(25)からマイヤ(39)までのあいだに実質科学＝社会統計学として確立されるのであるが、その反面、すでにまえの時期に開始された周期的恐慌は、ケトレー主義の普及や、限界効用理論を主軸とするいわゆる近代経済学の形成ともむすびつくところの、統計解析の数理技術的手続きをいちじるしく発達させた。この発達は、とりわけW・S・ジェヴォンズを先頭とする物価指数算式の作成となってあらわれるのであって、E・ラスパイレスやH・パーシェの算式がつくりあげられるのも一八六〇—七〇年代である。そしてその後における統計解析方法の発達は、ダーウィニズムを基礎とする生物学の発展やマッハ主義ともむすびつきながら、F・ゴールトン＝K・ピアスンの数理技術的な統計理論となって展開され、ドイツ流の社会統計学派(Sozialstatistiker)といちおう対立するところの、英・米を主とする方法学派(Methodiker)を生むのである。はじめにも一言したように、この方法学派(とりわけ英・米のそれ)は、もちろん例外はあるけれども、一般に統計学史に対する関心が希薄である。というのも、バウリー(41)やユール(47)のように、統計学を数理を基軸とする普遍科学的方法と考えるならば、統計学史は、自然科学史(とりわけ数学史—確率論史)のなかに解消されるか、さもなければまったく無用なものにされてしまうかのいずれかになる可能性がでてくるわけであって、政治算術・国状学の評価などはどうでもよいことになりうるからである。(28)

ところで、まえの時期に、ケトレー＝クニース的方向における政治算術・国状学の評価がドイツの統計学界において決定的なものになったことはすでに述べたとおりであるが、この時期のドイツにおいて、さらにそれを徹底させ、またそれを統計学史によって歴史的に実証し、その後における統計学史の基本的な型をつくりあげた人こそ、新歴史学派の巨匠の一人でもあるワーグナー(25)であった。そしてこのことは、ペティの政治算術がマルクスによって「経済学が独立した科学として分離した最初の形態」(『経済学批判』一八五九年)と評価されたのとほぼ同じ時期になされたことなのである。

ワーグナー(25)によって規定された統計学は、つまるところ、人間社会および自然界の構造を数量的に解析し、そこに存在する普遍的合法則性——大数法則——を導出するために、系統的に大量観察をおこなう帰納法である、といえよう。このように規定されたワーグナーの統計学が、すでに述べたケトレーの「社会物理学」の「方法と理論とのドイツ版」(29)であることは明白であろう。そしてケトレーの機械的唯物論が、ワーグナーの統計学において、人間の社会生活における合法則性のいっそうの強調となり、極端な決定論的傾向をあらわにしたとき、統計的法則と人間の意志自由に関する論争がおこったのである。この論争は、けっきょくは統一的な結論に達しなかったのであるが、ドイツの統計学を社会を研究対象とする社会統計学派と、社会＝自然界を研究対象とする方法学派とに二分したのであって、前者の立場にたって実質科学としての統計学を確立した人こそ、マイヤ(39)にほかならなかったのである。

マイヤ(39)が実質科学として規定した社会統計学は、(1)社会(社会的集団)を研究対象とし、(2)悉皆大量観察法をその「理論と技術」の核心とし、(3)人間の社会生活における合法則性——大数法則——の導出を目的とする社会科学であった。しかしながら、この統計学の理論と技術とはなにかといえば、つまるところ、大量観察法のそれか、または、実査のための手続論でしかなかった(30)。したがって、社会統計学は、実質科学として規定されながらも、実は社会科学の基本的諸理論を欠如するという根本的な弱点をもっていたのであって、方法学派の統計学といちおうは対立しながらも、実質的には同じ性格をもっていた、といわなければならないのである。もっとも、社会統計学派は、その研究対象を「社会」に限定したので、その結果として、方法学派がおちいりがちであった「普遍科学」としての統計学という欠陥をもつことをまぬかれたばあいが多い。そして、方法学派が統計利用者の統計学であったのに対し、社会統計学派は統計調査者の統計学として、とりわけドイツでは帝国成立以来いわゆる講壇社会主義とむすびつきながら、「社会政策」的役割を果したのである。以上の諸点を考えあわせると、ドイツ社会統計学は、実はケトレーの衣をまとって再生された国状学だ、といってさしつかえなかろう。

ところで、すでに一言したように、ドイツ社会統計学派は、以上に述べたような特徴をもつみずからの統計学を、統計学そのものの歴史から生れた必然的な帰結として説明しようとするのであって、その典型的な事例はワーグナー(25)である。すなわち、かれによれば、(1)国状学と政治算術とはクニース(17)がいうようにはっきり分離されるべきものであり、(2)コンリング＝アッヘンワル的方向において、国家の記述だけをその課題にする国状学は統計学の前史を形づくるにすぎず、(3)ズュースミルヒ＝ケトレー的方向において、人間の社会生活における合法則性を追究する統計学こそ、本来的な統計学である、(4)しかも以上の命題は歴史的に実証できる、と。このような観点から、かれの統計学史はつぎのようにたてられる。すなわち、(1)古代・中世および近代(十八世紀まで)における官庁統計調査および国家記述の歴史、(2)コンリング＝アッヘンワル＝シュローェーツァー的方向における記述の学としての国状学の歴史、(3)ズュースミルヒ＝ケトレー的方向における「本来的統計学」(eigentliche Statistik)の歴史(このばあいズュースミルヒの先行者としてグラント＝ペティ＝ハリがひきあいにだされ、またケトレーの確率論の先行者としてラプラースまでの系譜がたどられる)、(4)十九世紀初頭以降における大量観察の体系としての官庁統計調査の発達史、がそれである。

このばあい、政治算術・国状学の評価について見ると、この小稿の「まえおき」の(2)で述べたような諸特徴は、おおおむね見のがされている。たとえば、グラントが人口現象において発見した数量的法則性の「自然的および政治的」意味を考えたことは捨象され、ペティの理論的推理はずさんな「統計的推算」としてかたづけられ、アッヘンワルによる方法的自覚やイギリス政治算術についての特異な理解は不問に付され、ズュースミルヒの神学的・目的論的見地は「付属物」(Beiwerk)として「とりのぞかれる」のである。その結果、ともに同時代者でありながら、アッヘンワルは古色蒼然たる存在となり、ズュースミルヒはいちじるしく進歩した人物ということになる。このように見てくると、ワーグナー(25)が歴史的必然の帰結として実証した統計学史は、実は、ケトレー＝クニース的方向においてみずからがうちたてた統計学の見地にたって、方法論史的に過去を割り切った系譜論であり、とりわけコンリング＝アッヘンワル以来のドイツ国状学の道程を方法論史的に確認したものだといわなければならない。そしてこの特徴は、ケトレー＝クニース＝ワーグナー＝マイヤによって近代統計学が世界的規模において確立された十九世紀中葉以降、統計学を実質科学と考えるか否かにかかわりなく、(31) 統計学史の画一的な大すじになってしまった、といってさしつかえない。その反面、若干の例外や相違もまたみとめられるのであって、以上の諸点をつぎに国別に展望してみよう。

ドイツ　この時期の統計学史における上述の特徴は、とりわけドイツ(およびオーストリア)において顕著である。ワーグナー(25)はもとより、エッティンゲン(26)、ハウスホーファー(28)、クナップ(29)、ヨーン(34)、レキシス(38・42・46)、マイヤ(39)、コンラード(40)、シュナッパー＝アルント(44)は、いずれも基本的にはそうであるといえよう。もっとも、エッティンゲン(26)は道徳統計を、またクナップ(29)は人口統計を、それぞれとりあつかった著作であるから、前者がグラント＝ズュースミルヒ＝ケトレーに重点をおき、後者が(おそらくはかれ自身の強い数理的傾向からも)国状学をまったく無視している、という相違もみとめられる。しかし、クナップと同じように数理的傾向が強いレキシス(38・42・46)が、『国家学辞典』の項目という事情もあったのであろうけれども、統計学史についてはワーグナー(25)以来の伝統にたっているという事実は注目されてよかろう。(32)マイヤ(39)がケトレー以後における数理的統計学の発達をとりあつかい、その点でワーグナー(25)をおぎなっているのは、時代的な先後関係からいって当然であるが、相違であるともいえよう。しかもヨーン(34)の統計学史がこの時期における最大の業績であることは周知のとおりである。しかもヨーン(34)は、統計学の関連領域をきわめてひろくとりあつかっているという点において、おそらくはもっともすぐれた統計学史だといえよう。しかし、ヨーンの立場は、基本的にはワーグナーのそれであって、国状学・政治算術の「本質的な相違」に着眼し、両者を「まったく独立に、個別的に叙述」しているのである。

以上の諸著作の例外をなすのは、ワッペウス(33)とマイツェン(35)である。ワッペウスはこの時期における数すくない国状学者の一人であるが、この著作においては、統計学史は国状学史を本流として研究されている。そして、ズュースミルヒ＝ケトレー的方向における政治算術は、「応用数学」として評価されているのである。マイツェン(35)は、方法学派の一人と考えてさしつかえなかろう。そしてかれは、統計学の発達史を、その理論的方法と実務的調査技術との相互作用による発達史としてとらえる。したがってかれの統計学史は、古代および中世からかれの時代にいたるまで、官庁統計調査の発達が統計学の進歩をうながし、またそれが統計調査技術を前進させたという形で展開されているのである。統計学についてのマイツェンの基本的見解はこの時期のドイツにおける方法学派のそれと異なるものではないが、統計学史がこのように研究される結果、国状学は「近代国家における統計の必要」から、またイギリス政治算術は教会記録簿とむすびついて発達した人口統計や死亡率についての初期の研究として、それぞれ説明され、評価されているのである。

フランス・イタリー　フランスのブロック(30)、ルヴァッスール(37)とイタリーのガバーリオ(32)とについても、基本的には、ケトレー＝クニース＝ワーグナー以来の観点が支配的であるといってよい。ブロック(30)は統計学を実質科学として規定した人である。そして官庁統計の発達史を重視する点では前述のマイツェン(35)の先輩といえるが、政治算術・国状学の評価においてはワーグナー(25)と同じである。ルヴァッスール(37)は、フランスの人口統計に重点をおいた著作であって、とりわけフランスの人口統計の調査実務の発達史にくわしいのであるが、基本的な観点はブロック(30)と同じである。このことは、イタリーのガバーリオ(32)についてもいえる。しかしながら、ガバーリオ(32)は、統計学史をクロノロジカルな順序にしたがって叙述している。その結果、近代についていえば、たとえばコンリングからグラント＝ペティ＝ズュースミルヒにうつり、それからアッヘンワルにおよぶ、ということになるのである。

イギリス　バウリー(41)やユール(47)についてはすでに述べたが、フーパー(36・45)の統計学史がブロック(30)の強い影響をうけて執筆されたものであることは明らかである。しかしながら、フーパー(36・45)が、ブロック(30)ばかりではなく、従来の伝統的評価とも異なって、ズュースミルヒを、コンリング＝アッヘンワル流の記述的統計学と政治算術とを結合しようとした人として評価している点は注目すべきであろう。

ロシア　「十九世紀後半の〔ロシアの〕大学における統計学の最大の代表者」(33)といわれているヤンソン(31)と、ミクラシェフスキー(43)とが一致してみとめているところによれば、ロシアの大学でコンリング＝アッヘンワル流の国状学がはじめて講義されたのは一七七三年であった、という。(34)そしてヤンソン(31)は、十九世紀中葉以降、ロシアはドイツよりもいっそう強くケトレーの影響をうけたし、また現にうけつつある、といっている。(35)かれのこの著作は、書名からもうかがわれるように翻訳であって、統計学史についてはワーグナー(25)の全訳であり、若干の補足的な注が加えられているにすぎない。したがって、この時期のロシアでは、ケトレー＝ワーグナー流の見解がすくなくとも統計学史については支配的であった、と考えてさしつかえなかろう。[36] このことは、約二十年後にあらわれたミクラシェフスキー(43)の統計学史によっても裏づけられるのであるが、ただ後者のばあいには、ケトレーの「きわめて機械論的な学説」に対して警戒的である点が特徴的である、といえよう。

これを要するに、マイツェン(35)が指摘しているとおり、近代統計学は、十八世紀後半から十九世紀中葉にかけての時期に、国状学を数量的方向において制約し、経済学・公法学・地理学等々からみずからを区別し、生命保険の実務からもみずからを分離し、そうすることによって確立されたものである。いいかえれば、それは、十九世紀中葉における近代諸科学の確立にともない、あらゆる科学から分離して独立すると同時に、あらゆる科学の共通的な方法にもなった科学または科学的方法である。そしてこの時期における政治算術・国状学についての評価は、まえの時期にケトレー＝クニース的方向において定まったのを基礎として、方法論史的に決定的なものになったのであって、[37] 統計学史もまた、方法論史として、世界的規模において確立されたのである。[38] そしてその反面、統計学史を自然科学史(数学史―確率論史)に解消したり、また統計学史そのものを忘却する傾向があらわれたのもこの時期に確立された統計学そのものの性質や内容に由来するものといわなければならないのである。

(4)　第四期　社会統計学の解体期(一九二一―四四年)

この時期は第一次世界大戦の末期から、第二次世界大戦の終結までの約三十年間であり、これをドイツについて見れば、第一次世界大戦による敗北、ワイマール憲法の制定から、第二次世界大戦によるその崩壊までの時期に相当する。そして、これを統計学史研究の主たる担い手としてのドイツ社会統計学派について見れば、この時期はその解体期である、といえよう。

すでに述べたように、マイヤ(39)が実質科学として確立した社会統計学は、社会科学でありながら社会科学の基本的諸理論に立脚せず、その理論は実は統計調査の技術的手続論でしかないという根本的な脆弱性をもつものであった。ところが、まえの時期の後半からますます顕著になったところの、数理的統計解析のための技術的諸理論の発達は、近代経済学における数理的解析方法の進歩とむすびつきながら、(39) ドイツ社会統計学のなかに、自然科学研究と社会科学研究とに共通するいわば無限軌道としての数理統計学の方法をもちこむ、という結果を生んだ。そのために、ドイツ社会統計学は、その研究対象を人間社会に限定しながらも、事実上、社会経済現象の数量化における社会的制約性を見失いがちになり、方法学派に接近し、解体してゆくのである。

そこで、まずはじめに、この時期におけるドイツの諸研究について展望し、つぎにデンマーク・英・米・伊のそれを見ることにしよう。

この時期におけるドイツ社会統計学派の研究としては、ジージェック(48)、ティツカ(49)、ツァーン(51)、フラスケムパー(57)の四人をあげることができよう。そしてこのなかで、マイヤ(39)以来のドイツ社会統計学の伝統にもっとも忠実なのはツァーン(51)であった。かれは、「現代統計学」は歴史的には三つの根をもつ、と考える。すなわち、その一つは古代以来の官庁統計であり、その第二はコンリング＝アッヘンワル流の国状学＝統計学であり、第三は「現代統計学」の母胎をなすイギリス政治算術、とりわけドイツのズュースミルヒによって発展させられた政治算術であり、この三者はケトレー＝クニースによって融合され、「現代統計学」として体系化される道を開かれた、と。このような方法論史的な特徴や評価が伝統的なものであることはあらためて指摘するまでもないが、三者の総合として近代統計学の成立が説明されていること、またそのさい、確率論の歴史的発達にわずかな注意しか払われていないこと、この二つの点は、新しい特徴として（もっとも、この第二の点はマイヤ（39）以来の伝統でもあるが）指摘しておくべきであろう。

ジージェック（48）は、集団現象一般の認識を統計学の課題とする反面、とりわけ社会集団の認識に関心をよせ、統計学の方法を計画的な集団観察と観察資料のグループ分けとして規定している。かれの統計学史（48）はツァーン（51）より以前のものであるが、基本的にはツァーンと同じ観点にたち、上述の三者の結合によって近代統計学の成立を説明している。しかし、かれがツァーンといちじるしく異なる点は、政治算術との関連における確率論の発達にひじょうな重点をおいていることにあるといえよう。ティツカ（49）は、「統計学すなわち社会科学」と考える点でツァーンにちかいが、同時にそれを方法としても規定している。そしてかれの統計学史（49）は、ツァーンやジージェックのそれと基本的には同じであるが、政治算術の歴史をJ・P・アンケルゼンの表式統計学の成立でうちきり、ズュースミルヒを人口統計の始源として評価している点が前者とことなっている。そればかりではなく、リューダー（7・8）による統計学の否定にいちおう積極的な意味をみとめている点は、それが政治算術・国状学の評価に関連をもつ問題であるだけに注目される。確率論史に注意があまり払われていないという点は、ツァーンと同じである。

フラスケムパー（57）は、統計学を一方では自然・社会両科学につうずる一般的方法論とし体系づけると同時に、他方では、この方法論の特殊化、つまり社会的諸事実の研究への適用という観点にたって、方法の学としての社会統計学を展開している。そして、かれが官庁統計の発達と、国状学と、政治算術との三者に近代統計学の源泉をみとめているる点は上述の人々と変りはないし、また政治算術の発達に確率論のそれを関連させている点はジージェックにちかいが、政治算術・国状学の評価にはかなりの相違がみとめられる。すなわち、フラスケムパーによれば、ドイツ国状学は従来不当に高く評価されてきたが、それは現代の統計学と緊密な関係をもってはいない。それゆえ、かれの統計学史は、まず官庁統計史にはじまり、つぎに「政治算術および確率論の歴史」となり、そして「大学派統計学(国状学)」におよび、最後に「ケトレー以後の近代統計学」でおわるのである。そして確率論の発達に重点の一つがおかれている点は、フラスケムパー自身の統計学の特質に由来するものである。しかしその反面、かれが国状学の確立者アッヘンワルに“Statistik”の命名者としての意味しかみとめぬのと同時に、その国状学が、とうてい数量的には表現しえない社会的諸事実や諸関係をも記述すべしとしていた点を「まったく正しい」としていることは、ひじょうに特異な点である。実をいえば、この点もまた、フラスケムパーの統計学そのものに由来するといわなければならない。というのは、かれは、統計学一般における確率論の広汎な適用を主張しながら、その反面、社会統計における「対象についての全体認識」や「質的すなわち意味的関連」(Sinnzusammenhang)の重要性を強調し、「社会的諸事実の核心は質的な性質をもち、したがってそれは根本的には数量化しえない」と考えているからである。フラスケムパーがいう「事物論理的概念」とは対象科学によってあたえられるべき概念であるから、社会統計学における「全体認識」の理論は当然社会科学の理論でなければならないであろう。かれのばあい、それがどのような社会科学の理論かは必ずしも明らかではないが、国状学についての上述の評価はたしかに伝統的なそれをやぶるものといわなければならないのであ

「事物論理」(Sachlogik)と「数論理」(Zahlenlogik)との「平行」(Parallelismus)のうえに成立するところの、

る。

ところで、つぎにこの時期のドイツ以外の国々における方法学派について見てみよう。デンマークのウェスターゴード(54)、英・米のフラックス(52)、ウォーカー(53)、ウィルコックス(56)、イタリーのガルヴァーニ(55)は、いずれもひろい意味でこの学派に属する、と考えてさしつかえなかろう。ウェスターゴード(54)がヨーン(34)以後におけるもっとも大きな研究業績であることは周知のとおりであるが、統計学を「数量的観察一般の学」と規定する純然たる方法学派の独立した統計学史書として見れば、これはむしろ例外というべきものであろう。ウェスターゴード(54)は、近代統計学の源泉を、国状学と、イギリス政治算術と、十六世紀イタリーのG・カルダーノ以来の確率論との三者だとする。そして、これらの三者について述べたのち、十九世紀初頭における官庁統計の進歩を述べ、ケトレーにおける近代統計学の確立を説明し、その後十九世紀末までの統計学の理論と実際の発達をあとづけているのである。この統計学史は、それが基本的には方法論史としてたてられているという点は従来の伝統と異なるものではなく、またあらゆる学派や官庁統計調査をいちおうまんべんなくとりあつかっているという点において、ヨーン(34)以後の貴重な業績といわなければならない。しかしながら、政治算術・国状学の評価についていえば、前者を確率論とならんでいちじるしく高く評価している反面、後者をいちじるしく低く評価している点がきわめて特徴的である。その結果、国状学の発展や、十九世紀初頭におけるドイツの統計学論争は、ウェスターゴード自身のことばをかりれば、「統計学の一つの源泉としての北欧神話」でしかないのである。その反面、イギリス政治算術の理論的側面はまったく見おとされているが、こういう特徴的な理解がかれ自身の統計学に由来することはいうまでもなかろう。

フィッシャー(50)は、「統計学という科学」を、「本質的には応用数学の一部門」として規定する。その結果、かれの統計理論は、確率論を核心とし、またその歴史は、当然のことながら確率論の沿革に解消されている。[40] 統計学を普遍的数量的研究方法と考えるフラックス(52)のばあいには、統計学の歴史はまったくない。ウォーカー(53)は、「正規曲線」、「モーメント」、「百分位数」、「相関関係」、等々のような、統計的解析に用いられるさまざまの技術的手法の個々的な沿革についての研究であって、数多くの術語の起源も究明されている。政治算術・国状学については、「正規曲線」の章の「社会現象に対する誤差法則の適用」という節で述べられており、前者についての評価は在来的なそれと異ならないが、後者を「国家資源についての最初の科学的研究」としている点は特徴的だといえよう。ウィルコックス(56)は、“Statistics”ということばの来歴に関連して国状学の系譜をとりあげているだけで、ケトレー＝クニース以前の時代についてのかれの統計学史は、事実上、イギリス政治算術の系譜と、統計学の定義史とであるといえよう。最後に、イタリーのガルヴァーニ(55)もまた、方法学派に属する人であるが、かれの統計学史は、近代以降については、統計方法の発達段階に即しながら、国状学・政治算術・確率論の系譜をたどっているのである。

以上、この時期の統計学史研究が、研究者の立場のいかんにかかわらず、方法論史的研究であるという点は、以前の時期と変りはない。その反面、以前の時期における諸研究との相違もまたでてきている。すなわち、ドイツ社会統計学派についていえば、近代統計学の源泉を上述の三者にみいだしている点は共通しているにしても、その三者の結合による近代統計学の成立をはっきりとりまとめている点は従来とはちがっているし、[41] またこれらの三者のおのおのについての評価や、したがってまた統計学史そのもののたてかたにもかなりの変化を生じている。他方、英・米を主とする方法学派の統計学史研究が、統計学史を数学史(確率論史)に解消したり(ウェスターゴードによる国状学の「神話化」もこれと表裏する考えかたにほかならない)、統計学史そのものをほとんどまったく無視したりしているのは、まえの時期以来の傾向であるが、その反面、ウォーカー(53)のような研究がおこなわれるようになったのは、従来には見られなかった傾向だといえよう。(42)これを要するに、この時期は、第三期に見られたような統計学史の画一性がさまざまの点と意味とにおいて失われた時期であり、またこのことは、とりわけドイツ社会統計学派の統計学史についてて妥当するのである。

(5) 第五期　第二次世界大戦後(一九四五年以降)

第二次世界大戦後、もともと方法学派的傾向の強い英・米の統計学界では、もっぱら実用を主とする標本理論を中心にしながら、統計学の理論的研究が旺盛で、その業績は実に数多いけれども、統計学史研究はほとんどおこなわれていないようである。すくなくとも筆者が調査したかぎりでは見あたらなかった。(43)その反面、従来統計学史研究の主たる担い手であったドイツ社会統計学派はどうかといえば、統計学史研究はおこなわれてはいるけれども、とりわけ一九四九年以降のドイツが社会体制を根本的に異にする二つの共和国に分裂してしまった結果、その研究業績を統一的な観点から判断するということはきわめて困難な状態におかれている。「統一的なドイツの経済科学はもはや存在しない。西ドイツにはアメリカの影響を強くうけたところの、復古的で保守的な経済理論が存在し、その反面、東ドイツにはマルクス主義に依拠するところの、革命的で社会主義的な経済理論が存在する……西ドイツの経済科学の全部門のなかで、英・米の影響をもっとも強くうけているのは統計学の理論と実務であって、それはとりわけ数理派の影響力の増大にあらわれている。」(44)といわれている。また、東ドイツの統計学がこの国の社会主義的建設の諸問題と緊密にむすびついている反面、西ドイツの「統計学は、方法的にますます数理的な形式拘泥主義のもとに硬直状態におちいり、アメリカの影響下にドイツおよび諸外国の帝国主義の諸目的に合致させられている」[45]ともいわれている。けっきょく、東西ドイツのあいだには、学問的にもまた「かけ橋がまったくない」[46]ということになるのである。そうとすれば、ドイツ社会統計学の現状は、戦前の解体期につづく分裂期といわなければならないであろう。

ところで、戦後の社会主義諸国、とりわけソ連と東ドイツの統計学界では(もっとも、ソ連では戦前からであるが)、統計学の学問的性格・研究対象・方法についての論争が活発におこなわれ、ソ連での論争は、一九五四年にいちおうの結論(61)に到達し、またこの結論は東ドイツにも、全面的であるかどうかは別として、うけいれられている。[47]そしてこの結論(61)によれば、(1)統計学は独立した社会科学であり、(2)またそれは社会的大量現象の量的側面をその質的側面との不可分の関連において研究し、(3)場所と時間との具体的な諸条件のもとで、社会発展の法則性が量的にどのようにあらわれているかを研究することを課題とし、(4)さらにそれは、史的唯物論とマルクス・レーニン主義経済学とを理論的基礎とする、と規定されているのである。[48]ソ連でも東ドイツでも、戦かわされた論争は統計学についての歴史的反省をふまえたものではないようであるが、上記の結論の規定に関するかぎりでいえることは、ここでは経済学と統計学とが密接に関連し、いわば一体をなすべきものとして考えられている、ということであろう。[49]

統計学をこのように規定しているソ連や東ドイツの統計学史研究は、とりわけ政治算術・国状学をどのように評価しているであろうか。筆者が手にしえたかぎりでは、一九五四年以前のものとしては、Γ・C・クレイニンがある。[50]この教科書では、統計学史は「一瞥」されているにすぎないのであるが、純然たる方法論史的叙述方法が採用されており、(1)現在の統計学の「部分的」起源としての国状学は、国家の記述を主とし、「数的資料に対してなんらの意義もみとめていなかった」こと、(2)「近代統計学の正統な源流」は「社会現象の統計的法則性を確証した」イギリス政治算術であること、(3)ペティの政治算術は単純な統計ではなかったこと、が指摘されている。「マルクス主義経済学の知識なくしては統計的分析を効果的におこなうことはできない」と考えるポーランドのランゲ(60)は、(1)「商業資本の発達、絶対君主制の発展、および重商主義の開始」に関連づけて国状学をとりあつかい、表式統計学までは「統計ではなく、単に報告にすぎなかった」とし、(2)「統計は大量の規則性が発見されてはじめてあらわれる」から、「自然法則の概念がおこり、社会過程にも同様の規則性がみられた」ところの、「初期資本主義の時代」のイギリス政治算術家こそ、「最初の統計家」であったとし、(3)ペティを「古典経済学の始祖」としている。

一九五四年以後のものとしては、東ドイツのヘルデ＝クーン(62)とソ連のヴォストリーコヴァ(63)とがある。前者は、まず近世以降について、資本主義の発展段階を「初期資本主義」・「発展期資本主義」・「帝国主義」に分け、「ブルジョア統計学の発展」を述べている。そして政治算術・国状学は「初期資本主義」のところでとりあつかわれている。そのばあい、国状学は、その「形而上学的」特質が歴史的制約性として指摘され、また政治算術は、市民階級の興隆期における社会科学としての統計学だとされているのである。ヴォストリーコヴァ(63)は、「科学としての統計学」の始源としてイギリス政治算術を述べてズュースミルヒにおよんでいる。そして国状学にうつり、その業績を、統計学という新科学の内容と目的とを規定し、またそのためのデータの配置を体系化しようとした試みとして評価し、イギリス産業革命後の最大のブルジョア統計学者としてのケトレーにおよんでいるのである。

以上の諸研究は、いずれも統計学史研究を主とするものではなく、それに充当されている紙幅もごくわずかであって、結論だけを図式的に叙述しているばあいが多く、政治算術・国状学についての評価は必ずしも一致していない。

しかしながら、これらの研究をつうじてみとめられる大きな特徴の一つは、統計学の歴史的発展を社会発展との関連において研究しようという方法的意図が明確にでていることであり、もう一つは、とりわけ政治算術を経済学との関連において考えようとする観点がでていることである。この二つは、もっぱら方法論史的意図のもとに超越的な立場から統計学史を割り切ろうとしていた従来の研究方法とは、まったく異なる新しい方法を特徴づけるものといわなければならない。いいかえれば、この新しい研究方法は、統計学そのものを社会のなかに置いて、その歴史的発展のなかでこの学問を考えなおそうとするものである、といえよう。(51)

西ドイツにおける統計学史研究については、すでに述べたフラスケムパー(57)についてはくりかえさないにしても、ロレンツ(59・64)だけではなかろう。が、ここではオーストリアのクレーツル＝ノルベルグ(58)を加えた二人について見よう。クレーツル＝ノルベルグ(58)によれば、従来、近代統計学は官庁統計・国状学・政治算術という「三つの根」をもつと考えられてきたけれども、実はそうではなくて、それは「実務的な官庁統計」および「統計理論」という「二本の樹」として考えられなければならない。そして国状学および政治算術は、いずれも「理論的な統計学〔という樹〕の根」として考えられなければならない、と。この考えかたは、上述のティツカ(49)を思わせる。そしてかれは、「本質的にドイツ的な学科」としての国状学と、「数量的で正確な研究方法」を特徴とするイギリス的な政治算術とを方法論的に比較し、両者は研究対象を同じくしていたが、方法的には後者がすぐれていた、と考えるのである。他方、ロレンツ(59)はどうかといえば、近代統計学の由来を「三つの歴史的系統」に分けるのであって、すなわち、「国家政策および行政」・「官房学的国家科学」・「政治算術」の三者がそれであり、第一の系統に官庁統計がふくまれ、第二のそれに国状学がふくまれることはいうまでもない。そして『社会科学辞典』の項目(64)のばあいには、アッヘンワルの国状学＝統計学はその政治学上の原理との関連においで考えなおされ、アッヘンワルにおける数量的方法の意義があらためて再吟味され、また上記の「政治算術」は「数学的生理学」として、いっそうひろい視野においてとりあつかわれている。それればかりではなく、ここでは、統計学史が社会学・計量経済学等々の歴史にも関連づけてとりあつかわれているのである。

西ドイツの統計学史研究をロレンツだけでとやかくいうことはさしひかえなければならない。しかし、このかぎりでいえることは、クレーツル－ノルベルグと同じくロレンツもまた方法論史的研究方法を用いてはいるが、統計学をその関連領域に押しひろめて、できるだけひろい視野のもとで考えなおそうとする特徴的傾向があらわれている、ということであろう。これは戦前の諸研究には例外的にしかみとめられなかったものであって、ロレンツ(64)が戦後の西ドイツの社会科学研究の代表的な業績である『社会科学辞典』の項目であるという点を考慮するならば、この特徴的傾向は、ソ連および東ドイツの諸業績にあらわれている上述の特徴的傾向とともに、とりわけ貴重なものだといわなければならない。そして、この二つの傾向が、学問的により高い次元において統一されるべきものであることはあらためて指摘するまでもなかろう。(52)

(11)　ここで、“Vergleichende Statistik”や“Tabellenstatistik”の“Statistik”を「統計学」と訳すのは必ずしも適当ではなく、前出の注(5)でも述べたように、むしろ「比較国状学」・「表式国状学」と訳すべきであろう。

(12)　アッヘンワルがその統計学上の主著の序論のおわりに、国家記述の沿革を文献史的に述べているのも、またズュースミルヒが『神の秩序』(一七四一年)の序文に、かれがイギリス政治算術に接してこれを導入した経緯を述べているのも、いずれも国状学・政治算術についての学問的反省だといってさしつかえなかろう。

(13)　クローメが当時のドイツにおける代表的国状学者シュローツァーを政治算術家として評価しているのは、後者がとりわけロシアの人口統計についての断片的研究を発表していることに着眼したためである。

(14)　たとえば、モイゼル(3)は、統計学を「国家の現在の政治制度に関する学問」とし、ツィツィウス(6)は、それを「国家の現在の政治力に関する学問」とし、シュロェーツァー(5)は、それを「国家顕著事項」の「現状」ばかりではなくて「過去」についても研究すべき学問としている。しかし、これらの規定のあいだには、本質的な差異はないと考えてさしつかえなかろう。

(15) ブリタニカの第三版(4)は、"Statistics" ということばは、「最近〔ドイツからイギリスに〕導入されたもので、王国・州または教区についての観察や調査を意味する」とし、一七九〇年に出版されたB・クラークの "A Statistical View of Germany" という書物の内容をくわしく紹介しているが、統計学の歴史については述べていない。一般的に承認されているところでは、"Statistics" ということばが英語の世界にはじめて登場するのは、一七九〇年ごろで、それはつぎの二つの文献をつうじてであるといわれている。E. A. W. Zimmermann, *A political survey of the present state of Europe.* London, 1787; J. Sinclair, *The statistical account of Scotland.* 20 vols. Edinburgh. 1791-98.

(16) この論争に関する私見については、「A. F. Lueder の統計学批判について」『経済研究』第一〇巻第一号 一九五九年一月を参照。

(17) ヨーン(34)は、リューダーの統計学否定は「けっきょくのところ、まったく孤立した現象におわってしまった」といっているが、モール(19)が指摘しているように、フランスではJ・B・セー、J・J・O・ダロワ、イギリスではJ・E・ポートロックもまた、この当時「科学としての統計学の否定者」であった。そしてこの事実は、統計学の混乱がヨーロッパ的なものであったことのあらわれであり、その反面、統計学についての諸概念の整理もまたはじめられていた。ホルツゲターン(9)には、すでにその努力のあとがみとめられる。

(18) 米・英・仏におけるセンサスの開始についてはすでに述べたが、これらの国々において中央統計機関が設置されたのもこの時期であり、ペティの提案がやっと実現され、イギリスにおける人口動態についての登記制度が確立されたのも一八三七年である。この時期におけるドイツの官庁統計の整備・充実にとって決定的な意味をもったのは、ドイツ関税同盟の成立であろう。というのは、ワーグナー(25)やウェスターゴード(54)などが指摘しているように、この同盟は、関税収入を人口に比例して各領邦に配分することになっていたため、必然的に各領邦における定期的な人口センサスの実施を促進したからである。この同盟の成立によって、ドイツの経済的統一と国内市場の形成とがともに促進され、またそれが経済統計の進歩発達に寄与したことはいうまでもなかろう。

(19) 労働統計の母国は、資本主義の母国であるイギリスであり、それが工場監督制度とふかくむすびついていることも、多くの人によって指摘されているとおりである。そして、エンゲルが指摘しているように、労働者階級の家計調査の故郷もまたイギリスであった。そのもっとも包括的なものは、F. M. Eden, *The state of the poor, or an history of the labouring classes in England, from the Conquest to the present period,* etc. 3 vols. London, 1797 にはじまるが、プロイセンやザクセンでは一八四八年に労働者家計の調査がおこなわれ、ベルギーでは一八五五年にE・デュックペシオの調査結果が公刊され、フランスではこれと同じ年にP・G・F・ルプレのこの種の研究成果が公刊された。

(20) この点についてはつぎの時期のところで述べよう。

(21) L. Kaschkarewa, *Die Statistik in den Werken von Marx und Engels.* (*Statistische Praxis*, 6. Jahrg. Heft 5. Berlin. Mai 1951) S. 74.

(22) この旧態依然たる傾向の典型的なものはモール(21)である。ベルギーの能吏で、ケトレーの友でもあったホイシュリングの著作(13・18)は、この整理と再編成への準備的な努力のあらわれであるといえよう。これらの著作は、その名のように統計学史ではなく、統計学の文献をドイツおよびフランスについて過去にさかのぼってクロノロジカルに配列し、それぞれの著者と著作の内容をきわめて良心的に紹介し、ひかえめに評価したものである。

(23) このばあい、ワッペウス(22)が、ズュースミルヒの「神の秩序」からケトレーの「社会物理学」への移行は、神学から数学への方法的移行にすぎず、いずれも人口統計学の本来的な課題ではないといっているのも、注目すべき見解である。

(24) 政治算術およびケトレーの統計学に対するファラティ(12)やヨーナク(20)の上述の批判や評価は、けっきょく葬りさられてしまったのである。

(25) この「歴史」がグラントについてひとこともふれていないのは注目すべきであろう。なお、ケイ(23)は、統計学史については“Statistics”ということばの語源の説明をしているだけである。

(26) この論争については、『経済研究』第七巻第二号(一九五六年四月)所収の拙稿「J・グラントの『諸観察』の成立、その方法の発展および評価をめぐる歴史的展望――統計学の学問的性格に関する一考察」を参照されたい。最近公刊されたH. Hartley(Ed.), *The Royal Society, its origins and founders.* London, 1960 のなかでもこの問題がとりあつかわれている。

(27) M・ドゥ・ジョネスは、統計学を「数字で表現された社会的諸事実に関する科学」と規定しているが、その第一章で述べられている統計学史は、基本的には国状学の立場にたっており、とりたてて述べるほどの特徴を示していない。なお、トドハンター(24)は、すぐれた確率論史であって、後代の方法学派の典拠の一つになった著作である。

(28) ユール(47)のばあいには、“Statistics”の語義のせんさくが若干なされているだけで、統計学史研究文献としては、一般史にモール(19)、ガバーリオ(32)、*The economic writings of Sir William Petty, edited by* C. H. *Hull.* 2 vols. Cambridge, 1899, 理論史にトドハンター(24)、実務史にJ・ベルチョンの著作があげられているにすぎない。バウリー(41)のばあいには、このていどの歴史的関心すらまったくない。そしてこの点は、つぎの時期のフラックス(52)についても同じである。「文献リスト」にバウリー、ユール、フラックスの三者をかかげたのは方法学派のこの特徴的傾向を示すための見本としてであって、このリストとしてはたしかに異質的である。またトドハンター(24)をかかげたのはそれがこの学派によってよくひきあいにだされる著作であるからである。

(29) 大内兵衛訳『ワーグナー 統計学』(統計学古典選集 第六巻)「解題」。

(30)　蜷川虎三『統計学概論』緒論 第四章。

(31)　この時期における統計学の規定の混乱については、アッヘンワル以降一九三四年までのあいだにおける統計学の定義を集めたつぎの文献が如実に示している。W. F. Willcox, *Definitions of statistics.* (*Revue de l'Institut International de Statistique.* 3 année, Livraison 4, Jan. 1936.) オンケン(27)もこの混乱を整理するための1つの試みである。また、V. John, *Der Name Statistik. Eine etymologisch-historische Skizze.* Bern, 1883 も、この傾向を示すものだといえよう。

(32)　リューダーの「統計学否定」についてのレキシス(38)の見解には、とりわけ興味ふかいものがある。

(33)　M. B. Птуха, *Очерки по истории статистики в СССР.* Том 2. Москва, 1959. стр. 155. ミクラシェフスキー(43)によれば、ヤンソンは「ロシア人のあいだばかりではなく、外国の学者のあいだでも傑出した地位を占めていた。」という。

(34)　この時期のロシアに強い影響をあたえたのは、ミクラシェフスキー(43)によれば、シュローツァー(5)であった。ビュッシングやシュローツァーを媒介とするこの時期の独・露の学問的交流については、つぎの書物を参照。H. Mohrmann, *Studien über russisch-deutsche Begegnungen in der Wirtschaftswissenschaft (1750–1825).* Berlin, 1959. SS. 24–36.

(35)　この点は Птуха, *op. cit.*, стр. 155 によって確認されている。

(36)　ヤンソン(31)は、この書物の序文で、「マイヤ博士の好著 "Die Gesetzmäßigkeit im Gesellschaftsleben"〔München, 1877〕の理論的部分を本書中に加ええなかった」ことを遺憾としているが、このこともまた、当時のロシアにおけるケトレー主義の普及を裏書きする事実であろう。

(37)　この時期のおわりごろにアッヘンワル研究を発表したアヒレスが「アッヘンワルは、こんにちの意味における統計学の父として考えられるべきではない。」という結論に到達しているのも当然のことだといわなければならない。G. Achilles, *op. cit.*, SS. 35–48, 72.

(38)　M・ドゥ・ジョネス(16)、エッティンゲン(26)、ハウスホーファー(28)、ブロック(30)、ルヴァッスール(37)などの著作がわが国に輸入され、その統計学史がうけいれられたのもこの時期である。ヨーン(34)もまた、写本の形で、明治年間に翻訳されていた。

(39)　物価指数だけについて見ても、それが理論的にも実際面においても、本格的に研究されだしたのは、第一次世界大戦の末期以降における恐慌の慢性化の時期からである。I. Fisher, *The making of index numbers.* Boston and New York, 1922. p. 460. 森田優三『物価指数の理論と実際』三二九—三三一ページ。そして、近代経済学におけるこの傾向は、一九三〇年の「計量経済学会」の成立によって一つの頂点をむかえるのである。

(40)　フラックスは、この項目の末尾の文献欄に、統計学史研究文献としては、ブロック(30)と、J. Koren〔Ed.〕, *The history of statistics, their development and progress in many countries.* New York, 1918 とをかかげているにすぎない。『ブリタニカ』の項目であるだけに、

この事実は注目すべきことだといわなければならない。

(41) もっとも、このことは実質的にはすでにマイヤ(39)その他にみとめられた点である。

(42) 前出の注(40)にあるコーレンの著作は、各国統計調査史であるが、このような研究が独立書の形であらわれるようになったのも、この時期の特徴の一つである。なお、この時期において統計学についての諸規定を整理する試みとしては、前出の注(31)にあるウィルコックスのものと、G. Loyo, *Evolución de la definición de estadística.* (Publicación 44 of the *Instituto Panamérico de Geografía e Historia,* 1939) があるという。J. A. Shumpeter, *History of economic analysis.* New York, 1954. p. 210. (東畑精一訳 第二分冊 四三七ページ。)

(43) フラックス(52)の項目は、『ブリタニカ』の戦後の刷りのなかにそのままの形ででている。英・米をつうじての目ぼしいものとしては、前出の注(42)に引用したシュムペーターの研究がある。この研究は統計学史研究ではないが、ここでシュムペーターは、国状学の方法は「われわれが統計的方法と呼んでいるものと無関係」だとし、その反面、イギリス政治算術学派を、フィジオクラットとともに、計量経済学の源泉だとしている。

(44) G. Bondi, *Die deutsche Wirtschaftswissenschaft nach dem 2. Weltkrieg.* SS. 149, 152. (『経済研究』第一〇巻第二号 一九五九年四月)

(45) A. Kindelberger, *Zahlen zeigen den Aufstieg der Deutschen Demokratischen Republik.* Berlin, 1955. S. 12. なお、最近西ドイツの統計学界では、一九世紀初頭、ナポレオンの支配下で統計学を否定したリューダーが新鮮な関心をよんでいる、という。

(46) G. Bondi, *op. cit.,* S. 149. なお、これと同じ著者のつぎの論文は、以上の関連においてきわめて示唆に富む諸問題を提起している。G. Bondi, *Zur Kritik der mathematischen Statistik.* (*Statistische Praxis.* 6. Jahrgang. Heft 4. Berlin, April 1951.)

(47) それは、ヘルデ＝クーンにあらわれている。

(48) この規定がソ連でいちおう公認されているものであることは、『大百科辞典』(63)にもそのままかかげられていることからも推察できる。

(49) 統計学についての上記の規定そのものは、形のうえだけではクニース(17)を想起させる。そしてこの規定は、統計学を社会科学の基礎理論のうえに構成しようとするものであるから、まえの時期に解体したドイツ社会統計学の新しい再建と考えてさしつかえなかろう。これに反して、政治算術を計量経済学の源泉と考えるシュムペーター流の上述の考えかたは、実は "Political Arithmetic" の真に "political (social)" な視点をとりのぞいて、これを "Arithmetic" に還元してしまう危険をふくむものといわなければならない。十九世紀中葉以降の方法学派がたどった道は、この方向であったといえよう。

(50) 統計研究会訳編『ソヴェトの統計理論』(I) 一七二—七三ページ。これは一九四五年につくられた教科書である。なお、これとほぼ同じ時期に公刊されたネムチーノフの業績（一九四五年 野村良樹訳『統計学入門』一九五九年〔部分訳〕）にも統計学史がとりあつかわれているが、それが国状学に全然ふれていないのは、おそらくは著者の理論上の立場と関連するものであろう。

（51）　この新しい研究方法による業績を代表するものとしては、すでに引用したプトゥーハの大著 *Очерки по истории статистики в СССР*. 2 тома Москва, 1955, 1959 がある。この研究は十七—十八世紀にさかのぼった包括的な統計学＝統計調査史であるが、そのばあい、統計学の「種々の理念や種々の方法の特色を……歴史的に、〔すなわち、それを〕おのおの具体的なばあいに、具体的な歴史的諸条件のなかで示す」という研究方法が採用され、「現在の諸条件において評価する」という方法が否定されている。そしてこの方法の典拠としては、「歴史上の貢献を判断するばあいには、現在の要求との比較において歴史上の人物があたえなかったものによるべきではなく、これらの人物が当時の先人との比較において新しいものをあたえた点によるべきである、」（邦訳『レーニン全集』第二巻　一七一—七二ページ）といったレーニンのことばがかかげられているのである。Птуха, *op. cit.*, Том 1. стр. 7. なお、筆者が気づいたソヴェトにおける最近の統計史および統計学史研究としては、А. И. Гозулов, *История отечественной статистики*. Москва, 1957. Б. А. Карапетян, *К критике А. Кетле и его школы, как представителей Формально-математического направления буржуазной статистики*. Тбилси, 1957 がある。

（52）　この小稿では、わが国における統計学史研究にはまったくふれなかった。この問題については、明治初期以降における外国統計学のわが国への輸入の問題と関連させながら、別の機会に述べたいと思う。

三　文献リスト

（一）上の文献番号のつぎの年次は各文献の初版の年次を示す。
（二）邦訳は、公刊されたもののみをかかげ、写本類は省略した。
（三）邦訳文献の末尾に＊印がついているものは全訳を示す。
（四）邦訳が単行書と雑誌との双方に公表されているばあいには、前者だけをかかげ、後者だけにいくとおりにも公表されているばあいには、そのうちの主要なものだけをかかげた。

（1）第一期　国状学の対立・混乱・衰退期（一七八五—一八二九年）

（1）1785 Crome, A. F. W., *Über die Größe und Bevölkerung der sämtlichen europäischen Staaten. Ein Beytrag zur Kenntniss der Staatenverhältniße, und zur Erklärung der neuen Größen-Karte von Europa.* Leipzig, 1785.
（2）1790 Meusel, J. G., *Litteratur der Statistik.* Leipzig, 1790.
（3）1792 Meusel, J. G., *Lehrbuch der Statistik.* Dritte, größten Theils umgearbeitete, vermehrte und mit Litteratur bereicherte Ausgabe. Leipzig, 1804.
（4）1797 "*Statistics.*"（*Encyclopaedia Britannica.* 3rd ed. Vol. 17. Edinburgh, 1797.）
（5）1804 Schlözer, A. L. v., *Theorie der Statistik. Nebst Ideen über das Studium der Politik überhaupt.* Erstes Heft. *Einleitung.* Göttingen, 1804.
（6）1810 Zizius, J., *Theoretische Vorbereitung und Einleitung zur Statistik. Von weiland Herrn Johann Zizius. Zweyte Auflage, bearbeitet von Franz Kerschbaumer.* Wien und Triest, 1828.
（7）1812 Lueder, A. F., *Kritik der Statistik und Politik. Nebst einer Begründung der politischen Philosophie.* Göttingen, 1812. 高野岩三郎訳『統計学批判』（統計学古典選集　第一巻）一九四一年
（8）1817 Lueder, A. F., *Kritische Geschichte der Statistik.* Göttingen, 1817.
（9）1829 Holzgethan, G., *Theorie der Statistik.* Wien, 1829.

（2）第二期　「社会物理学」＝近代統計学の形成期（一八三五—六五年）

（10）1835 Quetelet, L. A. J., *Sur l'homme et le développement de ses facultés, ou essai physique sociale.* 2 tomes. Paris,

1835. 高野岩三郎校閲 平貞蔵・山村喬共訳『人間に就いて』(岩波文庫) 一九三九—四〇年

(11) 1839 The Council of the Statistical Society of London, "*Introduction*(dated May, 1838.)" (*Journal of the Statistical Society of London*. Vol. 1. London, 1839.)

(12) 1843 Fallati, J., *Einleitung in die Wissenschaft der Statistik. Zum Gebrauche bei academischen Vorlesungen herausgegeben*. Tübingen, 1843.

(13) 1845 Heuschling, P. F. X. T., *Bibliographie historique de la statistique en Allemagne, avec une introduction générale. Manuel préparatoire à l'étude de la statistique*. Bruxelles, 1845.

(14) 1845 McCulloch, J. R., *The literature of political economy: a classified catalogue of select publications in the different departments of that science, with historical, critical, and biographical notices*. London, 1845.

(15) 1846 Quetelet, L. A. J., *Lettres à S. A. R. le duc régnant de Saxe-Cobourg et Gotha, sur la théorie des probabilités, appliquée aux sciences morales et politiques*. Bruxelles, 1846. 高野岩三郎訳『確率論に就いての書簡』(統計学古典選集 第五巻) 一九四二年

(16) 1847 Jonnès, A. Moreau de, *Éléments de statistique, comprenant les principes généraux de cette science, et un aperçu historique de ses progrès*. Paris, 1847. 箕作麟祥訳『統計学』一八七四年*

(17) 1850 Knies, C. G. A., *Die Statistik als selbständige Wissenschaft. Zur Lösung des Wirrsals in der Theorie und Praxis dieser Wissenschaft. Zugleich ein Beitrag zu einer kritischen Geschichte der Statistik seit Achenwall*. Kassel, 1850. 高野岩三郎訳『独立の学問としての統計学』(統計学古典選集 第二巻) 一九四二年*

(18) 1851 Heuschling, P. F. X. T., *Bibliographie historique de la statistique en France, publiée dans le tome IV du Bulletin de la Commission Centrale de Statistique de Belgique*. Bruxelles, 1851.

(19) 1855-58 Mohl, R. v., *Die Geschichte und Literatur der Staatswissenschaften. In Monographien dargestellt*. 3 Bde. Erlangen, 1855, 1856, 1858.

(20) 1856 Jonák, E. A., *Theorie der Statistik in Grundzügen*. Wien, 1856.

(21) 1859 Mohl, R. v., *Encyclopädie der Staatswissenschaften*. Tübingen, 1859. 高野岩三郎訳『統計学』(統計学古典選集 第一巻) 一九四一年

(22) 1859-61 Wappäus, J. E., *Allgemeine Bevölkerungsstatistik. Vorlesungen*. 2 Theile. Leipzig, 1859, 1861. 寺田勇吉訳述『「ワッペウス」氏人員「スタチスチック」第二篇』(『スタチスチック雑誌』一八八七年四月号—一八八八年三月号)

(23) 1860 Kay, D., "*Statistics*."(*Encyclopaedia Britannica*. 8th ed. Vol. 20. Edinburgh, 1860.) 大島貞益校閲 百田重明訳

『統計学大意』一八七五年*
(24) 1865 Todhunter, L., *A history of the mathematical theory of probability from the time of Pascal to that of Laplace*. Cambridge and London, 1865

(3) 第三期　社会統計学の発展・確立期(一八六七—一九一一年)

(25) 1867 Wagner, A. H. G., *Statistik*. (*Deutsches Staats-Wörterbuch*. 10. Bd. Stuttgart und Leipzig, 1867.) 大内兵衛訳『統計学』(統計学古典選集 第六巻) 一九四三年*

(26) 1868-73 Oettingen, A. v., *Die Moralstatistik in ihrer Bedeutung für eine christliche Socialethik*. Zweite, neu bearbeitete Auflage. Erlangen, 1874. 岡松径訳『エッチンゲン氏「モラール・スタチスチック」論』(『スタチスチック雑誌』一八八七年十二月号—一八九一年十一月号)

(27) 1870 Oncken, A., *Untersuchung ueber den Begriff der Statistik*. Leipzig, 1870.

(28) 1872 Haushofer, M., *Lehr-und Handbuch der Statistik*. Zweite, vollständig umgearbeitete Auflage. Wien, 1882. 嘉村今朝一・相原重政訳『覇氏統計論』(『統計集誌』一八八二年十二月号—一八九七年八月号)

(29) 1874 Knapp, G. F., *Theorie des Bevölkerungs-Wechsels. Abhandlungen zur angewandten Mathematik*. Braunschweig, 1874.

(30) 1878 Block, M., *Traité théorique et pratique de statistique*. Paris, 1878. 塚原仁訳『統計学の理論と実際』一九四三年*

(31) 1879 Янсон, Ю. Э., *Исторія и теорія статистики въ монографіяхъ Вагнера, Рюмелина, Эттингена и Швабе Переводъ съ нѣмецкаго подъ редакціею и съ дополненіями профессора Янсона*. С.-Петербургъ, 1879

(32) 1880 Gabaglio, A., *Storia e teoria generale della statistica*. Milano, 1880.

(33) 1881 Wappäus, J. E., *Einleitung in das Studium der Statistik. Vorlesungen gehalten an der Universität Göttingen von Professor Dr. J. E. Wappäus. Herausgegeben von Dr. O. Gandil*. Leipzig, 1881. 呉文聡訳述『統計学論』一八八九年*

(34) 1884 John, V., *Geschichte der Statistik. Ein quellenmässiges Handbuch für den akademischen Gebrauch wie für den Selbstunterricht*. I. Teil. *Von dem Ursprung der Statistik bis auf Quetelet(1835)*. Stuttgart, 1884. 足利末男訳『統計学史』一九五六年*

(35) 1886 Meitzen, A., *Geschichte, Theorie und Technik der Statistik. Berlin*, 1886. 郡菊之助著『統計学発達史』一九三九年

(36) 1887 Hooper, W., "*Statistics*."(*Encyclopaedia Britannica*. 9th ed. Vol. 22. Edinburgh, 1887.)

(37) 1889–92 Levasseur, E., *La population française: Histoire de la population avant 1789 et démographie de la France comparée à celle des autres nations au XIXe siècle. Précédée d'une introduction sur la statistique.* 3 tomes. Paris, 1889, 1892. 高橋二郎訳『統計史要』(『統計集誌』一九〇四年十二月号—一九〇五年三月号) 高橋二郎訳『統計原論』(『統計集誌』一九〇九年三月号—同年九月号)

(38) 1894 Lexis, W., "*Statistik.*"(*Handwörterbuch der Staatswissenschaften.* 1. Aufl. 6. Bd. Jena, 1894.)

(39) 1895 Mayr, G. v., *Statistik und Gesellschaftslehre* I. Bd. *Theoretische Statistik.* Zweite, umgearbeitete und vermehrte Auflage. Tübingen, 1914 大橋隆憲訳『統計学の本質と方法』一九四三年

(40) 1900 Conrad, J., *Grundriß zum Studium der politischen Oekonomie.* Vierter Teil. *Statistik.* Fünfte, erweiterte und ergänzte Auflage. Jena, 1923

(41) 1901 Bowley, A. L., *Elements of statistics.* 4th ed. 2 pts. London, 1920. 森数樹訳『統計原論』一九四三年*

(42) 1901 Lexis, W., "*Statistik.*"(*Handwörterbuch der Staatswissenschaften.* 2. Aufl. 6. Bd. Jena, 1901.)

(43) 1901 Миклашевскій, И., "*Статистика.*"(*Энциклопедическій Словарь.* Том 31. С.-Петербургъ, 1901.)

(44) 1908 Schnapper-Arndt, G., *Sozialstatistik.*(*Vorlesungen über Bevölkerungslehre, Wirtschafts- und Moralstatistik.*) *Ein Lesebuch für Gebildete insbesondere für Studierende herausgegeben von Dr. Leon Zeitlin.* Leipzig, 1908

(45) 1911 Hooper, W., "*Statistics*"(*Encyclopaedia Britannica.* 11th ed. Vol. 25. Cambridge, 1911.)

(46) 1911 Lexis, W., "*Statistik.*"(*Handwörterbuch der Staatswissenschaften.* 3. Aufl. 7. Bd. Jena, 1911.)

(47) 1911 Yule, G. U., *An introduction to the theory of statistics.* 3rd ed. London, 1916. 森数樹著『一般統計論』一九二〇年

(4) 第四期　社会統計学の解体期(一九二一—四四年)

(48) 1921 Žižek, F., *Grundriß der Statistik* Zweite, neubearbeitete Auflage. München u. Leipzig, 1923. 竹田武男訳『応用統計学』一九二五年

(49) 1924 Tyszka, C. v., *Statistik* Teil I: *Theorie, Methode und Geschichte der Statistik.* Jena, 1924. 郡菊之助著『統計学発達史』一九二九年

(50) 1925 Fisher, R. A., *Statistical methods for research workers* 11th ed. rev. Edinburgh, 1950. 遠藤健児・鍋谷清治共訳『研究者の為の統計的方法』一九五二年*

(51) 1926 Zahn, F., "*Statistik.*"(*Handwörterbuch der Staatswissenschaften.* 4. Aufl. 7 Bd. Jena, 1926.)

(52) 1929 Flux, A. W., "*Statistics.*"(*Encyclopaedia Britannica.* 14th ed. Vol. 21. London and New York, 1929.)

(53) 1929 Walker, H. M., *Studies in the history of statistical method, with special reference to certain educational problems*. Baltimore, 1929. 足利末男・辻博共訳『統計方法論史』一九五九年

(54) 1932 Westergaard, H., *Contributions to the history of statistics*. London, 1932 森谷喜一郎訳『統計学史』一九四三年*

(55) 1936 Galvani, L., "*Statistica*."(*Enciclopedia Italiana*. Vol. 32. Roma, 1936.)

(56) 1937 Willcox, W. F., "*Statistics*"(E. R. A. Seligman's *Encyclopaedia of the Social Sciences*. Vol. 14. New York, 1937.)

(57) 1944 Flaskämper, P., *Allgemeine Statistik. Grundriß der Statistik*. Teil I. Zweite, durchgesehene und ergänzte Auflage. Hamburg, 1949. 大橋隆憲・足利末男共訳『一般統計学 統計学綱要 第一部』一九五三年*

(5) 第五期 第二次世界大戦後(一九四五年以降)

(58) 1945 Klezl-Norberg, F., *Allgemeine Methodenlehre der Statistik. Ein Lehrbuch für alle wissenschaftlichen Hochschulen*. Zweite, ergänzte Auflage. Wien, 1946.

(59) 1951 Lorenz, C., *Forschungslehre der Sozialstatistik*. Erster Band. *Allgemeine Grundlegung und Anleitung*. Berlin, 1951.

(60) 1952 Lange, O., *Teoria Statystyki, zeęść pierwsza*.(Polskie Wydawnictwa Gospodarcze, Warszawa, 1952.) 都留重人監修訳『社会主義体制における統計学入門』一九五四年*

(61) 1954 *Statistik [Die] ist eine Gesellschaftswissenschaft. Ergebnisse einer wissenschaftlichen Konferenz zur Untersuchung des Gegenstandes und der Methode der Statistik in der Sowjetunion*.(*Statistische Praxis*. 9. Jahrgang. Heft 11. Berlin, November 1954.) 木原正雄訳「統計学にかんする論争の結果によせて」(『統計学』第一巻第二号 一九五五年九月号*〔露文からの邦訳〕)

(62) 1956 Herrde, E. u. Kuhn, O., *Grundlagen der Statistik für Wirtschaftler. Als Lehrbuch an den Universitäten und Hochschulen der DDR eingeführt*. Berlin, 1956.

(63) 1957 Вострикова, А. М., "*Статистика*."(*Большая Советская Энциклопедия*. 2-е изд. Том 40. Москва, 1957.)

(64) 1957 Lorenz, C., "*Statistik, Geschichte der*"(*Handwörterbuch der Sozialwissenschaften*. 15. Lieferung. Stuttgart, Tübingen, Göttingen, 1957.)

二　ペティ労働価値説の歴史的特異性についての試論

まえがき

十七世紀の七十年代にペティが創始した政治算術＝解剖は、経済学を主軸とする幼年期資本主義社会の解剖学の萌芽であり、そしてこれをいっそう広く解釈すれば近代社会科学の萌芽の一つであった。このことは、十九世紀中葉から第二次世界大戦まえまでの時期、つまり、近代社会諸科学の確立からそれらの分化・細分化の時期に、かれが近代経済学・統計学・財政学・人文地理学および計量経済学の創始者ないしは先駆者の一人として評価されていることからも知られるであろう。ところで、ペティの政治算術＝解剖の中核をなす経済理論、すなわち労働価値説について、ペティ以降十九世紀中葉までの約二世紀を通観すると、十七世紀のピークをペティとすれば、十八世紀のそれがスミスだということはまちがいない。と同時に、両者をへだてる約一世紀間には、この理論の発展におけるいわば停滞がみとめられるのである。この事実は、イギリス資本主義のこの期間における正常な発展との対比において、いかにも奇異な現象だといわなければならない。いうまでもなく、労働価値説は、資本主義社会の存在を前提としてはじめて成立しうる経済理論であるからである。

もっとも、ペティとスミスとのあいだにおける労働価値説の停滞といっても、それはこの理論の「中断」や「衰滅」を意味するものではもとよりない。ペティの『政治的解剖』やノースの『貿易論』が出版された一六九一年ごろからヒュームの『政治論集』が出現した一七五二年までが、「独創的な学者の多い」時期で、「経済学の漸次的発生の研究にとってもっとも重要な」時期だとされていることからもうかがわれるように、イギリスだけについて見ても、チャイルド、デヴィナント、ロック、バーボン、ノース、マンドヴィルその他さまざまの著述家により、さまざまの方法と角度から経済学が研究されたことは疑いない。それにもかかわらず、その後イギリス古典派経済学の基本理論になった労働価値説に関するかぎり、ペティ以降スミスにいたるまで、前者を凌駕する者があらわれず、この時期の「比較的重要な経済学者のすべてが、積極的にか消極的にかペティをもとにしている」(1)ということ、また、「ペティおよびその後続者たちによる科学的分析の端緒は、当時の重商主義の実利のために、まったく背景におしやられてしまった」(2)ということとはまちがいないであろう。

そうとすれば、ペティの労働価値説(これがマルクスのいう「科学的分析の端緒」の一つであることはたしかである)が「まったく背景におしやられ」、停滞したのはなぜであろうか。それは、マルクスのいう「重商主義の実利」の内容にもかかわることであるが、この小稿は、ペティを起点とするこの問題へのアプローチの一つの試みである。そしてこの試みは、窮極的にはペティのこの理論の歴史的な特異性を明らかにすることをそのねらいとしているものにほかならないのである。(3)

(1)　F Engels, *Anti Dühring*. Berlin, 1953. S. 290. 邦訳書(『マル＝エン選集』第一四巻)四〇七―〇八ページ。

(2)　K. Marx. *Das Kapital*. Ⅲ. Bd. Berlin, 1953. S. 834. 邦訳書(青木文庫版 第一三分冊)一一〇五ページ。

(3)　ペティとスミスとのあいだの約一世紀におけるイギリス経済学史研究は、たとえば J. Kuczynski, *Die Geschichte der Lage der Arbeiter in England von 1640 bis in die Gegenwart*. Ⅳ. Bd. 1. Teil. Berlin, 1954; R. L. Meek, *Studies in the labour theory of value*. London, 1956 をはじめすくなくない。そして、わが国における諸研究にほぼ共通する傾向は、それらがいずれもスミスをその終着点とする学

説史的研究だという点にあるといえよう。スコットランド歴史学派についての諸研究も、この点に関するかぎり、これらとほぼその傾向を同じくしている、といってさしつかえなかろう。

一

上述の問題を意識しながらペティの労働価値説を考察するばあい、まず注意しなければならないのは、この理論が創始されたのが一六六〇年の王政復古直後に公刊されたかれの最初の経済学的主著『租税貢納論』(一六六二年)であること、またかれの労働価値説は、その後におけるかれのどの公刊著作においてよりもこの著作においてもっとも明確な形で展開されていること、しかもこの著作は匿名で公刊されたということ、すくなくともこの三点であろう。というのは、右の第一点は、かれの労働価値説そのものの成立に、また第二点および第三点は、一六六〇年からかれの死(一六八七年)の翌年におけるいわゆる名誉革命にいたるイングランドにおける王政復古期という宗教＝政治的に複雑で反動的な時期の社会的諸事情と関連しているからである。

ところで、『租税貢納論』におけるペティの労働価値説は、かれの地代論においてもっとも明確な形をとって展開されているが、この展開は、直接的には王政復古にともなう税制の近代化、つまり、全国一率の金納地租の創設の問題に触発され、税源としての地代(富)の実体の探求という過程においてなされているのである。初期ステュアート王朝の成立以降いっそうはげしくなった国王対議会の軋轢の重大な争点が、宗教や独占の問題とならんで租税の問題であり、そのいずれもが絶対主義の王権の問題に直結していたことは周知のとおりである。ところが、王政復古にともなう税制改革においてこの全国一率の金納地租が問題になったその背後には、一六四〇―六〇年のイギリス市民革命をつうじておこなわれた土地所有の変革、すなわち、前世紀の中葉の宗教改革にもとづく修道院の解散による土地所有のそれにまさるとも劣らぬほど大規模な変革が、しかも短期間におこなわれた、という重大な事実がよこたわっている。このような土地所有の変革、その近代化は、この革命の中心問題の一つであって、そうであるからこそ、王政復古にともなう税制の近代化が問題になったとき、全国一率の金納地租が収益税体系の第一級の問題になったのである。しかも、このような土地所有の変革は、この時期のアイァランドにおいてもまたおこなわれたのであって、それはイングランド共和国によるアイァランドの収奪という形をとったけれども、その収奪の主要な対象は土地であり、そこでの土地所有の変革は、封建的土地所有の近代化というよりも、つきつめた形でいえば、むしろアイァランドの氏族制社会による土地共有から近代的土地所有へという文字どおり飛躍的な変革であったのである。ペティの地代論、したがってまたその労働価値説は、市民革命期の英・愛両国をつうずるこのような中心的な課題にその社会的根拠の一つをもっていたのであって、しかもかれ自身は、共和国時代のアイァランドにおけるこの課題の解明のために、この時代のほとんど全時期にわたり、その全精力を集注したといっても過言ではないのである。

つぎに、ペティの労働価値説は地代論をつうじて展開されているが、かれにとっては、地代(賃料)だけが剰余価値一般の正常な形態であった。そして、地代(剰余価値)をさらにいっそう掘りさげて価値尺度論を展開したとき、かれはこの尺度を「土地および労働」にみいだし、両者のあいだに「等価関係」をもとめようとしたのであるが、その反面、「自然価格」論においては、商品の(交換)価値を、その生産に必要な(しかも時間によって量的に規定される)人間労働によって、これを規定しているのである。ところで、このばあいもっとも重要な人間労働という概念は、(それは、実は使用価値をつくりだすかぎりでの人間労働と、交換価値の源泉としてのそれとの混同がかれの理論のなかにあるのであるが。）かれ自身としては、共和国時代以前に、つまり一六四〇年代の内乱時代に胚胎するものなのである。すなわち、かれのこの概念は、一方では、「労働は富の父で土地はその母である」というすくなくとも十六世紀以来の思想が、社会の福祉のための奉仕としての生産的労働はすなわち神への奉仕にもなるというピュリタニズムの労働思想(4)とむすびついている。と同時に、他方では、第三階級の勃興とともにコペルニクス、ガリレイ、ベイコン、ハーヴィーなどの諸発見や諸見解の画期的意義がはじめて認識され(5)、近代科学の擡頭（知的革命）が急激におこなわれたこの時代に、自然研究者（とりわけ生産技術者＝解剖学者）としてのかれは、とりわけベイコンの学徒として、すぐれて生産技術的＝生理学的な立場から、「労働」を商品生産のための「人間の単純な運動」と規定し、富の源泉をこのような意味における人間労働に帰していた。そのうえ、かれは、改革されたオックスフォード大学にむかえられて、解剖学の教授になる反面、この革命において「多頭の怪物」（"manyheaded monster"(6)）として登場したピュリタンの最左翼、すなわちレヴェラーズやディガーズの思想に依拠しながら、特異な『教育論』（一六四八年）を公刊し、国民の皆労・科学や技術の進歩・発明・分業、等々による全国民の富裕化という形で社会改革論を主張し、この意味においても、「歴史上はじめて貧乏の絶滅の可能性を考えた(7)」ベイコンの学徒として登場していたのである。

さらに、ペティのこのような生産技術的＝生理学的概念が労働価値説において上述したような経済学上の概念へ質的な発展をとげたのは、かれが共和国時代のアイァランドにおいて近代的土地所有の創設のための基礎事業を全島的な規模で主宰したことをもっとも有力な契機の一つとしている。それは、イングランド共和国政府によるアイァランドの反乱の鎮圧につづく収奪地の測量評価と、イングランド新教徒へのその分配とを骨子としているのであるが、ここでかれが直面した問題こそ、地価算定の基礎としての地代をめぐる諸問題であった。そして、上記の基礎的な諸事業は、これもまたかれが主宰したものと考えられるアイァランドの人口センサスをともなうものであったが、これらの諸事業の遂行はもとより、これらの問題の解決にさいしてかれが用いた方法は、とりわけガリレイやベイコンによって提唱されていたところの、「実験」によって総括される自然科学的方法であり、かれのばあいには、とくに数学・幾何学・天文学的方法、ならびに「自然体」と「政治体」、すなわち人体と社会の類比をふくめた解剖学的方法と、生産技術的方法とであった。さらに、上記の基礎的な諸事業——これらはアイァランドの全域にわたる「土地および人民」、すなわち「土地および労働」に関する包括的な調査だといってさしつかえない——を遂行し、またこれらの問題を解決しようとしたとき、かれはその数量的な側面についてはかがやかしい成果を収めた。けれども、その質的な側面については失敗したのであって、この質的な側面を経済学的に解明した成果こそ、『租税貢納論』における地代論によって代表されるかれの労働価値説なのである。しかもそのばあい、かれの理論的推理をささえたものは、自然法則の存在への信頼であり、理論的推理そのものは、諸現象の数量化にもとづくものにほかならなかったのである。(8)

以上、ひじょうに大づかみに述べたかぎりにおいても、ペティの労働価値説が、その問題の設定、基本概念および主要方法においてはもとより、そのあらゆる特質において、イギリス市民革命の所産であり、イングランドに関するかぎり、ベイコン、ホッブズ、(9)ハートリップなどによって代表されるこの時期の知的革命の所産であるということが知られるであろう。そして、『租税貢納論』と同年に公刊されたグラントの『諸観察』およびこの業績における両者の協働をもふくめて考えるならば、社会法則としてのペティの労働価値説が社会科学的問題領域への自然科学的諸方法の適用における当時としては最初にして最大の成果の一つであったということもまた明らかであろう。(10)

ヒルは、十八世紀初頭に「デフォウが旅行して歩きまわったころのイングランドは、一六〇三年にジェィムズ一世が馬でとおったそれとはひじょうにちがっていた。われわれはすでに近代世界にいたのである――すなわちそれは、銀行や、手形や、予算や、株式取引所や、定期刊行物や、喫茶店や、クラブや、木棺や、顕微鏡や、速記術や、女優や、傘やの世界であった」[11]といっている。そしてこの事態の到来を決定的なものにしたのはイギリス市民革命なのであるが、ペティの労働価値説は、つきつめていえば、人間生活のほとんど全面にわたって近代的なものの萌芽を生みだしたこの革命の中心問題の一つ――土地所有の変革――をその課題とすることによって創造されたといっても過言ではなかろう。

ところで、土地所有の変革は、当時における最大の財産としての土地を国王および旧貴族の手から第三階級へ大規模に移転することにほかならず、政治的には絶対王制の崩壊をもたらしたこの革命は、経済的には、とりもなおさず財産(土地)所有の在来的な均衡の破壊であった。そして、「土地財産の均衡」(proportion or balance of dominion or property in land)[12]こそ、ハリントンがこの「均衡」の変化によって歴史の発展――絶対王制から混合王制へ、さらには共和国《コモンウエルス》へという発展[13]――を解明しようとする唯物論的歴史理論を創造した社会的根拠をなしているのであって、[14]この理論の出現(一六五六年)は、「闘争や論争や果てしもないまでに多様な見解が歴史的懐疑主義を生みだしていた」この時期に、光明を投じたにちがいない。[15]王政復古の直前の時期に、ペティがハリントンと「政治〔問題〕を数字に還元しながら、その算術的比例について」後者を「てこずらせていた」[16]というその「政治」問題も、一つにはこの「比例」(proportion)、すなわち後者のいう「均衡」(balance)であり、またペティの当時の著作から判断すれば、十八歳以上の成年男子の人口数を基礎とする代議制の問題でもあったのであろう。

(4) C. Hill. *The century of revolution, 1603-1714*. Edinburgh. 1961. p. 84.

(5) ベイコンやハーヴィーの思想や発見がはじめて広く認識されるようになったのは、一六四〇年以後の知的革命の過程においてであった。*Ibid.*, pp. 94, 179.

(6) *Ibid.*, p. 28.

(7) *Ibid.*, p. 24. ヒルは、ペティの『教育論』を「新型軍(New Model Army)〔その根幹はレヴェラーズであった〕の哲学を教育へ適用したもの」として考えている。*Ibid.*, p. 181.

(8) *Cf.* A.F. Chalk, *Natural law and the rise of economic individualism in England.* (*The Journal of Political Economy*, Vol. LIX. No. 4, 1951) pp. 342–44. レットウィンは、ペティを十七世紀における最大級の「科学的経済学者」の一人として評価し、かれの『租税貢納論』を『政治算術』よりもむしろ高く評価している。そのわけは、前著においては労働が富の父だという一つの原理が全巻を一貫していること、そしてかれの経済理論の科学的性格をもっともよく代表するものはかれの地代論であり、地代が土地生産物の「剰余」として規定されていること、この二点にあるとしている。W. Letwin, *The origins of scientific economics, English economic thought, 1660–1776.* London, 1963. pp. 140–44. しかしながら、このばあいレットウィンが上記の「原理」と「剰余」との関連にほとんどまったく言及していないのはふしぎである。このことは、おそらくはレットウィンにおける「科学」とか「科学的」とかという概念の規定に由来するものなのであろう。*Cf. Ibid.*, pp. viii–ix.

(9) ペティがホッブズからうけた最大の影響は、おそらくはその国家観であろうが、「技術の真実の母は科学すなわち数学である」(*Hobbes' Leviathan*, Oxford, 1952, p. 67. 邦訳書〔岩波文庫〕第一分冊　一四七ページ)と考えていたホッブズから、かれの数学主義もまた影響をうけたのであろう。もっとも、ペティにとっての数物系の学問は、幼年時代からの、いわば生得のものであった。

(10) 以上、ペティの労働価値説の生成に関する私見については、本書の本論を参照されたい。

(11) C. Hill, *op. cit.*, p. 307.

(12) J. Harrington, *The commonwealth of Oceana, ed. by H. Morley.* London, 1887. p. 18.

(13) *Ibid.*, pp. 18–19.

(14) C. Hill, *op. cit.*, p. 182.

(15) *Ibid.*, p. 179. クロムウェルによるアイァランドの収奪植民計画も、一つにはハリントンのこういう理論に示唆されながら、アイァランドに「共和国」を建設しようとしていた、といわれている。*Cf.* E. Fitzmaurice, *The life of Sir William Petty.* London, 1895. p. 23.

(16) J. Aubrey, *Brief lives, ed. by O.L. Dick.* London, 1950. p. 240. そして、この「比例」(proportion)はもちろん、"balance" という概念もまた、"balance of trade" のばあいと同じく、十七世紀には自然科学的概念でもあったのである。G.N. Clark, *Science and social*

welfare in the age of Newton. Oxford, 1949. p. 119.

二

十七世紀中葉のイギリス市民革命は、十八世紀後半のフランス革命にも匹敵するほどの偉大な革命であったが、同時にそれは、後者との比較においてきわめて不完全な革命であった、といわれている。[17] この「偉大性」と「不完全性」とをフランス革命との比較において解明することは、現在の筆者にとってはとうてい不可能なことである。しかしながら、一六六〇年の王政復古が新旧の土地貴族と新興市民の上層階級との妥協のうえにもたらされたということ、また、フランスではその翌年からルイ十四世の親政のもとに絶対王制がその頂点に達しつつあったのにひきかえ、イングランドではそれは永久に再起不能になり、チャールズ二世は議会からまねかれてはじめてイングランドの王位につきえたということ、しかもその反面において、そのさい国王によって約束されたところの、弑逆議員をのぞく革命加担者の全面的な恩赦も、議会による財産の処分の容認も、宗教上の寛容も、軍隊に対する遅滞していた給与の支払も[18]、いずれもきわめて不十分にしか実施されなかったという三つの事実は、上述の「偉大性」と「不完全性」とをある程度まで物語るものであって、またこのことは、王政復古の全時期をつうじていっそう明瞭になるのである。

王政復古を契機として、王権はたしかに民主化されたが、国王は国教徒というよりもむしろカソリックであり、ルイ十四世の年金受領者であった。封建的な土地保有関係は廃止されたが、耕地の囲いこみと土地への投資とは急速に進展し、土地所有者間のギャップが拡大され、小規模の自営農や謄本土地保有者の不安・没落がいちじるしくなった。政府による税制の改革・農業生産の奨励・生産者の保護・革命以来堅持された航海条例・産業における独占の廃止、等々によって、また土地を追いたてられた農民を吸収することによって、産業の生産は増進し、外国貿易はこの約三十数年間に五〇パーセントも急増したが、その反面、「不自由民」、すなわち、支配されるためにのみ生存し、「呼吸することの効用にしか関心をもたない」賃銀労働者および貧民もまた急増したのであって、かれらが「多頭の怪物」の子孫であることは明白である。そして、以上のすべてがこの時期のイングランドにおける原始的蓄積を促進したことはいうまでもないが、この時期にはじめて登場した二つの政党の政治的対立がほとんど無意味にちかいものでしかなかったのは、これらの子孫に対する共通の恐怖と、とりわけ国教反対者に対するトリー党の恐怖からであった。[19]

このような事態のもとにおいて、われわれの主題にとっていっそう重要なことは、この時期における科学の興隆であろう。それは、なによりもまず第一に、ペティの『租税貢納論』やグラントの『諸観察』の公刊と同年に創立された王立協会によって示されているといえよう。この協会がベイコンの偉大な理想の実現であり、自然科学および生産技術の各分野においてかがやかしい成果を収めたことはまぎれもない事実である。そしてこの事実は、たとえ市民革命は挫折し、敗北はしても、思想における革命は破壊されなかったことを如実に示すものであるが、[20] それと同時に、この協会が「自然哲学における方法は政治学〔社会科学〕等々にも適用されてしかるべし」というベイコンのすばらしい勧告[21]を文字どおりには実現しえなかったことを示すものにほかならない。そして、この協会の活動そのものも、ニュートンの『プリンキピア』(一六八七年)の出現つまり名誉革命以降、十八世紀後半まで衰退するのであって、ニュートン自身も、一七〇三年にこの協会の会長に選ばれはしたが、その後自然科学研究を放棄し、神学や歴史学に興味をもつようになるのである。[22] このような自然科学の衰退は、王政復古にともなう宗教＝政治的反動と緊密にむすびついている。そしてこの反動は、直接的には「祈祷方式統一法」(一六六二年)を先頭とする一連の「クラレンドン法典」

(一六六一―六五年)によって開始された。その目的は、国教を確立し、その反対者を社会生活のあらゆる部面からしめだすことを企図するものにほかならない。それは、その最右翼である長老派をもふくめたピュリタン(すなわち国教反対者)を、国教会はもとより、オックスフォドやケンブリッジの大学からも追放したのであって、市民革命をつうじてこれらの大学の教職についた人々は、総じてピュリタンであり、ベイコニアンであったのであるから、かれらの追放は、これらの大学を革命以前における最悪の状態にひきもどしてしまったばかりではなく、経済問題の探究は王立協会や諸大学からしめだされたのである。(23) このような事態が、「検閲法」(一六六二―九五年)とともに、この時期における学問研究や思想の自由をいかに侵害したかは想像にかたくないであろう。

ペティの『租税貢納論』が、匿名で出版され、しかもかれがその再版を快く思わなかったのは、(24) 一つにはこのような事態によるものであろう。というのは、この書物が労働価値説および生産力増進論を主軸としつつ、既存または現存のあらゆる制度を痛烈に批判し、とりわけこの当時に復位した宗教(国教および旧教)制度や、復活されようとしていた封建的諸収入に対する批判をきびしくおこなっていたからであろう。『租税貢納論』以外の、かれの経済学的・統計学的主著はどうかといえば、『賢者に一言』も、『政治算術』も、『政治的解剖』も、『貨幣小論』も、『アイァランド論』も、いずれもかれの死後、つまり名誉革命後に出版された。かれの生前に顕名で出版されたものは、実質的には蓄積論を志向してはいるものの、表面的には主として人口統計の先駆とみなされるべき「政治算術」に関する数編の小論だけである。そして、かれの労働価値説そのものについていえば、それがもっとも明確な形で展開されているのは最初の主著『租税貢納論』であり、重商主義の影響がその痕跡さえもとどめぬといわれている『貨幣小論』においては、労働価値説にもとづく貨幣論が積極的に展開されているというよりも、むしろそれまでのかれの著作にまつわりついていた重商主義的観念（とりわけ貨幣観）がとりのぞかれた点にその特徴があるといえよう。『政治算術』が執筆当時に公刊されなかったのは、この著作が「フランスの怒りを買う」ことを恐れたためといわれているが、それと同時に、ペティがこの著作において、みずからは当時としての産業資本の立場にたちながら、国教反対者のなかに真に重要な生産力の担い手をみいだしているからであろう。そして、『政治的解剖』が『政治算術』と同じ運命をたどったのは、一つにはかれのアイァランド開発論が、航海条例を主軸とする当時の重商主義的植民政策とあまりにもかけはなれていたものであったからであろう。

以上のように見てくると、イギリス市民革命のまぎれもない所産としてのペティの労働価値説は、王政復古期における反動的な社会思潮の高まりとともに、かれ自身においてはともかく、一般的には自然科学の衰退とともに停滞していったといわなければならない。そしてこのことは、ペティの他の諸業績とともに、[25]また自然科学における王立協会そのものの活動や、ボイルその他の科学者の諸業績とともに、さらには社会諸科学や諸思想におけるホッブズ、ハリントン、ミルトン、ウィンスタンリおよびレヴェラーズなどの諸業績とともに、市民革命をつうじて生みだされた科学的諸成果や進歩的諸思想についてもまた妥当するのである。[26]そして、この停滞と表裏しつつ、王政復古期の後半以降における科学の担い手は、「祈祷方式統一法」（一六六二年）によって社会的にしめだされた国教反対者の私的なアカデミー（Dissenting Academies）や学校——そこでは、当時としては一般にほとんどまったく閑却されてしまっていたフランス語や、数学や、自然科学一般が講義され、実験もおこなわれた——となり、またある者は、カルヴィニズムが根をおろしていた国々、すなわちスコットランドや、スイスや、オランダへおもむいたのであって、[27]十八世紀においては諸科学や生産諸技術が再興したとき、それへの刺激は、イングランドの諸大学や王立協会からではなくて、これらの「国教反対者のアカデミー」や個々の職人たちによってあたえられたのである。[28]

そうとすれば、われわれは、十八世紀の大ブリテンをつうじてもっとも開明的な都市であった[29]というエディンバラやグラスゴウ、つまりスコットランドに眼をむけざるをえない。十七—十八世紀の社会科学が、とりわけ自然科学や生産技術の興隆にささえられながら生成発展していたことを考えればなおさらそうなのである。

(17) C. Hill, *op. cit.*, p. 187

(18) S. R. Gardiner, *The constitutional documents of the Puritan Revolution, 1625–1660*. Oxford, 1951. pp. 465–97. G. Davies, *The Restoration of Charles II, 1658–1660*. London, 1955. pp. 340–42.

(19) *Cf.* C. Hill, *op. cit.*, pp. 202–03, 209, 212, 232–34, 310. 市民革命の時代に「多頭の怪物」としてあらわれた将来の第四階級が、労働組合を結成しはじめるのはこの世紀の後半からであり、それがかなり明確な形をとりはじめるのは十八世紀初頭からである。*Ibid.*, p. 311. E. Lipson, *The economic history of England*, Vol. Ⅲ, London, 1948. pp. 389–91.

(20) C. Hill, *op. cit.*, p. 190.

(21) B. Farrington, *Francis Bacon, philosopher of industrial science*, London, 1951. p. 113. スプラットが一六六七年に王立協会の歴史を出版したのも、一つにはこの協会が、したがってまたその中心的な作業である「実験」が国教に対しても諸大学に対しても有害ではない、ということを弁明するためであった。T. Sprat, *History of the Royal Society, ed by J. I. Cope and H. W. Jones*. London, 1959. 3rd Pt. 宗教における苛酷な迫害の結果、「革命的な政治思想が宗教の形をとって表明されることをやめた」(C. Hill, *op. cit.*, p. 250)のであって、このことは、当然、科学の進歩にも影響したのである。

(22) J. G. Crowther, *Scientists of the industrial revolution*. London, 1962. p. 1. F. E. Manuel, *Isaac Newton, historian*. Cambridge (Mass.), 1963. p. 21. 市民革命時代に「議会派に属していた科学者たちの年老いた世代が王政復古期のイングランドで死に絶えるにつれて、科学は、生産の助力者というよりも、むしろ紳士気どりの会話のためのかざりものになってしまったのである。」C. Hill, *op. cit.*, p. 248. 一六八〇年代には、「王立協会は解散の危険にさらされていた」という。*The record of the Royal Society of London*. 4th edn., London, 1940. p. 45. 十八世紀前半になっても、この協会は不振であった。J. G. Crowther, *op. cit.*, p. 341.

(23) G. R. Cragg, *Puritanism in the period of the great persecution, 1660–1688*. Cambridge, 1957. pp. 4–5, 185–86. M. H. Curtis, *Oxford and Cambridge in transition, 1558–1642*. Oxford, 1959. pp. 279–80. W. Letwin, *op. cit.*, p. 83. 一六八三年に、オックス

フォド大学は、ホッブズ、ミルトン、バクスターなどをふくめたところの、市民革命が生みだした政治論を公然と弾劾し、偉大な諸論著の大部分を焼いたという。C. Hill, *op. cit.*, p. 249. 市民革命の時期にはピュリタンとして議会軍の花形であるロンドンの民兵隊に属して活躍したグラントが一六六〇年代にローマ旧教に改宗し、また、この革命の最中に、ある点ではレヴェラーズとその思想を同じくしていたペティが国教に忠誠を告白して死んだということは、かれらが革命をつうじて代表的な有産者になり、保守的になったことにもよるが、王政復古期の政治＝宗教的に反動的なふん囲気にもよるものであろう。両者が革命をつうじて致富者になったのは、まぎれもない事実である。

(24) Hull's edn. of *Treatise of taxes & contributions*, Cambridge, 1899. Vol. I, p. 4.

(25) ペティの業績のなかで、十八世紀後半以後にいたるまでかえりみられず、実現もされなかったものは労働価値説だけではない。たとえば、男子普通選挙制、「代議制なきところに課税なし」という原則、人口および国富のセンサス、不動産登記法の制定、中央統計局の設置、等々の提案がそのおもなものといえよう。*Cf.* Lansdowne's "Introduction" to *The Petty Papers*. London, 1927. Vol. I, pp. xxxiii-xxxviii. これらの提案は、いずれも当時のイングランド社会には容れられなかった。それどころか、国王チャールズ二世はペティを評して「不可能事を追求する人」といったという。しかし、これらの提案がいずれも十八世紀後半以後だんだんと実現されたことはいうまでもない。*Cf. The Petty-Southwell correspondence, 1676-87*. London, 1928. p. 281. E. Strauss, *Sir William Petty*. London, 1954. Chapt. 19.

(26) C. Hill, *op. cit.*, p. 191.

(27) G. R. Cragg, *op. cit.*, pp. 185-88.

(28) C. Hill, *op. cit.*, p. 293. J. G. Crowther, *op. cit.*, p. 182.

(29) B. Williams, *The Whig supremacy, 1714-1760*. Oxford, 1949. p. 270.

三

一六〇三年にスコットランドの国王ジェィムズ六世がイングランドの王位につき、ジェィムズ一世になったということは、英・蘇両国のあいだにおける同君連合が成立したことを意味している。ところが、その後イングランドにおける市民革命をさしはさむ約一世紀が経過した一七〇七年には、両国は同一議会のもとに合邦し、アイァランドとの合邦までにはなお約一世紀を要したけれども、大ブリテンという連合王国が確立されることになったのである。英・

蘇両国のこの合邦は、その後におけるスコットランドの急速な経済発展の基礎にはなったけれども、この国の高地地方には昔からアイァランドのそれに似たケルト人の氏族制社会が営まれ、それとエディンバラやグラスゴウを中心とする低地地方との対立は、合邦そのものに対しても、また合邦後においても、けっして解消しなかった。そして、この対立は、イングランドのジェィムズ二世にくみするジャコバイトの指導下にひきおこされた高地地方民の二回の反乱(一七一五年、一七四五年)となって爆発し、その敗北となっておわりをつげたのであるが、英・蘇両国が大ブリテンとして均質なものになりはじめるのは、十八世紀後半からのことなのである。これらの反乱は、スコットランドにとっては市民革命であり、敗北した高地地方の人民は、急速に商工業が発達しつつあった「グラスゴウその他の工場都市へ追いやられた」のであって、(30)とりわけ十八世紀中葉以降のグラスゴウにおける産業の急速な興隆と発展は真にめざましいものがあった。(31)そのうえ、スコットランドは、宗教改革以降、イングランドとは異なり、カルヴィニズムの強い影響をうけ、十六世紀の後半、すでにJ・ノックスによって長老教会制度が確立されていたのであって、その進歩的な伝統は、十七世紀イギリス市民革命勃発の直接的な導火線の一つになったばかりではなく、この世紀をつうじて存続した。そして名誉革命においても、また英・蘇両国の合邦にさいしても、長老派の教会はスコットランドの国民的教会としての地位を確保することができたのである。(32)

ところで、以上のような政治経済的諸事態の変革と進歩的な宗教的伝統とは、エディンバラやグラスゴウを上述のような開明的な都市にしたもっとも大きな要因であった。そして、その結果としてもたらされたスコットランドの知的興隆は、スコットランドの諸大学、とりわけグラスゴウ大学をイングランドのそれらとの比較においていちじるしく進歩的なものにしたばかりではなく、(33)すくなくともつぎの三つのかがやかしい成果をもたらしたのである。

すなわち、その第一は、産業の急速な発展に刺激された自然科学や生産技術の進歩であり、このことは、十八世紀後半におけるイングランドの毛織物工業の北上と符節をあわせながら、グラスゴウ・エディンバラ、およびヨークシャ・ランカシャ・バーミンガムにおける偉大な自然科学者や生産技術家――J・ブラック、J・プリーストリー、J・ウォット、J・ハーグリーヴズ、R・アークライトなど――つまり産業革命の主要な科学的技術的担い手たちがスコットランドおよび北部イングランド出身の人々であることを考えてみるだけでも十分であろう。

第二は、十八世紀中葉におけるスコットランド歴史学派の登場である。その歴史理論の核心は、社会の歴史的発展の基礎に財産の所有関係の変化をおこうとする点にあるといわれている。(34) そうとすれば、この学派は、すくなくともその想源の一つをこの時期のスコットランドにおける前記の「革命」をつうじての財産関係の大変動にもつと同時に、約一世紀まえのハリントンが創始した上述の歴史理論の十八世紀版だといえよう。(35) この歴史学派の中心人物であったスミスは、その主著のなかでつぎのように述べている。すなわち、大ブリテンでは、その「諸法律のおかげで、あらゆる人が自分自身の労働の果実を享受することを保証されているが、……この保証こそ、奨励金が創設されたのとほとんど時期を同じくしておこった革命によって完成されたものなのである。自分自身の生活状態をよりよくしようとする各個人の自然的努力は、自由と安全とによってそれに精だすことがゆるされるばあいには、きわめて強力な原理なのであって、これさえあれば、なんの援助もなしに社会を富と繁栄とに導くことができるばかりではなく、もろもろの人定法の愚劣さによってあまりにもしばしばその活動が妨げられるところの、百にものぼるおこがましい障害をのりこえることさえできるのであり、しかも、たとえこれらの障害の結果として、つねに多かれすくなかれその自由が蚕食され、その安全が減殺されるにしても、なおそれをのりこえることができるのである」(36) と。ここでスミスが言及している「奨励金」は穀物輸出奨励金であり、また「革命」は疑いもなく一六八九年の名誉革命である。したがって、スミスは、十八世紀初頭以降における大ブリテンの「富と繁栄」、その基礎としての「あらゆる人が自分自身の労働の果実」つまり私有財産を「享受すること」の「保証」が、市民革命によって「完成された」ものと考えているわけである。この引用の後半の部分との関連において考えると、このことはいっそう明瞭になるであろう。そして、イギリス革命についてのきわめて適切なこの歴史的把握は、おそらくは上述の歴史理論とふかくむすびつくものであろう。

第三は、ほかならぬこのスミスにおける労働価値説の成立である。かれの想源がどこにあるかということは、たとえそれをこの理論だけにかぎって考えても、きわめて膨大で複雑な問題である。しかしながら、すくなくともその成果においては、スミスの労働価値説がペティにおけるその萌芽の発展の一つの所産であり、両者をへだてる約一世紀間における諸科学の成果を基礎としながら、それをはるかに広い視野のもとに、独立した経済学の基本的理論として、より精密に体系化したものであることは明白であろう。また、これと同時に、スミスにおける「自然的秩序」の思想を象徴的にあらわすといわれているあの有名な「見えない手」という考えかたが、ペティの同時代者で、王政復古時代のイングランドの思想的「苦悩をだれよりも典型的にあらわしている人物」[37]といわれるJ・グランヴィルによって、スミスよりも約一世紀まえに表明されていたことも想起されるべきであろう。すなわち、ペティと同じ王立協会の会員であったグランヴィルは、ベイコンやデカルトからとりわけ強く影響されながら、スコラ哲学をきびしく批判した一六六五年の主著の第二十一章でつぎのように述べている。「解剖学を知らず、人相学からの推測以上にでられぬ者はあわれな医者である。否それどころか、もっともありふれた現象でも、その奥に秘匿されている構造原理への洞察なしには知ることも改善することもできないであろう。というのは、自然は見えない手をつうじてあらゆる事物に働きかけているからである」(38)と。

以上の三つの成果がたがいに関連しあうものであることはいうまでもないが、このように見るかぎり、ペティからスミスへの科学的経済理論の移行・発展は、歴史理論(総じて社会科学)とともに、地域的にはイングランドからスコットランドおよび北部イングランドへのそれであり、またこのことは、哲学、自然科学および生産技術のばあいにもほぼ妥当する。そして、ペティとスミスとの約一世紀のあいだにおける上述の停滞の問題、したがってまた前者における労働価値説の歴史的特異性の問題をつきつめれば、その勝利と挫折をもふくめた十七世紀イギリス市民革命の歴史的特異性にあるといえよう。いいかえれば、ペティの労働価値説の偉大性と不完全性もまた、その生みの親であるこの市民革命そのものの偉大性と不完全性に、とりわけその後産業革命にいたるイギリスの社会的基盤との関連において、もとめられるべきものであろう。

(30) K. Marx, a. a. O., I. Bd. SS. 767–68. 邦訳書(青木文庫版 第四分冊) 一一一三—一一四ページ。これらの反乱のばあい、高地地方の人民は、前世紀のイギリス市民革命においてアイァランド人が演じたのとほぼ同じような役割を演じた、といってさしつかえないであろう。

(31) H. Hamilton, *An economic history of Scotland in the eighteenth century*. Oxford, 1963. pp. 100, 249–50, 254.

(32) H. Brown, *History of Scotland*. Vol. III, pp. 10–13, 66, 94.

(33) 「産業がさかえた新しいグラスゴウは、科学の司令部になった。」J. G. Crowther, *op. cit.*, p. 44. このことが、とりわけつぎに述べる第一の成果とともに、スミスの分業論の現実的な基礎の一つになったことは疑いない。

(34) R. Pascal, *Property and society, the Scottish historical school of the eighteenth century* (*Modern Quarterly*, Vol. 1, 1938). 水田洋訳『国富論』河出書房新社版 一九六三年 二九九—三一二ページ。

(35) *Cf.* C. Hill, *op. cit.*, p. 251. 王政復古期には、ハリントンの歴史理論は、その後継者がなく、「財産の支配」という側面だけが強調されつつ利用された。*Ibid.*, p. 251.

(36) *Wealth of Nations*, ed. Cannan. Vol. II, pp. 42–43.

(37) J. Owen, *An essay on the life and works of Joseph Glanvill*. p. vii. (Introductory essay to Granvill's *Scepsis Scientifica. ed. by J. Owen*. London, 1885.)

(38) J. Glanvill, *Scepsis Scientifica*. p. 155. *Cf.* J.K. Fuz, *Welfare economics in English Utopias*. The Hague, 1952. p. 107. ここでグランヴィルのいう「見えない手」とスミスのそれとが無媒介にむすびつきうるものでないことはもとよりであるが、グランヴィルもまたかれなりに「自然的秩序」の存在を確信していたことは疑いない。なお、オウエンによれば、グランヴィルにおける "scepsis" は、古典的な意味、すなわち "enquiry" とか "judicial suspense" とかという意味に用いられていたという。J. Owen, *op. cit.*, p. xvi.

三　三つのグラント研究によせて

——経済学および統計学の古典の研究方法についての示唆——

まえがき

ここで三つのグラント研究というのは筆者がたまたま読んだつぎの三つの論文のことである。

Glass, D. V. (London School of Economics): John Graunt and his *Natural and political observations*. (*Proceedings of the Royal Society*, Ser. B, Vol. 159, 1963, pp. 2–32.)

Sutherland, I. (Statistical Research Unit, Medical Research Council, London): John Graunt: A tercentenary tribute. (*Journal of the Royal Statistical Society*, Ser. A, Vol. 126. Pt. 4, 1963, pp. 537–56.)

Урланис, Б. Ц. (Институт Экономики АН СССР): Трехсотлетие демографии. (Ученые записки по статистике, Том 7, 1963, стр. 150–60.)

これらの三つの論文は、いずれもグラント(John Graunt, 1620–74)の唯一の公刊著作、すなわち『死亡表に関する自然的および政治的諸観察』(*Natural and Political Observations made upon the Bills of Mortality*. London, 1662.——以下『諸観察』と略記)の公刊三〇〇年を記念して執筆され、一九六三年にいわば同時に公表されたものである。一九六二年の『経済研究』で筆者もこれと同じテーマをとりあつかったが(1)、ここでのこの小稿の目的は、上掲の三つの論文の大筋を紹介し、『諸観察』についての筆者の理解と対比させながら、経済学や統計学の古典の研究方法についてこれらの論文から筆者がうけとった示唆を要約することにある。(2)

ところで、上掲の三つの論文は、すくなくとも形式的には構成上の共通点をもっている。というのは、節のたてかたや、それぞれの節に対する紙幅の割きかたは同じではないけれども、各論文の執筆者三氏は、いずれも、(1)グラントの生涯、(2)グラントの『諸観察』の性質、(3)『諸観察』についてのいわゆる「著作者論争」、という三つの問題についての論述をそれぞれの論文の主要部分にしているからである。そこで、筆者もまたこれらの三つの問題について、この順序にしたがって述べることにしよう。(3)

（1）「J・グラント『諸観察』の公刊三〇〇年――その現代的意義に関する一試論――」(『経済研究』第一三巻第三号　一九六二年七月)

（2）グラントの『諸観察』の公刊三〇〇年を記念する研究は上掲の三つにとどまるものではなかろう。筆者が直接読みえたものとしては、上掲の三論文のほかに、Renn, D.F., *John Graunt, citizen of London*, (*Journal of the Institute of Actuaries*, Vol. 88, 1962, pp. 367–69)という小論がある。また、ハンガリーでは、Danyi, D., *John Graunt*, (*Demographia*, Vol. 6, No. 1, 1963, pp. 58–64)が公表されている、という。

（3）このわずかな紙幅に三氏の論述の詳細を紹介することはとうてい不可能である。したがって、ここでは三氏のそれぞれの論旨に極力そいながら、それぞれの論述に特徴的と考えられる諸点を紹介することにしたい。

一　「グラントの生涯」について

従来、グラントの生涯についてはは正確な事実はごくわずかしか知られておらず、漠然たる事実もあまり多く伝えられてはいなかった。この事情はグラントの終生の友ペティのばあいとは対蹠的だといってさしつかえない。しかもこの両者は、学問的にもとうてい切りはなしえないほど深くむすびつき、ともにきわめて高い評価をうけてきただけに、この点はふしぎとさえ思われるのである。

こういう事情を念頭におきながら三氏の叙述を読みくらべてみてまず気づかれることは、サザランド氏とウルラニス氏の研究が在来的な「グラント伝」をほとんどでていない、という点である。これに反し、グラース氏の研究にはひじょうな努力のあとが見られる。すなわち、グラース氏は従来グラントの生涯を明らかにするための基本的資料といわれてきたものはもちろん、ロンドン市の古記録、グラントが属していた同業組合(Draper's Company)の古記録、ペティの子孫ランズダウン侯のもとに保存されていた未公刊文書その他について、多数の人々の協力をえていくつかの新事実を発掘しているからである。それにもかかわらず、グラース氏が新たに発見した諸事実は、たとえばグラントの住居についての諸事情とか、グラントの子どもたちについての消息とかという、文字どおりの個々的なディーテイルズであって、それ自体が貴重なものであることはもとよりであるにしても、グラントにおける学問の生成発展や、『諸観察』そのものの成立やについて重大な関連をもつものとはいえない。と同時に、これは三氏の論文に共通する点であるが、グラントの生涯における個々的な諸事実を、その時代の社会ならびにグラントその人の学問的成長、ひいては『諸観察』そのものの成立との関連において考察しようという志向がどちらかといえば希薄であるように読みとられる。いいかえれば、生涯は生涯、著作は著作、というふうに考えられている、といっても過言ではなかろう。(4)

経済学や統計学の古典研究においてわれわれが特定の著者の生涯に関心をもつのは、著者その人をその時代の社会に位置づけ、両者の関連を明らかにするためである。というのは、当該著者は、その時代の歴史的制約をうけざるをえないし、またその反面、当該著作は著者をぬきにして(いわゆる「歴史的背景」のみによって)生みだされるものではもちろんないからである。いいかえれば、著者における学問の生成発展や著作の成立やは、当該著者がその時代の社会における問題を問題とし、いわばかれがこの社会と切りむすんだそのきわにおこなわれ、生みだされるものであるからである。(5) このことは現実社会を直接の研究対象とする経済学や統計学のばあいには、しかも総じて近代諸科学のことはじめの時代としての十七―十八世紀については、とくに強調されるべきであろう。

この観点からグラントの生涯を見るばあい、明らかにしたいことはひじょうに多いが、ぜひとも明確にしたい点がすくなくとも四つある、と筆者は考える。すなわち、第一は、市民革命の内乱時代にかれが一人のピュリタンとして議会軍に参加したことは一般にみとめられているが、その参加のいっそう具体的な内容である。(6) ピュリタニズムと当時の新科学の興隆との意味深い関連を考えるばあい、この点が重要であることはいうまでもなかろう。第二は、おそらくはこれと同じ時代にはじまったかれとペティとの交友関係の正確な諸事情である。この点は、両者が終生の友であったという個人的な諸関係というよりも、むしろ両者の学問的協力関係というはるかに重要な問題に関連している。そして、社会問題の数量的観察についてのグラントの関心をめざませたのがペティだということは、多くの研究者が一致しているところであって、グラース氏もまたこの点を指摘しているが、当時のグラントがピュリタンであったこととペティが熱烈なベイコニアンであったこととを考えあわせると、(7) この交友関係の始期や具体的内容はますます重要だと考えられる。第三は、かれが死亡表の研究に関心をもつようになったいっそう具体的な動機およびそれについての研究の始期である。この点について、かれ自身『諸観察』の序文の冒頭で簡単に語っているが、いつごろから研究しはじめたかは語っていない。これらの点がもっとたちいって明確にされれば、『諸観察』の成立や内容のよりよき理解に役だつであろうことは明らかである。第四は、『諸観察』の公刊後、おそらくは一六六〇年代の後半以降(つまり王政復古時代)におこったグラントのローマ旧教への改宗の動機とその時期である。この事実は、市民革命時代にかれがピュリタンであっただけに、また当時は政治・宗教・思想・科学の四者がとりわけ密接に関連しあっていただけに、当然重視されるべき点であろう。

以上の四点について、グラース氏はいずれも不明としたり、起りうべき可能性を述べたりしている。いずれにせよ、たとえ文字どおりのディーテイルズではあっても、グラース氏の努力の結果としていくつかの新事実が明らかにされたということは、すでに一言したように貴重な収穫である。というのは、こういう努力がひきつづき払われるならば、より重要な関連を明らかにする手がかりがえられるであろうからである。これを要するに、三氏の論文のこの部分から、経済学や統計学の古典の研究方法について筆者がうけとった示唆を要約すれば、上述の観点からする特定の著者の生涯についての研究のいっそうの重要性ということになるであろう。グラース氏もサザランド氏も、申しあわせたように「私は歴史家ではない」といっている。筆者もまたこれと同じことをいわなければならないが、ここでの問題は、当該研究者が「歴史家」であるとかないとかにあるのではなくて、事実上、歴史的な問題をとりあつかわざるをえないし、また現にとりあつかっている、ということにある。

（4）　もっとも、ウルラニス氏のばあいには上記の関連（というよりもむしろ『諸観察』の成立の社会的背景といわれるべきもの）がある程度述べられているが、それは「グラントの生涯」という節ではなくて「グラントの著作」という節においてである。

（5）　最近のベイコン研究によって、ベイコンの『大革新』や『ニュー・アトランティス』において展開された根本的な思想は、きわめて素朴な形においてではあっても、かれがケムブリッジ大学に入学するかしないかの少年時代にかれのなかに芽ばえていたこと、そしてこのことは、イリザベス女王の治下の大政治家で、土地改良に精だす新興の大地主でもあったかれの父と、カルヴィニズムから強烈な影響をうけていた博学な母からの、つまりかれの家庭的影響から生じたものだということが明らかにされた。*Cf.* B. Farrington, *Francis Bacon, philosopher of industrial science.* London, 1951. Chapt. II. このことは、上述の観点のもとに、少年ベイコンをその時代のイングランド社会のなかに置いて考察した結果として明らかにされた重要な関連を示す一つの事例というべきであろう。

（6）　グラントが当時のいわゆる新型軍（New Model）の少佐でまもなく少将にまで昇進したケルシー（T. Kelsey, *d.* 1680?）の義兄であったことは『国民人名辞典』にも明記されている。この関連は、こまかすぎるようなことではあるが、市民革命時代におけるかれの活動を考えたり、ペティとの交友関係を考えたりするばあい（ケルシーはクロムウェルによるオックスフォド大学の改組にさいしてのその責任者の一人であった）、けっして軽視できない点であって、C・ヒルもそれを指摘している。*Cf. Intellectual origins of the English Revolution.* Oxford, 1965. p. 272, n. 7. なお、この点についての私見は本書の一四九ページを参照されたい。グラース氏、サザランド氏、ウルラニス氏は、いずれもこの点にふれていない。

（7）　この点に関連して、グラントが『諸観察』の献辞のなかでベイコンの『生死論』（Discourses of life and death）に自著をなぞらえていることが想起される。そしてこの『生死論』がベイコンの The history of life and death...Being the third part of the Instauratio Magna. (*Works*, rep. ed. 1963, Vol. 5, pp. 213-335) に関連していることはまちがいなかろう。

二　「グラントの『諸観察』の性質」について

上掲の論文のこの部分を、グラース氏は「グラントの著作の性質」、ウルラニス氏は「グラントの著作」という各一節で論じているが、サザランド氏はこれを九つの節に分けている。すなわち、各節のタイトルをそのまま訳出すると、(1)『諸観察』、(2)グラントの科学的アプローチ、(3)死亡表、(4)グラントの立論と方法、(5)人口動態、(6)人口推計、(7)最初の生命表、(8)さらにすすんだ統計学的アプローチ、(9)グラントの統計学的認識の限界、がそれである。これらの各節に割かれているスペースは平均約一ページ半にすぎないが、それを全体として内容的に見れば、けっきょくグラース氏やウルラニス氏の上記のタイトルに総括しうる、といってさしつかえなかろう。逆にいえば、グラース氏もウルラニス氏も、こまかな節に分けてはいないが、内容的には、（力点のおきかたは必ずしも同一ではないにせよ）サザランド氏が述べている諸点について論じているのであって、ただちがうのは、サザランド氏の上記の(8)に相当する考察が他の二氏のばあいにはほとんどなされていないという点である。

ところで、この部分についての三氏の叙述をつうじて気づかれる最大の特徴は、三氏の『諸観察』についての理解がその大筋においておどろくほど一致している、という事実であろう。(8) このことは、三氏が各論文の導入部で、従来の一般的な評価としてではなく、むしろ現在自分自身の評価として、グラントを統計学またはデモグラフィーの創始者として位置づけていることに照応している。したがって、『諸観察』はもっぱらこの観点から光をあてられ、理解されることになり、その結果、この古典のメリットは大別して二つの点に集約されることになるのである。

すなわち、その第一点は、この著作に示されているグラントのアプローチや研究方法が「統計学的に」きわめて厳密で科学的だということである。グラントが手にしえたデータは、主としてロンドン市にかぎられ、毎週の男女別出生(洗礼)数、死亡(埋葬)数および八一の死因に分類された死亡総数、ならびにその一ヵ年の総計であった。これらのわずかな、しかもひじょうに不完全なデータを処理しながら、かれはさまざまの観察をひきだしたのであって、その結果、かれの諸観察の「統計学的な」部分のほとんどすべては推計にもとづくものになった。そしてこの統計的推計をおこなうばあい、かれは、資料の収集・その吟味・推計方法・推計結果の検証方法などについて、現代の経済学者や統計学者をも恥かしがらせるほどの良心と科学的周到さを示している、というのである。この点についてはだれしも異論をさしはさむ余地はなかろう。(9)

つぎに、その第二点は、『諸観察』の最大の成果が社会(人口)現象における数量的(統計的)規則性の発見にある、ということである。そしてこの規則性のなかには、いわゆるグラントの「生命表」と称せられる死亡生残表もふくまれるのであるが、(10) その他の規則性としては、(1)出生における性比の恒常性、(2)死亡総数に対する慢性的疾患による死亡率の恒常性、(3)都市における高死亡率(農村にくらべての)、(4)幼児における高死亡率(成人にくらべての)、その他等々である。商業算術、グラント自身のことばでいえば「私の商店算術という数学(Mathematiques of my Shop-Arithmetique)」を主要な方法の一つとして、上述のようなデータからこのような規則性を導出したという事実は真に驚嘆すべき功績といわなければならない。(11)

ところで、以上が三氏のこの部分についての理解の要約であるが、このばあい三氏は『諸観察』の内容について重要な他の二つの点を全然無視または軽視している。すなわち、その一つはグラントのこの著作が「自然的」であると同時に「政治的」な『諸観察』であること、もう一つは『諸観察』には原著者による「結論」がつけられていることと、がそれである。そして前者のばあい、グラントによると、「自然的」とは「空気・地方・季節・多産性・健康・疾患・長寿・人間の性比および年齢比」に関連するということであり、「政治的」とは「産業・統治」に関連するということである。(12) そしてグラントは、上述の数量的規則性を論じるばあい(実は'numerical regularities'ということばさえ用いていないのであるが)、人間の健康と空気の汚染・空気の汚染と石炭消費の急増加(近代産業の興隆)・人口の都市集中・洗礼出生数の増減と宗教上の紛争・職業と寿命・「特殊の死因」としての餓死者・「富の父」としての労働の保全等々、市民革命期のイングランド社会が提起していた諸問題に論及しているのである。このように見てくると、グラントが「自然的および政治的」と規定したすべての観察は、社会経済的諸観察といいかえてさしつかえなく、純粋に「自然的」といいうるのは出生における性比だけ、(13) ということになる。しかもグラントは、この社会経済的諸観察を、多くのばあい、上述の規則性を意味づけたり制約したりする諸要因として(数量的規則性がいわば歴史性をもつものとして)論じているのである。この点はとうてい無視または軽視できない特徴である。(14) 社会経済現象を数量化するということ自体、この現象を抽象化することとなのであるから、この特徴の無視または軽視は、統計学の現実からの遊離につらなる傾向といってよい。

つぎに、『諸観察』の「結論」であるが、ここでグラントが述べているのは、上述の意味における社会経済的諸観察と完全に符節をあわせた問題であり、同時に新しい問題提起でもある。というのは、ここでグラントは、自分たちが人民数その他について調査し、「自然的および政治的諸観察」をおこなう目的を自問し、その答えとして「人民を平和と豊富とにおいて保持すべき真の政治学(true politiques)」の建設を提唱しているからである。そして、ここでグラントのいう「政治学」は同時に市民革命を経過しつつ建設の途上にあった近代的国家の政策でもあったのであるが、こういう意味における「政治学」をその発展としてのペティの「政治算術」と関連させながら後者の見地からふりかえって見れば、グラントのいう「政治学」は未分化の形における近代社会諸科学の貴重な萌芽といってさしつかえなく、極言すればペティからスミスにいたる経済学説のいわば出発点の一つともいえるのである。(15) グラース氏もサザランド氏もこの「結論」をまったく無視しているが、それはどのような理由によるものかまったく理解できない。というのは、かりにグラントの提唱する「政治学」が統計学またはデモグラフィーと無関係だと考えたにしても、「商業における普遍的な尺度の必要を知る」(献辞)ほどの商人グラントは、この「結論」のなかで、後代において経済学・統計学またはデモグラフィーとして分化したところの、「土地と人手」の価値と数量についてのきわめて包括的な調査の必要性を力説し、それをかれのいう「政治学」の「基礎または根本的要素」だといいきっているからである。(16) そして、グラントにおける「政治学」の発展としてのペティの「政治算術」、したがってまた後者の基本理論としての労働価値説の見地からふりかえってみるならば、前者におけるもろもろの観察は、それらが素朴ながらも(否素朴であったからこそ）このより高次の観点からの統一的な観察を志向していたところに特異性がある、といわなければならない。このような統一的観点への志向は、両者の同時代者であった重商主義的著作家たちには総じて欠如していたといってさしつかえなかろう。

経済学や統計学の古典研究においてわれわれが特定の著作を理解するばあい、当該研究者がどのような立場をとるにせよ、その著作を、当時の社会との関連を考慮しつつ全体として理解することが必要だということはいうまでもなかろう。そしてこのことは、特定の著作の特定の部分に着眼し、そこに力点をおいて理解しようとするばあいにも妥当するであろう。当面のばあいのように、グラントの『諸観察』そのものの公刊三〇〇年が記念されるばあいには、この点はいっそう強調されてよいであろう。以上のことは、三氏の『諸観察』についての理解をつうじてあらためて筆者が考えさせられ、示唆をうけた点である。そしてこのことは、一方では特定の著者の生涯のとりあつかいかたと密接にむすびつくと同時に、他方ではその著者の著作の評価の問題とも密接にむすびつき、さらにこれが研究者の視点や立場と切りはなしえない問題であることはいうまでもなかろう。そこで、つぎに『諸観察』のいわゆる「著作者論争」をつうじてこの問題を考えなおしてみることにしよう。

(8)　こまかい点についての相違はもちろんある。その比較的重要と考えられる点については、それぞれのばあいに指摘することにしよう。

(9)　これらの点については三氏ともそれぞれ例をあげて興味ふかく述べているが、ここではそれを割愛する。そして筆者としてはむしろ『諸観察』の原典について直接それらの点を読まれることをおすすめしたい。

(10)　このいわゆる「生命表」がどのようにしてつくられたかは従来疑問とされ、後述の「著作者論争」においても主要論点の一つであった。三氏ともこれを論じているが、決定的な答えはだされていない。問題は、当のグラントが、「われわれは六歳における生存者六四人と、七六歳以上まで生きのびる一人とのあいだに、six mean proportional numbers を求めた」といい（『諸観察』第十一章）、この 'six mean proportional numbers' がいかなる数か、またそれをどのようにして「求めた(sought)」のかを全然明らかにしていないところにある。したがって、あらゆる研究者はこれを憶測するほかはないのである。この問題に筆者はここでたちいらないが、グラース氏が執筆したつぎの論文をあげておきたい。D. V. Glass, *Graunt's life table.* (*Journal of the Institute of Actuaries*, Vol. 76, 1950, pp. 60-64.) この論文には、この問題に関連するいくつかの文献がかかげられている。

(11) なおサザランド氏は、上記の(8)に相当する節および結論に相当する第十三節において、(1)その後現代にいたる記述統計学は、数字の精緻さ・用語の厳密さ・計量の正確さ・人口センサス・標準偏差・相関係数、などについてグラントがうちだした諸概念に、リファインされた数学的形式をあたえたにすぎず、確率論といえどもグラントは漠然とではあったが理解していたこと、(2)グラントは特定の教区の記録を標本としたのであるから、現代の実験計画論もかれをおどろかせはしないであろうこと、の二点を指摘し、それをみずからの結論の一部にしている。このような指摘はグラース氏やウルラニス氏のばあいにはまったくない。

(12) これはこの著作の献辞に記されていることであるが、タイトルページにはこれらのほかに「宗教」があげられており、本文中にも随所に宗教に関する論述がある。

(13) 出生における性比すら、現実社会の現象としてはけっして純粋に「自然的」とはいえないであろう。

(14) もっとも、サザランド氏とウルラニス氏は、この点に全然ふれていないわけではない。しかし、前者のばあいにはいわば推計技術上の難点として考えられているにすぎず、後者のばあいには『諸観察』が「社会学的な性質さえもっていたこと」や、「統計資料を社会経済的に分析しようとする試み」としてきわめて軽くとりあつかわれているにすぎない。

(15) 以上の私見については、前掲の拙稿と本書の第四章を参照されたい。

(16) ウルラニス氏はこの「結論」にふれているが、そのばあい同氏は、それを『諸観察』の全体をしめくくる「結論」としてとりあつかわず、グラントは「デモグラフィーの意義」を、「商工業を指導し」「国家を統治する」ために必要だという見地から「広義に理解していた」と述べているにすぎない。

三　いわゆる「著作者論争」について

『諸観察』の著作者についての論争は、「論争」とまではいえない論議までをもふくめれば、三〇〇年にちかい歴史をもっている。これを簡単に要約することはきわめてむずかしいが、この著作の「真の著者はグラントかペティか」

という素朴な形で十七世紀末に提起された論争が、十九世紀末になって「両者の共著だ」という形でおちつくと同時に、「両者のうちのどちらがこの著作の本質的な部分を執筆したのか」という問題が新たに提起され、さらに「この著作の本質的特徴はどこにあるのか」という形で論争または論議がくりかえされて現在におよんでいる、といっても大過なかろう。(17) そしてこの論争は社会科学の分化・細分化と符節をあわせて進展したのであるが、十九世紀末から第二次世界大戦までの時期において大勢を占めていた見解は、『諸観察』の本質的な特徴は統計学的研究方法と統計的規則性の導出とにある、そしてこれらはグラントに帰せられるべきものであるから、ペティはなにほどかの協力をし、したがってこの著作は両者の共著ではあろうけれども、本質的な著者はグラントだ、というのであった。(18)

ところで、上記の三氏はいずれもこの問題をとりあつかっているが、これにもっとも力をそそいでいるのはグラース氏である。そしてこの問題についての三氏の見解の共通点は第二次世界大戦までの時期において大勢を占めていた上述の見解と一致しており、グラース氏のばあいにはそれをいっそう強化する論証が加えられ、この見解がそのままグラース氏の論文全体の結論にもなっているのである。

三氏のこのような見解がとりもなおさず『諸観察』に対する三氏の評価だということは疑いない。そしてこういう評価が『諸観察』そのものの内容的な理解に一致し、さらにこういう理解がグラントを統計学またはデモグラフィーの創始者として最初からきめてかかっている三氏自身の視点または立場に照応するということも、くりかえすまでもなかろう。この意味において三氏のグラント研究は(それぞれに若干の内容的な相違はあっても)、大局においていずれも首尾一貫している、といえよう。

ところが、第二次世界大戦後のグラント研究やペティ研究には、『諸観察』の生成や内容を著者の生涯やその時代と密接に関連させながら全体として理解しようとする研究や、グラントをペティと関連させ、当時の社会はもちろん、同時に両者に先行する諸思想や両者があたえた諸影響とも関連させようとする研究やがでてきている。(19) そして、これらの研究の大部分のものは、『諸観察』をより広い視野のもとで理解し、いわゆる「著作者論争」をとりあげるにしても、程度の差はあれ、『諸観察』を両者の実質的な協働という意味における共著としていると考えてさしつかえなかろう。

経済学や統計学の古典研究において、われわれが特定の著作を理解し評価しようとするばあい、すくなくとも当該著作の全体と、著者その人と、この著作を生みだした時代との関連においてこれをおこなうのが必要だということはすでに述べたとおりである。(20) そしてグラントの『諸観察』が、つきつめていえば「商店算術という数学」を社会経済現象の研究に適用しつつ生みだされ、上述した統一的観点をもつ「真の政治学」の建設を志向する社会経済的諸観察を豊富な内容としていることもくりかえす必要のない事実である。もしそうなら、現代の総じてプラグマティッシュに細分化され数理化された分野の経済学、統計学またはデモグラフィーの観点から『諸観察』に光をあて、こういう観点からのみそれを理解しようとする接近方法は当然恣意的だというそしりをまぬかれないであろう。そしてもし前出の注(11)に述べられているサザランド氏の見解が正当であるならば、社会経済現象を研究するばあい、数理的なコンシステンシーを主として追究する分野の経済学や統計学はおよそその意味にとぼしいものだということをグラント自身が教えている、といわなければならない。(21) というのは、グラントやペティの時代は'mathematics'が'political'な(つまり'socio-economic'な)科学になった時代だといってさしつかえないが、数理的なコンシステンシーに重点をおく現代の経済学や統計学のいくつかの分野は、グラント的な含蓄を失った'applied mathematics'か、またはそれにちかいものになりさがってしまった、といわなければならないからである。[22] この意味で、三〇〇年まえのグラントはなお現代に生きている。というよりも、むしろ現代においてこそ生かされてしかるべきである、といえよう。

ところで、経済学や統計学の古典を研究し理解し評価するばあい、われわれは、意識すると否とにかかわらず、実は一定の問題をもち、一定の観点なり立場なりからそうしているのである。というのは、現にわれわれはさまざまの問題をもつ現代に生きているからである。したがってこのばあい、個々の研究者の問題意識や、その観点なり立場なりがどの程度まで現実社会に客観性を主張しうるかが当然問題となるであろう。すでに述べたところから明らかであるように、上掲の三氏はみずからが現代の統計学またはデモグラフィーと考える立場からこれをおこなっている。ところが、統計学だけについて見ても、その科学としての規定や研究対象や方法やについて、現状はけっして統一されぬどころか、ますます多義的になっているのであって、このことはソ連邦における統計学論争や、経済学における数学の利用の問題についての論議にあらわれたさまざまの見解だけについて見ても明白であろう。そして、経済学をはじめとする社会科学の諸分野における総じてプラグマティッシュな分化・細分化への傾向がますます強化される反面、それらの総合統一への要請もまた高まっていることは一般的事実だといってさしつかえない。そうとすれば、西ヨーロッパにおける近代社会諸科学(とりわけ経済学と統計学)の未分の萌芽の一つとしてグラントの『諸観察』を理解し、それとして評価するということは、さらにより高い哲学的次元からする社会諸科学の統一という現代的要請との関連において、よりいっそう客観性をもつ評価だといえよう。

経済学や統計学の古典研究の窮極の目的は、つまるところ当該古典のもつ現代的意義の追究であり、その意味においての現代経済学や統計学に対する批判であり、ひいては歴史の所産としての現代社会そのものの批判でもある。そしてそれが現代に対する批判であるかぎり、同時にそれは将来への展望を内包しているといえよう。こういう観点から上掲の三氏の所説を全体として考えなおすと、大局的には、三氏はいずれも分化・細分化・数理化された統計学の現状を肯定し、第二次世界大戦前のそれとほぼ同一の評価をくりかえしている、ということになろう。そしてもしこれが事実だとすれば、つまり筆者が三氏の見解を本質的な諸点において歪曲していないとすれば、三氏は三〇〇年もまえのグラントの『諸観察』を記念することの積極的な意味をどのような点にみとめているのであろうか。以上が上掲の三つのグラント研究をつうじて筆者がうけとった示唆の全体的な要約なのである。

(17)　この「著作者論争」についての私見は、拙稿「J・グラント『諸観察』の成立、その方法の発展および評価をめぐる歴史的展望——統計学の学問的性格に関する一反省——」(『経済研究』第七巻第二号　一九五六年四月)および前掲拙稿を参照されたい。

(18)　この見解に対する第二次世界大戦前の正反対の見解については、注(17)にある一九五六年四月の拙稿を参照されたい。

(19)　たまたま筆者が気づいたもののなかでも、つぎの諸研究は注目すべきであろう。E. Strauss, *Sir William Petty, portrait of a genius.* London, 1954; St. Konferowicz, *Liczby premówity. Twórcy metod statystycznych, John Graunt i William Petty, na tle epoki.* Warszawa, 1957; I. Masson & A.J. Youngson, Sir William Petty. (*The Royal Society, its origins and founders*, ed. by Sir H. Hartley. London, 1960); W. Letwin, *The origins of scientific economics, English economic thought 1660-1776.* London, 1963; C. Wilson, *England's apprenticeship 1660-1763.* London, 1965. 上記の注(6)にかかげたC・ヒルの研究も、(「著作者論争」にはふれていないが)当然これに加えるべきであろう。もっとも、これらの研究が理論上の立場や歴史的観点においてそれぞれ異なっていることはいうまでもない。ついでながら、わが国のペティ研究には、グラントとの関連を不問に付す傾向が強い。これは、グラントは統計学、ペティは経済学、というふうに割りきって考える結果なのであろう。

(20)　こうすることが、当該著者がこうむらざるをえなかった歴史的制約性を明らかにすると同時に、その先行者たちとの対比における当該著者の歴史的功績を明らかにするという問題につらなることはいうまでもなかろう。そしてこのばあい筆者は、シスモンディについての研究に関連して述べられているレーニンの見解——本書四五〇ページの注(51)参照——をくりかえし考えあわせてみたいと思う。

(21)　グラントの『諸観察』と、現代におけるこれらの経済学や統計学とが全体として無媒介にむすびつきうるものでないことはいうまでもなかろう。

(22) 現にR・A・フィッシャーは統計学を「応用数学の一部門」だと定義している。もっとも、筆者はここで自然科学の分野におけるフィッシャー流の統計学の意義をとやかくいうつもりはない。

——, "*Statistics.*" (E. R. A. Seligman's *Encyclopaedia of the Social Sciences.* Vol. 14. New York, 1937.)

——, *Introduction.* (*Natural and political observations made upon the Bills of Mortality by John Graunt, edited by Walter F. Willcox.* Baltimore, 1939.)

Williams, B., *The Whig supremacy, 1714–1760.* Oxford, 1949.

Williamson, J. A., *A short history of British expansion. The modern empire and commonwealth.* 4th ed. London, 1953.

Wilson, C., *England's apprenticeship, 1660–1763.* London, 1965.

Wolf, A., *A history of science, technology, and philosophy in the 16th & 17th centuries.* 2nd ed. London, 1950.

Wolfe, D. M. 〔Editor〕, *Leveller manifestoes of the puritan revolution, edited, with introduction and commentaries by Don M. Wolfe.* New York, 1944.

Woodhouse, A. S. P. 〔Editor〕, *Puritanism and liberty. Being the army debates (1647–9) from the Clarke Manuscripts with supplementary documents, selected and edited with an introduction by A. S. P Woodhouse.* Repr. London, 1950.

Вострикова, А. М., "*Статистика.*" (*Большая Советская Энциклопедия.* 2-е изд. Том 40. Москва, 1957.)

矢内原忠雄『帝国主義下の印度，附　アイルランド問題の沿革』第4版 1940年

Янсон, Ю. Э., *Исторія и теорія статистики въ монографіяхъ Вагнера, Рюмелина, Эттингена и Швабе. Переводъ съ нѣмецкаго подъ редакціею и съ дополненіями профессора Янсона.* С.-Петербургъ, 1879.

Yule, G. U., *An introduction to the theory of statistics.* 3rd ed. London, 1916. 森数樹著『一般統計論』1920年（部分訳）

Zagorin, P., *A history of political thought in the English revolution.* London, 1954.

Zahn, F., "*Statistik.*" (*Handwörterbuch der Staatswissenschaften.* 4. Aufl. 7. Bd. Jena, 1926.)

Zimmermann, E. A. W., *A political survey of the present state of Europe.* London, 1787.

Žižek, F., *Grundriß der Statistik.* Zweite, neubearbeitete Auflage. München u. Leipzig, 1923. 竹田武男訳『応用統計学』1925年（部分訳）

Zizius, J., *Theoretische Vorbereitung und Einleitung zur Statistik. Von weiland Herrn Johann Zizius. Zweyte Auflage, bearbeitet von Franz Kerschbaumer.* Wien und Triest, 1828.

■岩波オンデマンドブックス■

ウィリアム・ペティ 増補版
——その政治算術＝解剖の生成に関する一研究

1967年12月20日 第1刷発行
2016年12月13日 オンデマンド版発行

著 者 松川七郎《まつかわしちろう》

発行者 岡本 厚

発行所 株式会社 岩波書店
〒101-8002 東京都千代田区一ツ橋2-5-5
電話案内 03-5210-4000
http://www.iwanami.co.jp/

印刷／製本・法令印刷

ISBN 978-4-00-730542-9 Printed in Japan

人 名 索 引

1) この索引には諸文献の著者および編者もふくまれている.
2) 外国文献の邦訳者はふくまれていないが, 当該邦訳文献の解題が参照されているばあいにはその執筆者もふくまれている.

書　目

1)　この書目は本書で引用または言及されている文献にかぎってのものであって，(A) W. ペティの著作，(B) J. グラントの著作，(C) 参考文献，に分れている．

2)　(A)は (I) 市民革命＝共和国時代までと，(II) 王政復古以後とに分れている．そして，(I)の諸著作はそれぞれの執筆年次順に配列されているが，＊印のついた諸著作は，(散逸したものが多いが) 要するに筆者が直接見ることができなかったものである．なお，この部分のうち，(1)-(6)は本書の 60 ページ，(7)-(10)は同 109 ページ，(11)-(12)は同 130 ページ，(13)-(29)は同 160-61 ページ，(30)-(41)は同 353 ページにそれぞれかかげられ，よりくわしい注がつけられているから，それらをも参照されたい．さらに，(II)の諸著作は，それらの公刊形式によって(1)-(10)と(11)-(24)とに大別できるが，そのおのおのにつき，執筆年次順に配列されている．

3)　(A)の全体をつうじて，文献名の末尾にある〔H.〕，〔L.〕，〔C.〕の略記号については本書の巻頭の凡例を参照されたい．

4)　(B)の(2)と(3)については本書の序章第 2 節の冒頭(10 ページ)とその注を参照されたい．

5)　(C)の諸文献のうち，＊印のついたものは筆者が直接見ることのできなかったものである．それらの文献の出典はそれぞれの末尾に記しておいた．そのばあい，(BM)は“The British Museum Catalogue of Printed Books”の，また(BN)は“Catalogue Général des livres imprimés de la Bibliothèque Nationale”の，それぞれ略記号である．

(A)　W. ペティの著作

(I)　市民革命＝共和国時代まで

(1) _Palinodia. Ad Patres Soc. Jesu. Cadomaeos_ 〔Caen〕. _G. P. Anglus._ 〔1637〕 〔L. 149〕

(2) *_A Course of practicall Geometry and dialling._ (Caen, 1637)

(3) *_Cursus Rhetorices et Geographiae._ (Caen, 1638)

(4) *_A Systeme of Astronomy (Ptolemaical, Copernican)._ (London, 1639)

(5) *_Severall drawings and paintings._ (London, 1640)

(6) *_An English Poem of Susanna and the Elders._ (London, 1643)

(7) *_Collegium Logicum et Metaphysicum._ (Holland, 1644)

(8) *_A Collection of the Frugalities of Holland._ (Holland, 1644)

(9) _Holland._ 〔1644 ?〕 〔L. 132〕

(10) *_An history of 7 monthes practise in a Chymical Laboratory._ (Holland, 1645)

(11) _Opticall._ 〔1646 ?〕 〔L. 131〕

(12) *_A discourse in Latin De Arthritide et Lue Venerea and Cursus anatomicus._ (Paris Oxford, 1646)

(13) _A declaration Concerning the newly invented Art of double writing_ (etc.) 〔1647 ?〕 London, 1648. 〔H. 1〕

(14) _THere is invented an Instrument of small bulk and price._ (etc.) 〔1647 ?〕 No date. 〔H. 2〕

(15) _The advice of W. P. to Mr. Samuel Hartlib. For the Advancement of some particular Parts of Learning._ 〔1647〕 London, 1648. 〔H. 3a〕

(16) *_Collections for the history of Trade &c._ (London, 1647)

(17) _History of Trades._ 〔1647 ?〕 〔L. 60〕

(18) _An Explication of Trade and its Increase._ 〔1647 ?〕 〔L. 62〕

(19) *Observations of England.* 〔1647 ?〕〔L. 61〕
(20) **The engine for planting Corne.* (London, 1648)
(21) **Printing——Boyling water in wood.* (London, 1648)
(22) **Six Physico Medicall Lectures, read at Oxford.* (Oxford, 1649)
(23) **Severall Musick Lectures.* (London, 1650)
(24) *History of the Magdalen (or The Raising of Anne Greene).* 〔1650〕〔L. 126〕
(25) **Collection of Experiments——3 osteologicall lectures.* (London, 1651)
(26) **Pharmacopoea and formulae Medicamentorum.* (London, 1652)
(27) **Observationes Medicae et Praxis.* (London, 1652)
(28) (*Natural Observations.*) 〔1652 ?〕〔L. 147〕
(29) *Exercises of Sense and Reason.* 〔1640 s. ?〕〔L. 83〕
(30) **De Plantis. Notae in Hippocratem. Scholaris scholifuga, Poema latina.* (Ireland, 1653)
(31) **A discourse against the Transplantation into Connaught.* (Ireland, 1654)
(32) **A treatise of Irregular Dialls.* 〔Ireland ? 1654 ?〕
(33) **The Grand Survey of Ireland.* (〔Ireland ?〕 1655)
(34) **Severall reports about settling the Adventurers and Soldiers.* (Ireland ? 1656)
(35) **Bookes, as Clerk of the Councill.* (〔Ireland ?〕 1657)
(36) **Letters &c between the Protector and the Ch. Govr. of Ireland.* (〔Ireland ?〕 1658)
(37) **The History of the Survey and first distribution of Landes in Ireland.* (〔Ireland ?〕 1659)
(38) *The history of the survey of Ireland, commonly called the Down Survey by Doctor William Petty, A.D. 1655-6.* 〔Ireland, 1659 ?〕 *Edited by T. A. Larcom.* Dublin, 1851. 〔H. 31〕
(39) **Booke against Sankey; And W. P. his owne Apology.* (〔Ireland ?〕 1659)
(40) **A brief of proceedings between S^r. Hierom Sankey and D^r. William Petty. With the state of the controversie between them tendered to all indifferent persons.* 〔Ireland, 1659 ?〕 London, 1659. 〔H. 4〕
(41) *Reflections upon some persons and things in Ireland, by letters to and from Dr Petty: with Sir Hierome Sankey's speech in parliament.* 〔Ireland, 1659 ?〕 London, 1660. 〔H. 5a.〕

(II) 王政復古以後

(1) *A treatise of taxes & contributions. Shewing the nature and measures of crown-lands...&c. With several intersperst discourses and digressions concerning warres...&c. The same being frequently applied to the present state and affairs of Ireland.* London, 1662. 大内兵衛・松川七郎訳『租税貢納論』(岩波文庫) 1952 年
(2) *Verbum sapienti.* 〔*The political anatomy of Ireland.* 1691 を見よ〕 大内兵衛・松川七郎訳『賢者には一言をもって足る』(岩波文庫) 1952 年
(3) *Political arithmetick, or a discourse concerning, the extent and value of*

lands, people, ...&c. As the same relates to every country in general, but more particularly to the territories of His Majesty of Great Britain, and his neighbours of Holland, Zealand, and France. London, 1690. 大内兵衛・松川七郎訳『政治算術』(岩波文庫) 1955年

(4) *The political anatomy of Ireland...To which is added Verbum Sapienti; or an account of the wealth and expences of England and the method of raising taxes in the most equal manner. etc.* London, 1691. 松川七郎訳『アイァランドの政治的解剖』(岩波文庫) 1951年

(5) *The discourse made before the Royal Society, the 26. of November 1674. concerning the use of duplicate proportion in sundry important particulars: together with a new hypothesis of springing or elastique motions* London, 1674.

(6) *Another essay in political arithmetick, concerning the growth of the city of London: with the measures, periods, causes, and consequences thereof. 1682.* London, 1683.

(7) *Sir William Petty's quantulumcunque concerning money, 1682. To the Lord Marquess of Halyfax.* London, 1695. 松川七郎訳「ペティの貨幣小論(1695年)」(『経済学の諸問題』久留間鮫造教授還暦記念論文集)1957年

(8) *Will* 〔, dated 2nd May, 1685〕. (*Tracts; chiefly relating to Ireland Containing: I. A treatise of taxes and contributions. II. Essays in political arithmetic III. The political anatomy of Ireland. By Sir William Petty. To which is Prefixed his last will.* Dublin, MDCCLXIX 〔1769〕.)

(9) *A treatise of Ireland, 1687. The elements of Ireland; and of its religion, trade & policy.* Cambridge, 1899. 〔H〕

(10) *Hiberniae delineatio quoàd hactenus licuit, perfectissima studio Guilielmi Petty Eq^tis: Aurati Cum privilegiio Regis. Continens tabulas sequentes vulgo dictas. A generall map of Ireland. etc* No place or date.

(11) *Concerning the plagues of London.* 〔L. 16〕

(12) *Another more true and calm narative of the settlement and sale of Ireland.* 〔L. 18〕

(13) *The case & condition of the protestants in Ireland anno 1687.* 〔L. 24〕

(14) *A dialogue between A and B.* 〔L. 47〕

(15) *The method of enquiring into the state of any country.* 〔L. 51〕

(16) *Accomptant General of lands & hands.* 〔L. 52〕

(17) *Of lands & hands.* 〔L. 58〕

(18) *Mercurius Londinensis.* 〔L. 59〕

(19) *Fiant.* 〔L. 75〕

(20) *Of Algebra.* 〔L. 86〕

(21) *On Hobbes' theory of monarchy.* 〔L. 88〕

(22) *Anatomy lecture.* (Dublin, 1676) 〔L. 129〕

(23) *6 Octob. 1671. A collection of W. Petty's severall works and writings since the yeare 1636.* 〔L. 158〕

(24)　*Petty to Southwell.* 〔London? October 14, 1687.〕〔C. 294-99〕

(B)　J. グラントの著作

(1)　*Natural and Political Observations mentioned in a following Index, and made upon the Bills of Mortality. By John Graunt, citizen of London. With reference to the Government, Trade, Growth, Ayre, Diseases, and the several Changes of the said City.—Non, me ut miretur turba, laboro, contentus paucis lectoribus*—London, MDCLXII〔1662〕. 久留間鮫造訳『死亡表に関する自然的及政治的諸観察』〔台本は1676年の第5版〕(統計学古典選集　第3巻) 1941年

(2)　*Observations on the advance of the excise.*

(3)　*Multiplication and prowth of carps and salmons.*

(C)　参考文献

Achenwall, G., *Die Staatsklugheit nach ihren ersten Grundsätzen entworfen.* 2. Ausg. Göttingen, 1763.

———, *Staatsverfassung der heutigen vornehmsten europäischen Reiche und Völker im Grundrisse.* 5. verbesserte Ausg. Göttingen, 1768.

Achilles, G., *Die Bedeutung und Stellung von Gottfried Achenwall in der Nationalökonomie und der Statistik.* Göttingen, 1906.

Advertisements for Ireland. Being a description of the state of Ireland in the reign of James I. contained in a manuscript in the library of Trinity College Dublin. (An extra volume of the Royal Society of Antiquaries of Ireland, ed. by G. O'Brien. Dublin, 1923.)

Афанасьев, В. С., *Возникновение классической буржуазной политической зкономии (Вильям Петти).* Москва, 1960.

Album studiosorum academiae Lugduno Bataviae. Hagæ Comitum, 1875. (*The economic writings of Sir William Petty, edited by C. H. Hull.* Vol. II. Gambridge, 1899.)

Andrews, J., *Ireland in maps.* Dublin, 1961.

Andrews, M. C., *The map of Ireland A. D. 1300-1700.* Belfast, 1923.

有沢広巳編『統計学の対象と方法——ソヴェト統計学論争の紹介と検討』1956年

Архангельский, С. И., *Проведение в жизнь ирландского земельного законодательства в 50-е годы XVII века.* Горький, 1940.

Armstrong, C., *Howe to reforme the realme in settyng them to werke and to restore tillage.* (*Tudor economic documents, being select documents illustrating the economic and social history of Tudor England, edited by R. H. Tawney and E. Power in three volumes.* Vol. III. London, 1951.)

Ashley, M. P., *Financial and commercial policy under the Cromwellian protectorate.* London, 1934.

———, *Cromwell's generals.* London, 1954.

Aubrey, J., *Brief lives, edited from the original manuscripts and with an introduction by O. L. Dick.* London, 1950.

Baasch, E., *Holländische Wirtschaftsgeschichte*. Jena, 1927.

Bacon, F., *The twoo bookes of Francis Bacon of the proficience and aduancement of learning diuine and humane. To the King*. London, 1605. (*The works of Francis Bacon, collected and edited by J. Spedding, R. L. Ellis and D. D. Heath*. Vol. III. New ed. London, 1876.)

*———, *Francisci de Verulamino...Instauratio magna.* (*Distributio operis. Ejus constituuntur partes sex. Prima; Partitiones scientiarum. Secunda; Novum organum*〔,〕*sive indica de interpretatione naturae. Tertia; Phaenomena universi, sive historia naturalis et experimentalis ad condendam philosophiam. Quarta; Scala intellectus. Quinta; Prodromi, sive anticipationes philosophiae secundae. Saxta; philosophia secunda, sive scientia activa.*) Londini, 1620. (BM)

———, *The new organon; or, true directions concerning the interpretation of nature.* 〔English translation of *Novum organum.*〕 (*The works of Francis Bacon, collected and edited by J. Spedding, R. L. Ellis and D. D. Heath* Vol. IV. New ed. London, 1883.)

*———, *Opera F. Baronis de Verulamino...Tomus primus, qui continet de dignitate et augmentis scientiarum libros IX.* 〔*Edited by W. Rawley.*〕 Londini, 1623. (BM)

———, *Of the dignity and advancement of learning.* 〔English translation of *De augmentis.*〕 (*The works of Francis Bacon, collected and edited by J. Spedding, R. L. Ellis and D. D. Heath.* Vol. IV. New ed. London, 1883; Vol. V. New ed. London, 1877.)

———, *The essays or counsels, civil and moral, of Francis Lo. Verulam, Viscount St. Alban. Newly enlarged.* London, 1625. (*The works of Francis Bacon, collected and edited by J. Spedding, R. L. Ellis and D. D. Heath.* Vol. VI. New ed. London, 1878.) 神吉三郎訳『ベーコン随筆集』(岩波文庫) 1935 年

———, *New Atlantis: a work unfinished. Written by the Right Honourable Francis Lord Verulam, Viscount St. Alban.* 〔London, 1627?〕 (*The works of Francis Bacon, collected and edited by J. Spedding, R. L. Ellis and D. D. Heath.* Vol. III. New ed. London, 1876.) 中野好夫訳『ニュー・アトランティス』(思索選書) 1949 年

———, *The history of life and death, or the second title in natural and experimental history for the foundation of philosophy: being the third part of the Instauratio Magna.* (*The works of Francis Bacon, collected and edited by J. Spedding, R. L. Ellis and D. D. Heath.* Vol. V. Repr. Stuttgart-Bad Cannstatt, 1963.)

Bagrow, L., *Die Geschichte der Kartographie.* Berlin, 1951.

Bagwell, R., *Ireland under the Stuarts and during the Interregnum.* 3 vols. London, 1909–1916.

Barbour, V., *Capitalism in Amsterdam in the seventeenth century.* (*The Johns Hopkins University studies in historical and political science.* Ser. LXVII No. 1. Baltimore, 1950.)

Bauer, S., *History of Political Arithmetic.* (*Dictionary of political economy, edited by R.H.I. Palgrave.* Vol. I. Repr. London, 1901.)

Beckett, J.C., *A short history of Ireland.* London, 1952.

Bell, W.G., *The great plague in London in 1665.* Rev. ed. London, 1951.

*Benese, R. de, *This boke sheweth the maner of measurynge of all maner of lande, as well of woodlande, as of lande in the felde, etc.* Southwarke, 1537? (BM)

Bevan, W.L., *Sir William Petty, a study in English economic literature.* (*Publications of the American Economic Association.* Vol. IX. No. 4. 1894.)

Bindoff, S.T., *Clement Armstrong and his treatises of the commonweal.* (*The Economic History Review.* Vol. XIV. No. 1. 1944.)

*Birch, T., *The history of the Royal Society of London, in which the most considerable of those papers communicated to the Society, which have hitherto not been published, are inserted in their proper order, as a supplement to the Philosophical Transactions.* 4 vols. London, 1756–57. (BM)

Black, J.B., *The reign of Elizabeth 1558-1603.* 2nd ed. Oxford, 1959.

Block, M., *Traité théorique et pratique de statistique.* Paris, 1878. 塚原仁訳『統計学の理論と実際』1943年

Boate, G., *Irelands naturall history. Being a true and ample description of its situation, greatness, shape, and nature; ...Written by Gerard Boate, late Doctor of Physick to the State in Ireland. And now published by Samuell Hartlib, Esq; for the common good of Ireland, and more especially, for the benefit of the adventurers and planters therein.* London, 1652. (*A collection of tracts and treatises illustrative of the natural history, antiquities, and the political and social state of Ireland.* 2 vols. Dublin, 1860–61. Vol. I.)

Bondi, G., *Zur Kritik der mathematischen Statistik.* (*Statistische Praxis.* 6. Jahrgang. Heft 4. Berlin, April 1951.) 松川七郎訳「数理統計学の批判のために」(『統計学』第17号 1967年3月)

———, *Die deutsche Wirtschaftswissenschaft nach dem 2. Weltkrieg.* (『経済研究』第10巻 第2号 1959年4月，大野精三郎訳「第2次世界戦争後におけるドイツの経済科学」)

Bonn, M.J., *Die englische Kolonisation in Irland.* 2 Bde. Stuttgart und Berlin, 1906.

Bowley, A.L., *Elements of statistics.* 4th ed. 2 pts. London, 1920. 森数樹訳『統計原論』1943年

Boyd, W., *The history of western education.* 6th ed. Repr. London, 1954.

Brailsford, H.N., *The Levellers and the English Revolution, edited and prepared for publication by C. Hill.* London, 1961.

Brown, H., *History of Scotland.* Vol. III. Cambridge, 1911.

Butler, W.F.T., *Confiscation in Irish History.* London, 1917.

———, *Gleanings from Irish history.* London, 1925.

Cajori, F., *A history of elementary mathematics, with hints on methods of*

teaching. Revised and enlarged ed. New York, 1917. 三上義夫校閲 小倉金之助・井出弥門訳註増補『初等数学史』14 版 1942 年

*Cambrensis, Giraldus de Barri, *Topographia Hibernica.* 1188. 〔*Dictionary of National Biography*〕

Calendar of the state papers relating to Ireland. Adventurers for land. 1642–1659. London, 1903.

Chalk, A. F., *Natural law and the rise of economic individualism in England.* (*The Journal of Political Economy.* Vol. LIX, No. 4, 1951.)

Chalmers, A., *The general biographical dictionary: containing an historical and critical account of the lives and writings of the most eminent persons in every nation; particularly the British and Irish; from the earliest accounts to the present time.* 32 vols. London, 1812–17.

Chamberlen, P., *The poore mans advocate, or, Englands Samaritan. Powring oyle and vvyne into the wounds of the nation. By making present provision for the souldier and the poor, by reconciling all parties. By paying all arreares to the parliament army. All publique debts, and all the late Kings, Queens, and Princes debts due before this session.* London, 1649.

Chauvois, L., *William Harvey. His life and times: his discoveries: his methods.* London, 1957.

C〔hild〕, J., *Brief observations concerning trade, and interest of money* London, 1668.

Clarendon, The Earl of, *The life of Edward Earl of Clarendon, Lord High Chancellor of England and Chancellor of the University of Oxford. Written by himself.* Oxford, M. DCC. LIX 〔1759〕.

Clark, G. N., *Science and social welfare in the age of Newton.* Repr. with cor. Oxford, 1949.

———, *The later Stuarts, 1660–1714.* Repr. with cor. Oxford, 1949.

———, *The seventeenth century.* 2nd ed. Repr. Oxford, 1950.

*Clarke, B., *A statistical view of Germany.* 1790. (*Encyclopaedia Britannica.* 3rd ed. "Statistics")

Conrad, J., *Grundriß zum Studium der politischen Oekonomie. Vierter Teil Statistik.* Fünfte, erweiterte und ergänzte Auflage. Jena, 1923.

Coonan, T. L., *The Irish Catholic Confederacy and the Puritan Revolution.* Dublin, 1954.

*Copernicus, N., *N. Copernici...de revolutionibus orbium coelestium.* Norimbergae, 1543. (BM) 矢島祐利訳『天体の回転について』(岩波文庫) 1953 年

Council (The) of the Statistical Society of London, "*Introduction* (dated May, 1838.)" (*Journal of the Statistical Society of London.* Vol. I. London, 1839.)

Crome, A. F. W., *Über die Größe und Bevölkerung der sämtlichen europäischen Staaten. Ein Beytrag zur Kenntniss der Staatenverhältniße, und zur Erklärung der neuen Größen-Karte von Europa.* Leipzig, 1785.

Crowther, J. G., *Scientists of the industrial revolution.* London, 1962.

Curtis, E., *A history of Ireland.* 6th ed. repr. London, 1952.

Curtis, E. & McDowell, R. B. 〔Editors〕, *Irish historical documents, 1172–1922.* London, 1943.

Curtis, M. H., *Oxford and Cambridge in transition, 1558–1642.* Oxford, 1959.

C. J., *The state of the papist and protestant proprieties in the Kingdom of Ireland, in the year 1641. when the then Rebellion began, and how disposed in 1653. when the War and Rebellion was declared at an end, and how disposed in 1662. upon the Acts of Settlement, and how the proprieties stand this present year 1689. with the survey, loss, cost and charge of both parties by the aforesaid War, or Rebellion:* ...London, 1689.

D'Alton, E. A., *History of Ireland from the earliest times to the present day.* 6 vols. London, 1911.

*Danyi, D., *John Graunt.* (*Demographia.* Vol. 6, No. 1. 1963.)

Davenant, C., *The political and commercial works of that celebrated writer Charles D'avenant, LL. D., relating to the trade and revenue of England, the plantation trade, the East-India trade, and African trade. Collected and revised by Sir Charles Whitworth in five volumes.* 5 vols. London, MDCCLXXI 〔1771〕.

Davies, G., *The early Stuarts, 1603–1660.* Oxford, 1937.

———, *The restoration of Charles II, 1658–1660.* London, 1955.

Davies, J., *A discoverie of the trve cavses why Ireland was neuer entirely subdued, nor brought vnder obedience of the Crowne of England, vntill the beginning of his Maiesties happie raigne.* London, 1612.

Declaration 〔*A*〕 *of both Houses of Parliament, concerning the affairs of Ireland.* London, 1641.

*Descartes, R., *Discours de la méthode pour bien conduire sa raison et chercher la vérité dans le sciences, plus la dioptrique, les météores et la géométrie qui sont des essais de cette méthode.* Leyde, 1637. (BN)　落合太郎訳『方法序説』(岩波文庫) 1953 年

Dictionary of national biography, edited by S. Lee. 21 vols. London, 1908–09.

Dowell, S., *A history of taxation and taxes in England from the earliest times to the year 1885.* 2nd ed. Revised and altered. 2 vols. London, 1888.

Dunlop, R. 〔Editor〕, *Ireland under the Commonwealth. Being a selection of documents relating to the government of Ireland from 1651 to 1659.* 2 vols. Manchester, 1913.

———, *Sixteenth-century maps of Ireland.* (*The English Historical Review.* Vol. XX, No. LXXVIII. 1944.)

Eden, F. M., *The state of the poor, or an history of the labouring classes in England, from the Conquest to the present period.* 3 vols. London, 1797.

Emery, F. V., *Irish geography in the seventeenth century.* (*Bulletin of the Geographical Society of Ireland.* Vol. III, No. 5. 1958.)

Engels, F. und Marx, K., *Die heilige Familie, oder Kritik der kritischen Kritik*

Gegen Bruno Bauer & Consorten. (Marx, K. und Engels, F., *Die heilige Familie und andere philosophische Frühschriften.* Berlin, 1953.)『神聖家族』(マルクス=エンゲルス選集 補巻5) 1952年

———, *Herrn Eugen Dührings Umwälzung der Wissenschaft.* („*Anti-Dühring*") 6. Aufl. Berlin, 1953. 『反デューリング論』(マルクス=エンゲルス選集 第14巻) 1952年

Evelyn, J., *The diary of John Evelyn, edited by W. Bray, prefatory note by G. W. E. Russell in 2 vols.* (Everyman's Library) Repr. London, 1950.

Fallati, J., *Einleitung in die Wissenschaft der Statistik. Zum Gebrauche bei academischen Vorlesungen herausgegeben.* Tübingen, 1843.

Farrington, B., *Francis Bacon, philosopher of industrial science.* London, 1951

Fasnacht, R., *A history of the city of Oxford.* Oxford, 1954.

Faure, F., *The development and progress of statistics in France.* (*The history of statistics, their development and progress in many countries. In memoirs to commemorate the seventy fifth anniversary of the American Statistical Association, collected and edited by John Koren.* New York, 1918.)

Firth, C. H., *Cromwell's army. A history of the English soldier during the civil wars, the commonwealth and the protectorate.* 2nd ed., ill. London, 1912.

Fischer, I., *The making of index numbers.* Boston and New York, 1922.

Fisher, R. A., *Statistical methods for research workers.* 11th ed. rev. Edinburgh, 1950. 遠藤健児・鍋谷清治共訳『研究者の為の統計的方法』1952年

*Fitzherbert, A., *Here begynneth a ryght frutefull mater: and hath to name the boke of surveyeng and improuvemẽtes.* London, 1523. (BM)

Fitzmaurice, E., *The life of Sir William Petty, 1623–1687, one of the first fellows of the Royal Society, sometime secretary to Henry Cromwell, maker of the 'Down Survey' of Ireland, author of 'Political Arithmetic' &c., chiefly derived from private documents hitherto unpublished.* London, 1895.

Flaskämper, P., *Allgemeine Statistik. Grundriß der Statistik.* Teil I. Zweite, durchgesehene und ergänzte Auflage. Hamburg, 1949. 大橋隆憲・足利末男共訳『一般統計学　統計学綱要　第一部』1953年

Flux, A. W., "*Statistics.*" (*Encyclopaedia Britannica.* 14th ed. Vol. 21. London and New York, 1929.)

Folkingham, W., *Fevdigraphia. The synopsis or epitome of svrveying methodized…And no lesse remarkable for all Vnder-takers in the plantation of Ireland or Virginia*…London, 1610.

Freeman, T. W., *Ireland. A general and regional geography.* 2nd ed. London, 1960.

Fussell, G. E., *The old English farming books from Fitzherbert to Tull, 1523 to 1730.* London, 1947.

Fuz, J. K., *Welfare economics in English Utopias from Francis Bacon to Adam Smith.* The Hague, 1952.

Gabaglio, A., *Storia e teoria generale della statistica.* Milano, 1880.

*Galilei, G., *Il saggiatore: nel quale con...bilancia squisita...si ponderano le cose contenute nella libra astronomica e filosofica di L. Sarsi Sigensano* [i.e. O. Grassi], *scritto in forma di lettera all' Illmo...V. Cesarini.* Roma, 1623. (BM)

———, *Dialogo...doue ne i congressi quattro giornate si discorre sopra i due massimi sistemi del mondo Tolemaico e Copernicano; proponendo indeterminatamente le ragioni filosofiche, e naturali tanto per l'vna, quanto per l'altra parte.* Florenza, MDCXXXII [1632]. (A. Wolf, *A history of science, technology, and philosophy.* London, 1950.)

Galvani, L., "*Statistica.*" (*Enciclopedia Italiana.* Vol. 32. Roma, 1936.)

Gardiner, S. R., *History of the Commonwealth and Protectorate, 1649–1656.* Vol. IV. London, 1916.

———, *The constitutional documents of the Puritan Revolution, 1625–1660.* Oxford, 1951.

*Gilbert, W., *Guilielmi Gilberti colcestrensis, medici Londinensis, De magnete, magneticisque corporibus, et de magno magnete tellure: Physiologia nova, plurimis & argumentis, & experimentis demonstrata.* London, 1600. (BM)

Glanvill, J., *Scepsis Scientifica: or, confest ignorance, the way to science; in an essay of the vanity of dogmatizing, and confident opinion, edited, with introductory essay by John Owen.* London, 1885.

Glass, D. V., *Graunt's life table.* (*Journal of the Institute of Actuaries.* Vol. 76. 1950.)

———, *John Graunt and his Natural and political observations.* (*Proceedings of the Royal Society.* Ser. B, Vol. 159, 1963.)

Gleeson, D. F., *The last lords of Ormond. A history of the "Countrie of the Three O'Kennedys" during the seventeenth century.* London, 1938.

Goblet, Y. M., *A topographical index of the parishes and townlands of Ireland in Sir William Petty's MSS. barony maps (c. 1655–9) and Hiberniae Delineatio (c. 1672).* Dublin, 1932.

———, *La transformation de la géographie politique de l'Irlande au XVIIe siècle dans les cartes et essais anthropogéographiques de Sir William Petty.* 2 tomes. Paris, 1930.

[Gookin, V.], *The great case of transplantation in Ireland discussed; or, certain considerations, wherein the many great inconveniencies in the transplanting the natives of Ireland generally out of the three provinces of Leinster, Ulster, and Munster, into the province of Connaught, are shewn...*London, 1655.

Гозулов, А. И., *История отечественной статистики.* Москва, 1957.

Green, A. S., *Irish nationality.* Rev. ed. London, 1929.

Green, J. R., *A short history of the English people.* Revised and enlarged ed. Repr. London, 1952.

Greenwood, M., *Medical statistics from Graunt to Farr.* Cambridge, 1948.

Hall, A. R., *The scientific revolution, 1500-1800. The formation of the modern scientific attitude.* London, 1954.

Hamilton, H., *An economic history of Scotland in the eighteenth century.* Oxford, 1963.

Haney, L. H., *History of economic thought. A critical account of the origin and development of the economic theories of the leading thinkers in leading nations.* 4th and enlarged ed. New York, 1949.

Hardinge, W. H., *On manuscript mapped and other townland surveys in Ireland of a public character, embracing the Gross, Civil, and Down Surveys, from 1640 to 1688.* (*The Transactions of the Royal Irish Academy.* Vol. XXIV, Pt. I. Dublin, 1864.)

———, *Observations by W. H. Hardinge, M. R. I. A., on the earliest known manuscript census returns of the people of Ireland.* (*The Transactions of the Royal Irish Academy.* Vol. XXIV, Pt. IV. Dublin, 1864.)

Harrington, J., *The commonwealth of Oceana, ed. by H. Morley.* London, 1887.

Hartley, H. 〔Editor〕, *The Royal Society, its origins and founders.* London, 1960.

*Harvey, W., *Exercitatio anatomica de motv cordis et sangvinis in animalibvs, Gvilielmi Harvei Angli, Medici Regii, & Professoris anatomiae in Collegio Medicorum Londinensi.* Francofvrti, M. DC. XXVIII 〔1628〕. (L. Chauvois, *William Harvey.* London, 1957.) 暉峻義等訳『血液循環の原理について』(岩波文庫) 1936年

長谷田泰三『英国財政史研究』1951年

Haushofer, M., *Lehr-und Handbuch der Statistik.* Zweite, vollständig umgearbeitete Auflage. Wien, 1882. 嘉村今朝一・相原重政訳『覇氏統計論』(『統計集誌』1882年12月号-1897年8月号)(部分訳)

Herrde, E. u. Kuhn, O., *Grundlagen der Statistik für Wirtschaftler. Als Lehrbuch an den Universitäten und Hochschulen der DDR eingeführt.* Berlin, 1956.

Heuschling, P. F. X. T., *Bibliographie historique de la statistique en Allemagne, avec une introduction générale. Manuel préparatoire à l'étude de la statistique.* Bruxelles, 1845.

———, *Bibliographie historique de la statistique en France, publiée dans le tome IV du Bulletin de la Commission Centrale de Statistique de Belgique.* Bruxelles, 1851.

Hill, C. 〔Editor〕, *The English revolution, 1640. Three essays.* 2nd ed. London, 1949. 田村秀夫訳『イギリス革命——1640年——』1956年

———, *The English revolution, 1640. An essay.* 3rd ed. London, 1955. 同上邦訳書

———, *The century of Revolution, 1603-1714.* Edinburgh, 1961.

———, *Intellectual origins of the English Revolution.* Oxford, 1965.

Hill, C. and Dell, E. 〔Editors〕, *The good old cause. The English revolution*

of 1640–60: its causes, course and consequences. Extracts from contemporary sources edited by Christopher Hill and Edmund Dell. London, 1949.

*Hobbes, T., *Elemetorum philosophiae sectio tertia: de cive.* Parisiis, 1642. (BN)

*———, *Tractatus opticus.* 〔"Published in 1644 by Mersenne in his *Cogitata Physico-Mathematica*".〕 (*Thomae Hobbes Malmesburiensis opera philosophica quae latine scripsit omnia in unum corpus nunc prium collecta, studis et labore Gulielmi Molesworth.* Vol. V. Londini, MDCCCXLV 〔1845〕.)

*———, *Leviathan, or the matter, forme, & power of a commonwealth, ecclesiasticall and civill.* London, 1651. (BM)

———, *Hobbes's LEVIATHAN, reprinted from the edition of 1651, with an essay by the late W. G. Pogson Smith.* Repr. Oxford, 1952. 水田洋訳『リヴァイアサン』(一)(岩波文庫) 1954年

Hogben, L., *Prolegomena to political arithmetic.* (*Political arithmetic. A symposium of population studies, edited by L. Hogben.* London, 1938.)

Holzgethan, G., *Theorie der Statistik.* Wien, 1829.

Hooper, W., "*Statistics.*" (*Encyclopaedia Britannica.* 9th ed. Vol. 22. Edinburgh, 1887.)

———, "*Statistics.*" (*Encyclopaedia Britannica.* 11th ed. Vol. 25. Cambridge, 1911.)

Hull, C. H., *Introduction.* (*The economic writings of Sir William Petty, edited by C. H. Hull.* Vol. I. Cambridge, 1899.)

———, *Petty's place in the history of economic theory.* (*The Quarterly Journal of Economics.* Vol. XIV. 1900.)

井手文雄『古典学派の財政論』1953年

Jackson, T. A., *Ireland her own. An outline history of the Irish struggle for national freedom and independence.* New York, 1947.

Jefimow, A. W., *Geschichte der Neuzeit, 1640–1870.* 5. Aufl. Berlin, 1952. ソヴェト研究者協会訳『世界史教程　近世 I』(青木文庫) 1953年

John, V., *Geschichte der Statistik. Ein quellenmässiges Handbuch für den akademischen Gebrauch wie für den Selbstunterricht.* I. Teil. *Von dem Ursprung der Statistik bis auf Quetelet (1835).* Stuttgart, 1884. 足利末男訳『統計学史』1956年

———, *Der Name Statistik. Eine etymologisch-historische Skizze.* Bern, 1883.

Jonák. E. A., *Theorie der Statistik in Grundzügen.* Wien, 1856.

Johnson, E. A. J., *Predecessors of Adam Smith. The growth of British economic thought.* London, 1937.

Jonnès, A. Moreau de, *Éléments de statistique, comprenant les principes généraux de cette science, et un aperçu historique de ses progrès.* Paris, 1847. 箕作麟祥訳『統計学』1874年

Карапетян, Б. А., *К критике А. Кетле и его школы, как представителей формально-математического направления буржуазной статистики.* Тбилси, 1957.

Kaschkarewa, L., *Die Statistik in den Werken von Marx und Engels.* (*Statistische Praxis.* 6. Jahrg. Heft 5. Berlin, Mai, 1951.)

Kay, D., "*Statistics.*" (*Encyclopaedia Britannica.* 8th ed. Vol. 20. Edinburgh, 1860.) 大島貞益校閲　百田重明訳『統計学大意』1875年

Kearney, H. F., *Strafford in Ireland, 1633–41. A study in absolutism.* Manchester, 1959.

Kennedy, W., *English taxation, 1640–1799. An essay on policy and opinion.* London, 1913.

Kerry, Earl of, *The Lansdowne maps of the Down Survey.* (*Proceedings of the Royal Irish Academy.* Vol. XXXV, Sect. C, No. 12. Dublin, 1920.)

Kindelberger, A., *Zahlen zeigen den Aufstieg der Deutschen Demokratischen Republik.* Berlin, 1955.

Klezl-Norberg, F., *Allgemeine Methodenlehre der Statistik. Ein Lehrbuch für alle wissenschaftlichen Hochschulen.* Zweite, ergänzte Auflage. Wien, 1946.

Knapp, G. F., *Theorie des Bevölkerungs-Wechsels. Abhandlungen zur angewandten Mathematik.* Braunschweig, 1874.

Knies, C. G. A., *Die Statistik als selbständige Wissenschaft. Zur Lösung des Wirrsals in der Theorie und Praxis dieser Wissenschaft. Zugleich ein Beitrag zu einer kritischen Geschichte der Statistik seit Achenwall.* Kassel, 1850. 高野岩三郎訳『独立の学問としての統計学』(統計学古典選集　第2巻) 1942年

Konferowicz, St., *Liczby przemówiły. Twórcy metod statycznych, John Graunt i William Petty, na tle epoki.* Warszawa, 1957.

Koren, J. 〔Editor〕, *The history of statistics, their development and progress in many countries.* New York, 1918.

Kosminski, E. A., *Geschichte des Mittelalters.* 5. Aufl. Berlin, 1952. ソヴェト研究者協会訳『世界史教程　中世　全』(青木文庫) 1954年

Косминский, Е. А. и Левицкий, Я. А. 〔Редакторы〕, *Английская буржуазная революция XVII века.* 2 тома. Москва, 1954.

Kuczynski, J., *Die Geschichte der Lage der Arbeiter in England von 1640 bis in die Gegenwart.* Band IV, erster Teil. *Vor der Industriellen Revolution, 1640 bis 1760.* 2. verbesserte Aufl. Berlin, 1954.

Kühnis, S., *Die wert-und preistheoretischen Ideen William Pettys.* Winterthur, 1960.

久留間鮫造「グラントの生涯」(同訳『死亡表に関する自然的及政治的諸観察』統計学古典選集　第3巻　1941年)

Lange, O., *Teoria Statystyki, część pierwsza.* (Polskie Wydawnictwa Gospodarcze, Warszawa, 1952.) 都留重人監修訳『社会主義体制における統計学入門』1954年

Lansowne, Marquis of, *Glanerought and the Petty-Fitzmaurices.* London, 1937.

*Lawrence, R., *The interest of England in the Irish transplantation, stated: being chiefly intended as an answer to a scandalous seditious pamphlet,*

entituled, The great case of transplantation in Ireland discussed...Bv...R. Lawrence. London, 1655. (BM)

レーニン，ヴェ.イ. (Ленин, В. И.)「経済学的ロマン主義の特徴づけによせて」(マルクス＝レーニン主義研究所　レーニン全集刊行委員会訳『レーニン全集』第2巻 1954年)

Lennard, R., *English agriculture under Charles II: The evidence of the Royal Society's "Enquiries".* (*The Economic History Review.* Vol. IV. 1932–1934.)

Letwin, W., *The origins of scientific economics, English economic thought, 1660–1776.* London, 1963.

Levasseur, E., *La population française. Histoire de la population avant 1789 et démographie de la France comparée à celle des autres nations au XIXe siècle. Précédée d'une introduction sur la statistique.* 3 tomes. Paris, 1889, 1892. 高橋二郎訳『統計史要』(『統計集誌』1904年12月号–1905年3月号) 高橋二郎訳『統計原論』(『統計集誌』1909年3月号–同年9月号)(いずれも部分訳)

Lexis, W., "*Statistik.*" (*Handwörterbuch der Staatswissenschaften.* 1. Aufl. 6. Bd. Jena, 1894.)

———, "*Statistik.*" (*Handwörterbuch der Staatswissenschaften.* 2. Aufl. 6. Bd. Jena, 1901.)

———, "*Statistik.*" (*Handwörterbuch der Staatswissenschaften.* 3. Aufl. 7. Bd. Jena, 1911.)

*Leybourne, W., *The compleat surveyor.* London, 1653. (E. G. R. Taylor, *The mathematical practitioners.* Cambridge, 1954.)

Lipson, E., *The economic history of England.* Vol. I. 10th ed. London, 1949; Vol. II. 5th ed. London, 1948; Vol. III. 5th ed. London, 1948.

Lorenz, C., *Forschungslehre der Sozialstatistik.* Erster Band. *Allgemeine Grundlegung und Anleitung.* Berlin, 1951.

———, "*Statistik, Geschichte der*" (*Handwörterbuch der Sozialwissenschaften.* 15. Lieferung. Stuttgart, Tübingen, Göttingen, 1957.)

*Loyo, G., *Evolución de la definición de estadistica.* (Instituto Panamérico de Geografia e Historia, Publicación 44, 1939.) (Schumpeter, J. A., *History of economic analysis.* New York, 1954.)

ルーメル，エヌ. (Luhmer, N.)「イエズス会の学習体系とその教育哲学」(上智大学編『大学とヒューマニズム』創立四十周年記念出版　ソフィア叢書 1　1953年)

Luce, R., *Pages from the history of Romsey and its Abbey.* Winchester, 1948.

Lueder, A. F., *Kritik der Statistik und Politik. Nebst einer Begründung der politischen Philosophie.* Göttingen, 1812. 高野岩三郎訳『統計学批判』(統計学古典選集　第1巻) 1941年 (部分訳)

———, *Kritische Geschichte der Statistik.* Göttingen, 1817.

Lyons, H., *The Royal Society, 1660–1940. A history of its administration*

under its charters. Cambridge, 1944.

Lynam, E., *British maps and map-makers.* Rev. ed. London, 1947.

MacCormack, J. R., *The Irish adventurers and the English civil war.* (*Irish Historical Studies.* Vol. X, No. 37. 1956.)

McCulloch, J. R., *The literature of political economy: a classified catalogue of select publications in the different departments of that science, with historical, critical, and biographical notices.* London, 1845.

MacLysaght, E., *Irish life in the seventeenth century.* 2nd ed. Oxford, 1950.

———, *Irish families. Their names, arms and origins.* Dublin, 1957.

Madge, S. J., *The Domesday of crown lands. A study of the legislation, surveys, and sales of royal estates under the Commonwealth.* London, 1938.

Mahan, A. T., *The influence of sea power upon history, 1660–1783.* 22nd ed. Boston, 1911.

Maitland, W., *The history of London, from its foundation by the Romans, to the present time...With the several accounts of Westminster...and other parts within the Bills of Mortality.* London, 1739.

Manuel, F. E., *Isaac Newton, historian.* Cambridge (Mass.), 1963.

Marx, K., *Zur Kritik der politischen Ökonomie. Erstes Heft.* Volksausg. 2. Aufl. Berlin, 1951. マルクス＝レーニン主義研究所訳『経済学批判』(国民文庫) 1953年

———, *Das Kapital. Kritik der politischen Ökonomie.* 3 Bde. 3. Aufl. Berlin, 1953. 長谷部文雄訳『資本論』(青木文庫) 1951–54年

———, *Theorien über den Mehrwert.* (*Vierter Band des „Kapitals“*) I. Teil. Berlin, 1956. 長谷部文雄訳『剰余価値学説史——資本論第四部——』(青木文庫) 1958年

———, *Briefe an Kugelmann. Mit dem Vorwort zur russischen Ausgabe von 1907 von W. I. Lenin.* Berlin, 1952. 『クーゲルマンへの手紙』(マルクス＝エンゲルス選集　第8巻) 1953年

*Masson, D., *The life of John Milton; narrated in connexion with the political, ecclesiastical and literary history of his time.* 6 vols. Cambridge and London, 1859–80. (BM).

Masson, I. and Youngson, A. J., *Sir William Petty.* (*The Royal Society, its origins and founders, ed. by Sir H. Hartley.* London, 1960.)

松田弘三『科学的経済学の成立過程——価値＝剰余価値論と再生産＝恐慌論史序説——』1959年

Maxwell, C., *The stranger in Ireland from the reign of Elizabeth to the Great Famine.* London, 1954.

Mayr, G. v., *Die Gesetzmäßigkeit im Gesellschaftsleben.* München, 1877. 高野岩三郎訳『社会生活に於ける合法則性』(統計学古典選集　第10巻) 1944年

———, *Statistik und Gesellschaftslehre.* I. Bd. *Theoretische Statistik.* Zweite, umgearbeitete und vermehrte Auflage. Tübingen, 1914. 大橋隆憲訳『統計学の本質と方法』1943年 (部分訳)

Meek, R. L., *Studies in the labour theory of value.* London, 1956. 水田洋・宮本義男訳『労働価値論史研究』1957年

Meitzen, A., *Geschichte, Theorie und Technik der Statistik.* Berlin, 1886. 郡菊之助著『統計学発達史』1939年（部分訳）

Meusel, J. G., *Litteratur der Statistik.* Leipzig, 1790.

———, *Lehrbuch der Statistik.* Dritte, größten Theils umgearbeitete, vermehrte und mit Litteratur bereicherte Ausgabe. Leipzig, 1804.

Миклашевскiй, И., "*Статистика.*" (*Энциклопедическiй Словарь.* Том 31. С.-Петербургъ, 1901.)

*Milton, J., *Of education. To Master S. Hartlib.* London, 1644. (BM)

*———, *Areopagitica; a speech of Mr John Milton for the liberty of unlicenc'd printing, to the parliament of England.* London, 1644. (BM) 石田憲次・上野精一・吉田新吾訳『言論の自由』(岩波文庫) 1953年

*Misselden, E., *The circle of commerce. Or the balance of trade, in defence of free trade; opposed to Malynes little fish and his great whale, and poized against them in the scale. Wherein also, exchanges in generall are considered, by E. M* [*isselden*] *merchant.* London, 1623. (BM)

水田洋『近代人の形成——近代社会観成立史——』1954年

Mohl, R. v., *Die Geschichte und Literatur der Staatswissenschaften. In Monographien dargestellt.* 3 Bde. Erlangen, 1855, 1856, 1858.

———, *Encyclopädie der Staatswissenschaften.* Tübingen, 1859. 高野岩三郎訳『統計学』(統計学古典選集　第1巻) 1941年（部分訳）

Mohrmann, H., *Studien über russisch-deutsche Begegnungen in der Wirtschaftswissenschaft (1750–1825).* Berlin, 1959.

[Molines, A.], *An anatomical account of the elephant accidentally burnt in Dublin, on Fryday, June 17. in the year 1681. Sent in a letter to Sir William Petty, Fellow of the Royal Society*...London, 1682.

*Montchrétien, A. de, *Traicté de l'oeconomie politiqve, dédié av Roy et à la Reyny mère dv Roy, par Antoyne de Montchrétien, sieur de Vateville.* Roven, 1615. (J. Duval, *Mémoire sur Antoine de Montchrétien, sieur de Vateville, auteur du premier Traité d'Economie Politique.* Paris, 1868.)

More, L. T., *The life and works of the Honourable Robert Boyle.* New York, 1944.

森田優三『物価指数の理論と実際』1935年

Müller, W., *Sir William Petty als politischer Arithmetiker. Eine soziologisch-statistische Studie.* Gelnhausen, 1932.

Mun, T., *A discovrse of trade, from England into the East-Indies: answering to diuerse objections which are vsually made against the same. By T. M.* London, 1621. (*T. M., A discourse of trade from England unto the East-Indies, 1621, reproduced from the first edition.* The Facsimile Text Society. New York, 1930.) 堀江英一・河野健二訳『重商主義論』1942年

———, *England's treasure by forraign trade. Or, the ballance of our forraign trade is the rule of our treasure. Written by Thomas Mun, of Lond.*

merchant, and now published for the common good by his son John Mun of Bearsted in the county of Kent, Esquire. London, 1664. (McCulloch, J. R. 〔Editor〕, *A select collection of early English tracts on commerce, from the original of Mun, Roberts, North, and others. With a preface and index.* London, MDCCCLVI〔1856〕. Repr. and re-issued. Cambridge, 1954.)　堀江英一・河野健二訳『重商主義論』1942年

*Napier, J., *Mirifici logarithmorum canonis descriptio; jusque usus, in utraque trigonometria, ut etiam in omni logistica mathematica...explicatio.* Edinburgi, 1614. (BM)

ネムチーノフ，ヴェ．エス．(Немчинов, В. С.)『統計学入門』(野村良樹訳) 1959年（部分訳）

**News from the dead; or a true and exact narration of the miraculous deliverance of Ann Green.* Oxford, 1651. (E. Fitzmaurice, *The life of Sir William Petty.* London, 1895.)

*Newton, I., *Philosophiae naturalis principia mathematica.* Londini, 1687. (BM)

蜷川虎三『統計学概論』(岩波全書) 1940年

野田又夫『パスカル』(岩波新書) 1953年

O'Brien, G., *The economic history of Ireland in the seventeenth century.* Dublin and London, 1919.

O'Domhnaill, S., *The maps of the Down Survey.* (*Irish Historical Studies.* Vol. III, No. 12. 1943.)

Oettingen, A. v., *Die Moralstatistik in ihrer Bedeutung für eine christliche Socialethik.* Zweite, neu bearbeitete Auflage. Erlangen, 1874. 岡松径訳『エッチンゲン氏「モラール・スタチスチック」論』(『スタチスチック雑誌』1887年12月号-1891年11月号)（部分訳）

Ogg, D., *England in the reign of Charles II.* 2 vols. Oxford, 1934.

———, *Europe in the seventeenth century.* 6th ed. Revised and repr. London, 1954.

小倉金之助『数学史研究』(第1輯) 1935年

大橋隆憲「統計学」,「社会統計学派」(『経済学事典』平凡社　1954年)

———「ドイツ社会統計学派の解体」(『教育統計』第64号第65号　1960年4月同6月)

Oncken, A., *Untersuchung ueber den Begriff der Statistik.* Leipzig, 1870.

Ornstein, M., *The rôle of scientific societies in the seventeenth century.* 3rd ed. Chicago, 1938.

*Ortelius, A., *Theatrum orbis terrarum.* Antverpiae, 1570. (BM)

O'Sullivan, W., *The Strafford inquisition of county Mayo.* Dublin, 1958.

大塚久雄『近代欧洲経済史序説』(改訂版)　上ノ一　第3版 1954年 上ノ二 1952年

大内兵衛「ウィリアム・ペティ『租税及び貢納論』の学説史的意義」(東京大学経済学会編『古典学派の生成と展開』舞出教授還暦記念論文集 1　1952年)

*Oughtred, W., *Arithmeticae in numeris et speciebus institutio: quae tum logisticae, tum analyticae, atque adeo totius mathematicae, quasi clavis*

est, etc. 〔First ed. of *Clavis mathematicae.*〕 Londini, 1631. (BM)

Owen, J., *An essay on the life and works of Joseph Glanvill.* (*Scepsis Scientifica, by Joseph Glanvill, edited, with introductory essay by John Owen.* London, 1885.)

Pascal, R., *Property and society, the Scottish Historical School of the eighteenth century.* (*Modern Quarterly.* Vol. I. 1938.) 水田洋訳「財産と社会――18世紀スコットランドの歴史学派」(同訳『国富論』下巻　1965年)

Pender, S. 〔Editor〕, *A census of Ireland, circa 1659. With supplementary material from the Poll Money Ordinances (1660–1661).* Dublin, 1939.

Penn, W., *My Irish journal, 1669–1670. Edited by I. Grubb with an introduction by H. J. Cadbury.* London, 1952.

*Pepys, S., *Diary, edited by H. B. Wheatley.* 8 vols. London, 1893–96. (Hull's "List of books and manuscripts used" in *The economic writings of Sir William Petty, edited by C. H. Hull.* Vol. II. Cambridge, 1899.)

*Pitt, M., *The English atlas...with a general introduction to geography*...5 vols. Oxford, 1680–82. (BM)

Плотников, И. С. 〔Редактор〕, *Меркантилизм.* Москва, 1935. 橋本弘毅訳『重商主義論叢』1938年

Powell, A., *John Aubrey and his friends.* New York, 1948.

Prendergast, J. P., *The Cromwellian Settlement of Ireland.* 2nd ed. Dublin, 1875.

Present (*The*) *state of Ireland: together with some remarques upon the antient state thereof*..London, 1673.

Price, W. H., *Origin of the phrase "Balance of Trade".* (*The Quarterly Journal of Economics.* Vol. XX. 1905–06.)

Птуха, М. В., *Очерки по истории статистики XVII–XVIII веков.* Москва, 1945.

———, *Очерки по истории статистики в СССР.* 2 тома. Москва, 1955, 1959.

Quetelet, L. A. J., *Sur l'homme et le développement de ses facultés, ou essai physique sociale.* 2 tomes. Paris, 1835. 高野岩三郎校閲　平貞蔵・山村喬共訳『人間に就いて』(岩波文庫) 1939–40年

———, *Lettres à S. A. R. le duc régnant de Saxe-Cobourg et Gotha, sur la théorie des probabilités, appliquée aux sciences morales et politiques.* Bruxelles, 1846. 高野岩三郎訳『確率論に就いての書簡』(統計学古典選集　第5巻) 1942年 (部分訳)

*Rathborne, A., *The surveyor, in foure bookes.* London, 1616. (BM)

Record (*The*) *of the Royal Society of London.* 4th edition, London, 1940.

*Recorde, W., *The groūd of artes teachyng the worke and practise of arithmetike, moch necessary for all states of men. After a more easyer...sort, then any lyke hath hytherto ben set forth: with dyvers new additions, etc.* London, 1543. 〔1st ed. 1540.〕 (BM)

Renn, D. F., *John Graunt, citizen of London.* (*Journal of the Institute of Acturies.* Vol. 88. 1962.)

Richards, R. D., *The early history of banking in England.* London, 1929.

Roll, E., *A history of economic thought.* 3rd ed. London, 1954. 隅谷三喜男訳『経済学説史』1951–52 年

Roscher, W., *Zur Geschichte der englischen Volkswirtschaftslehre im sechzehnten und siebzehnten Jahrhundert.* Leipzig, 1851. 杉本栄一訳『英国経済学史論——十六・十七両世紀に於ける——』1929 年

Розенберг, Д., *Предисловие.* (Вильям Петти, *Экономические статистические работы, перевод под редакцией доктора экономических наук М. Смит, предисловие доктора экономических наук Д. Розенберга.* Москва, 1940.)

ローゼンベルグ, デェ・イ＝ブリューミン, イ・ゲ著　広島定吉・橋本弘毅訳『経済学史』1951 年

三枝博音『技術の哲学』(岩波全書) 1951 年

Sand, R., *The advance to social medicine.* London, 1952.

Schenk, W., *The concern for social justice in the puritan revolution.* London, 1948.

Schlatter, R. B., *The social ideas of religious leaders, 1660–1688.* London, 1940.

Schlözer, A. L. v., *Theorie der Statistik. Nebst Ideen über das Studium der Politik überhaupt.* Erstes Heft. *Einleitung.* Göttingen, 1804.

Schnapper-Arndt, G., *Sozialstatistik.* (*Vorlesungen über Bevölkerungslehre, Wirtschafts-und Moralstatistik.*) *Ein Lesebuch für Gebildete insbesondere für Studierende herausgegeben von Dr. Leon Zeitlin.* Leipzig. 1908.

Schumpeter, J. A., *History of economic analysis by Joseph A. Schumpeter, edited from manuscript by Elizabeth Boody Schumpeter.* New York, 1954. 東畑精一訳『経済分析の歴史』(2) 1956 年

Scobell, H., *A collection of acts and ordinances of general use, made in the Parliament.* London, 1658.

Scott, W. R., *The constitution and finance of English, Scottish and Irish joint-stock companies to 1720.* 3 vols. Repr. New York, 1951.

Seligman, E. R. A., *The shifting and incidence of taxation.* 5th ed. Revised. New York, 1927. 井手文雄訳『租税転嫁論』1950–51 年

Simington, R. C. 〔Editor〕, *The Civil Survey. A. D. 1654–1656.* 10 vols. Dublin, 1931–1961.

———, *Books of survey and distribution. Being abstracts of various surveys and instruments of title, 1636–1703.* Vol. I. Dublin, 1949.

Simms, J. G., *The Civil Survey, 1654–6.* (*Irish Historical Studies.* Vol. IX, No. 35. 1955.)

———, *The Williamite confiscation in Ireland, 1690–1703.* London, 1956.

Sinclair, J., *The statistical account of Scotland.* 20 vols. Edinburgh, 1791–98.

Singer, C., *The evolution of anatomy. A short history of anatomical and physiological discovery to Harvey. Being the substance of the Fitzpatrick lectures delivered at the Royal College of Physicians of London in the*

years 1923 and 1924. London, 1925.

Smith, A., *An inquiry into the nature and causes of the wealth of nations, edited, with an introduction, notes, marginal summary and an enlarged index by Edwin Cannan.* 2 vols. 6th ed. London, 1950. 大内兵衛・松川七郎訳『諸国民の富』(岩波文庫) 1959–66 年

Smith, C., *The antient and present state of the county of Kerry*...Dublin, 1756.

Solf, H. H., *Gottfried Achenwall. Sein Leben und sein Werk, ein Beitrag zur Göttinger Gelehrtengeschichte.* Forchheim, 1938.

*Speed, J., *The theatre of the Empire of Great Britain: presenting an exact geography of...England, Scotland, Ireland*...London, 1611. (BM)

Sprat, T., *The history of the Royal-Society of London, for the improving of natural knowledge.* London, MDCLXVII〔1667〕.

———, *History of the Royal Society, ed. by J. I. Cope and H. W. Jones.* London, 1962.

"*Statistics.*" (*Encyclopaedia Britannica.* 3rd ed. Vol. 17. Edinburgh, 1797.)

Statistik〔*Die*〕*ist eine Gesellschaftswissenschaft. Ergebnisse einer wissenschaftlichen Konferenz zur Untersuchung des Gegenstandes und der Methode der Statistik in der Sowjetunion.* (*Statistische Praxis.* 9. Jahrgang. Heft 11. Berlin, November 1954.) 木原正雄訳「統計学にかんする論争の結果によせて」(『統計学』第1巻 第2号 1955 年 9 月号〔露文からの邦訳〕)

Stoye, J. W., *English travellers abroad, 1604–1667. Their influence in English society and politics.* London, 1952.

Strauss, E., *Sir William Petty, portrait of a genius.* London, 1954.

Stuart, C. A. V., *The history and development of statistics in the Netherlands.* (*The history of statistics, their development and progress in many countries. In memoirs to commemorate the seventy fifth anniversary of the American Statistical Association, collected and edited by John Koren.* New York, 1918.)

Süßmilch, J. P., *Die göttliche Ordnung in den Veränderungen des menschlichen Geschlechts, aus der Geburt, Tod, und Fortpflantzung desselben erwiesen von Johann Peter Süßmilch. Nebst einer Vorrede Herrn Christian Wolffens.* Berlin, 1741. 高野岩三郎・森戸辰男訳『神の秩序』(統計学古典選集 第13巻) 1949 年

———, *Die göttliche Ordnung in den Veränderungen des menschlichen Geschlechts, aus der Geburt, dem Tode und der Fortpflanzung desselben erwiesen von Johann Peter Süßmilch.* 2 Theile, 2. Ausgabe. Berlin, 1761–62.

Sutherland, I., *John Graunt: A tercentenary tribute.* (*Journal of the Royal Statistical Society.* Ser. A, Vol. 126, Pt. 4, 1963.)

高野利治「サー・ウィリアム・ペティの経済学にかんする一考察——「租税貢納論」を中心として——」(1)(2)(3)(『関東学院大学開学 10 周年記念論文集』1960 年『経済系』第 50 集 1961 年 9 月　第 51 集 1962 年 2 月)

Taylor, E. G. R., *Late Tudor and early Stuart geography, 1583–1650.* London, 1934.

——, *The mathematical practitioners of Tudor & Stuart England.* Cambridge, 1954.

Temple, J., *The Irish rebellion: or an history of the beginnings and first progress of the general rebellion raised within the Kingdom of Ireland.. 1641...Written and published in the year 1646.* Repr. London, 1679.

Todhunter, L., *A history of the mathematical theory of probability from the time of Pascal to that of Laplace.* Cambridge and London, 1865.

統計研究会訳編『ソヴェトの統計理論』(I) 1952年

Tooley, R. V., *Maps and map-makers.* 2nd ed. London, 1952.

Tyszka, C. v., *Statistik.* Teil I: *Theorie, Methode und Geschichte der Statistik.* Jena, 1924. 郡菊之助著『統計学発達史』1939年（部分訳）

Unwin, G., *Industrial organization in the sixteenth and seventeenth centuries.* Oxford, 1904.

浦田昌計「アッヘンワールの政治算術観」(『統計学』 第2巻 第3号 1958年11月)

Урланис, Б.Ц., *Трехсотлетие демографии.* (*Ученые записки по статистике.* Том 7, 1963.)

*Vesalius, A., *De humani corporis fabrica libri septem.* Basileae, [1542 and] 1543. (BM)

Victoria [The] history of the counties of England, ed. by H. A. Doubleday. A history of Hampshire [or Hants] and the Isle of Wight. 5 vols. London, 1900–12.

Viner, J., *Studies in the theory of international trade.* New York, 1937.

Wagner, A. H. G., *Statistik.* (*Deutsches Staats-Wörterbuch.* 10. Bd. Stuttgart und Leipzig, 1867.) 大内兵衛訳『統計学』(統計学古典選集　第6巻) 1942年

Walker, H. M., *Studies in the history of statistical method, with special reference to certain educational problems.* Baltimore, 1929. 足利末男・辻博共訳『統計方法論史』1959年

Wappäus, J. E., *Allgemeine Bevölkerungsstatistik. Vorlesungen.* 2 Theile. Leipzig, 1859, 1861. 寺田勇吉訳述『「ワッペウス」氏人員「スタチスチック」第2篇』(『スタチスチック雑誌』1887年4月号-1888年3月号）（部分訳）

——, *Einleitung in das Studium der Statistik. Vorlesungen gehalten an der Universität Göttingen von Professor Dr. J. E. Wappäus. Herausgegeben von Dr. O. Gandil.* Leipzig, 1881. 呉文聡訳述『統計学論』1889年

渡辺輝雄『創設者の経済学』1961年

Westergaard, H., *Contributions to the history of statistics.* London, 1932. 森谷喜一郎訳『統計学史』1943年

*Whetstone, G., *A mirour for magestrates cities. Representing the ordinances ...of...Alexander...Severus, to suppress...the...vices noorished in Rome by the superflous nomber of dicing-houses, etc.* London, 1584. (BM)

Willcox, W. F., *Definitions of statistics.* (*Revue de l'Institut International de Statistique.* 3 année, Livraison 4, Jan. 1936.) 大橋隆憲訳「統計の定義集」(同著『社会科学的統計思想の系譜』1961年)